HORST GEBHARD

HEXENPROZESSE IM KURFÜRSTENTUM MAINZ DES 17. JAHRHUNDERTS

**Veröffentlichungen des
Geschichts- und Kunstvereins Aschaffenburg e.V.**

31

HORST GEBHARD

Hexenprozesse im Kurfürstentum Mainz des 17. Jahrhunderts

ASCHAFFENBURG 1989
Geschichts- und Kunstverein Aschaffenburg e.V.

HORST GEBHARD

Hexenprozesse im Kurfürstentum Mainz des 17. Jahrhunderts

ASCHAFFENBURG 1989
Geschichts- und Kunstverein Aschaffenburg e.V.

Gedruckt mit finanzieller Unterstützung der Stadt Aschaffenburg.

Abbildung auf dem Umschlag: Der Dibsbrunnen in Lohr. Er war einer der bekannten Hexentanzplätze. Die Umgebung wurde von der Siedlungsgemeinschaft neu gestaltet. Der Findling im Vordergrund des Bildes stammt aus dem Lohrer Wald. Seine Formation erweckt Assoziationen an einen antiken Opferstein und damit an den mythologischen Ursprung der Hexen-Ideologie.

ISBN 3-87965-049-7
ISSN 0433-843 X

Druck: Verlagsdruckerei Schmidt GmbH, Neustadt/Aisch

Vorwort

Am 8. März 1595 wurden in der Gemeinde Ockstadt bei Friedberg/H., wo ich gegenwärtig als Pfarrer tätig bin, zwei Frauen und ein Mann als Hexen (Hexenmann) eingezogen. Die eine der Frauen wird in der Chronik meines Vorgängers, Pfarrer J.B. Rady († 1901), näher bezeichnet: „Agnes Grüninger, die Bäckerin, die oberhalb des Pfarrhauses wohnte".

Meine Aufmerksamkeit erregte diese Notiz aus einem doppelten Grund: Noch heute heißt der Inhaber der landwirtschaftlichen Nebenerwerbsstelle oberhalb des Pfarrhauses im Volksmund „Bäckerschorsch", obgleich sich hier längst keine Bäckerei mehr befindet. Der Familienname Gröninger kommt in Ockstadt häufig vor; im Fernsprechbuch ist er über dreißigmal verzeichnet.

Diesen bestürzenden Ereignissen der Vergangenheit, die sich in meiner unmittelbaren Nähe abgespielt hatten, wollte ich nachgehen und erbat mir von Baron Moritz von Franckenstein, dem Nachkommen der damaligen Ortsherrschaft, die Originalakten dieses Falles. Die Lektüre veranlaßte mich, einen ersten Einblick in die Akten der Kurmainzer Hexeninquisition zu nehmen, und da erst wurde mir das Ausmaß der Hexenverfolgung bewußt: Die Dezimierung einzelner Bevölkerungsschichten, die Existenz von Konzentrationsgefängnissen und eines perfekten Überwachungs- und Verfolgungssystems.

Betroffen erkannte ich, daß die geistige Elite der frühen Neuzeit die Argumente für die erste systematisch durchgeführte Massentötung in Europa lieferte.

Das Thema meiner Arbeit stand schon fest, als ich in der grundlegenden Untersuchung Schormanns über „Hexenprozesse in Deutschland" folgende Sätze las, die mich ermutigten: „In Kurmainz .... sind Hexenprozesse ganz intensiv geführt worden, aber während oft genug kleine und kleinste Gebiete mit jeweils wenigen Prozeßakten Untersuchungen in Gestalt juristischer Doktorarbeiten gefunden haben, hat die Forschung den Hexenprozessen dieser Territorien (Kurmainz, Nassau und Westfalen) nur geringe Aufmerksamkeit gewidmet. Dabei werden in den kurmainzischen

Hexenprozessen die heftigsten Prozeßwünsche aus der Bevölkerung deutlich."

Mein Beruf ließ mir relativ wenig Zeit zur Erforschung und Erfassung der vielschichtigen Phänomene. So konnte die Arbeit nur langsam gefördert werden.

Erschwerend erwiesen sich auch Gegebenheiten, die aus der Sache selbst resultierten: Territorialgeschichtliche Untersuchungen liegen nur für einen Teil der Mainzer Ämter vor. Die Quellenbasis war kaum ausreichend zur Erarbeitung der verfahrensrechtlichen Seite der Prozesse, die darum nur teilweise erfaßt werden konnte. Dennoch hoffe ich, über die grundlegende juristische Untersuchung von Merzbacher hinaus zu einem gewissen Erkenntnisfortschritt gekommen zu sein, da der juristische Aspekt der Verfahren - im Gegensatz zu Merzbacher - fast ausschließlich aus den Quellen erarbeitet wurde.

Im sozialgeschichtlichen Teil der Arbeit wird - soweit bekannt - zum erstenmal eine berufsspezifische Untersuchung vorgelegt, die in der Hexenforschung immer wieder gefordert, aber für ein solch großes Untersuchungsgebiet noch nicht versucht wurde.

Der eben angesprochene sozialgeschichtliche Teil und wohl auch der statistische Überblick über die Verfolgung in den einzelnen Ämtern bedürfen, das ist mir bewußt, der Ergänzungen und Korrekturen durch andere Untersuchungen, nicht zuletzt von seiten der Lokalhistorie.

Eine methodische Bemerkung sei mir schon jetzt gestattet. Aus praktischen Gründen wurden die Artikel der „Hochnotpeinlichen Halsgerichtsordnung Karl V" (CCC) unter dem Namen des Herausgebers zitiert.

„Die Hexen" und die Hexenprozesse ließen mich nicht unbewegt. Integre und gläubige Menschen lernte ich bei den Richtern und ihren Opfern kennen. Religiöse Ideologie trug nicht unwesentlich zur Verschärfung der Exzesse bei. Wirklicher Glaube - so konnte ich erkennen - entzog den „Imaginationen des Teuflischen" den Boden.

Eine Frage hat mich umgetrieben: Die Frage nach dem theologischen Status der unschuldig verurteilten Frauen und Männer, vor allem derjenigen unter ihnen, die ihren Glauben bis in die Folterkammern, ja bis ins Feuer bezeugten, indem sie der Wahrheit die Ehre gaben und nicht in die Lüge eines „Geständnisses" auswichen, das ihnen eine lange Gefangenschaft und wiederholte Folterungen erspart hätte. Spee vergleicht sie - theologisch wohl nicht ganz exakt - mit den Märtyrern der frühen Christenheit.

Letzthin, so scheint mir, überschreitet die Beantwortung dieser Frage meine Kompetenz. Unbeschadet dessen möchte ich aber wohl dazu beitragen, daß diese Frauen und Männer, über deren Leben, Leiden und Sterben ich so viel erfahren durfte, aus der Vergessenheit, in die sie gestoßen wurden, herausgeholt werden, als Zeugen des Glaubens, die wider alle Hoffnung hofften. Die Arbeit wurde als Dissertation angenommen vom Fachbereich Katholische Theologie der Universität Mainz. Tag des Colloquiums 1. Februar 1989.

Es ist mir ein aufrichtiges Bedürfnis, all denen zu danken, die mich bei meiner Arbeit unterstützten. Mein besonderer Dank gilt Herrn Prof. Isnard W. Frank, der meinen recht späten Ausflug in die Wissenschaft geduldig, kritisch und wohlwollend begleitete. Ebenfalls danke ich den Damen und Herren, die mich bei der Benutzung der Archive freundlich orientierten. Herrn Joachim Funck und Frau Veronika Weiler danke ich - stellvertretend für viele - für mancherlei Hilfestellung während der Vorbereitung zum Druck sowie dem Geschichts- und Kunstverein Aschaffenburg, der die Drucklegung ermöglichte.

Ockstadt, im Mai 1989

Horst Gebhard

Quellen- und Literaturverzeichnis

1. Archivalien

a) Staatsarchiv Würzburg (StAW)

Mainzer Regierungsarchiv (MRA)
Cent K 210/166 (Kellerei Külsheim)
Cent K 210/168 (Amt Dieburg)
Cent K 210/170 (Bodenheim)
Cent K 210/178 (Amt Königstein)
Cent K 210/185 (Amt Seligenstadt)
Cent K 210/186 Konfiskationsordnung und Interrogationsschema v. 1613.
Cent K 211/205 (Amt Amorbach u. Miltenberg)
Cent K 212/279 (Amt Dieburg)
Cent K 212/281 (Amt Steinheim)
Abgetretene Ämter 66 (Fritzlar)
Verhältnis zur Kurpfalz VII 202 (Amt Dieburg)
Bestand Hessen Kassel (MRA K)
K 320/84 (Freigericht)
K 320/87 (Freigericht)
K 323/184 (Freigericht)
K 324/331 (Freigericht)
K 326/290 (Freigericht)
K 339/498 (Freigericht)
K 357/914 (Freigericht)
Hessen Darmstadt (MRA D)
D 73/K 370 (Königstein)
Laden (MRA L)
L 613/H 687 (Amt Lorch)
L 616/H 883 (Amt Königstein)
L 617/H 978 (Amt Tauberbischofsheim)
L 617/H 980 (Amt Seligenstadt)
L 617/H 1 071 (Aschaffenburg)
L 617/H 1 072 (Amt Dieburg)
K 617/H 1 100 (Aschaffenburg)
K 622/H 1 534 (Fritzlar)
K 624/H 1 660 (Aschaffenburg)

Klubistenakten (Klub.)
Klub. 365 (Ämter: Amorbach, Steinheim, Lorch, Olm-Algesheim u. Einzelpersonen)
Historischer Verein von Unterfranken
M.S. 863 (Amt Klingenberg)
M.S.f. 1 080 (Amt Prozelten)
Aschaffenburger Archivreste
Fasz. 143 VII Nr. 1 (Leider)
Fasz. 175 I Nr. 1 Ostheim; Vizedomamt Aschaffenburg
Fasz. 175 I Nr. 2 Ostheim, Pflaumheim (Vizedomamt Aschaffenburg)
Fasz. 175 I Nr. 3 a Ostheim (Vizedomamt Aschaffenburg)
Fasz. 175 I Nr. 3 b Klein-Wallstadt (Vizedomamt Aschaffenburg)
Fasz. 175 I Nr. 4 Aschaffenburg, Klein-Wallstadt (Vizedomamt Aschaffenburg)
Fasz. 175 I Nr. 5 Obernburg (Freigericht)
Fasz. 360 X Nr. 1 (Amt Höchst u. Hofheim)
Nr. 2 (Amt Höchst u. Hofheim)
Mainzer Kartons (MK)
G 3 023 (Konfiskationsordnung)
G 3 083 (Amt Lohr)
G 3 093 (Biebergemünd; Amt Lohr)
G 3 096 (Wiesen; Amt Lohr)
G 3 314 (Amt Lohr)
G 3 608 (Amt Lohr)
G 10 116 (Oppershofen, Rockenberg; Amt Königstein)
G 10 139 (Amt Dieburg)
G 13 358 (Amt Dieburg)
G 17 358 (Amt Klingenberg)
G 17 371 (Kleinostheim, Mainaschaff, Stockstadt; Vizedomamt Aschaffenburg
G 18 889 (Amt Lohr)
G 18 890 (Amt Amorbach)
G 19 169 (Amt Klingenberg)
Gericht Lohr Nr. 73
Gericht Klingenberg Nr. 202
Gericht Miltenberg Nr. 690
Gericht Miltenberg Nr. 691
Gericht Miltenberg Nr. 692

Gericht Miltenberg Nr. 698
Rechnungen
R 27 289 (Kellerei Aschaffenburg)
R 27 290 (Kellerei Aschaffenburg)
R 27 291 (Kellerei Aschaffenburg)
R 27 292 (Kellerei Aschaffenburg)
R 33 312 (Schloßbau Aschaffenburg)
R 33 313 (Schloßbau Aschaffenburg)

b) Staatsarchiv Darmstadt (StAD)

Handschriften
C 1 224/10 (Bürgel, Großkrotzenburg)
Justizangelegenheiten (E 9)
E 9 Konv. 43 Fasz. 36 (Amt Lohr; Biebergemünd)
E 9 Konv. 54 Fasz. 8 (Amt Seligenstadt)
E 9 Konv. 55 Fasz. 40 (Amt Wörth)
Held, L., Die Aschaffenburger Hexenprozesse (Typoscript)

c) Staatsarchiv Marburg (StAM)

Hanauer Nachträge (HN)
86/1 098 a/b (Freigericht)
86/1 099 (Freigericht)
86/1 200 (Freigericht)
86/16 388 (Großkrotzenburg)
Rechnungen II
Bad-Orb Nr. 11 Jg. 1608 (Amt Orb)

d) Haupt- und Staatsarchiv Wiesbaden (HStAW)

Klarenkloster Mainz
51/3 (Flörsheim)
Hexenprozesse
369/556 (Schloßborn; Amt Königstein)
Waldbott von Bassenheim
369/123 „am Ende" (Lahnstein)

e) General-Landesarchiv Karlsruhe (GLA)

229/13950 (Kellerei Buchen)

f) Staatsarchiv Ludwigsburg (StAL)

412 Büschel 26 (Vizedomamt Aschaffenburg)

g) Staatsbibliothek Bamberg (SB Bamberg)

I.H. msc. misc. 9/12
(Vizedomamt Aschaffenburg: Groß-Krotzenburg, Wörth)

h) Stiftsarchiv Aschaffenburg (StiA)

Hospitalrechnungen v. 1600 - 1631

i) Stadtarchiv Amorbach (StaA Amorbach)

Akt A.48 (Amt Amorbach)

j) Stadtarchiv Buchen (StaA Buchen)

Gerichtsprotokoll I (Kellerei Buchen)
Gerichtsprotokoll IV (Buchen)

k) Stadtarchiv Lohr (StaA Lohr)

XII. Justizwesen, 3 die Lohrer Hexenprozesse. (Amt Lohr)
Titel 12, Fach W
Nr. 1 Die Prozesse der Jahre 1576, dann 1626 - 1628
Nr. 2 Protokolle aus dem Jahre 1628
Nr. 3 Protokolle und Mainzer Zuschriften aus den Jahren 1626, 1627 u. 1628
Nr. 4 Strafprotokoll 24. Juli 1629 - 15. April 1639
Nr. 5 Protokoll 5.1.1611 - 4.2.1612

l) Stadtarchiv Mainz (StaA Mainz)

28/291 (Vizedomamt Aschaffenburg u. Amt Dieburg)
28/292 (Amt Dieburg)

m) Stadtarchiv Seligenstadt (StaA Seligenstadt)

Abt. X Justiz/Hexensachen (Amt Seligenstadt)

n) Stadtarchiv Fritzlar

Thiele, H.J., Die Fritzlarer Hexenprozesse (Typoscript)

o) Fürstlich Ysenburgisches Archiv - Birstein (Ys/Bir A)

9 681 (Amt Mombach)

p) Fürstlich Leiningensches Archiv Amorbach (FLA Amorbach)

A 3/30/1 a (Kellerei Neudenau)
A 7 24/3 (Kellerei Buchen)
A 7 25/9 (Amt Tauberbischofsheim)
A 7 34/1 (Amt Amorbach)

q) Diözesanarchiv Limburg (DAL)

Taufbuch Flörsheim (Flörsheim)

r) Dom- und Diözesanarchiv Mainz (D DAM)

K 60/II 11 (Amt Mombach)

s) Pfarrarchiv Dieburg (PA Dieburg)

Taufbuch (Dieburg)

t) Archiv des Vereins für Geschichte (AVGA) und Altertumskunde Frankfurt-Höchst

Gerichtssachen (Amt Höchst)

u) Bundesarchiv Koblenz, Außenstelle Frankfurt (ASt Ffm)

Mikrofilme aus dem Archiv Poznan/Polen (FSg 2/1 - F 215)
(alle betroffenen Ämter)

2. Gedruckte Quellen und Literatur

Abel, W., Geschichte der deutschen Landwirtschaft, Stuttgart 1962.

-, Agrarkrisen und Agrarkonjunkturen in Mitteleuropa vom 13. bis zum 19. Jahrhundert, Hamburg 1966.

-, Massenarmut und Hungerkrisen im vorindustriellen Europa, Göttingen 1977.

Adam, A., Lehrbuch der Dogmengeschichte II, Gütersloh 1968.

Altona, Stellung des Reichskammergerichtes zu den Hexenprozessen. In:Ztschr. f. d. ges. Strafrechtswissenschaft XXII, 1892, S. 909ff.

Ankarloo, B., Das Geschrei der ungebildeten Masse. Zur Analyse der schwedischen Hexenprozesse. In: Degn u.a. (Hg.), S. 172-178.

Aston, T., (Hg.), Crisis in Europe 1560 - 1660, New York 1965.

Aubin, H./Zorn, W., Handbuch der deutschen Wirtschafts- und Sozialgeschichte I, Stuttgart 1971.

Aulbach, H., Unglaubliche Besitzzerstückelung in den Spessartdörfern. In: Heimatland v. 6.7.1953 (BZLZ).

Baader, P., Das Druck- und Verlagshaus Albin-Stroheker zu Mainz (1598-1631). In: Archiv für Geschichte des Buchwesens I, Frankfurt/M. 1958, S. 513-589.

Bächtold-Stäubli, H., Handwörterbuch des deutschen Aberglaubens I-X, Berlin/Leipzig 1930/31.

Baeyer-Katte, W. v., Die historischen Hexenprozesse. Der verbürokratisierte Massenwahn. In: W. Bitter (Hg.), Massenwahn in Geschichte und Gegenwart, Stuttgart 1965, S. 220 - 231.

Balzer, E., Die Bräunlinger Hexenprozesse. In: Geschichte der Stadt Bräunlingen, Freiburg/Br. 1984, S. 1 - 42 (Nachtrag).

Barnheim, F., Erotik und Hexenwahn, Stuttgart 1963.

Baroja, Caro J., Die Hexen und ihre Welt, Stuttgart 1971 (EA Madrid 1964).

Barthels, K. J., In 18 Jahren 124 Hinrichtungen. Aus der Chronik des Lohrer Hexengerichts. In: Lohrer Echo v. 12.2.1952.

-, Lohrer Hexengericht 1576 - 1633. In: Heimatland v. 30.4.1953 (BZLZ).

-, Hexengericht im Amt Rothenfels. In: Heimatland v. 30.4.1956 (BZLZ).

Baschwitz, K., Hexen und Hexenprozesse. Die Geschichte eines Massenwahns, München 1966.

Bauer, L., Die Bamberger Weihbischöfe Johann Schöner und Friedrich Förner. Beiträge zur Gegenreformation in Bamberg. In: Bericht des Hist. Vereins Bamberg, Bamberg 1965, S. 305 - 530.

Baumgarten, A. R., Hexenwahn und Hexenverfolgung im Naheraum. Ein Beitrag zur Sozial- und Kulturgeschichte, Darmstadt 1987.

Becker, G./Bovenschen, S./Brackert, H. u. a. (Hg.), Aus der Zeit der Verzweiflung. Zur Genese und Aktualität des Hexenbildes, Frankfurt/M. 1977.

Becker, W. M., Inventare der Gemeindearchive des Kreises Mainz, Darmstadt 1930.

Behringer, W., Hexenverfolgung in Bayern. Volksmagie, Glaubenseifer und Staatsraison in der Frühen Neuzeit, München 1987.

-, „Erhob sich das ganze Land zu ihrer Ausrottung ..." In: Dülmen (Hg.), Hexenwelten, S. 131 - 169.

-, „Vom Unkraut unter dem Weizen". In: Dülmen (Hg.), Hexenwelten, S. 15 - 48.

Beissel, S., Geschichte der Verehrung Marias in Deutschland während des Mittelalters. Ein Beitrag zur Religionswissenschaft und Kunstgeschichte, Freiburg 1909 (ND Darmstadt 1972).

Berberich, J., Geschichte der Stadt Tauberbischofsheim, Tauberbischofsheim 1895.

Berlepsch, H. A., Chronik vom ehrbaren Bäckergewerk. Nach den Rechtsquellen und historischen Überlieferungen des deutschen Mittelalters, Osnabrück 1966.

Biedermann, H., Hexen. Auf den Spuren eines Phänomens. Traditionen, Mythen, Fakten, Graz 1974.

Biener, F. A., Beiträge zur Geschichte des Inquisitionsprozesses und der Geschworenen-Gerichte, Leipzig 1827.

Binsfeld, P., Tractatus de Confessionibus maleficorum et sagarum, Trier 1589 (1591, 1596).

Bireley, R., Maximilian von Bayern, Adam Contzen SJ und die Gegenreformation in Deutschland 1625 - 1635, Göttingen 1975.

Bodin, J., De Daemonomania Magorum, Paris 1580.

Borst, A., Die Katharer (Schriften der Monumenta Germaniae historica 12), Stuttgart 1953.

-, Lebensformen im Mittelalter, Frankfurt/M. 1979.

Bothe, F., Erzbischof Johann Schweikart von Mainz und die Frankfurter Katholiken zur Zeit des Fettmilchaufstandes. In: AFGK 5, 1951, H. 3, S. 1 - 27.

Bovenschen, S. u.a. (Hg.), Die Hexen der Neuzeit. Studien zur Sozialgeschichte eines kulturellen Deutungsmusters, Frankfurt/M. 1978.

Braun, H., Grundlagen zu einer Geschichte der Familie Braun mit Beiträgen zur hessischen Familien- und Ortsbeschreibung, Berlin/ Leipzig 1914.

Breiden, H., Die Hexenprozesse der Grafschaft Blankenheim von 1589 - 1643. Diss. jur. Bonn 1954.

Breiden, J., Zauberwahn und Hexenprozeß, Aachen 1920.

Brischar, J. N., Die katholischen Kanzelredner Deutschlands I u. II, Schaffhausen 1867.

Brodrick, J., Petrus Canisius 1521 - 1597, Wien 1950.

Brößler, K., Brachte sein Vermögen ihm den Tod? Schultheiß Lang von Wörth, ein bisher unbekanntes Opfer des Hexenwahns. In: Main Echo 99 v. 30.4.1954.

Bruch, H., Strafrechtspflege in der Stadt Trier im 16. bis 18. Jahrhundert. Diss. jur. Freiburg 1934.

Brück, A. P., Geschichte der Stadt Mainz, Düsseldorf 1962.

-, Das Erzstift Mainz und das Tridentinum. In: Schreiber, G., (Hg.), Das Weltkonzil von Trient II, Freiburg 1951, S. 193 - 243.

-, Die Anfänge der Jesuiten in Mainz. In: Jb. f. d. Bistum Mainz 7, 1955 - 1957, S. 196 - 207.

-, Ein politischer Hexenprozeß in Bodenheim? In: MZRL V, 1956, S. 49 - 62.

-, Hexenprozesse im Binger Land. In: Heimatjahrbuch Bingen 1968, S. 81f.

-, Johann Adam von Bicken, Erzbischof und Kurfürst von Mainz 1601 - 1604. In: AMKG 23, 1971, S. 147 - 188.

-, Hexenprozesse in Aschaffenburg und Damm in den Jahren 1603/1604 und 1628/1629. In: AJB VI, 1979, S. 241 - 270.

Buchrucker, A. E., Die Bedeutung des Teufels für die Theologie Luthers. In: Theologische Zeitschrift 29, 1973, S. 285ff.

Büttner, W., Geschichte des Dorfes Waldaschaff und der Pfarrei Keilberg, Aschaffenburg 1961.

Burger, W., Die Ligapolitik des Mainzer Kurfürsten Johann Schweikard von Cronberg in den Jahren 1604 - 1613 (Würzburger Studien zur Geschichte 1), Leipzig 1908.

Burkard, H., Anselm Casimir Wambolt von Umstadt, Erzbischof und Kurfürst von Mainz. Seine Vorgeschichte und Wahl. In: AHG NF 13, S. 334 - 380.

Byloff, F., Hexenglaube und Hexenverfolgung in den österreichischen Alpenländern, Berlin 1934.

Chevailler, L., Droit romain et droit pénal dans la doctrine du XVI e siècle. In: L'Europa e il diritto romano. Studi in onore di Paolo Koschaker II, Milano 1954, S. 95 - 129.

Christ, G., Aschaffenburg. Grundzüge der Verwaltung des Mainzer Oberstifts und des Dahlbergstaates, München 1963.

Chroust, A., Aufsätze und Vorträge zur fränkischen, deutschen und allgemeinen Geschichte, Leipzig 1939.

Collijn, I., Det kurfurstliga Biblioteket i Mainz. Dess öder unter Kriget - Rester dörav d Upsala Universitetsbibliotek. In: Svensk Exlibris - Tidskrift, Stockholm 1911, S. 25 - 31.

Contzen, A., Crudelitas et idolum Calvinistarum revelatum, Mainz 1614.

-, Von den Geheimnussen der Societät Jesu, Mainz 1617.

Croissant, W., Die Berücksichtigung geburts-, berufsständischer und soziologischer Unterschiede im deutschen Hexenprozeß. Diss. jur. Mainz 1953.

Dahl, K., Geschichte und Topographie der alten Herrschaft Klingenberg am Main, Bamberg 1823.

Danzehl, S., Magie et science secrète, Paris 1939.

Decker, R., Die Hexenprozesse im Herzogtum Westfalen und im Hochstift Paderborn. In: Degn u.a. (Hg.), S. 204 - 217.

Degn, Ch. /Lehmann, H. /Unverhau, D. (Hg.), Hexenprozesse. Deutsche und skandinavische Beiträge, Neumünster 1983.

Delcambre, E., La psychologie des inculpés lorrains de sorcellerie. In: Revue historique de droit français et étranger 17, 1954, S. 383 - 404.

Delumeau, J., Angst im Abendland. Die Geschichte kollektiver Ängste im Europa des 14. bis 18. Jahrhunderts I u. II, Reinbek bei Hamburg 1985 (EA Paris 1978).

Diefenbach, J., Der Hexenwahn vor und nach der Glaubensspaltung in Deutschland, Mainz 1886 (ND 1969).

Diehl, W., Die Straßen-, Flur- und Gewannennamen Dieburgs. In: Kirchenkalender Dieburg 1919, S. 4 - 7.

-, Hessische Chronik, Darmstadt 1933.

Döbler, H., Hexenwahn. Die Geschichte einer Verfolgung, München 1977.

Dölle, A., Erzbischof Daniel Brendel von Homburg und die Gegenreformation auf dem Eichsfeld. In: Lenhart (Hg.), Universitas. Festschrift für Bischof Albert Stohr II, Mainz 1960, S. 110 - 125.

Droß, A., Die erste Walpurgisnacht, Hexenverfolgung in Deutschland, Hamburg 1981.

Dülmen, R. van, Entstehung des frühneuzeitlichen Europa 1550 - 1648, Frankfurt/M. 1982.

-, Imaginationen des Teuflischen. In: Ders. (Hg), Hexenwelten, Frankfurt/M. 1987, S. 94 - 130.

Duerr, H. P., Traumzeit. Über die Grenze zwischen Wildnis und Zivilisation, Frankfurt/M. 1978.

Dürr, O., Philipp Adolf von Ehrenberg, Bischof von Würzburg (1623 - 31). Diss. phil. Würzburg 1935.

Duhr, B., Jesuitenfabeln, Freiburg/ Br. 1899.

-, Die Stellung der Jesuiten in den deutschen Hexenprozessen, Köln 1900.

-, Geschichte der Jesuiten in den Ländern deutscher Zunge I u. II 1/2 etc. Freiburg/Br. 1907 - 28.

Ebersmann, K., Schimpfworte zu Dieburg. In: Kirchenkalender Dieburg 1920, S. 25 - 28.

Ehrenreich, B./English, D., Hexen, Hebammen und Krankenschwestern, München 1975.

Eisengrein, M., Sonn- und Festtagspredigten durch's ganze Jahr, Mainz 1601.

Emslander, H., Zunftbuch der Dieburger Schmiedezunft, Dieburg 1980.

Englert, A., Eine gereimte Zeitung über den Hexenbrand in Dieburg im Jahre 1627. In: HBV 12, 1913, S. 199 - 203.

Erikson, E. H., Der junge Mann Luther. Eine psychoanalytische und historische Studie, München 1958 (Übersetzt aus dem Englischen).

Eschenröder, W., Hexenwahn und Hexenprozeß in Frankfurt am Main. Diss. jur. Frankfurt, Gelnhausen 1932.

Evans-Pritchard, E. E., Hexerei, Orakel und Magie bei den Zande, Frankfurt/M. 1978 (EA Oxford 1937).

Falk, F., Exegetische Arbeiten der Mainzer Jesuiten 1600 - 1630. In: Zeitschrift für katholische Theologie 23, 1899, S. 366 - 371.

-, Bibelstudien. Bibelhandschriften und Bibeldrucke in Mainz vom 8. Jahrhundert bis zur Gegenwart, Mainz 1901.

Falk, H., Die Mainzer Behördenorganisation in Hessen und auf dem Eichsfeld bis zum Ende des 14. Jahrhunderts, Marburg 1930.

Favret-Saado, J., Les mots, la mort, les sorts. La Sorcellerie dans le Bocage, Paris 1977.

-, Hexenwesen und Aufklärung. In: Bovenschen u.a. (Hg.), S. 336 - 366, Übersetzung aus dem Französischen.

Fehr, H., Deutsche Rechtsgeschichte, 6. Aufl., Berlin 1962.

Fiorelli, P., La Tortura Giudiziaria nel Diritto Comune I u. II, Milano 1953.

Fischer, E., Die „Disquisitionum Magicarum libri VI" von Martin Delrio als gegenreformatorische Exempel - Quelle. Diss. Frankfurt/M. 1975.

Franck, W., Die Wallburge und die Walpurgisnacht. In: Main Echo 100 v. 30.4.1964.

Frank, I. W., Kirchengeschichte des Mittelalters, Düsseldorf 1984.

Freud, S., Eine Teufelsneurose im 17. Jahrhundert (EA 1923). In: Ders., Studienausgabe VIII, Frankfurt/M. 1982, S. 283 - 322 .

Friedrichs, H. F., Aschaffenburg im Spiegel der Stiftsmatrikel 1605 - 1650 (Veröffentlichungen des Geschichts- und Kunstvereins Aschaffenburg 6), 1962.

Friedrich, P., Innocens VIII. Hexenbulle, Leipzig 1905.

Friese, V., Das Strafrecht des Sachsenspiegels, Breslau 1898.

Frisé, M., Hexenjagd und Frauenhaß. In: FAZ 119 v. 23.5.1987.

Gaar, G., Heylsame Lehrstück und heylsame Anmerkung in der christlichen, nach Hinrichtung Mariae Renatae einer Zauberin, gehaltene Anred, Würzburg 1750.

Gallier, H., Familles nobles et magiciennes. Les moeurs et la vie privée d'autrefois, Paris 1913.

Gardner, G. B., Ursprung und Wirklichkeit der Hexen, Weilheim 1965 (EA London 1954).

Gaube, K. /Pechmann, A. v., Magie, Matriarchat und Marienkult. Frauen und Religion. Versuch einer Bestandsaufnahme, Hamburg 1986.

Gebhard, H., Hexenprozesse und Hexenverfolgung in Ober-Rosbach Ende des 16. Jahrhunderts. In: Wetterauer Geschichtsblätter 30, 1981, S. 69 - 82.

-, Nicht nur Frauen endeten in Lohr als „Hexen" auf dem Scheiterhaufen. In: Lohrer Echo v. 7.5.1982.

-, Gerichtsakten, „Die Oberrodener Hexerey betreff". In: Nieder-Rodener Lokal-Nachrichten v. 7.6. - 8.9.1982.

-, Hexenprozesse in der Mainzischen Zent Nieder-Roden. In: Rathert u.a. (Hg.), Nieder-Roden 785 - 1985, Babenhausen 1985, S. 91 - 104.

Geilen, H. P., Die Auswirkungen der Cautio Criminalis von Friedrich von Spee auf den Hexenprozeß in Deutschland, Köln 1963 (EA London 1954).

Giblal, J. M., Tambours d'eau, un culte de possession au Mali, Paris 1982.

Giesen, R., „Queens of Horror", böse Märchenhexen, zauberhafte Frauen. In: Dülmen (Hg.), Hexenwelten, S. 253 - 281.

Ginzburg, C., Die Benandanti: Feldkulte und Hexenwesen im 16. und 17. Jahrhundert, Frankfurt/M. 1980 (Übersetzt aus dem Italienischen).

Gloger, B. /Zöllner, W., Teufelsglaube und Hexenwahn, Wien/Köln/Graz 1984.

Görres, J., Die christliche Mystik V, Regensburg 1880.

Goldschmidt, H., Zentralbehörden und Beamtentum im Kurfürstentum Mainz (Abhandlungen zur Mittleren und Neueren Geschichte H. 7), Berlin/Leipzig 1908.

Golowin, S., Die weisen Frauen. Die Hexen und ihr Heilwissen, Basel 1982.

-, Die Magie der verbotenen Märchen, Gifkendorf 1985.

Grebner, C., Hexenprozesse im Freigericht Alzenau. In: AJB 6, 1979, S. 137 - 240.

Haag, H., Kommt der Teufel wieder? In: Greinacher, N. /Küng, H. (Hg.), Katholische Kirche wohin? Wider den Verrat am Konzil, München 1985, S. 259 - 265.

Haberling, E., Beiträge zur Geschichte des Hebammenstandes, Berlin 1940.

Haller, W., Das Buch der Hexen, Stuttgart 1980.

Hammes, M., Hexenwahn und Hexenprozesse, Frankfurt/M. 1977.

Hampp, I., Beschwörung, Segen, Gebet. Untersuchungen zum Zauberspruch aus dem Bereich der Volksheilkunde, Stuttgart o.J.

Hansen, J., Zauberwahn, Inquisition und Hexenprozeß im Mittelalter und die Entstehung der großen Hexenverfolgung, Leipzig/München 1900.

-,Quellen und Untersuchungen zur Geschichte des Hexenwahns und der Hexenverfolgung im Mittelalter, Bonn 1901.

Harmening, D., Superstitio. Überlieferungs- und theoriegeschichtliche Untersuchungen zur kirchlich-theologischen Aberglaubensliteratur des Mittelalters, Berlin 1979.

-, Von Hexenwahn und Teufelspakt. Geständnisse durch Hexensalbe. In: Bote vom Untermain 71 v. 26.3.1979.

Heers, J., Vom Mummenschanz zum Machttheater. Europäische Festkultur im Mittelalter, Frankfurt/M. 1986 (Übersetzt aus dem Französischen).

Heinemann, E., Hexen und Hexenglauben. Eine historisch-sozialpsychologische Studie über den europäischen Hexenwahn des 16. und 17. Jahrhunderts, Frankfurt/M./New York 1986.

Heinsohn, G./Steiger, O., Die Vernichtung der weisen Frauen, Herbstein 1985

Henning, F. W., Landwirtschaft und ländliche Gesellschaft in Deutschland I, Paderborn/München/Wien/Zürich 1979.

Henningsen, G., Hexenverfolgung und Hexenprozesse in Dänemark. In: Degn u.a. (Hg.), S. 143 - 149.

Hensler, E.,Verfassung und Verwaltung von Kurmainz, Straßburg 1909.

-, Der Mainzer Kurfürst und sein Hof vor 300 Jahren. In: AGB 2, 1907, S. 10 - 13; 3, 1907, S. 16 - 19; 5, 1907, S. 33 - 37.

Herrmann, F., Gutachten der theologischen Fakultät Mainz über die von Priestern, welche Hexenmeister gewesen, gepflogene Taufe. In: AHG 8, 1912, S. 390 f.

-, Eine offizielle Mainzer Konkubinarierliste aus dem Jahre 1575. In: BZHK 3, 1925, S. 327 - 332.

-, Der Astrologe Johannes Indagine, Pfarrer zu Steinheim a. M. und die Frankfurter Kaiserwahl des Jahres 1519. In: BZHK 10, 1932, S. 57 - 74.

Herrmann, L., Hexenprozesse aus der ehemaligen Cent vorm Spessart und Bachgau (aus aktenmäßigen Urkunden gezogen). In: „Erheiterungen" (Belletristisches Beiblatt zur Aschaffenburger Zeitung) 11 - 32 v. 12.1. - 6.2.1866.

Hinkel, H., Pfarrer und Seelsorge im Aschaffenburger Raum. Die Landkapitel Montat und Rodgau 1550 - 1650, Aschaffenburg 1980.

-, Ein Konfessionsstreit in Dieburg in den Jahren 1582 - 1584. In: AMKG 26, 1974, S. 97 - 106.

-, Die Handbibliothek des Lohrer Gegenreformators Magister Bernhard Piscator. In: AJB 6, 1979, S. 271 - 280.

Hirschmann, A., Johann Reichard. Ein Sittenbild aus der Zeit der Hexenverfolgungen. In: Hist. Pol. Blätter 16, 1918, S. 679 und 681.

His, R., Geschichte des deutschen Strafrechts bis zur Carolina, München/-Berlin 1928.

Hobsbawn, E. J., The crisis of the Seventeenth Century Europe. In: Aston (Hg.), Crisis in Europe 1560 - 1660, S. 5 - 58.

Hoch, G., Geschichte Klein-Auheims im Mittelalter und in der Neuzeit. In: Stadt und Landkreis Offenbach/M. (Studien und Forschungen), Offenbach/M. 1967, S. 185 - 193.

Höbelheinrich, N., Die „9 Städte" des Mainzer Oberstifts, ihre verfassungsmässige Entwicklung und ihre Beteiligung am Bauernkrieg, Buchen 1939.

Hönlein, H., Lohr und die Juden. In: Heimatland v. 7.3.1956 (BLZZ).

Hörger, H., Wirtschaftlich - soziale und gesellschaftlich - ideologische Aspekte des Hexenwahns. Der Prozeß gegen Simon Altseer aus Pottenbuch. In: ZBLG 38, 1975, S. 945 - 966.

Hohoff, C., Friedrich von Spee. Zum 350. Todestag am 7. August 1985. In: Internat. kath. Zs. 4, 1985, S. 461 - 479.

Honegger, C. /Bloch, M. /Braudel, F. /Febore, L., Vorschläge zur systematischen Aneignung historischer Prozesse, Frankfurt/M. 1977.

Honegger, C. (Hg.), Die Hexen der Neuzeit. Studien zur Sozialgeschichte eines kulturellen Deutungsmusters, Frankfurt/M. 1978.

Hoppstetter, H., Die Hexenverfolgungen im Saarländischen Raum. In: Zeitschrift für die Geschichte der Saargegend 9, 1959, S. 210 - 267.

Hornschuch, F., Aufbau und Geschichte der interterritorialen Kesslerkreise in Deutschland, Stuttgart 1930.

Horst, C. G., Dämonomagie, oder Geschichte des Glaubens an die Zauberei und dämonische Wunder, mit besonderer Berücksichtigung des Hexenprozesses seit den Zeiten Innocentius des Achten. Nebst einer ausführlichen Beschreibung des Hexenthurms zu Lindheim in der Wetterau I u. II, Frankfurt 1818.

-, Zauber-Bibliothek oder von Zauberei, Theurgie und Mantik, Zauberern, Hexen und Hexenprozessen, Dämonen, Gespenstern und Geistererscheinungen. Zur Beförderung einer reingeschichtlichen von Aberglauben und Unglauben freien Beurteilung dieser Gegenstände, Mainz 1821 - 26.

Huffschmid, E. Ph., Zur Criminalstatistik des Odenwalds im 16. und 17. Jahrhundert. In: Zeitschrift für deutsche Cultur 1859.

Huizinga, J., Herbst des Mittelalters, 6. Aufl., Stuttgart 1953 (EA Haarlem 1919).

Humpert, Th., Die Entwicklung von Kurmainz zwischen Main und Neckar. In: Archiv des Hist. Vereins f. Unterfranken 12, Würzburg 1912.

Imgram, L., Die Bau- und Kunstdenkmäler von Groß-Steinheim, Steinheim 1931.

-, Geschichte der Stadt Steinheim am Main, o.O. 1958.

Jäger, K., Die Hexenverfolgung im Amt Homburg, Wiesbaden 1932.

Janssen, J. /Pastor, L., (Hg).), Culturzustände des deutschen Volkes seit dem Ausgang des Mittelalters bis zum Beginn des Dreißigjährigen Krieges VIII, Freiburg/Br. 1885 - 1894.

Jedin, H., (Hg.), Handbuch der Kirchengeschichte IV 1 u. 2, Freiburg/Basel/Wien 1968.

Jensen, K. S., Zauberei in Dänemark 1500 - 1588. In: Degn u.a. (Hg.), S. 150 - 158.

Jöcher, Ch. G., Allgemeines Gelehrten-Lexikon I - IV, Leipzig 1751.

Johansen, J. Ch., Als die Fischer den Teufel ins Netz bekamen..... Eine Analyse der Zeugenaussagen aus Städten und Landbezirken in den jütischen Zaubereiprozessen des 17. Jahrhunderts. In: Degn u.a. (Hg.), S. 159 - 166.

Jürgensmeier, F., Johann Philipp von Schönborn 1647 - 1673 und die Römische Kurie, (QAmrhKG 28) Mainz 1977.

Just, L., Beiträge zur Geschichte der Kölner Nuntiatur, Tübingen 1956.

Kachel, J., Herberge und Gastwirtschaft in Deutschland bis zum 17. Jahrhundert, Berlin/Stuttgart/Leipzig 1924.

Kahlenberg, F. P., Kurmainzische Verteidigungseinrichtungen und Baugeschichte der Festung Mainz im 17. und 18. Jahrhundert, Mainz 1963.

Kaiser, W. B., 650 Jahre Stadtrechte Steinheim, Steinheim 1970.

Kallfelz, H., Stadt und Amt Klingenberg in Kurmainzer und Fürstprimatischer Zeit 1505 - 1814. In: 700 Jahre Stadt Klingenberg, Klingenberg 1976, S. 104 - 122.

Kamen, H., The Iron Century. Social Change in Europe 1550, London 1971.

Karst, V., Die mittelalterliche Verfassung Dieburgs. In: Dieburg. Beiträge zur Geschichte einer Stadt, Darmstadt 1977, S. 49 - 56.

-, Die mittelalterlichen Vorstädte Dieburgs. In: Dieburg, S. 57 - 60.

-, Ein Dieburger Hexenprozeß von 1596. In: Dieburg. Beiträge zur Geschichte einer Stadt, Darmstadt 1977, S. 102 - 106.

-, Die Kurmainzer Amtsstadt Dieburg im Dreißigjährigen Krieg. In: Dieburg, S. 108 - 114.

Keller, W., Was gestern noch als Wunder galt, Zürich 1973.

Keller, W. O., Das Geständnis der Bürgerin „Uhrenels". Flucht geglückt, aber wieder ausgeliefert. In: Main Echo 196 v. 30.4.1981.

Keyser, E., Hessisches Städtebuch, Stuttgart 1957.

Kieckhefer, R., European Witch-Trials: Their Foundations in Popular and Learned Culture 1300 - 1500, London 1976.

Kingston, J., Hexen - Zauberer und ihr Werk, Frankfurt/M. 1987.

Kittel, M., Kurmainzische peinliche Hexen-Inquisition vom Jahre 1624. In: Anzeiger für Kunde der deutschen Vorzeit 10 - 12, Nürnberg 1865, S. 396 - 460.

Klein, A., Studien zur Territorienbildung am unteren Main, Würzburg 1938.

Kleinwegner, G., Die Hexenprozesse von Lemgo. Diss. jur. Bonn 1954.

Kneubühler, H. P., Die Überwindung von Hexenwahn und Hexenprozeß. Diss. jur. Zürich 1977.

Knieb, Ph., Geschichte der Reformation und Gegenreformation auf dem Eichsfeld, Heiligenstadt 1909.

Koch, J., Jesuitenlexikon. Die Gesellschaft Jesu einst und jetzt, Paderborn 1934.

Köhl, W., Aschaffenburg, Aschaffenburg 1935.

König, B. E., Ausgeburten des Menschenwahns im Spiegel der Hexenprozesse und der Autodafés, Schwerte/Ruhr o.J.

König, H., Jacob Gretser SJ 1562 - 1625. Ein Charakterbild. In: Freiburger Diözesanarchiv 77, Freiburg 1957, S. 136 - 170.

Königer, A. M., Zum Kapitel Hexenprozesse. In: Zeitschrift des Hist. Vereins für Schwaben und Neuburg 33, Augsburg 1907, S. 73 - 83.

Kopitzsch, F., Die Sozialgeschichte der deutschen Aufklärung als Forschungsaufgabe. In: Ders. Aufklärung, Absolutismus und Bürgertum in Deutschland, München 1976, S. 11 - 173.

Krämer, W., Kurtrierische Hexenprozesse im 16. und 17. Jahrhundert, München 1959.

-, Kurtrierische Hexenprozesse vornehmlich an der unteren Mosel, München 1959.

Kramer, K. S., Schadens- und Gegenzauber im Alltagsleben des 16. - 18. Jahrhunderts nach archivalischen Quellen aus Holstein. In: Degn u.a. (Hg.) S. 222 - 239.

Kuhlen, F. J., Zur Geschichte der Schmerz-, Schlaf- und Betäubungsmittel im Mittelalter und in früherer Neuzeit, Stuttgart 1983.

Kunstmann, H. H., Zauberwahn und Hexenprozeß in der Reichsstadt Nürnberg, Nürnberg 1970.

Kunze, M., Der Prozeß Pappenheimer. Diss. jur. München 1980.

-, Die Straße ins Feuer (Roman), München 1982.

Labouvie, E., Hexenspuk und Hexenabwehr. In: Dülmen (Hg.), Hexenwelten, S. 49 - 93.

Längin, G., Religion und Hexenprozeß, Leipzig 1888.

Lancre, P. de, Wunderbarliche Geheimnussen der Zauberey (...) o.O. 1630 (EA Paris 1612).

Lauenstein, W., Das mittelalterliche Böttcher- und Küferhandwerk in Deutschland. Diss. Berlin 1917.

Lecouteux, C., Hexe und Hexerei als Sammelbegriff. In: Bauer, D. R. u. Lorenz, S. (Hg.), Hexenverfolgung. Neuere Forschungen zu den südwestdeutschen Hexenprozessen. (Quellen und Forschungen zur europäischen Ethnologie), Würzburg (1988).

Lehmann, A., Aberglaube und Zauberei von den ältesten Zeiten bis in die Gegenwart, Aalen 1925.

Lehmann, H., Das Zeitalter des Absolutismus. Gottesgnadentum und Kriegsnot, Stuttgart 1980.

-, Hexenverfolgung und Hexenprozesse im Alten Reich zwischen Reformation und Aufklärung. In: Jahrbuch des Instituts für deutsche Geschichte VII, 1978, S. 13 - 70.

-, Hexenprozesse in Nordwestdeutschland und Skandinavien im 16., 17. und 18. Jahrhundert. Bemerkungen zum Forschungsstand. In: Degn u.a. (Hg.), S. 9 - 13.

-, Hexenglaube und Hexenprozesse in Europa um 1600. In: Degn u.a. (Hg.), S. 14 - 27.

Lehmann, P., Merkwürdigkeiten des Abtes Johann Trithemius, München 1861.

Leibbrand, W. /Leibbrand-Wettley, A., Formen des Eros. Kultur und Geistesgeschichte der Liebe I, München 1972.

-, Vorläufige Revision des historischen Hexenbegriffes. In: Wahrheit und Verkündigung. Festschrift für Michael Schmaus, München 1962, S. 819 - 856.

Leitmaier, Ch., Die Kirche und die Gottesurteile. Eine rechtshistorische Studie (Wiener rechtsgeschichtliche Arbeiten II), Wien 1953.

Lenhart, L., Mainzer Erzbischöfe und die vielhundertjährige Mainzer-Aschaffenburger Verbundenheit. In: AJB 4, 1957, S. 77 - 106.

Le Roy-Ladurie, E., Montaillou. Ein Dorf vor dem Inquisitor, Frankfurt/M. 1980 (Übersetzung aus dem Französischen).

-, Die Bauern des Languedoc, Stuttgart 1983 (Übersetzung aus dem Französischen).

Leutenbauer, S., Hexerei - und Zaubereidelikt in der Literatur von 1450 - 1550. Mit Hinweisen auf die Praxis im Herzogtum Bayern, Berlin 1972.

Liebelt, K., Geschichte der Hexenprozesse in Hessen-Kassel, Marburg 1932.

Lobin, G., Für die einen der Tod, für die anderen das Geschäft. In: FAZ v. 17.11.1981.

Lohmeier, D., Die Hexenschrift des Samuel Meigerius. In: Degn u.a. (Hg.), S. 46 - 58.

Lorenz, A., Hexenprozesse. In: AGB 1, 1908, S. 1 - 7.

Lorenz, S., Aktenversendung und Hexenprozeß. Dargestellt am Beispiel der Juristenfakultäten Rostock und Greifswald 1570/82 - 1630 I u. II, Frankfurt/M. 1982.

Lütge, F., Studien zur Sozial- und Wirtschaftsgeschichte. Gesammelte Aufsätze, Stuttgart 1963.

Luther, M., Tischreden IV, Weimar 1917 (Weimarer Lutherausgabe v. E. Groger).

Macfarlane, A. D., Anthropologische Interpretationen des Hexenwesens. Studien zur Sozialgeschichte eines kulturellen Deutungsmusters. In: Honegger (Hg.), Die Hexen der Neuzeit, S. 235 - 255.

Madler, A., Geschichte und Topographie der Stadt Miltenberg in Beziehung auf die bürgerlichen Wehranstalten, Amorbach 1842.

Maier, H., Die ältere deutsche Staats- und Verwaltungslehre, München 1986.

Malkmus, F., Chronik der Stadt Neustadt, Kirchhain 1904.

Mandrou, R., Magistrates et sorcières en France au XVII siècle, Paris 1968.

-, Das Europäische Barock: Pathetische Mentalität und soziale Umwälzung. In: Honegger (Hg.), S. 368-392.

Manser, G. J., Thomas von Aquin und der Hexenwahn. In: Divus Thomas IX, Freiburg/Br. 1922, S. 17 - 49.

Marzell, H., Zauberpflanzen und Hexentränke, Stuttgart 1963.

Mauthner, F., Agrippa von Nettesheim, München 1915.

Max, W., Amorbacher Brauchtum zwischen Neujahr und Laetare in den letzten fünf Jahrhunderten. In: Bayerisches Jahrbuch für Volkskunde 1956, S. 70 - 79.

May, G., Beschreibung und Geschichte der koeniglichen Schloesser und Lustgaerten ... im Untermainkreise des Koenigreiches Bayern, Würzburg 1930.

May, Georg, Die deutschen Bischöfe angesichts der Glaubensspaltung des 16. Jahrhunderts, Wien 1983.

Meder, D., Acht Hexenpredigten, Leipzig 1605.

Meili, D., Hexen in Wasterkingen. Magie und Lebensform in einem Dorf des frühen 18. Jahrhunderts, Basel 1980.

Mellor, A., La Torture, Paris 1949.

Merkle, S., Die kirchliche Aufklärung im katholischen Deutschland, Berlin 1910.

Merzbacher, F., Die Hexenprozesse in Franken, München 1957 (NA 1970).

Metz, E., Der Getreide- und Weinanschlag in Kitzingen 1510 bis 1618, In: Batori/Weyrauch (Hg.), Die bürgerliche Elite der Stadt Kitzingen, Stuttgart 1977, S. 161 - 204.

Michelet, F., Die Hexe, München 1974 (Übersetzt aus dem Französischen).

Midelfort, H. C. E., Witch Hunting in Southwestern Germany 1562 - 1684, Stanford 1972.

-, Alte Fragen und neue Methoden in der Geschichte des Hexenwahns. In: Bauer, D. R./Lorenz, S. (Hg.), Hexenverfolgung. (Neuere Forschungen zu den südwestdeutschen Hexenprozessen). (Quellen und Forschungen zur europäischen Ethnologie), Würzburg (1988).

Mitteis, H./Lieberich, H., Deutsche Rechtsgeschichte, 13. Aufl., München 1974.

Moeller, E. v., Julius Clarus aus Alessandria - der Kriminalist des 16. Jahrhunderts, der Rat Philipps II. 1525 - 1575, Breslau 1911.

Mommsen, Th., Römisches Strafrecht. Systematisches Handbuch der Rechtswissenschaft Abt. 1, Teil 4, Leipzig 1899.

Monter, E. W., European Witchcraft, New York 1969.

-, The Historiography of European Witchcraft: Progress and Prospects. In: The Journal of Interdisciplinary History 2, 1972, S. 435 - 451.

Morschel, M., Der Kampf um die Abschaffung der Folter. Diss. jur. Gießen 1926.

Muchembled, R., Kultur des Volkes - Kultur der Eliten, Stuttgart 1982 (EA Paris 1978).

-, Sorcières, Justice et Société aux 16e et 17e siècles, Paris 1987.

Müller, H. D., Der Schwedische Staat in Mainz 1631 -1636. Einnahme, Verwaltung, Absicht, Restitution (Beiträge zur Geschichte der Stadt Mainz XXXIV), Mainz 1986.

Müller, W., Hessisches Ortsnamenbuch I, Darmstadt 1937.

Müller-Gerber, H., In teufels namen getauft. Der Prozeß gegen Anna Pfadt. In: FAZ v. 31.10.1981.

Murray, M. A., The Witch Cult in Western Europe, Oxford 1921 (ND 1962).

Nahrgang, K., Hexenprozesse in der Dreieich im Ausgang des 16. Jahrhunderts. In: Landschaft Dreieich. Blätter für Heimatforschung, Langen 1956, S. 22 - 32.

Nebe, K., Johann Adam von Bicken, Erzbischof und Kurfürst von Mainz 1601 - 1604. In: Nassovia 19, 1918, S. 90 - 100.

Nelli, B., Le phénomène cathare. Perspectives philosophiques et morales, Toulouse 1964.

Neumann, E. G., Rheinisches Beginen- und Begardenwesen, Meisenheim 1960.

Neumeier, H., Hexenwahn im badischen Frankenland. In: Württembergisch-Franken 3, 1976, S. 264 - 277.

Niess, W., Hexenprozesse in der Grafschaft Büdingen. Protokolle, Ursachen, Hintergründe, Büdingen 1982.

Noess, H. E., Die Hexenprozesse in Norwegen. In: Degn u.a. (Hg.), S. 167 - 171.

Oesterreich, G., Geist und Gestalt des frühmodernen Staates. Ausgewählte Aufsätze, Berlin 1969.

Paulus, N., Hexenwahn und Hexenprozeß vornehmlich im 16. Jahrhundert, Freiburg/Br. 1910.

Petersdorff, E. v., Daemonologie. Daemonen im Weltenplan I u. II, München 1956.

Peuckert, W. E., Deutscher Volksglauben des Spätmittelalters, Stuttgart 1942.

-, Pansophie. Versuch zur Geschichte der Weißen und Schwarzen Magie, Berlin 1956.

-, Die große Wende. Das apokalyptische Saeculum und Luther II, Darmstadt 1966.

-, Quellen und Untersuchungen zur Geschichte des Hexenglaubens im 16. und 17. Jahrhundert, Hildesheim 1968.

-, Geheim-Kulte, Heidelberg 1971.

Pfeifer, E., Als es im Spessart, im Odenwald und im Bachgau noch „Hexen" gab. In: Main Echo 103 v. 30.4.1977.

Pitz, E., Wirtschafts- und Sozialgeschichte Deutschlands im Mittelalter, Wiesbaden 1979.

Praetorius, J., Blockes-Berges verrichtung, Leipzig 1669 (ND Hanau 1968).

Prause, G. /Randow, Th., Der Teufel in der Wissenschaft, Hamburg 1985.

Rabb, Th. K., The Struggle for Stability in Early Modern Europe, New York 1975.

Radbruch, G. (Hg.), Die peinlicheGerichtsordnung Kaiser Karl V. 1532 (Carolina), 6. Aufl., Stuttgart 1975.

Rady, J. B., Geschichte der katholischen Kirche in Hessen, Mainz 1904.

Rapp, L., Die Hexenprozesse und ihre Gegner aus Tirol. Ein Beitrag zur Kulturgeschichte, Innsbruck 1874.

Rauch, E. J., Das Dorf Wiesen. In: Heimatland v. 1.11.1934 (BZLZ).

-, Kulturgeschichte aus Neuendorf und Nantenbach. In: Heimatland v. 7.3.1935 (BZLZ).

-, Das Zentgericht im Amt Lohr und das Amt Partenstein um das Jahr 1600. In: Heimatland v. 9.2.1936 (BZLZ).

-, Die Abtei Neustadt a. M. im 30 jährigen Krieg. In: Heimatland v. 1.4.1936 (BZLZ).

Rauch, G., Das Mainzer Domkapitel in der Neuzeit. Zu Verfassung und Selbstverständnis einer adligen geistlichen Gemeinschaft. In: Zts. der Savigny-Stiftung für Rechtsgeschichte (Kanonistische Abteilung), 1975, S. 161 - 227.

Reuso, R., La sorcellerie aux 16e et 17e siècles, Paris 1872.

Richter, H. E., Der Gotteskomplex. Die Geburt und die Krise des Glaubens an die Allmacht des Menschen, Hamburg 1979.

Riezler, S. v., Geschichte der Hexenprozesse in Bayern. Im Lichte der allgemeinen Entwicklung dargestellt, Stuttgart 1896 (ND Aalen 1968).

Rissel, R. /Böker, W., Verhexungswahn. In: Bibliotheca psychiatr. neurol. CXXIV, Basel 1964, S. 211 - 239.

Ritter, J. F., Friedrich von Spee 1591 - 1635. Ein Edelmann, Mahner und Dichter, Trier 1977.

Rosenbohm, R., Die älteste Kirche und der Hexenplatz in Oberursel. In: Mitt. d. Vereins f. Gesch. u. Heimatk. Oberursel/Ts. 1979, S. 1 - 11.

Roskoff, G., Geschichte des Teufels I u. II, Leipzig 1869.

Rücker, E., 1200 Jahre Großwelzheim 772 - 1972, Großwelzheim 1972.

Ruether, R., Sexismus und die Rede von Gott, Gütersloh 1985.

Ruf, A., Im Herbst 1626 begann in Lohr die schlimmste Zeit der Hexenverfolgung. In: Lohrer Zeitung v. 30.4.1987.

Russel, J. B., Hexerei und Geist des Mittelalters. In: Honegger (Hg.), Die Hexen der Neuzeit, S. 159 - 187.

Sante, G. W. (Hg.), Handbuch der historischen Stätten Deutschlands IV (Hessen), Stuttgart 1976.

Savigny, F. C. v., Geschichte des Römischen Rechts im Mittelalter I - VII, Heidelberg 1835 - 1951 (ND Bad Homburg 1961).

Schaab, K. U., Geschichte der Stadt Mainz II, Mainz 1844.

Schacher, I. J. v., Das Hexenwesen im Kanton Luzern nach den Prozessen von Luzern und Sursee 1400 - 1675. Diss. phil. Luzern 1947.

Schade, S., Kunsthexen - Hexenkünste. In: Dülmen (Hg.), Hexenwelten, Frankfurt/M. 1987, S. 170 - 218.

Scheel, W. /Köhler, J., Peinliche Gerichtsordnung Kaiser Karl V. Constitutio criminalis Carolina, Aalen 1968 (ND).

Scheid, R., Hexenprozesse in Groß-Krotzenburg. In: Hessische Familienkunde 14, 1979, Sp. 345 - 353.

Scherf, W., Die Hexen im Zaubermärchen. In: Dülmen (Hg.), Hexenwelten, S. 219 - 252.

Scheuermann, B., Nach gütlichem Zureden mit Daumenschrauben traktiert. In: FAZ 54 v. 5.3.1983.

Schlink, B. M., New Age - Aus Biblischer Sicht, Darmstadt-Eberstadt 1987.

Schmidt, E., Inquisitionsprozeß und Rezeption. Studien zur Geschichte des Strafverfahrens in Deutschland vom 13. bis 16. Jahrhundert, Leipzig 1940.

-, Einführung in die Geschichte der deutschen Strafrechtspflege, 3. Aufl., 1965 (EA Göttingen 1947).

Schmidt, G., Agrarkonflikte im Gebiet des Wetterauer Grafenvereins 1550 - 1650. In: Wetterauer Geschichtsblätter 33, 1984, S. 79 - 112.

Schmidt, J., Die katholische Restauration in den ehemaligen Kurmainzer Herrschaften Königstein und Rieneck, Freiburg/Br. 1902.

Schöck, I., Hexen heute. In: Dülmen (Hg.), Hexenwelten, S. 282 - 305.

Schormann, G., Hexenprozesse in Nordwestdeutschland, Hildesheim 1977.

-, Hexenprozesse in Deutschland, Göttingen 1981.

Schott, J., Beiträge zur Reformationsgeschichte der Grafschaft Rieneck. In: Heimatland 12 - 19, 1954 (BZLZ).

-, Die Wiedertäufer in Wiesen. In: Heimatland v. 3.3.1955 (BZLZ).

-, Der Landkreis Lohr am Main und seine Gemeinden, Lohr 1964.

Schüler, Th., Flörsheim am Main unter Herrschaft des Mainzer Domkapitels. In: Wiesbadener Tagesblatt 102, 114, 132 u. 138, Mainz 1886.

-, Geschichte der Stadt Hochheim am Main, Mainz 1887.

Schuhmann, H., Der Scharfrichter. Seine Gestalt - seine Funktion, Kempten 1964.

Schulte, J. F., Die Geschichte der Quellen und Literatur des Canonischen Rechts II, Graz 1956, S. 360 - 361.

Schulz, W., Die veränderte Bedeutung sozialer Konflikte im 16. und 17. Jahrhundert. In: Wehler, H. U. (Hg.), Der deutsche Bauernkrieg, Göttingen 1975, S. 277 - 302.

Schunke, W., Die Folter im deutschen Strafverfahren des 13. bis 16. Jahrhunderts. Diss. jur. Münster 1952.

Schwager, J. M., Versuch einer Geschichte der Hexenprozesse I, Berlin 1784 (ND Aalen 1970).

Sebald, H., Hexen damals - und heute, Frankfurt/M. 1987.

Seger, O., Der letzte Akt im Drama der Hexenprozesse in der Grafschaft Vaduz und Herrschaft Schellenberg. In: Jb. d. Hist. Ver. d. Fürstentums Liechtenstein, Vaduz 1957 - 59, S. 137 - 227 u. 331 - 349.

Seibel, F. W., Die Hexenverfolgung in Köln. Diss. jur. Bonn 1959.

Seibert, L., Hexenbrände in und um Seligenstadt, Frankfurt/M. 1936.

Seils, E. A., Die Staatslehre des Jesuiten Adam Contzen, Beichtvater Kurfürst Maximilian I. von Bayern, Lübeck 1968.

Seltsam, Ph., Wegen ihres Bundes mit dem Satan auf dem Scheiterhaufen verbrannt. In: Main Echo 299 v. 30.4.1972.

Sender, F. W., Georg Friedrich Greifenclau von Vollrads 1573 - 1629, (QAmrhKG 30) Mainz 1977.

Soldan, G. W. /Heppe, H. /Bauer, H., Geschichte der Hexenprozesse I u. II, 3. Aufl., Hanau 1912 (ND o.J.).

Sommervogel, C., Bibliothèque de la Compagnie de Jésus I - IX, Paris/Brüssel 1980 - 1900.

Spee, F. v., Cautio Criminalis Seu De Processibus Contra Sagas. Liber Ad Magistratus Germaniae hoc tempore necessarius, Augsburg 1731 (Erste vollständige Übersetzung ins Deutsche von F. v. Ritter, Weimar 1939; Zitiert nach ND München 1982).

Spielmann, K. H., Die Hexenprozesse in Kurhessen. Nach den Quellen dargestellt, 2.Aufl., Marburg 1932.

Spies, H. B., Schloß Johannisburg in Aschaffenburg und Schloß Skokloster am Mâlarsee in Schweden, Aschaffenburg 1986.

Sprenger, J. /Institoris, H., Der Hexenhammer (Malleus maleficarum) I - III. Aus dem Lateinischen übertragen und eingeleitet von J. W. R. Schmidt, München 1982.

Stamm, O., Die Herrschaft Königstein, ihre Verfassung und Geschichte, Frankfurt/M. 1952.

Starhawk (Pseudonym), Der Hexenkult als Ur-Religion der Großen Göttin. Magische Übungen, Rituale und Anrufungen, Freiburg/Br. 1983.

Steger, W., Hexenritt - Hexensalbe - Hexenhenker. In: Lohrer Echo v. 30.4.1960.

-, Lohr - ein verschrieenes Hexennest. In: Lohrer Echo v. 29.4.1961.

Stein, F., Geschichte der Stadt Lohr am Main von der ältesten Zeit bis zum Übergang an die Krone Bayerns, Lohr 1898.

Steiner, J.W.C., Altertümer und Geschichte des Bachgaus im alten Maingau, Darmstadt 1829.

Stelzner, F. K., Das Zauber- und Hexenwesen der Stadt Lohr, Lohr 1892.

Stimming, M., Die Wahlkapitulationen der Erzbischöfe und Kurfürsten von Mainz (1233 - 1788), Göttingen 1909.

-, Die Entstehung des weltlichen Territoriums des Erzbistums Mainz (Quellen und Forschungen zur hessischen Geschichte), Darmstadt 1915.

Stinzing, R., Geschichte der Deutschen Rechtswissenschaft 1. Abt. I u. II, München/Leipzig 1880 - 1910 (ND Aalen 1957).

Stockinger, L., Invidia, curiositas und Hexerei. Hexen- und Teufelsglaube in literarischen Texten des 17. Jahrhunderts. In: Degn u.a. (Hg.), S. 28 - 45.

Stöhlker, F., Die Kurmainzer Oberamtmänner in Königstein. In: Heimatliche Geschichtsblätter, Königstein 1957, S. 35 - 61.

Störmer, W., Miltenberg. Die Ämter Amorbach und Miltenberg des Mainzer Oberstifts als Modelle geistlicher Territorialität und Herrschaftsintensivierung (Historischer Atlas von Bayern, Franken I, H. 25), München 1979.

Szasz, Th. S., Die Fabrikation des Wahnsinns, New York 1976 (Übersetzt aus dem Englischen).

Tanner, A., Disputatio Theologica de iustitia et iure, Ingolstadt 1609.

-, Theologia scholastica I - IV, Ingolstadt 1626/27.

-, Tractatus Theologicus de Processu adversus Crimina excepta ac speciatim adversus Crimen Veneficii, Köln 1629.

Thomas, K., Die Hexen und ihre soziale Umwelt. In: Honegger (Hg.), Die Hexen der Neuzeit, S. 256 - 308 (EA London 1971).

Thomasius, Ch., De Crimine Magiae, Halle 1701. Herausgegeben, übersetzt und mit einem Vorwort versehen v. R. Lieberwirth, Weimar 1967 (ND München 1986).

-, Processus Inquisitorii contra Sagas, Halle 1712. Herausgegeben, übersetzt und mit einem Vorwort versehen v. R. Lieberwirth, Weimar 1967 (ND München 1986).

Trevor-Roper, H. R., The General Crisis of the Seventeenth Century. In: Aston (Hg.), 1965, S. 59 - 96.

-, Der europäische Hexenwahn des 16. und 17. Jahrhunderts. In: Ders., Religion, Reformation und sozialer Umbruch, Frankfurt/M. 1970, S. 95 - 180.

Unverhau, D., Akkusationsprozeß - Inquisitionsprozeß. Indikatoren für die Intensität der Hexenverfolgung in Schleswig-Holstein. In: Degn u.a. (Hg.), S. 59 - 142.

-, „Meisterinnen" und deren „Kunstfruwen" in Schleswig und in Angeln um die Mitte des 16. Jahrhunderts. Von magischen Frauengemeinschaften und Hexensekten. In: Jb. des Heimatvereins Schleswigsche Geest 1984, S.60 - 80.

Veit, A. L., Kirche und Kirchenreform in der Erzdiözese Mainz im Zeitalter der Glaubensspaltung und der beginnenden tridentinischen Reformation, Freiburg/Br. 1920.

-, Die Stadt Dieburg und Umgebung. In: Dieburger Kirchenkalender 1916, S. 26 - 31.

-, Hexenprozesse und Hexenverbrennungen in Dieburg in der ersten Hälfte des 17. Jahrhunderts. In: Dieburger Kirchenkalender 1918, S. 17 - 25.

Vierengel, R., Miltenberg, Amorbach 1962.

-, Auch Fürstenherberge „Riesen" nicht vom Hexenwahn verschont. In: Mainpost v. 26.8.1977.

Vorwerk, W., Die Lohrer Straße. Eine vergessene Straße über den Spessart von Lohr nach Aschaffenburg und weiter nach Mainz. In: Mainfränkisches Jahrbuch 109, Würzburg 1986, S. 62 - 76.

Wächter, O., Vehmgerichte und Hexenprozesse in Deutschland. Nach den Quellen dargestellt, Stuttgart 1882.

Walter, M., Amorbacher Brauchtum zwischen Neujahr und Laetare in den letzten fünf Jahrhunderten. In: Bayerisches Jb. für Volkskunde, Volkach 1956, S. 70 - 79.

Wann, W., Die alten Mainzer Archive. In: Archivalische Zeitschrift 60, 1964, S. 100 - 130.

Weber, F. L., Hexenbrennen ein einträgliches Geschäft. In: Heimat und Geschichte, Aschaffenburg 1936, S. 18 - 27.

Weber, H., Der Dekalog als Grundlage der Verbrechenssystematik. In: Weller (Hg.), Festschrift für Wilhelm Sauer, Berlin 1950, S. 44 - 70.

Weber, J., Mönchberg im Spessart. Geschichte einer fränkischen Centene, o.O. 1967.

Webster, H., Magic. A sociological Study, New York 1973.

Weigand, W., Der Teufels- und Dämonenglaube ist auch am Main tief verwurzelt. In: Lohrer Echo v. 7.7.1976.

-, 160 bis 200 Personen fielen dem Lohrer Hexengericht zum Opfer. In: Lohrer Echo v. 11.7.1976.

-, Ein tapferes 17 jähriges Mädchen aus Lohr überstand alle Folterungen. In: Lohrer Echo v. 19.7.1976.

-, Lohrer Honoratioren sollen im Bund mit dem Teufel gestanden haben. In: Lohrer Echo v. 9.10.1976.

Weiß, E., Die Hexenverfolgung in der mainzischen Zent Buchen. In: 700 Jahre Buchen. Beiträge zur Stadtgeschichte, Buchen 1980, S. 117 - 131.

Wilbertz, G., Die Hexenprozesse in Stadt und Hochstift Osnabrück. In: Degn u.a. (Hg.), S. 218 - 221.

Wirth, M. J., Chronik der Stadt Miltenberg, Miltenberg 1890.

Wirth, J., Hexenwahn in Aschaffenburg. In: Heimat und Geschichte, Aschaffenburg 1938, S. 7 - 9.

Wisselinck, E., Hexen. Warum wir so wenig von ihrer Geschichte erfahren und was davon auch noch falsch ist, München 1986.

Wittmann, P., Die Bamberger Hexenjustiz 1595 - 1631. In: Archiv für das katholische Kirchenrecht 50, Mainz 1883, S. 177 - 223.

Wolf, H. J., Hexenwahn und Exorzismus. Ein Beitrag zur Kulturgeschichte, Kriftel/Ts. 1980.

Wolf, J., Politische Geschichte des Eichsfeldes, Duderstadt 1921.

Wunder, H., Hexenprozesse im Herzogtum Preußen während des 16. Jahrhunderts. In: Degn u.a. (Hg.), S. 179 - 203.

Zacharias, G., Satanskult und schwarze Messe, 2. Aufl., Wiesbaden 1965.

Zeller, A., Die Hexenprozesse von 1628. In: Dokumentation zur 800 Jahrfeier, Groß-Krotzenburg 1975, S. 79 - 91.

Zenz, E., Dietrich Flade, ein Opfer des Hexenwahns. In: Kurtrierisches Jb. 2, 1962, S. 41 - 69.

-, Cornelius Loos - ein Vorläufer Friedrich Spees im Kampf gegen den Hexenwahn. In: Kurtrierisches Jb. 21, 1981, S. 147 - 153.

Ziegler, W., Möglichkeiten der Kritik am Hexen- und Zauberwahn im ausgehenden Mittelalter, Köln/Wien 1973.

Ziemer, M., Hexenverfolgungen in den Gebieten des Grafen Johannes von Nassau vor dem Jahre 1675. In: Idsteiner Heimatschau 9 - 12, 1926 (ND 1987).

Zimmermann, E., Hanau, Stadt und Land. Kulturgeschichte und Chronik einer fränkisch, wetterauischen Stadt und ehemaligen Grafschaft mit besonderer Berücksichtigung der älteren Zeit, Hanau 1920.

Zink, R., Hexenverfolgung in Bamberg. In: Bamberg heute 1, 1982, S. 9 - 12.

Zwengel, O., Das Strafverfahren in Deutschland von der Zeit der Carolina bis zum Beginn der Reformbewegung des 19. Jahrhunderts, Bad Homburg o.J.

Zwetsloot, H., Friedrich Spee und die Hexenprozesse. Die Stellung und Bedeutung der Cautio Criminalis in der Geschichte der Hexenverfolgung. Diss. theol. Trier 1954.

Abkürzungsverzeichnis

a.a.O.	-	am angeführten Ort
Abt.	-	Abteilung
AFGK	-	Archiv für Frankfurts Geschichte und Kunst
AGB	-	Aschaffenburger Geschichtsblätter
AHG	-	Archiv für hessische Geschichte
AJA	-	American Journal of Archeology
AJB	-	Aschaffenburger Jahrbuch
AMKG	-	Archiv für Mittelrheinische Kirchengeschichte
Anm.	-	Anmerkung
Art.	-	Artikel
Aufl.	-	Auflage
Bd.	-	Band
betr.	-	betreffend
BJFV	-	Bayerisches Jahrbuch für Volkskunde
BZHK	-	Beiträge zur hessischen Kirchengeschichte
BZLZ	-	Beiträge zur Lohrer Zeitung
bzw.	-	beziehungsweise
ca.	-	circa
CCB	-	Constitutio criminalis Bambergiensis
CCC	-	Constitutio criminalis Carolina
Col.	-	Kolumne
ders.	-	derselbe
EA	-	Erstausgabe
ebd.	-	ebenda
etc.	-	et cetera
Ex.	-	Exodus
F.	-	Fach
f.	-	folgende
ff.	-	folgenden
Fasz.	-	Faszikel
FAZ	-	Frankfurter Allgemeine Zeitung
fl.	-	florin (Gulden)

fol.	folium
fol.r.	folium rectum
fol.v.	folium vertum
frdl. Mitt.	freundliche Mitteilung
gen.	genannt
Hebr.	Hebräerbrief
Hg.	Herausgeber
HJb.	Historisches Jahrbuch der Görresgesellschaft
Jb.	Jahrbuch
Jg.	Jahrgang
Jerem.	Jeremias
Jo.	Johannes-Evangelium
Kap.	Kapitel
Konv.	Konvolut
lat.	lateinisch
lib.	Liber
Lk.	Lukas-Evangelium
LThK	Lexikon für Theologie und Kirche
Mk.	Markus-Evangelium
Mt.	Matthäus-Evangelium
MZRL	Mitteilungen zur Rheinischen Landesgeschichte
NA	Neuauflage
ND	Neudruck
NF	Neue Folge
Nr.	Nummer
o.J.	ohne Jahr
o.O.	ohne Ort
r.e.v.	rectum et vertum
Röm.	Römerbrief
röm.	römisch
s.o.	siehe oben
Sp.	Spalte
spez.	speziell
s.S.	siehe Seite
t.	tomus, Buch, Band

u.	-	und
u.a.	-	und andere(r)
		unter anderem/anderen
v.	-	von
vgl.	-	vgl.
Zach.	-	Zacharias
ZBKG	-	Zeitschrift für Bayerische Kirchengeschichte
ZBLG	-	Zeitschrift für Bayerische Landesgeschichte
z.B.	-	zum Beispiel

A. Einleitung

I. Hinführung

1. Erläuterungen zur Forschungsgeschichte

Wie kaum ein anderes geschichtliches Phänomen war das Thema Hexenverfolgung und Hexenprozesse immer bestimmten Tendenzen und ideologischen Fixierungen ausgesetzt.

a) Erste Darstellungsversuche

Dies wird schon bei den ersten Darstellungsversuchen bei Schwager[1] und Horst[2] deutlich.

Schwagers Buch ist von der Aufklärung bestimmt, was sich im Bewußtsein, in einer „neuen Zeit zu leben", und in stark moralisierenden Passagen ausdrückt[3]. Probleme aus der Kampfzeit mit den Befürwortern der Hexenprozesse wirken noch nach, wenn Schwager für die Beibehaltung der Folter bei schweren Kriminalfällen sowie Landesverrat eintritt und die Genese der Hexenideologie aus der Bibel bestreitet[4].

Horst dagegen ist stärker in der Romantik beheimatet[5]. Seine „Zauberbibliothek" ordnet die Hexenprozesse okkulten Phänomenen wie Zauberei, Theurgie, Dämonen- und Gespenstererscheinungen unter[6]. Neben der Schilderung spektakulärer Fälle wie der Hinrichtung der Nonne Maria Renata Singer (Würzburg 1749) und den Kinderprozessen in Morea in Schweden berichtet er kurz über die Hexenverfolgungen in Bamberg,

1) Vgl. Schwager, Versuch einer Geschichte der Hexenprozesse.
2) Vgl. Horst, Zauberbibliothek, oder von Zauberei, Hexen und Hexenprozessen, Dämonen, Gespenstern und Geistererscheinungen u. Dämonomagie, oder Geschichte des Glaubens an Zauberei und dämonische Wunder, mit besonderer Berücksichtigung der Hexenprozesse.
3) Vgl. Schwager, S. 2 - 11.
4) Ebd. S. 361.
5) Vgl. Horst, Dämonomagie I, S. VII - XXIV. Hier klingen Themen der Romantik wie die universal-menschliche Entwicklung, die Suche nach fremden Kulturen und die Wende zum eigenen Volkstum an.
6) Ebd. S. 4 - 18.

Würzburg und der Wetterau[7]. Horst will seine Leser erheitern. So wechseln Geschichten über Vampire in Rumänien, Wunderheringe aus dem Jahre 1587, unmenschliche Grausamkeiten aus der Zeit der Hexenprozesse und „philosophische Reflexionen" über die Entstehung der Zauberei miteinander ab[8].
Schwager dokumentiert lediglich die Bulle „Summis desiderantes affectibus" (1485) und den „Hexenhammer" (1487). Bei Horst nehmen die Hexenprozesse nur den achten Teil der „Zauberbibliothek" ein. Die Tendenzen der Autoren, zu moralisieren und dem breiten Publikum Sensationen zu liefern, wirken bis in unsere Tage in volkstümlichen Darstellungen[9] und Filmen[10] nach und machten lange Zeit das Thema für die Wissenschaft tabu.

b) Die liberale Geschichtsschreibung

Erst die liberale Geschichtsschreibung führte zur wissenschaftlichen Beschäftigung mit der Hexeninquisition. An den Standardwerken von Hansen[11], Soldan/Heppe[12] und Riezler[13] kann niemand, der sich wissenschaftlich mit der Hexenverfolgung und den Hexenprozessen befaßt, vorbeigehen. Soldan/Heppes Werk ist für jeden, der eine erste Übersicht über die Prozesse in einer Region sucht, noch heute brauchbar. Hansen rekonstruiert die Genese des europäischen Hexenbegriffes, der

7) Ebd. II, S. 349 - 446 u. Zauberbibliothek.
8) Vgl. Horst, Zauberbibliothek.
9) Vgl. Schöck, Hexen heute, S. 282 - 305.
10) Vgl. Giesen, „Queens of Horror", böse Märchenhexen, zauberhafte Frauen. Hexenfiguren in Film, Trickfilm und Filmkomödien, S. 253 - 281.
11) Vgl. Hansen, Zauberwahn, Inquisition und Hexenprozeß im Mittelalter und die Entstehung der großen Hexenverfolgung u. Ders., Quellen und Untersuchungen zur Geschichte des Hexenwahns und der Hexenverfolgung im Mittelalter.
12) Vgl. Soldan, G.W. / Heppe, H. / Bauer, H., Geschichte der Hexenprozesse I u. II. Das Werk wurde von G.W. Soldan 1843 zum erstenmal verlegt, von seinem Schwiegersohn H. Heppe in ergänzender Fassung 1879 neu herausgegeben und erhielt 1911 durch Max Bauer seine heutige Gestalt. Der lobenswerte Vorsatz Bauers (I, S. XV), „die Tendenz, die protestantischen Hexenverfolger gegenüber denen aus der alten Kirche möglichst glimpflich zu behandeln, fallen zu lassen", scheint jedoch kaum eingelöst.
13) Vgl. Riezler, Geschichte der Hexenprozesse in Bayern.

verschiedene Zauberei- und Häresievorstellungen in sich vereint. Seine These allerdings, daß die Hexenimago und der Hexenprozeß um die Wende vom Mittelalter zur Neuzeit abgeschlossen gewesen seien, und daß es sich bei den in den darauffolgenden zwei Jahrhunderten stattfindenden Verfahren um eine zwanghafte Wiederholung des immer gleichen Ritus gehandelt habe[14)], blockierte die Hexenforschung auf Jahrzehnte, da unter dieser Prämisse keine weiterführenden Forschungen notwendig schienen[15)].

Riezler, der ebenfalls der liberalen Geschichtsschreibung zuzuordnen ist, überschreitet teilweise Hansens Festlegungen, indem er den Einfluß des gesellschaftlichen Überbaus auf die Prozesse, d.h. den Zusammenhang zwischen Restauration und Hexenverfolgung, untersucht[16)].

Die liberale Hexenforschung war stark von antiklerikalen und antikatholischen Affekten bestimmt, die z. T. bis heute nachwirken[17)]. Dasselbe gilt auch von anderen Determinanten. So verhinderte Hansens These, daß der Hexenglaube als Produkt des mittelalterlichen Geistes anzusehen sei, eine ernsthafte Beschäftigung mit dem Hexenhammer und den anderen Quellen der Hexenideologie, die zunehmendes Interesse bei Medizinhistorikern und Tiefenpsychologen finden[18)].

14) Vgl. Hansen, Quellen (Vorwort).
15) Vgl. Behringer, Hexenverfolgung in Bayern, S. 3f. Er kommt zu einer ähnlichen Beurteilung.
16) Ebd. S. 26 - 29.
17) Vgl. Droß.
18) Vgl. Kuhlen u. Zacharias.

c) Die konfessionelle Hexenforschung

Während des Kulturkampfes wurden die konfessionellen Auseinandersetzungen um die Hexenprozesse neu belebt[19]. Diefenbach[20], Duhr[21] sowie Janssen/Pastor[22] auf katholischer Seite und Roskoff[23] sowie Längin[24] auf evangelischer Seite standen sich als Kontrahenten gegenüber. Die Autoren erschöpften sich nicht nur in gegenseitiger Schuldzuweisung. Einige ihrer Fragestellungen und Problemlösungen haben bis heute Bedeutung.

Duhrs Buch „Die Stellung der Jesuiten in den deutschen Hexenprozessen" zeigt, wie verschieden die „Elite der Kirche" (die Jesuiten) auf die Verfolgung reagierte. Als Standardwerk über die Stellung der Jesuiten zur Hexenfrage ist es bisher noch nicht übertroffen[25].

Diefenbach bietet zum Teil genaueres und differenzierteres Material als Soldan/Heppe und erschließt Prozeßkonzentrationen in Territorien, über die bis heute noch keine Einzeluntersuchungen vorliegen[26].

Johannes Janssens detaillierte Schilderung „der allgemeinen religiösen und sittlichen Verwilderung" und das reiche dazu von ihm dargelegte Material finden bei Wissenschaftlern, welche die magische Volkskultur im Zusammenhang mit den Hexenprozessen erforschen, zunehmendes Interesse, auch wenn sie sich von Janssens Deutung distanzieren[27].

19) Vgl. Hammes, S. 258 ff.
20) Vgl. Diefenbach, Der Hexenwahn vor und nach der Glaubensspaltung.
21) Vgl. Duhr, Die Stellung der Jesuiten in den deutschen Hexenprozessen.
22) Vgl. Janssen/Pastor, Culturzustände des deutschen Volkes seit dem Ausgang des Mittelalters bis zum Beginn des Dreißigjährigen Krieges VIII.
23) Vgl. Roskoff, Geschichte des Teufels I u. II.
24) Vgl. Längin, Religion und Hexenprozeß.
25) Bei Behringer, Hexenverfolgung in Bayern, wird das Werk häufig zitiert.
26) Vgl. Diefenbach, S. 12 - 90. Es handelt sich um die Verfolgungen in der Grafschaft Wertheim sowie in den Reichsstädten Esslingen und Schweinfurt.
27) Vgl. Behringer, Hexenverfolgung in Bayern, S. 96.

Auch Längins Frage- und Problemstellungen haben sich erhalten. Sein Versuch, die Hexenprozesse als Instrument der Glaubenskämpfe zu sehen[28], wird heute eindeutig abgelehnt. Dagegen finden die differierenden und schwankenden Positionen der Lutheraner und Kalviner neue Beachtung[29].
Roskoff wies wohl als erster darauf hin, daß die Hexenverfolgung infolge des durch die Reformation und die Restauration entfachten neuen Eifers intensiviert wurde, eine Beobachtung, die wieder neu gesehen wird[30].
Nach der Zeit der liberalen Geschichtsschreibung und der konfessionellen Auseinandersetzung brach die wissenschaftliche Auseinandersetzung mit der Hexenverfolgung und den Hexenprozessen ab. Die entscheidenden Fragen schienen gelöst und die weltanschaulichen Positionen gesteckt. Die Hexenprozesse wurden zum Thema der lokalen Geschichtsschreibung, die im gegebenen Rahmen das Material bearbeitete oder durch „Sensationen" in den Wochenendausgaben der Zeitungen ihr Publikum erheiterte[31].

2. Bemerkungen zum Forschungsstand

Kurz vor und nach dem zweiten Weltkrieg erschienen zahlreiche Regionalstudien, welche die Kenntnis über die juristische Struktur und Durchführung der Prozesse erweiterten, neue Fragestellungen erkennen ließen und eine detaillierte Quantifizierung der Verfahren in den behan-

28) Vgl. Längin, S. 112.
29) Ebd. S. 245 ff. u. 265 f.
30) Vgl. Roskoff II, S. 260 ff.
31) Auch bedeutende Beiträge, wie der von Herrmann, L., Hexenprozesse aus der ehemaligen Cent vorm Spessart und Bachgau, erschienen hier. Die Wochenendausgabe, in der Herrmann publizierte, trug zudem noch den Titel „Erheiterungen".

delten Gebieten ermöglichten. Zu nennen sind hier eine ganze Reihe Arbeiten von recht unterschiedlicher Qualität[32].
Seit den sechziger Jahren unseres Jahrhunderts ist ein Paradigmawechsel bezüglich der angewandten Methoden, der Ausrichtung und der Forschungsaussagen zu verzeichnen. Parallel zur Sozialgeschichte geriet die eigentliche Bevölkerung (nicht mehr lediglich die Herrscher und Beamtenschaft), d.h. die von den Verfahren betroffenen Menschen in den Blickpunkt der Forschung[33]. Entscheidende Anleihen machte man bei der sogenannten Feldforschung, welche u.a. die Funktion und Rolle der Hexerei bei „primitiven Gesellschaften" erforscht[34].
Verstärkt versucht man auch, die Hexenprozesse aus den historischen Gesamtzusammenhängen des 16. und 17. Jahrhunderts zu erfassen[35]. Forschungsanregungen boten die Absolutismusforschung und die von englischen Historikern entwickelten Krisentheorien[36].

32) Vgl. Breiden, Die Hexenprozesse der Grafschaft Blankenheim von 1589 bis 1643 (Diss. jur.); Byloff, Hexenglaube und Hexenverfolgung in den österreichischen Alpenländern; Eschenröder, Hexenwahn und Hexenprozesse in Frankfurt am Main (Diss. jur.); Jäger, Die Hexenverfolgung im Amte Homburg; Kleinwegener, Die Hexenprozesse von Lemgo (Diss. jur.); Krämer, Kurtrierische Hexenprozesse im 16. und 17. Jahrhundert; Kunstmann, Zauberwahn und Hexenprozeß in der Reichsstadt Nürnberg; Liebelt, Geschichte des Hexenprozesses in Hessen-Kassel; Merzbacher, Die Hexenprozesse in Franken; Reich, Hexenprozesse in Danzig und in den westpreußischen Grenzgebieten (Diss. phil.); Schacher, Das Hexenwesen im Kanton Luzern; Siebel, Die Hexenverfolgung in Köln (Diss. jur.); Spielmann, Die Hexenprozesse in Kurhessen; Wittmann, Die Bamberger Hexen-Justiz.

33) Vgl. Midelfort, Witchhunting in Southwestern Germany. Seine Arbeit führte dazu, daß die rein juristischen Bearbeitungen zurückgingen und das Phänomen stärker mit Hilfe von soziologischen und psychologischen Kriterien untersucht wurde.

34) Vgl. Evans-Pritchard u.a. Die Studien von Macfarlane und Thomas wenden diese Methoden primär an.

35) Vgl. Lehmann, (H.) u. Schormann u.a.

36) s.S. 312f. u. 346f.

Hartmut Lehmann hat die neueren methodischen Ansätze und Forschungsrichtungen in sechs Punkten zusammengefaßt[37]:

1. Analyse der Hexenverfolgung im Kontext der dörflichen Sozialgeschichte.
2. Untersuchungen der Prozesse im Zusammenhang mit der zeitgenössischen Kriminalität.
3. Hexenprozesse und soziale Konflikttheorie.
4. Hexenverfolgung im Kontext der zeitgenössischen Politik.
5. Hexenprozesse und religiöse Strömungen.
6. Hexenverfolgung und wirtschaftliche Krisenphänomene[38].

Die vorliegende Arbeit versucht neben einer quantifizierenden Untersuchung und einer Analyse des sozialgeschichtlichen Materials, die wirtschafts- und geistesgeschichtlichen Implikationen, die zu Verfolgungen führten, zu erfassen. Einen großen Teil nimmt eine Untersuchung der juristischen Strukturen ein, die bei neueren Arbeiten, primär bei Behringer, zu kurz kommen und zu einer Fehldeutung der quantifizierbaren Ergebnisse führen[39].

Neben neuen methodischen Ansätzen stehen neue Deutungsversuche. Schormann hat die verschiedenartigen, sich oft widersprechenden Erklärungsversuche in den vier Grundmodellen, Rückführung auf archaische Kulte, Sozialdisziplinierung, Instrument der Glaubenskämpfe und Feldzug gegen das weibliche Geschlecht, zusammengefaßt[40]. Alle vier Modelle und ihre Derivate treten exklusiv und als monokausale Begründungen kaum mehr auf.

37) Vgl. Lehmann, Hexenprozesse in Norddeutschland und Skandinavien, S. 9 - 13.
38) Die Thesen Lehmanns sind vom Verfaser dieser Arbeit verkürzt zusammengefaßt.
39) Der Vorwurf Behringers (Hexenverfolgung in Bayern, S. 24 und Anm. 93), daß sich Merzbacher um die territoriale Vielfalt Frankens kaum und um die historische Entwicklung überhaupt nicht gekümmert habe, kann gegenüber ihm selbst bezüglich des juristischen Aspekts der Verfahren erhoben werden.
40) Vgl. Schormann, Hexenprozesse in Deutschland, S. 100 - 122.

Andere Erklärungsfolien haben eine eingeschränkte, auf das Untersuchungsgebiet bezogene Bedeutung. Dies gilt z. B. von der Arbeit von Dagmar Unverhau, die im prozeßarmen, protestantischen Norden relativ zahlreiche Kräuterweiber und Segenssprecherinnen unter den Opfern der Hexenverfolgung ausmachte[41]. Auch die Forschungsergebnisse von Macfarlane und Thomas, die die Prozesse in eine Übergangsphase von mehr feudalistischer zu mehr kapitalistischer Bewirtschaftung ansetzen, lassen sich wegen der Verschiedenartigkeit der wirtschaftlichen Situation auf dem Kontinent und in England nicht übertragen[42], zumal in England ein weniger komplexes Hexenbild herrschte[43].
Dies gilt in noch stärkerem Maße von den Schriften von Muchembled, in denen er konstant die These wiederholt, die politischen und geistigen Eliten in Frankreich hätten sich verschworen, durch die Jagd auf Hexen eine noch lebendige Volkskultur auszurotten[44]. Auf deutsche katholische Territorien ist sie zumindest nicht anzuwenden, da gerade hier nach der Kirchenreform verstärkt volkstümliches und religiöses Brauchtum gepflegt und magische Bräuche in bestimmtem Umfang geduldet wurden[45].

41) Vgl. Unverhau, „Meisterinnen" und deren „Kunstfruwen", S. 60 - 80.
42) Vgl. Macfarlane u. Thomas. Eine wissenschaftsgeschichtliche Einordnung erfolgt bei Behringer, Hexenverfolgung in Bayern, S. 11 - 16, 72 u. 96.
43) Vgl. Midelfort, Alte Fragen und neue Methoden in der Geschichte des Hexenwahns, S. 3f. Midelfort gibt hier eine kritische Würdigung des Forschungsstandes bezüglich der Hexenverfolgung in England.
44) Vgl. Muchembled.
45) s. S. 337.

3. Ahistorische Erklärungsversuche

Wohl kaum ein geschichtliches Phänomen wurde mit so zahlreichen sachfremden Methoden angegangen wie die Hexenprozesse und die Hexenverfolgung. Abgesehen davon, daß die zumeist monokausalen Erklärungsversuche in einer Sackgasse endeten[46], kann einigen Versuchen ein gewisser heuristischer Wert nicht abgesprochen werden[47]. Aus diesem Grund seien die wichtigsten Positionen kurz erläutert.

a) Das Weiterleben paganer Kulte

Die These wurde zum ersten Mal von dem englischen Anthropologen Leland vorgetragen, der 1899 in seinem Buch „Aradia or the Gospels of the witches" behauptete, das Hexenwesen sei eine Geheimreligion, die auf vorchristliche Kulte zurückgehe[48]. Murray und Gardner entwickelten die Theorie weiter, popularisierten sie und fungierten als Priester der neuen Religion[49].

Der deutsche Volkskundler Peuckert stand der Hypothese zumindest nahe. Nach ihm sind „die in ihrem sexuellen Glühen brennenden Weiberschwärme" unter dem Einfluß der Scholastik zu Teufelshuren geworden[50]. Die reine Lehre „des Wiccakultes" wurde zum ersten Mal in Deutschland von A. und W. Leibbrand in der Festgabe für den katholischen Dogmatiker Schmaus vertreten[51].

46) Dies gilt von den Erklärungsversuchen des Nationalsozialismus, die bei Baumgarten, S. 411 - 416 u. bei Schormann, Hexenprozesse in Deutschland, S. 8 - 15 dargestellt sind, ebenso wie von neueren Veröffentlichungen marxistischer Provenienz (Droß, Die erste Walpurgisnacht u. Gloger/Zöllner, Teufelsglaube und Hexenwahn).
47) Dies gilt nicht von der Veröffentlichung von Heinsohn/Steiger, Die Vernichtung der weisen Frauen u. Heinemann, Hexen und Hexenglauben, denen nicht nur jeder heuristische Wert abzusprechen ist. Vgl. Behringer in FAZ vom 23.9.1987. Die Auseinandersetzung mit Heinsohn und Steiger erfolgt im Verlauf dieser Arbeit.
48) Vgl. Wolf, (H.J.), S. 605f.
49) Vgl. Gardner, Ursprung und Wirklichkeit der Hexen, Baumgarten, S. 419ff. u. Murray.
50) Vgl. Peuckert, Geheimkulte, S. 262 u. Schormann, Hexenprozesse in Deutschland, S. 100 - 105. Er setzt sich kritisch mit Peuckert und den anderen Vertretern der These auseinander.
51) Vgl. Leibbrand/Leibbrand-Wettley, S. 819 - 850. Recherchen darüber, wie dieser Beitrag in die Festschrift des bedeutenden katholischen Dogmatikers kam, führten zu keinem Ergebnis.

1 Hans Baldung Grien, „Zwei Wetterhexen", Ölgemälde von 1523, (Städelsches Kunstinstitut Frankfurt).

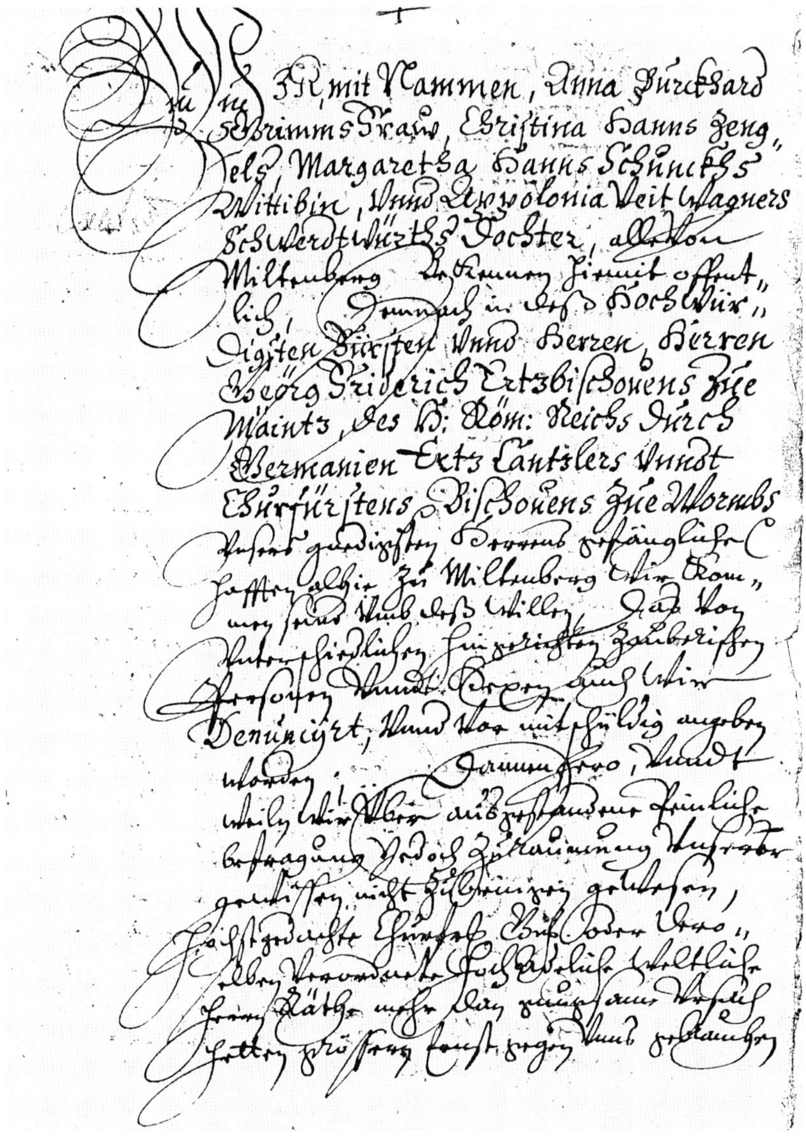

Wir ... mit Nammen, Anna Burckhard
Schrimms Fraw, Christina Hanns Zeng,
els, Margaretha Hanns Schnucks
Wittibin, Unnd Appolonia Veit Wagners
Schwerdtwürths Dochter, alle von
Miltenberg [illegible] hiemit offent,
lich, [illegible] Hochwür,
digsten Fürsten Unnd Herren, Herren
Georg Friderichs Ertzbischovens zue
Maintz, des H: Röm: Reichs durch
Germanien Ertz Cantzlers Unndt
Churfürstens, Bischovens zue Wormbs
[illegible]

2 Miltenberger Urfehdebrief. Urfehde nannte man das Versprechen, sich wegen erlittener Haft und Folter nicht zu rächen: Die Fehde war beendet (Un- = Urfehde).

Die Rückführung des Hexenkultes auf pagane Religionen wird heute in zahlreichen populärwissenschaftlichen Schriften verbreitet[52], die z.T. auch Riten des weißen Hexenkultes und Gebete für den schwarzen Gott enthalten[53].

Daß sich Reste vorchristlicher Kulte bis heute erhalten haben, wird unter anderem in Fastnachtsbräuchen manifest[54]. Die Uminterpretation agrarischer Kultelemente zur Hexerei hat Ginzburg quellenmäßig belegt[55]; sie wird auch im Umgang der spanischen Inquisition mit indianischen Religionen faßbar[56].

Daß sich eine ganze Religion im Untergrund bis ins Mittelalter ja sogar bis in unsere Tage erhalten hat, wäre aber ein geschichtliches Phänomen ohne Parallele. Auch die begeisterten Anhänger der „Wiccareligion" wie Murray und Gardner konnten eine ungebrochene Kontinuität nicht belegen.

Ein heuristischer Wert ist dieser Suche nach der Religion der großen Göttin und des schwarzen Gottes nicht abzusprechen. Eine noch ausstehende Forschungsaufgabe ist es, die Werke von Sprenger/Institoris, von Lancre[57] und Bodin[58] u.a. aus der Erklärungsfolie der liberalen Geschichtsschreibung herauszunehmen, sie von ihrem zeitgeschichtlichen Hintergrund her zu interpretieren und ihre traditionsgeschichtliche Funktion zu erforschen. Beiträge in dieser Richtung haben bisher Dülmen[59], Labouvie[60] und Zacharias[61] geleistet.

52) Vgl. Gaube/Pechmann, S. 113 - 212. Sie geben einen Überblick über die besonders in der feministischen Bewegung beheimateten Tendenzen, antike Götterkulte neu zu installieren. Hier (S. 215f.) ist auch die wichtigste Literatur zu diesem Thema zusammengefaßt.
53) Vgl. Starhawk, Der Hexenkult als Urreligion der Großen Göttin, S. 187 - 272. Der Text enthält Rituale, Gebete und Anrufungen, die sich auf der Ebene einer naiv verstandenen naturalen Meditation bewegen. Anklänge an ein Teufelsritual sind nicht zu finden. „Weiterführende Literatur" ist am Ende des Buches (S. 320) angegeben.
54) Vgl. Heers, S. 197 - 209 u. 256 - 301.
55) Vgl. Ginzburg.
56) Vgl. Midelfort, Alte Fragen und neue Methoden in der Geschichte des Hexenwahns, S. 17 (Anm. 34 u. 35). Die Anmerkungen enthalten die Literatur zu dieser Frage.
57) Vgl. Lancre, Wunderbarliche Geheimnussen der Zauberey.
58) Vgl. Bodin, De Daemonomania Magorum.
59) Vgl. Dülmen, Imaginationen des Teuflischen, S. 94 - 131.
60) Vgl. Labouvie, S. 49 - 93.
61) Vgl. Zacharias.

Der Wiccakult zieht neben emotional unreifen und kranken Menschen viele an, die in den christlichen Gottesdiensten den Rückgang des Zeichenhaften und des Emotionalen erleben müssen[62]. Wie die „New Age Bewegung" ist der Wiccakult nicht eine Frage an die Wissenschaft, sondern ein Appell an die Kirche, Emotionalität und Leiblichkeit zuzulassen und zu integrieren[63].

b) Der medizinisch-pharmakologische Erklärungsversuch

Die Theorie, die schon im 15. und 16. Jahrhundert eine Rolle spielte, wurde durch Meyer im vergangenen Jahrhundert neu in die Diskussion gebracht. Meyer nahm an, daß ein aus dem Stechapfel (Datura Stramonium Lin.) bereiteter Absud Rauschzustände und Halluzinationen der Art bewirkte, die denen vom Hexenflug und Hexentanz nicht unähnlich waren. Die ansonsten recht verschlungenen Begründungen (die allgemeine Zulassung des Branntweins habe dieses Rauschgift überflüssig gemacht und die Hexenprozesse beendet) führten dazu, daß man die Rauschgiftthese kaum noch ernsthaft diskutiert[64].
Der Volkskundler Peuckert wandte sich diesem Erklärungsmodell in unserem Jahrhundert erneut zu. Bekannt ist sein Selbstversuch, bei dem er die Wirkung einer anhand mittelalterlicher Rezepte hergestellten Salbe bei sich selbst versuchte und von Orgien und Luftfahrt träumte[65]. Golowin versuchte in verschiedenen „Studien" einen Zusammenhang zwischen Drogengenuß und Hexenphantasien herzustellen[66].

62) Ebd. S. 167 - 171. Hier gibt Zacharias eine kritische Würdigung dieser Tendenzen.
63) Vgl. Schlink. Die Schrift setzt sich kritisch mit „New Age" auseinander.
64) Vgl. Baumgarten, S. 455 - 458.
65) Vgl. Peuckert, In: Baroja, S. 317.
66) Vgl. Golowin, Die Magie der verbotenen Märchen u. Die weisen Frauen.

Kuhlen ist in einer pharmaziewissenschaftlichen Arbeit der Frage nachgegangen[67]. Er konnte dabei nachweisen, daß das Mittelalter und die frühe Neuzeit eine reiche Palette von Schmerz-, Schlaf- und Betäubungsmitteln besaßen, die bei falscher oder überstarker Dosierung zu psychischen Schäden führten[68].
In Anlehnung an Michelet schließt er, daß der Mißbrauch dieser Betäubungsmittel und ihre mit Magie verbundene Anwendung zur weitgehenden Kriminalisierung dieser „Medikamente" geführt habe[69]. Kuhlen ist sich bewußt, daß er damit keine Erklärungsfolie für die späteren Hexenprozesse gefunden hat. Abgesehen von dem Hinweis auf Michelet, dessen Hexenbild mehr der romanhaften Phantasie als der Realität entspringt, leistet Kuhlen einen wichtigen Beitrag zur Entstehung der europäischen Hexenideologie, die ja im Zusammenhang mit der Kriminalisierung magischer Praktiken steht[70].
Die medizinischen Deutungen, die von der hohen Kindersterblichkeit, dem Phänomen des Vampirismus, bakterieller Veränderung bei Korn und Milch sowie psychogenen Faktoren (unterdrückte Sexualität bei den Hexenideologen) ausgehen, bieten keine oder nur inadäquate Erklärungsmuster[71].

c) Kampf gegen das weibliche Geschlecht

Die Tatsache, daß bis zu 80 % der Opfer des Hexenwahns Frauen waren, hat zu Theorienbildungen Anlaß gegeben[72]. Feministische Schriften sehen in dem Hexenwesen eine Rebellion der Frauen gegen ihre Ohnmacht im Patriarchat[73]. Die Prozesse selbst werden als Feldzug gegen weise Frauen und Hebammen betrachtet[74]. In neuerer Zeit ist eine gewisse Abwendung von den historischen Hexen zu verzeichnen. Die Verfas-

67) Vgl. Kuhlen.
68) Ebd. S. 293 - 337.
69) Ebd. S. 347 - 366.
70) Vgl. Behringer, Hexenverfolgung in Bayern, S. 71 - 95 u. „Vom Unkraut unter dem Weizen", S. 20 - 26.
71) Vgl. Baumgarten, S. 435 - 442.
72) Vgl. Schormann, Hexenprozesse in Deutschland, S. 116 - 122.
73) Vgl. Bovenschen, In: Becker, (G.), u.a. (Hg.), a.a.O. S. 277.
74) Vgl. Honegger, In: Ders. (Hg.), a.a.O., S. 79 - 96.

serinnen feministischer Publikationen wenden sich verstärkt „den Urhexen", den Göttinnen sowie Priesterinnen antiker Kulte und den Wiccas von Gardner und Murray zu, die ihnen bessere Identifikationsmöglichkeiten zu bieten scheinen[75].
Der Antifeminismus, der sich in krassester Form in den Hexenprozessen manifestiert, dürfte auf zwei kulturgeschichtliche Phänomene zurückzuführen sein. Der Frauenhaß ist ein abendländisches Erbe, das seine Wurzeln in der aristotelischen Biologie und in der platonischen Anthropologie hat und durch gnostische Bewegungen wesentlich verschärft wurde[76]. Über den Umweg der Gnosis drang er in die nicht genuin frauenfeindliche Kirche ein[77] und wurde von ihr in die abendländische Gesellschaft kolportiert. Im Verlauf der Renaissance erfuhr der Misogynismus durch die Besinnung auf die Antike und durch neue Medien (Erfindung der Buchdruckerkunst) eine Radikalisierung[78].
Darüber hinaus dürfte die Zuspitzung der Hexenprozesse auf die Frau durch ihre Rolle in der magischen Volkskultur (Paulus)[79] und auf ihre Relation zum lunaren Formenkreis (Baroja)[80] zurückzuführen sein.
Wesentlicher als allgemeine Theorienbildungen dürfte die Erörterung von Einzelfragen berufs- und altersspezifischer Art sein, auf die im Verlauf dieser Arbeit eingegangen wird[81].

4. Grundsätzliches zur Methode

Auf eine ideengeschichtliche Erarbeitung des Hexenbegriffes wurde verzichtet, da dieser in seinen Grundzügen bereits bestimmt ist[82], und

75) Vgl. Ruether, S. 58 - 64.
76) Vgl. Delumeau II, S. 456 - 469.
77) Ebd. S. 462.
78) Ebd. S. 469 - 510.
79) Vgl. Paulus, S. 195 - 247. Demnach war Zauberei im Bewußtsein des Volkes eng mit der Gestalt der Frau verbunden.
80) Vgl. Baroja, S. 10 - 21. Er ordnet die unterirdischen Götter, die besonders Frauen verehrten, dem lunaren Formenkreis zu.
81) s. S. 275.
82) Vgl. Bächtold-Stäubli III, Sp. 1842 - 1845 u. Franck, Geschichte des Wortes „Hexe", In: Hansen, Quellen, S. 614 - 670.

Akzentuierungen in neueren Veröffentlichungen erfolgten[83]. Der Arbeit liegt der frühneuzeitliche Hexenbegriff zugrunde, der von Inquisitoren und Hexenideologen entwickelt wurde und folgende Elemente enthält:

1. Abfall von Gott
2. Teufelsbuhlschaft
3. Hexensabbat
4. Schadenszauber[84]

Die Problematik der Verwendung dieses „elaborierten Hexenbegriffes" ist bekannt[85]. Er wird benutzt, weil er den behandelten Verfahren zugrunde lag und eine Vermischung von Zauberei- und Hexenvergehen im Erzstift des 17. Jahrhunderts nicht zu beobachten ist.
Der Prozeßtyp, der bei Hexereivergehen im Kurstaat zur Anwendung kam, war der Inquisitionsprozeß in seiner bei Hexenprozessen spezifischen (summarische Verfahren) und territorial bestimmten Ausprägung. Begriffe wie Prozeßreihe, Prozeßserie und Prozeßkonzentration u.a. werden äquivok gebraucht. Die von Behringer angewandte terminologische Festlegung bestimmter Prozeßgrößen wurde nicht übernommen, da diese für ein prozeßarmes Land (Bayern) gewählten Termini in einem prozeßreichen Land (Erzstift Mainz) die Perspektiven verschoben hätten[86].

83) Vgl. Behringer, Hexenverfolgung in Bayern, S. 16f. Behringer zeigt hier die Problematik des von ihm so genannten elaborierten Hexenbegriffes auf.
84) Hexenflug und Tierverwandlung sind keine konstituierenden Elemente des Hexenbegriffes. Der Hexenflug ist zudem ein Teilmoment des Hexensabbats. Die Tierverwandlung spielte lediglich im Prozeß gegen Andreas Heimberger aus Dieburg im Jahre 1627 eine Rolle. Heimberger stammte aus Fulda und brachte das Hexenbild seiner Heimat in das Verfahren ein.
85) Vgl. Behringer, Hexenverfolgung in Bayern, S. 17. Demnach waren in Bayern die Grenzen zwischen Aberglauben, Zauberei und Hexerei in hohem Maße fließend.
86) Ebd. S. 18f.

Weiterhin erwiesen sich räumliche und zeitliche Begrenzungen als notwendig. So konnten mögliche Verfahren im Eichsfeld (DDR) nicht berücksichtigt werden, da sich die angeschriebenen Archive in der Deutschen Demokratischen Republik als nicht kollaborativ erwiesen[87].
Abgesehen wurde auch von den an Kurpfalz verpfändeten Ämtern an der Bergstraße, da nach deren Rückgabe (1622) lediglich ein Hexenprozeß nachweisbar ist[88] und die Bearbeitung des Themas unter territorialem und nicht regionalem Aspekt erfolgt.
Zeitliche Zäsuren wurden mit den Jahren 1601 (Regierungsantritt von Johann Adam von Bicken) und 1647 (Beginn der Regierung von Johann Philipp von Schönborn) gesetzt. Die erste zeitliche Begrenzung erfolgte aufgrund einer Vereinbarung mit Herbert Pohl, der die Hexenverfolgung im Erzstift im 16. Jahrhundert bearbeiten möchte[89]. Die zweite Eingrenzung geschieht aus inhaltlichen Gründen, da die Stellung von Johann Philipp von Schönborn zu den Hexenprozessen äußerst differenziert und ideengeschichtlich bedeutsam ist und darum wohl einer eigenen Bearbeitung bedarf.
Die Bearbeitung des vorliegenden Materials erfolgt nach Kategorien, die für einen quantifizierenden statistischen Überblick, eine rechtsgeschichtliche sowie sozialgeschichtliche Bearbeitung und eine ideengeschichtliche Einordnung in größere geschichtliche Zusammenhänge adäquat sind und die deshalb kaum einer eigenen Beschreibung bedürfen.

87) Anschreiben an die Archive Erfurt und Potsdam wurden nicht beantwortet.
88) FSg 2/1 - F 215.
89) Die Vereinbarung erfolgte mündlich im Herbst 1982 in Friedberg-Ockstadt.

II. Quellenlage und Stand der Forschung (Erzstift Mainz)

Für die vorliegende Arbeit standen ungedruckte Quellen von 1595 bis 1795 zur Verfügung. Neben den eigentlichen Prozeßakten wurden Regierungs- und Steuerakten, alte Repertorien und Belege verschiedenster Bestände benutzt. Außer den Dokumenten der ehemaligen Kurmainzer Archive wurden Unterlagen fremder Provenienz herangezogen[90].
Einzelne zeitgenössische Quellen, Predigtsammlungen, Taufbücher und ein einschlägiges Flugblatt geben Hinweise auf Hexenprozesse im Kurfürstentum Mainz. Die Hexenprozeßsammlung Himmlers, die sich im Woywodschaftsarchiv in Poznan befindet, konnte Lücken schließen, wo Quellen in Folge von Kriegseinwirkung verlorengegangen sind[91].
Die Mehrzahl der benutzten Archivalien gehören zum Bestand des Staatsarchivs Würzburg. Daneben wurden Quellen weiterer Staats-, Adels-, Stadt- und anderer Archive eingesehen.
Aus dem Staatsarchiv Würzburg wurden Quellen folgender Bestände herangezogen:

1. Regierungsakten
2. Mainzer Kartons
3. Laden
4. Aschaffenburger Archivreste
5. Gerichtsakten
6. Rechnungen

Die Quellenbasis ist in den weit verzweigten Gebieten des Erzstiftes unterschiedlich. Für den gesamten linksrheinischen Teil des Kurfürstentums liegen nur Fragmente von Hexenprozeßakten vor, die die Gemeinde Bodenheim betreffen[92]. Die meisten Dokumente sind dort nach der Übernahme in das Kantonalsarchiv der französischen Regierung verschollen[93]. Nur ein einziger Hinweis ist für das Vizedomamt Rheingau erhalten.

90) HStAW 369/556 u. Ys/Bir A 9681.
91) Vgl. Schormann, Hexenprozesse in Deutschland, S. 8 - 15.
92) Andere Beweise für eine Hexenverfolgung in diesem Gebiet sind jedoch vorhanden; s.S. 66.
93) Vgl. Wann, S. 109f. u. StAW Klub. 365. Nach dieser Quelle existierten 1795 noch Prozeßakten, die heute nicht mehr auffindbar sind.

Die Quellen, die bezüglich der übrigen Teile des Kurstaates noch vorhanden sind, ermöglichen eine Rekonstruktion der einzelnen Prozeßreihen. Besonders günstig ist der Quellenbestand für große Gebiete des Oberstiftes. Die Gerichtsakten von Lohr und Miltenberg dürften fast vollständig erhalten sein[94].

Die in der fachwissenschaftlichen Literatur oft erwähnte Vernichtung von Prozeßakten während der Hexenverfolgung oder kurze Zeit danach gilt nicht für die zentralen Mainzer Archive[95]. Dagegen ist nachweisbar, daß in einzelnen Ämtern die Prozeßakten schon während der o.g. Verfolgungsperiode verlorengingen[96]. Unter Kurfürst Johann Philipp von Schönborn (1647-1673) wurden Hexenprozeßakten von der Zentralbehörde angefordert und somit der Nachwelt erhalten[97]. Im 19. Jahrhundert wurden Teile der in Aschaffenburg gelagerten Archivalien eingestampft oder gerieten in die Hände von Privatleuten[98]. Darunter waren besonders viele Hexenprozeßakten. Auch durch die Auflösung der kurfürstlichen Archive und die Verteilung an die Nachfolgestaaten gingen einzelne Dokumente verloren[99]. Von den großen Schäden, die Bombenangriffe im Würzburger Archiv verursachten, wurden Quellen mit Bezug auf Hexenverfolgung nur in geringem Maß betroffen[100].

Eine Monographie über die Hexenprozesse im Kurfürstentum Mainz liegt nicht vor. Das Standardwerk von Soldan/Heppe berichtet auf neun Seiten über die Hexenverfolgung in diesem Gebiet[101]. Soldan und Heppe stützen sich lediglich auf Sekundärliteratur und berücksichtigen vor allem das 16. Jahrhundert. Abgesehen von einem Hinweis auf Dieburg ist das gesamte Oberstift, in dem die meisten Hexenprozesse stattfanden, nicht in die Untersuchung einbezogen. Aus den Angaben dieses Werkes lassen sich nur bruchstückhaft Folgerungen bezüglich der Intensität und des Verlaufs der Verfolgung im Kurstaat gewinnen.

94) Bezüglich Lohr sind zwei sich ergänzende Archivquellen vorhanden.
95) Die kurfürstliche Regierung ging öfters gegen fahrlässigen Gebrauch der Archivalien vor; vgl. Wann, S. 104.
96) Vgl. Weiß, S. 117.
97) Freundl. Hinweis von Herrn Archivrat Wagenhöfer, Staatsarchiv Würzburg.
98) Vgl. Wann, S. 117f.
99) Ebd. S. 111 - 114.
100) Ebd. S. 125.
101) Vgl. Soldan/Heppe II, S. 39 - 48.

Diefenbach[102] und Janssen[103] verfügen über eine gewisse Kenntnis der Quellen. Auch finden bei ihnen die Prozesse in Lohr und Miltenberg Berücksichtigung[104]. Beide zeigen Strukturen, die heute noch Geltung haben wie z.B. die starke Konzentration der Hexenprozesse im Oberstift, und beweisen, daß diese Verfahren ausschließlich in die Zuständigkeit staatlicher Gerichte gehörten. Abgesehen von der kulturkämpferischen Einstellung dieser Werke handelt es sich aber kaum um erschöpfende Darstellungen, da sie nur einen geringen Bruchteil der vorhandenen Quellen berücksichtigen und auswerten.
Einzelne heimatgeschichtliche Arbeiten beschränken sich auf Quellenpublikationen von Justizfällen oder geben das vorhandene Material nicht vollständig wieder[105]. Im Gebiet des ehemaligen Kurfürstentums Mainz sind lediglich das Gebiet der Kellerei Buchen[106], das Freigericht[107] und das Amt Seligenstadt[108] quellenmäßig vollständig erarbeitet.

102) Vgl. Diefenbach, S. 104 - 115.
103) Vgl. Janssen VIII, S. 113 - 119.
104) Diefenbach und Janssen schildern fast ausschließlich das persönliche Schicksal einzelner Betroffener.
105) Vgl. Steiner, S. 68 - 100 u. Stelzner.
106) Vgl. Weiß, S. 117 - 131.
107) Vgl. Grebner, S. 137 - 241.
108) Vgl. Seibert.

B. Statistische Übersicht über die Hexenprozesse im 17. Jahrhundert

I. Das Kurmainzer Territorium

Das Kurfürstentum Mainz bildete kein in sich geschlossenes Territorium. Es umfaßte Gebiete in den heutigen Bundesländern Baden-Württemberg, Bayern, Hessen und Rheinland-Pfalz. Dazu kamen noch Gebiete in der DDR. Das Erzstift war im 17. Jahrhundert in die drei Vizedomämter Mainz, Rheingau und Aschaffenburg eingeteilt.

Dem Vizedomamt Mainz unterstanden die Ämter Olm-Algesheim, Höchst-Hofheim, Königstein, das Amt Vilbel-Münzenberg, Bensheim, Gernsheim, Heppenheim und Lahnstein. Das Vizedomamt Rheingau war in das Ober-, Mittel- und Unteramt gegliedert und erstreckte sich rechts des Rheins von Eltville bis Aßmannshausen. Die beiden Vizedomämter Mainz und Rheingau bildeten das Unterstift.

Das Oberstift war fast doppelt so umfangreich wie das Unterstift und territorial geschlossener. Hier gab es folgende Verwaltungsbezirke: das Vizedomamt Aschaffenburg, die Ämter Dieburg, Seligenstadt, Steinheim, Klingenberg, Miltenberg, Prozelten, Lohr, Orb, Amorbach, Tauberbischofsheim und Krautheim[1].

In Nordhessen besaß Mainz die drei Ämter Amöneburg, Fritzlar und Neustadt[2]. Darüber hinaus gehörten das Eichsfeld in Thüringen und die Stadt Erfurt nebst einigen Gemeinden zum Gebiet des Kurfürstentums[3].

Neben diesen dem Kurfürsten unmittelbar unterstehenden Ämtern gab es Verwaltungseinheiten, die dem Domkapitel, Stiften oder Klöstern unterstanden[4].

1) Vgl. Hensler, Verfassung und Verwaltung von Kurmainz u. Stimming, Die Entstehung des weltlichen Territoriums des Erzbistums Mainz.
2) Vgl. Falk, H., Die Mainzer Behördenorganisation.
3) Ebd. S. 21.
4) Vgl. Hensler, Verfassung und Verwaltung in Kurmainz, S. 4.

---

3 Das Mainzer Erzstift um Aschaffenburg nach einer Karte (Kupferstich) von Nikolaus Person. Zentren der Verfolgung waren Aschaffenburg, Miltenberg und Lohr.

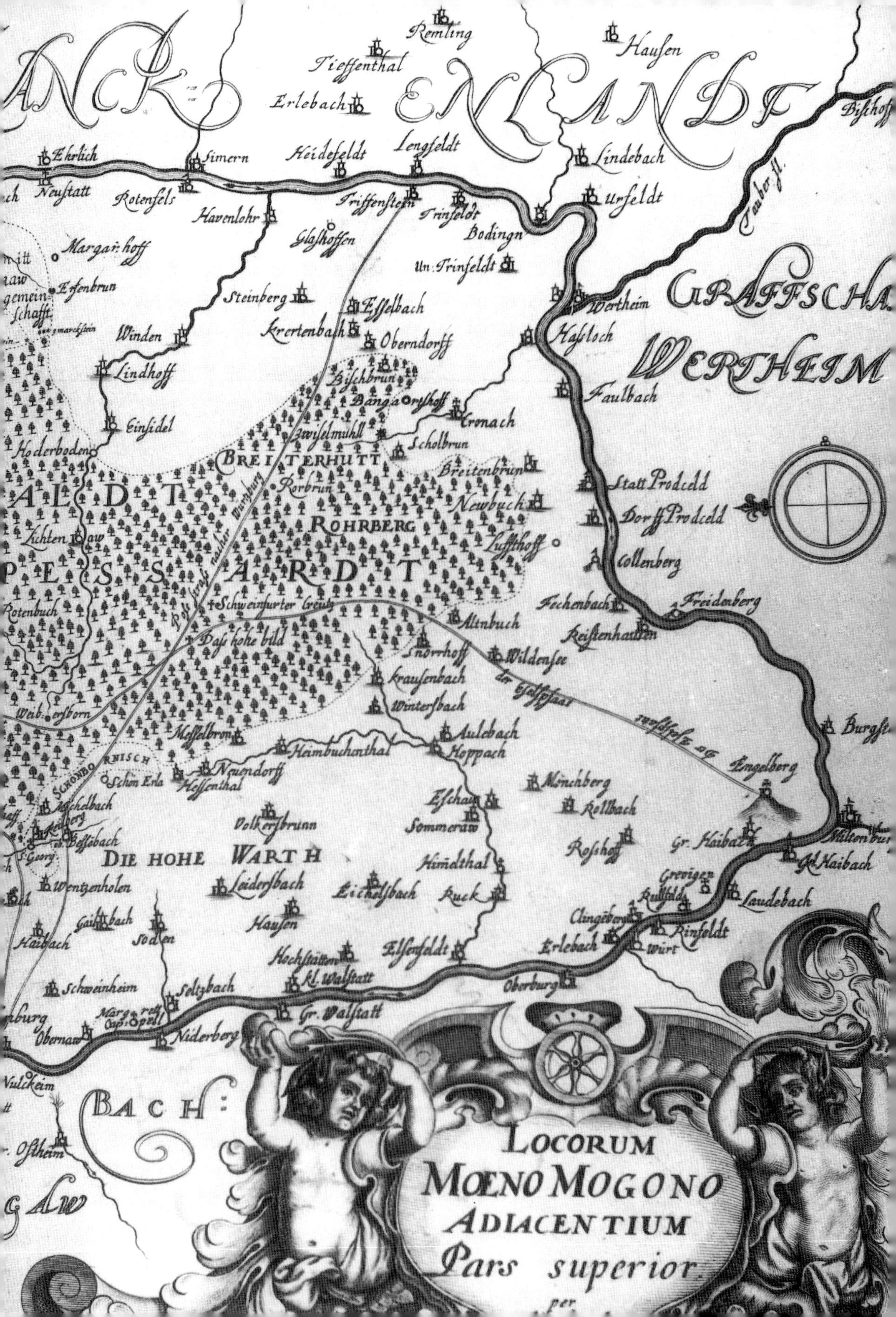

ANCK ENLANDT
Remling
Hausen
Tieffenthal
Erlebach
Ehrlich
Simern
Heidefeldt
Lengfeldt
Lindebach
Neustatt
Rotenfels
Havenlohr
Triffenstein
Trinfeldt
Bodingn
Urfeldt
Tauber fl.
Margar: hoff
Glashoffen
Un: Trinfeldt
Erfenbrun
Steinberg
Esselbach
Krertenbach
Oberndorff
Wertheim
Kasloch
GRAFFSCHA
WERTHEIM
Winden
Lindhoff
Bischbrun
Bang a Orthoff
Crenach
Faulbach
Einsidel
Zwiselmuhll
Scholbrun
Hoderboden
BREITERHUTT
Breitenbrun
Statt Prodceld
Dorff Prodceld
Rorbrun
Newbuch
ALDT
ROHRBERG
Lufsthoff
Zichtenbaw
Collenberg
PESSARDT
Post strass nacher Wurtzburg
Schweinfurter Greutz
Fechenbach
Freidenberg
Rotenbuch
Altnbuch
Reistenhausen
Dass hohe bild
Snorrhoff
Wildensee
Krausenbach
Wintersbach
Weibersborn
Burgst
Aulebach
Messelbron
Heimbuchenthal
Hoppach
Engelberg
SCHONBORNISCH
Newendorff
Schon Erla
Hessenthal
Mönchberg
Eschaw
Michelbach
Rollbach
Keilberg
Bessebach
Volkersbrunn
Sommeraw
S. Georg
DIE HOHE
WARTH
Rosshoff
Gr. Haibach
Milten
Kl. Haibach
Himelthal
Wentzenholen
Leidersbach
Eichelsbach
Ruck
Greuigen
Russfeldt
Laudebach
Gailbach
Soden
Clingeberg
Rinfeldt
Haibach
Hausen
Erlebach
Würt
Elsenfeldt
Hochstätten
Kl. Walstatt
Oberburg
Schweinheim
Seltzbach
Gr. Walstatt
Margreth Cap: Spell
Obernaw
Niderberg
Wulckeim
BACH:
Ostheim
GAW
LOCORUM
MOENO MOGONO
ADIACENTIUM
Pars superior.
per

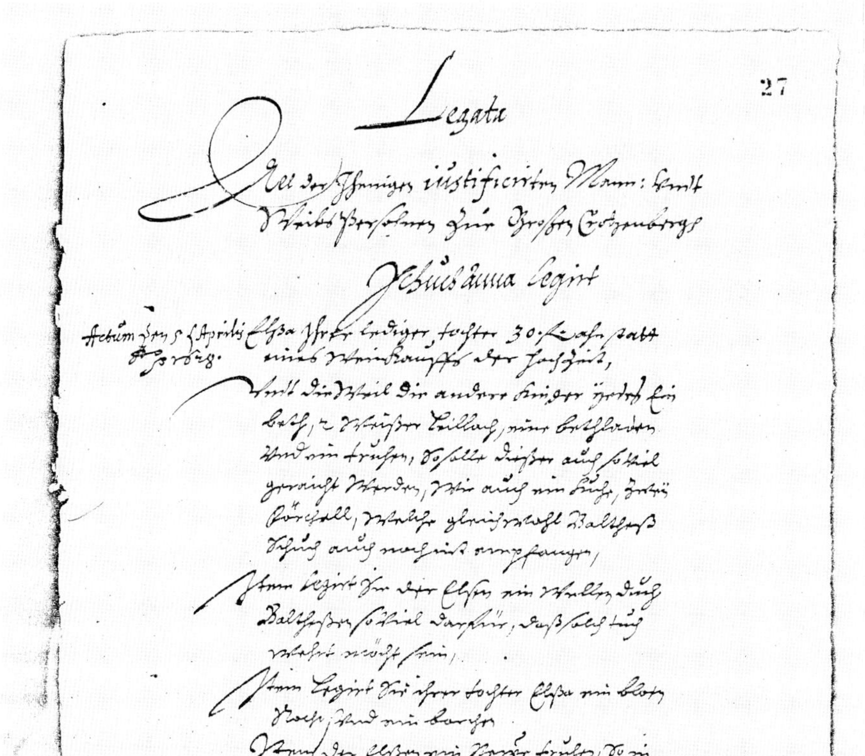

4 Legate von Hingerichteten (Großkrotzenburg). Auch Gerichtspersonen und der Ortspfarrer wurden bedacht.

II. Die Hexenprozesse vor 1600

Schon im 16. Jahrhundert kam es im Erzstift Mainz zu zahlreichen Hexenprozessen[5]. Die in der neueren Literatur aufgestellte Behauptung, daß es sich „bei den Zauberdelikten um Einzelfälle gehandelt habe," kann auf Grund der Quellenlage nicht mehr aufrecht erhalten werden[6]. Prozeßserien, die zahlreiche Opfer forderten, sind für die Ämter Amorbach[7], Dieburg[8], Höchst[9], Königstein[10] und Steinheim[11] nachweisbar, fanden aber - abgesehen von dem Kurmainzer Territorium im Odenwald - in der Literatur noch keine Berücksichtigung.
Die Hexenverfolgung in diesen Gebieten beschränkte sich jedoch nicht auf Kur-Mainz; sie tobte in gleicher Intensität auch in den benachbarten Staaten Hessen-Darmstadt[12], Hanau-Münzenberg[13], Isenburg-Büdingen[14] u.a.. Charakteristisch für diese Verfolgungswelle ist, daß vor allem die westlichen Teile des Kurfürstentums betroffen waren. Diese Beobachtung bestätigt das in der Forschung nur wenig beachtete Phänomen einer West-Ostwanderung der Hexenprozesse[15].

III. Die Hexeninquisition im 17. Jahrhundert

1. Allgemeiner Überblick

Die eigentliche Verfolgungsperiode begann im Erzstift im 17. Jahrhundert. Unter Kurfürst Johann Adam von Bicken (1601-1604) fanden im Amt Amorbach, im Raum Aschaffenburg und im Freigericht mehrere

5) Die bei Soldan/Heppe (II, S. 39 - 43) u. Grebner (S. 163f.), erwähnten Verfahren geben nur einen Bruchteil der Prozesse vor 1600 wieder.
6) Ebd. S. 160 f.
7) Vgl. Huffschmid, S. 422 ff. u. Weiß, S. 117 ff.
8) StaA Mainz 28/292.
9) StAW Aschaffenburger Archivreste Fasz. 360 X, Nr. 1 u. Nr. 2.
10) StAW MRA K 210/178, L. 616/H 883; H StAW 369/556.
11) StaA Mainz 28/292 f. 39v.
12) Vgl. Soldan/Heppe II, S. 523 u. Jäger, Die Hexenverfolgung im Amt Homburg.
13) Vgl. Zimmermann, S. 376 ff.
14) Vgl. Niess.
15) Vgl. Byloff, Der Verfasser geht auf dieses Phänomen besonders ein. Auch in Bayern beginnt die Verfolgungswelle relativ spät. Vgl. Riezler.

hundert Menschen den Tod auf dem Scheiterhaufen[16]. Unter seinem Nachfolger Johann Schweikard von Kronberg (1604-1626) kam es zunächst nur vereinzelt zu Prozessen[17]. Zwischen 1610-1618 flutete eine Prozeßwelle über das Land, von der die meisten Ämter heimgesucht wurden. Am intensivsten wurden die Verfahren unter Kurfürst Georg Friedrich von Greiffenklau (1626-1629) betrieben[18]. Während seiner gesamten Regierungszeit kam es besonders in den Städten zu ausgedehnten Prozeßserien, in denen fast 1000 Frauen und Männer ihr Leben lassen mußten.
Unter Kurfürst Anselm Kasimir Wambolt von Umstadt (1629-1647) gingen die Hexenprozesse stark zurück und hörten nach dem Einfall der Schweden (1631) fast ganz auf[19]. Einzelne Verfahren wurden im Jahre 1642 durchgeführt[20]. Nur wenige Personen wurden zum Tode verurteilt. Die meisten Angeklagten wurden nach Leistung der Urfehde aus der Haft entlassen[21].
Johann Philipp von Schönborn (1647-1673) verbot unter dem Einfluß Friedrichs von Spee als erster deutscher Fürst die Hexenprozesse[22]. Der letzte Mainzer Hexenprozeß fand in der Regierungszeit des Kurfürsten Anselm Franz von Ingelheim (1679-1695) statt[23]. Im Jahre 1681 mußten zwei Frauen aus dem Eichsfeld den Scheiterhaufen besteigen[24].

16) Vgl. Brück, Johann Adam von Bicken, S. 147. Brück geht (S. 175f.) auf die Hexenverfolgung unter diesem Kurfürsten ein; er erwähnt aber nur einzelne Prozesse in der Umgebung Aschaffenburgs.
17) Vgl. Hensler, Der Mainzer Kurfürst und sein Hof.
18) Vgl. Sender.
19) Vgl. Burkard, S. 334 - 375.
20) StAW G 18 890.
21) Ebd.
22) Vgl. Kneubühler, S. 190 ff. u. Zwetsloot, S. 280f.
23) Vgl. Knieb, S. 75 f.
24) Ebd.

Übersicht über die Zahl der Hingerichteten und von Verfahren Betroffenen[25]:

		Hinrichtungen	Verfahren allgemein
1.	Unter Johann Adam von Bicken (1601-1604)	650	circa 690
2.	Unter Johann Schweikard von Kronberg (1604-1626)	361	395
3.	Unter Georg Friedrich von Greiffenklau (1626-1629)	768	909
	Kurfürstentum Mainz im 17. Jahrhundert[26]	1779	1994

Im Kurfürstentum Mainz dürfte die Zahl der Opfer im 17. Jahrhundert weit über 2000 gelegen haben. Diese Annahme wird durch die Tatsache verstärkt, daß von einzelnen Ämtern und Gemeinden Hexenprozesse zwar nachgewiesen werden können, aber die Zahl der Hingerichteten wegen des Fehlens von Prozeßakten nicht mehr festzustellen ist; darüber hinaus ist zu bedenken, daß zahlreiche Quellen verloren gegangen sind. Dennoch dürfte die Intensität der Verfolgung im Erzstift Mainz kaum stärker gewesen sein als in den benachbarten fränkischen geistlichen Territorien[27].

25) Die Verfahren unter Anselm Kasimir Wambolt von Umstadt sind bei dieser Zählung nicht berücksichtigt.
26) Die beiden Prozesse unter Anselm Franz von Ingelheim fanden bei dieser Übersicht keine Berücksichtigung.
27) s.S. 305 f.

2. Die Verfolgung im Unterstift

a) Vizedomamt Mainz und Amt Olm-Algesheim

Bereits im 16. Jahrhundert ging man im linksrheinischen Teil des Kurfürstentums gegen Hexen vor[28]. Zwischen 1602 und 1631 sind für einzelne Gemeinden größere Prozeßreihen nachweisbar. Betroffen waren Bodenheim, Bretzenheim[29] (Mainz-Bretzenheim), Finthen[30] (Mainz-Finthen), Mombach (Mainz-Mombach) und das Amt Olm-Algesheim[31]. Auf Grund der Quellenlage können (abgesehen von Bodenheim und Mombach) keine Angaben über den Umfang der Verfolgung gemacht werden[32]. Es ist ebenfalls nicht auszuschließen, daß noch in anderen Gemeinden Verfahren stattfanden.
Auf die Frage, ob es im 17. Jahrhundert in der Stadt Mainz zu Prozessen kam, geben die Quellen keine Auskunft. Ein schwer zu erklärendes Phänomen, wenn man bedenkt, daß „die Hexenbrände" in den Vororten der Stadt loderten und kaum eine größere Gemeinde des Erzstiftes von dem Pogrom verschont blieb.

b) Amt Mombach

Mombach (Mainz-Mombach) war im Besitz des Domkapitels, das auch die Gerichtsbarkeit in dieser Gemeinde ausübte[33]. Prozesse fanden nur unter Kurfürst Schweikard von Kronberg statt.

Betroffene Personen: 36

28) Vgl. Brück, Hexenprozesse im Binger Land, S. 81 f.
29) 1627 forderte die Gemeinde Bodenheim die Regierung auf, Zauberer und Hexen zu verfolgen. Sie verweist auf Hexenprozesse in Bretzenheim. Vgl. StAW K 210/170.
30) Nach Becker, (W.M.), S. 309 enthielt das Gemeindearchiv Finthen ein „Verzeichnis der Hexenkosten und Austeilung der kriminalistischen Gelder" aus dem 17. Jahrhundert. Nach Auskunft dieses Archivs, des Stadtarchivs Mainz und der Staatsarchive Darmstadt und Wiesbaden ist die Quelle nicht auffindbar.
31) StAW Klub. 365. Die Quelle nennt Prozeßakten, die 1795 noch vorhanden waren und heute nicht mehr auffindbar sind.
32) Prozeßprotokolle liegen nicht vor. StAW Klub. 365 erwähnt die Prozesse rein zufällig.
33) Vgl. Hensler, Verfassung und Verwaltung von Kurmainz, S. 4.

In den Jahren 1613/14 wurden 10 Frauen und 24 Männer hingerichtet[34]. Aus dem Jahre 1612 sind nur die Namen von zwei Frauen erhalten[35]. Da die Zahl der 1613/14 verurteilten Männer die der Frauen bei weitem übertrifft, ist es nicht unwahrscheinlich, daß die Anzahl der im Jahre 1612 justifizierten Personen wesentlich höher lag, als die Quellen vermuten lassen.

c) Gemeinde Bodenheim

Bodenheim war im Besitz des St. Albansstiftes, dem die hohe Gerichtsbarkeit zustand[36].
Die ersten Hexenprozesse in der Gemeinde Bodenheim datieren aus dem Jahre 1612. Frühere Verfahren sind urkundlich nicht belegbar.

Prozesse unter Kurfürst Johann Schweikard von Kronberg:

1. Hinrichtungen:	23	Frauen	1	Mann
2. Entlassungen:	1	Frau	-	
3. Tod im Gefängnis:	2	Frauen	-	
	26	Frauen	1	Mann
Betroffene Personen:	27			

Die Prozeßverfahren begannen im Sommer 1612 und endeten im Jahre 1613[37].
Prozesse unter Kurfürst Georg Friedrich von Greiffenklau:

2 Frauen wurden aus dem Gefängnis befreit.

Spätestens im Jahre 1629 kam es erneut zu Hexenprozessen in Bodenheim[38].
Prozesse unter Kurfürst Anselm Kasimir Wambolt von Umstadt:

1 Entlassung

Das Verfahren wurde 1638 durchgeführt[39].

34) DDAM K 60 II. 11.
35) StAW L 210/166; Klub. 365; HStAW 369/312; Ys/Bir A 9 681.
36) Vgl. Brück, Ein politischer Hexenprozeß in Bodenheim? S. 50.
37) StAW MRA Cent 210/170. Die Prozesse unter Johann Schweikard von Kronberg sind von Brück bearbeitet.
38) Ebd. Für diese Prozeßreihe liegt keine Bearbeitung vor.
39) Ebd. Prozeß nicht bearbeitet.

d) Amt Höchst-Hofheim

Höchst (Frankfurt-Höchst) war Sitz eines Amtmanns und eines Zollschreibers, der die Funktion ausübte, die im Oberstift der Keller wahrnahm. Flörsheim und Hochheim unterstanden direkt dem Domkapitel[40]. Zur Zeit der hier beschriebenen Hexenprozesse war Höchst Gerichtsort[41]. Die Prozesse wurden vom Amtmann oder Zollschreiber in Höchst durchgeführt. In Flörsheim und Hochheim standen die Schultheißen als Vertreter des Domkapitels an der Spitze des Gerichts.
Aus methodischen Gründen werden die Verfahren in Flörsheim, Hofheim und Hochheim zusammen mit den Prozessen im Amt Höchst behandelt.

Prozesse unter Kurfürst Johann Adam von Bicken:

Zwei Freilassungen
(Hofheim und Kriftel)

Betroffene Personen: 2 Frauen[42]

Dieser Befund ist bemerkenswert, da unter diesem Kurfürsten die Verfahren im allgemeinen intensiv betrieben wurden. Zwischen 1595 und 1600 fanden in diesem Amtsbereich dagegen zahlreiche Hexenprozesse statt.

Prozesse unter Kurfürst Johann Schweikard von Kronberg:

1. Hinrichtungen:	34	Frauen	7	Männer
2. Entlassungen:	3	Frauen	-	
3. Flucht:	1	Frau	-	
	38	Frauen	7	Männer

Betroffene Personen: 45[43]

40) Vgl. Keyser, S. 116 ff., S. 157 ff., S. 243 f. und S. 251 f.
41) StAW Fasz. 360/X Nr. 1 u. Nr. 2
42) Ebd. Die Quellen sind nicht bearbeitet. Vor 1600 wurden im Amt Höchst mindestens 20 Frauen hingerichtet: Eddersheim 1, Hofheim 1, Höchst 1, Kriftel 3, Marxheim 1, Weilbach 2, Wicker 5. Bei den übrigen Frauen kann der Heimatort nicht mehr ermittelt werden. Die meisten Orte gehörten bis 1600 zum Amt Königstein.
43) Ebd. Bearbeitung liegt vor; vgl. Gebhard, Die Flörsheimer Hexenprozesse, In: Flörsheimer Zeitung v. 8.4.1982.

5 Turm des Kellereigebäudes in Hofheim/Ts. In der Bevölkerung wird er heute noch Hexenturm genannt.

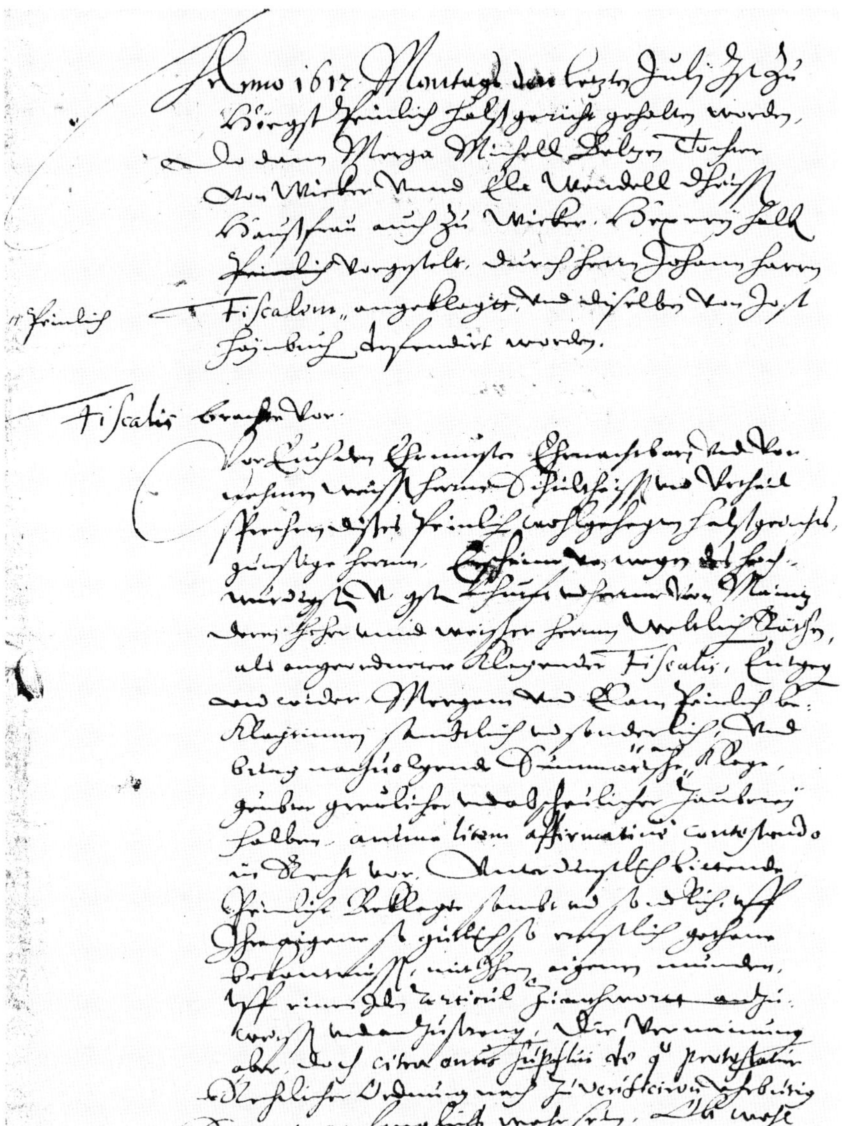

6 Prozeßprotokoll aus dem Amte Höchst (Frankfurt/Höchst). Im Unterstift fungierten Juristen als Verteidiger und Anwälte.

In Flörsheim wurden 29 Frauen und 6 Männer hingerichtet. Die übrigen Opfer stammten aus Weilbach und Wicker.

Prozesse unter Kurfürst Georg Friedrich von Greiffenklau:

1. Hinrichtungen:	16	Frauen	6	Männer
2. Entlassungen:	1	Frau	-	
	17	Frauen	6	Männer

Betroffene Personen: 23[44]

Aus Flörsheim wurden[45] 14, aus Hochheim 6 und aus Wicker 2 Personen verbrannt[46]. Die während der beiden Verfolgungsserien von anderen Gemeinden erhobenen Prozeßwünsche blieben unerfüllt[47].
Ob der 1642 gegen eine Frau aus Wicker angestrengte Prozeß zur Verurteilung führte, kann nach den Quellen nicht entschieden werden[48].

e) Amt Königstein i.T.

Die Stolbergische Grafschaft Königstein war im Jahre 1581 dem Kurfürstentum zugefallen. Hier hegte im 17. Jahrhundert der Amtmann das Halsgericht in Stadt und Land[49].
Schon vor 1600 kam es in diesem Amt zu einer ausgedehnten Verfolgung. Die Opfer stammten nachweisbar vor allem aus den Dörfern Marxheim, Weilbach und Wicker, die später zum Amt Höchst kamen[50] (circa 30 Personen), aus Schloßborn (3 Personen) und Mammoldshain (1 Person)[51]. Auch Königstein selbst scheint von Prozessen heimgesucht worden zu sein[52].

44) StAW Fasz. 360/X Nr. 1 u. Nr. 2 u. DAL Taufbuch Flörsheim.
45) Ebd. Die im Taufbuch genannten Personen werden in der Literatur erwähnt. Vgl. Schüler, Flörsheim am Main, S. 135.
46) StAW Fasz. 360/X Nr. 1 u. Nr. 2. Bearbeitung liegt nicht vor.
47) Ebd.
48) Ebd.
49) Vgl. Stöhlker, S. 35 - 61 u. Stamm.
50) StAW Aschaffenburger Archivreste 360 X Nr. 2. Alle Königstein betreffenden Quellen sind nicht bearbeitet.
51) StAW MRA Cent K 210/178 u. HStAW 399/556.
52) StAW MRA Hessen D 73/K 370.

Prozesse unter Kurfürst Johann Adam von Bicken:

Betroffene Personen: 3 Frauen

Drei Frauen aus Oppershofen und Rockenberg (Kellerei Kransberg) wurden hingerichtet[53].

Prozesse unter Johann Schweikard von Kronberg:

Betroffene Personen: nicht mehr feststellbar

Im Jahre 1617 sollen mehrere Prozesse gegen Bewohner aus Oberursel durchgeführt worden sein[54].

Prozesse unter Kurfürst Georg Friedrich von Greiffenklau:

Betroffene Personen: nicht mehr feststellbar[55]

Hinweis auf Verfahren in den Jahren 1627 - 1629 in Königstein.

f) Amt Lorch

Im Amt Lorch fanden in den Jahren 1627/28 Hexenprozesse statt[56]. Der Umfang der Verfolgung ist jedoch nicht mehr zu bestimmen.

53) StAW G 10 116.
54) Vgl. Diefenbach, S. 11 u. Janssen/Pastor VIII, S. 635. Die von ihnen benutzten Quellen sind nicht mehr auffindbar.
55) Vgl. Ziemer, a.a.O. Hinrichtungen aus den Jahren 1627 - 1629 erwähnt.
56) Vgl. StAW Klub. 365. Die Quellen enthalten ein Schreiben der kurfürstlichen Regierung an einen Mainzer Bürger mit der Aufforderung, die entwendeten Akten umgehend zurückzugeben (darunter Lorcher Hexenakten).

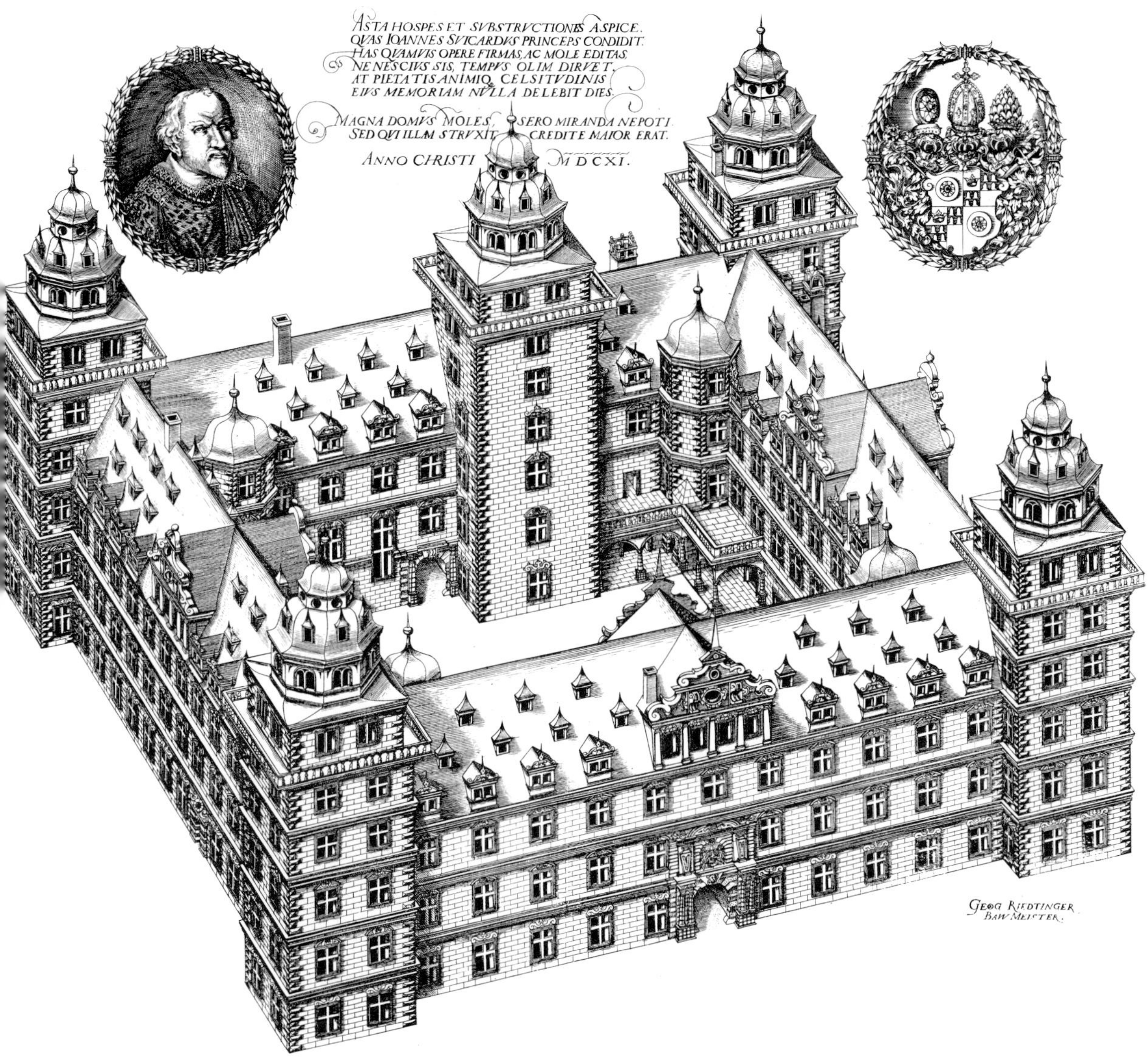

ASTA HOSPES ET SVBSTRVCTIONES ASPICE.
QVAS IOANNES SVICARDVS PRINCEPS CONDIDIT.
HAS QVAMVIS OPERE FIRMAS, AC MOLE EDITAS,
NE NESCIVS SIS, TEMPVS OLIM DIRVET.
AT PIETATIS ANIMIQ. CELSITVDINIS
EIVS MEMORIAM NVLLA DELEBIT DIES.
MAGNA DOMVS MOLES, SERO MIRANDA NEPOTI
SED QVI ILLAM STRVXIT, CREDITE MAIOR ERAT.
ANNO CHRISTI MDCXI.
GEOG RIEDTINGER
BAW MEISTER.

7 Schloß Johannisburg, Aschaffenburg, erbaut 1605–1614 unter Johann Schweikard von Kronberg (Medaillon l. o.), unter dem Hexenprozesse in Aschaffenburg stattfanden.

8 Hexenturm in Aschaffenburg (Ansicht und Schnitt). Zeichnung von Wernecek, wohl um 1850. (Städt. Schloßmuseum Aschaffenburg).

3. Die Verfolgung im Oberstift

a) Vizedomamt Aschaffenburg

Aschaffenburg war Sitz des Vizedom, des weltlichen Vertreters des Kurfürsten im Oberstift. Auch der Kurfürst und seine Regierung hielten sich hier oft auf[57].
Für die Zent vorm Spessart und die Stadtbevölkerung war Aschaffenburg Gerichtsort. In Vertretung des Vizedom leitete der Stadtschultheiß die Verfahren bei Hexereidelikten[58].
In Aschaffenburg ging man schon vor 1600 gegen Hexen vor, und es kam zu vereinzelten „Bränden"[59].

Prozesse unter Kurfürst Johann Adam von Bicken:

Hinrichtungen: 126[60]

Prozeßakten aus den Jahren 1603/04, die Einwohner aus Aschaffenburg und der näheren Umgebung der Stadt betreffen, nennen die Namen von 47 Verurteilten[61]: 38 Frauen und 9 Männer. Die prozentuale Verteilung zwischen Frauen und Männern dürfte für die ganze Prozeßreihe ähnlich ausgesehen haben.

Prozesse unter Kurfürst Johann Schweikard von Kronberg:

Hinrichtungen: 148

Wahrscheinlich war der Blutzoll bei den Männern höher als bei der ersten Prozeßserie[62].

57) Vgl. Hensler, Verfassung und Verwaltung von Kurmainz u. Lenhart.
58) Vgl. Köhl, S. 84.
59) Vgl. Wirth, (J.), S. 7 ff.
60) Nach Herrmann, L., S. 49, kam es in der Zent vorm Spessart und Bachgau von 1601 - 1604 zu 126 Verurteilungen. Der Autor beruft sich auf das „Protokoll des Zentgrafen vom Spessart und Bachgau", das nicht mehr auffindbar ist. Vgl. Lorenz, (A.), S. 7. Die für diese Periode vorliegenden Quellen (vgl. Anm. 61) lassen den Prozeßkomplex nur in bruchstückhafter Form erkennen.
61) StAW L 617 H 1071, Aschaffenburger Archivreste Fasz. 143 VIII Nr. 1; Fasz. 175 I Nr. 1 - 4 u. StaA Mainz 28/291. Nur die letzte Quelle ist bearbeitet. Vgl. Brück, Hexenprozesse in Aschaffenburg und Damm, S. 241 - 270.
62) StAW K 617/H 1 100, K 624/H 1 660 G 17 371, R 27 289, R 27 290, R 27 291, R 27 292, R 33 312, R 33 313 u. StiA R 6 Quellen z.T. bearbeitet vgl. Lorenz, (A.), S. 1-7.

Prozesse unter Kurfürst Georg Friedrich von Greiffenklau:

1. Hinrichtungen:	58	Personen (Geschlecht nicht zu ermitteln)		
2. Entlassungen:	17	Frauen	13	Männer

Betroffene Personen: 88[63)]

b) Amt Dieburg

Das Amt Dieburg war einer der kleinsten Verwaltungsbezirke des Kurfürstentums Mainz. Zu seinem Amtsbezirk gehörten die Stadt Dieburg, die Gemeinden Eppertshausen, Klein-Zimmern und Urberach[64)].
Der Geltungsbereich des Dieburger Zentgerichtes reichte weiter. Er umfaßte auch Altheim und Münster[65)].

Prozesse unter Kurfürst Johann Adam von Bicken:

Betroffene Personen: 9[66)]

Dieser Prozeßkomplex betraf mehrere Personen. Sieben Frauen und zwei Männer wurden mit Sicherheit hingerichtet.

Prozesse unter Kurfürst Johann Schweikard von Kronberg:

1. Hinrichtungen: circa	30	Personen		
2. Entlassungen:	1	Frau	2	Männer
	31		2	

Betroffene Personen: 33[67)]

63) SB Bamberg I.H. msc. misc. 9/12, StiA R 6 u. StAM 28/291. Nur die letzte Quelle bearbeitet.
64) Vgl. Müller, (W.), S. 114 - 128, 159 ff. u. 483 ff.
65) Münster war ein Kondominium von Hanau und Isenburg-Büdingen. Mainz konnte die katholische Religionsausübung und die Gerichtshoheit behaupten. Vgl. Müller, S. 483 f. Altheim unterstand der Herrschaft Hanau-Lichtenberg; Kurmainz aber hatte bis zum Ende des 17. Jahrh. die Zent inne. Vgl. Hinkel, Rekatholisierungsversuche der Pfarrei Altheim, S. 211 ff.
66) Prozeßakten aus den Jahren 1602/03 liegen nicht mehr vor. Jedoch lassen sich aus den „Extrakten zauberischer Aussagen" von 1627 Opfer dieser Hexenprozesse namentlich ermitteln. Vgl. StaA Mainz 28/291. Aus Münster wurden vier Frauen verbrannt. Vgl. Ys/Bir A 9681.
67) Von dieser Prozeßserie liegen die Urgichten (Schuldbekenntnisse) von zwei Frauen vor. Vgl. StAW K 210/168. Drei freigelassene Personen wurden 1627 erneut eingezogen. Die Zahl der übrigen Betroffenen ergibt sich ebenfalls aus den „Besagungslisten" des Jahres 1627.

Diese Prozeßserie lief in den Jahren 1612/13. Es wurden nur Bürger der Stadt Dieburg und aus Münster eingezogen.

Prozesse unter Kurfürst Georg Friedrich von Greiffenklau:

1. Hinrichtungen:	92	Frauen	35	Männer
2. Entlassungen	?		2	Männer
3. Tod im Gefängnis:	2	Frauen	1	Mann
4. Flucht:	-		1	Mann
	94	Frauen	39	Männer

Betroffene Personen: 133[68)]

Die „großen Hexenprozesse" der Jahre 1627 - 1629 betrafen fast nur die Stadt Dieburg. Von den umliegenden Dörfern Altheim, Klein-Zimmern und Münster forderte die Verfolgung relativ wenig Opfer.

c) Amt Seligenstadt

Zu diesem Amt gehörten die Stadt Seligenstadt und zehn Dörfer. Die Gemeinden Hainhausen, Jügesheim, Rembrücken und Weiskirchen, die weiter von Seligenstadt entfernt liegen, waren in die Prozeßverfahren nicht einbezogen[69)].
Die Prozesse wurden vor allem von dem Fauth geführt[70)]. In Seligenstadt kam es schon im 16. Jahrhundert zu einzelnen Anklagen wegen Hexerei,

68) Von dieser Prozeßwelle liegen nur die Akten aus dem Jahre 1627 vollständig vor. Sie geben 36 Hinrichtungen an. Vgl. StaA Mainz 28/291. Aus dem Jahre 1629 sind 30 Verhörprotokolle erhalten; vgl. StAW G 13 358. Das Taufbuch der Pfarrei Dieburg gibt für 1627/28 die Zahl von 87 Hinrichtungen an. Vgl. PA Dieburg, Taufbuch. Die Zahl der in das Prozeßverfahren verstrickten Personen wurde vor allem aus den Listen der fiskalischen Quoten entnommen. Vgl. StAW MRA Cent K 210/168. Eine gedruckte Quelle bezeugt die Intensität der Verfolgung. Vgl. Englert, S. 199 ff. Die Literatur über Hexenprozesse in Dieburg beachtet nur die Prozesse des Jahres 1627: vgl. Steiner, Geschichte des Bachgaus, S. 68 - 100, Veit, Hexenverbrennungen in der 1. Hälfte des 17. Jahrh., S. 15 - 21; Müller-Gerber, S. 44 u. Soldan/Heppe II, S. 47.
69) Vgl. Müller, (W.), S. 657 - 669.
70) StAW 210/185.

die jedoch nicht zu einem Prozeß führten[71]. Der erste Hexenprozeß endete am 6. Oktober 1600 mit der Verurteilung und Hinrichtung einer Frau[72].

Prozesse unter Kurfürst Johann Adam von Bicken:
Sie verteilen sich auf die folgenden Gemeinden:

Froschhausen:	2	Personen
Klein-Krotzenburg	1	"
Klein-Welsheim	2	"
Mainflingen	3	"
Seligenstadt	4	"
Zellhausen	2	"
	14	Personen

Betroffene Personen: 14[73]

Über spätere Verfahren sind keine Akten auffindbar.

d) Amt Steinheim

Zu diesem Amt gehörten die Stadt Steinheim und die Gemeinden Bieber (Offenbach-Bieber), Dietesheim, Klein-Auheim, Lämmerspiel, Mühlheim, Ober-Roden, Nieder-Roden und Weiskirchen. Steinheim war im 16. Jahrhundert öfters Sommerresidenz der Mainzer Erzbischöfe und erlangte durch die häufige Anwesenheit des Hofes eine gewisse Bedeutung[74].
Die Hochgerichtsbarkeit lag wohl auch hier in den Händen des Amtmanns[75].

71) StaA Seligenstadt. Abt. X Justiz/Hexensachen.
72) StAW MRA 210/185.
73) StAD Abt. E 9 Konv. 54 Fasz. 8 - 14 fol. 1 - 10. Quelle v. Seibert, Hexenbrände in und um Seligenstadt, S. 22-39 bearbeitet.
74) Vgl. Imgram, Geschichte der Stadt Steinheim.
75) StAW Cent. K 212/281.

9 Hans Baldung Grien, „Johannes de Indagine“, Pfarrer von Steinheim, Freund Huttens und Hexenforscher.

10 Das Schloß von Steinheim (Ausschnitt aus einem Kupferstich von Matthaeus Merian). Im Schloß, das als Amtshaus diente, fanden im 17. Jahrhundert Hexenprozesse statt.

Prozesse unter Kurfürst Johann Adam von Bicken:

6 Hinrichtungen[76)]

Zwei der Hingerichteten (Männer) stammen aus Ober-Roden[77)]. Bei den übrigen Personen läßt sich der Wohnort nicht ermitteln.

Prozesse unter Kurfürst Johann Schweikard von Kronberg:

2 Hinrichtungen[78)]

Prozesse unter Kurfürst Georg Friedrich von Greiffenklau:

1 Hinrichtung[79)] 1 Entlassung (Frau)

Eine Frau aus Ober-Roden wurde nach Leistung der Urfehde aus der Haft entlassen. Bei den anderen Personen, die unter den Erzbischöfen von Kronberg und Greiffenklau hingerichtet wurden, geben die Quellen den Wohnsitz nicht an[80)].

Der in verschiedenen Urkunden gegebene Hinweis auf Prozesse im Amt Steinheim läßt den Schluß zu, daß die Verfahren in diesem Bezirk zahlreicher waren, als die angegebenen Zahlen vermuten lassen.

Johann Heinrich von Elz, der unter Greiffenklau Amtmann war, versuchte, die Verfahren einzudämmen[81)].

e) Freigericht Alzenau

Im 17. Jahrhundert besaßen Mainz und Hanau die Landeshoheit in den vier Zenten des Freigerichts Alzenau, Hörstein, Mömbris und Somborn. Amtmann und Zentbereiter des Bezirks wurden von beiden Herrschaften gestellt[82)].

Gerichtsorte in diesem Amt waren Hörstein und Somborn. Die Verfahren wurden von dem Amtmann oder in dessen Vertretung vom Zentbereiter durchgeführt[83)].

76) StAW K 320/84.
77) StAW Cent. K 212/281. Diese Quelle ist bereits v. Gebhard bearbeitet. Vgl. (Ders.), Gerichtsakten „Die Oberrodener Hexerey betreff."
78) StAW K 320/84.
79) StAD C 1 224/10.
80) StAW Cent 212/281.
81) Vgl. Seibert, Hexenbrände in und um Seligenstadt, S. 52.
82) Vgl. Grebner, S. 150 f. u. S. 154 f.
83) Ebd. S. 175 f. u. S. 182 - 186.

Prozesse unter Kurfürst Johann Adam von Bicken:

1. Hinrichtungen:	126	Frauen	13	Männer
2. Entlassungen:	2	Frauen	-	
3. Tod im Gefängnis:	2	Frauen	-	
	130	Frauen	13	Männer

Betroffene Personen: 143[84)]

Vor allem Alzenau und Somborn, die größten Orte des Freigerichts, wurden von der Hexenverfolgung heimgesucht[85)].

Prozeß unter Kurfürst Johann Schweikard von Kronberg:
Entlassung: 1 Mann[86)]

Unter Kurfürst Georg Friedrich von Greiffenklau kam es im Freigericht zu Untersuchungen wegen Hexerei. Ein Prozeßverfahren wurde jedoch nicht eingeleitet[87)].

f) Amt Groß-Krotzenburg

Die Gemeinden Bürgel, Groß-Krotzenburg und Oberrodenbach unterstanden dem St.-Petersstift in Mainz. Ein eigener Stiftsamtmann war für diesen Verwaltungsbezirk zuständig[88)].
In seine Kompetenz fiel auch die hohe Gerichtsbarkeit. Zur Zeit der Hexenprozesse bekleidete der Stadtschultheiß von Aschaffenburg, Dr. Nikolaus Georg von Reigersberg, dieses Amt[89)] .Die Verhöre leitete Dr. Beußner.

84) StAW K 320/84, 320/87, 323/184, 324/331, 326/290, 339/498, 357/914 u. StAM H N 86/1 098 a/b, 86/1 099, 86/1 200. Die Prozesse sind vollständig von Grebner aus den Quellen bearbeitet.
85) Vgl. Grebner, S. 168 f.
86) Ebd. S. 169 f.
87) Ebd. S. 171 f.
88) Vgl. Zeller, S. 79 f.
89) SB Bamberg I.H. msc. misc. 9/12.

Prozesse unter Kurfürst Georg Friedrich von Greiffenklau:

1. Verhaftungen:		106 Personen		
2. Hinrichtungen:	67	Frauen	14	Männer
3. Entlassungen:	7	Frauen	?	Männer
4. Schicksal ungeklärt:		18 Personen		

Betroffene Personen: 106[90)]

Die Prozesse in Bürgel (Offenbach-Bürgel) wurden im Juni 1627 durchgeführt. Die Verfahren in den anderen Gemeinden dauerten von März bis Oktober 1628. Von den Personen, die in die Hexenprozesse verstrickt waren, stammen 2 aus Bürgel, 90 aus Groß-Krotzenburg und 14 aus Oberrodenbach.

g) Amt Klingenberg

Der Amtsbezirk umfaßte außer der Stadt Klingenberg die Orte Dammsfeld, Elsenfeld, Mechenhard, Röllfeld zur Hälfte, beide Schippach und Trennfurt. Später kamen die zweite Hälfte von Röllfeld sowie Mönchberg und Wörth hinzu[91)].
Es sind keine genauen Angaben vorhanden, wer die Hochgerichtsbarkeit ausübte. Gerichtsorte waren Klingenberg, Mönchberg und Wörth. Nach den vorliegenden Quellen ließ sich der Amtmann häufig von dem Keller von Klingenberg vertreten[92)]. In Mönchberg[93)] und Wörth[94)] leitete - bei den aus den Quellen nachweisbaren Prozessen - der Stadtschultheiß von Aschaffenburg, Nikolaus Georg von Reigersberg, die Verfahren.

90) StAM HN 86/16 388, StAD C 1 224/10 u. SB Bamberg I.H. msc. misc. 9/12. Die beiden ersten Quellen sind teilweise bearbeitet. Vgl. Zeller, S. 79 - 91 u. Soldan/Heppe II. S. 84. Die hier angegebene Zahl - 300 Hinrichtungen - konnte nicht verifiziert werden. Sie taucht aber auf der Basis seiner Ausführungen immer wieder auf.
91) Vgl. Kallfelz, S. 104.
92) StAW Gericht Klingenberg, Nr. 202 u. G 17 358.
93) Vgl. Weber, (H.), S. 166 - 174.
94) SB Bamberg, I.H. msc. misc. 9/12.

Prozesse unter Kurfürst Johann Adam von Bicken:

Betroffene Personen: einige Frauen[95)]

Während der Herrschaft dieses Kurfürsten wurden in Wörth einige Frauen verbrannt.

Prozesse unter Kurfürst Johann Schweikard von Kronberg:

1. Hinrichtungen:	mehrere	Frauen
2. Entlassungen:	1	Mann

Betroffene Personen: 1 Mann u. mehrere Frauen[96)]

Ein Mann aus Groß-Heubach wurde nach Stellung einer Kaution entlassen. Aus derselben Gemeinde wurden mehrere Personen in Klingenberg in Haft gesetzt.

Prozesse unter Kurfürst Georg Friedrich von Greiffenklau:

1. Hinrichtungen:	32	Frauen	18	Männer
2. Entlassungen:	1	Frau	2	Männer
3. Tod im Gefängnis:	-		1	Mann
4. Gefangennahme:	12	Frauen	5	Männer
	45	Frauen	26	Männer

Betroffene Personen: 71[97)]

In Mönchberg wurden 13 Frauen und 7 Männer aus dem Ort selbst, aus Röllbach und Schippach justifiziert. In Wörth inhaftierte man 22 Frauen und 8 Männer. Von ihnen wurden mit Gewißheit 10 Frauen und 3 Männer hingerichtet. Die übrigen Opfer stammten aus den Gemeinden Elsenfeld und Erlenbach. Zwei Männer aus Klingenberg (Ratsherren) wurden 1629 aus dem Gefängnis entlassen. Ein Mann aus derselben Stadt („der dicke Wirt von Klingenberg") starb unter der Folter.

95) Vgl. Brößler. In: Main-Echo 99 v. 30.4.1954
96) StAW Gericht Klingenberg Nr. 202.
97) StAW Gericht Klingenberg Nr. 202, G.17 358 u. SB Bamberg I.H. msc. misc. 9/12. Diese Quellen sind noch nicht bearbeitet. Die letzte enthält beachtenswerte Notizen persönlicher Art. Die Angaben über Mönchberg wurden aus H. Weber (S. 166 - 174) entnommen; seine Quellen sind nicht mehr auffindbar.

h) Amt Miltenberg

Miltenberg war Sitz eines Amtmanns und eines Kellers. Der Bezirk umfaßte 14 Dörfer, von denen Bürgstadt und Eichenbühl die bedeutendsten waren. Zur Zeit der Hexenprozesse standen die Amtmänner Johann Konrad von Vohrburg (1606 - 1618) und Oberst Johann von Gerzen (1625 - 1642) an der Spitze der Verwaltung und übten die Hochgerichtsbarkeit aus[98].

Prozesse unter Kurfürst Johann Adam von Bicken:
Während dieser Periode blieb Miltenberg von Hexenprozessen verschont. In den „Extrakten zauberischer Aussagen" der Jahre 1616 - 1618 findet sich kein Hinweis auf eine Verfolgung für die Zeit von 1601 - 1604. Im 16. Jahrhundert allerdings fanden vereinzelt Prozesse wegen Hexerei statt[99].

Prozesse unter Kurfürst Johann Schweikard von Kronberg:

1. Hinrichtungen:	38	Frauen	28	Männer
2. Entlassungen:	5	Frauen	2	Männer
3. Tod im Gefängnis:	1	Frau	-	
	44	Frauen	30	Männer

Betroffene Personen: 74[100]

Die erste Prozeßwelle dauerte von 1616 - 1618. Der Bezirk Miltenberg wurde in dieser Epoche am stärksten von allen Ämtern des Kurfürstentums von der Verfolgung heimgesucht.

98) Vgl. Störmer, S. 15ff, S. 174 - 179, S. 186 - 190 u. S. 294f.
99) Vgl. Vierengel, Miltenberg.
100) Ast Ffm. FSg 2/1 - F 215. Die Quelle nennt für die Zeit von 1616 - 1629 290 Personen für beide Verfolgungsperioden. Im Vergleich mit den anderen Quellen wurden die Daten über Gemeinden, die nicht zum Amt Miltenberg gehörten (Amorbach und Stadtprozelten) und doppelte Zählungen ausgeschieden. Die Zahlen der in jeder einzelnen Prozeßperiode (1616 - 1618 u. 1627 - 1629) Betroffenen wurden aus StAW Gericht Miltenberg Nr. 690 - 692 u. Nr. 698 gewonnen. Die Literatur gibt die Zahl der Opfer unterschiedlich an. Es wurden z.T. nur die Anzahl der Hingerichteten der Stadt Miltenberg berechnet und nicht der Gemeinden Bürgstadt u. Eichenbühl. Außerdem konzentrierte man sich primär auf die Prozesse der Jahre 1627 - 1629. Vgl. Diefenbach, S. 106 u. Wirth, (M.J.), S. 219 - 226.

Prozesse unter Kurfürst Georg Friedrich von Greiffenklau:

1. Hinrichtungen:	100	Frauen	44	Männer
2. Entlassungen:	15	Frauen	10	Männer
3. Tod im Gefängnis:	3	Frauen	1	Mann
4. Flucht:	1	Frau	1	Mann
	119	Frauen	56	Männer

Betroffene Personen: 175[101]

Neben der Stadt Miltenberg waren die zwei größten Gemeinden des Amtes, Bürgstadt und Eichenbühl, Schwerpunkte der Prozesse. Dies zeigt die folgende Statistik:

STADT MILTENBERG

(1616 - 1618)

1. Hinrichtungen:	16	Frauen	12	Männer
2. Entlassungen:	3	Frauen	-	
3. Tod im Gefängnis:	1	Frau	-	
4. Flucht:	1	Frau	-	
	21	Frauen	12	Männer

Betroffene Personen: 33

(1627 - 1629)

1. Hinrichtungen:	48	Frauen	21	Männer
2. Entlassungen:	10	Frauen	3	Männer
3. Tod im Gefängnis:	1	Frau	-	
4. Flucht:	-		1	Mann
	59	Frauen	25	Männer

Betroffene Personen: 84

Insgesamt: 117

101) Ebd.

BÜRGSTADT

(1616 - 1618)

1. Hinrichtungen:	19	Frauen	14	Männer
2. Entlassungen:	1	Frau	1	Mann
	20	Frauen	15	Männer

Betroffene Personen: 35

(1627 - 1629)

1. Hinrichtungen:	41	Frauen	15	Männer
2. Entlassungen:	2	Frauen	3	Männer
3. Tod im Gefängnis:	1	Frau	-	
	44	Frauen	18	Männer

Betroffene Personen: 62

Insgesamt: 97

EICHENBÜHL

(1616 - 1618)

1. Hinrichtungen:	3	Frauen	2	Männer
2. Entlassungen:	1	Frau	1	Mann
	4	Frauen	3	Männer

Betroffene Personen: 7

(1627 - 1629)

1. Hinrichtungen:	11	Frauen	8	Männer
2. Entlassungen:	3	Frauen	4	Männer
3. Tod im Gefängnis:	1	Frau	1	Mann
	15	Frauen	13	Männer

Betroffene Personen: 28

Insgesamt: 35

i) Amt Prozelten

Das Amt Prozelten umfaßte die Gemeinden Breitenbrunn, Dorfprozelten, Faulbach, Gußhof, Neuenbuch, Oberaltenbuch, Stadtprozelten und Unteraltenbuch. Im frühen 17. Jahrhundert war Prozelten ein eigenes Amt. Später wurde es Sitz einer Amtsvogtei und gehörte zum Oberamt Miltenberg[102].

Prozesse unter Kurfürst Georg Friedrich von Greiffenklau:
Betroffene Personen: 7
Im Amt Prozelten wurden mindestens drei Frauen und vier Männer hingerichtet[103].

j) Zent Rüdenau

Rüdenau war Zentort und Sitz eines Hochgerichts[104].

Prozesse unter Kurfürst Georg Friedrich von Greiffenklau:
Betroffene Personen: 9[105]
Aus dieser Zent wurden mindestens drei Frauen und sechs Männer hingerichtet.

k) Amt Lohr

Das Amt Lohr umfaßte in der ersten Hälfte des 17. Jahrhunderts die beiden Kellereibezirke Lohr und Rieneck. Der Biebergrund und das Gebiet um Partenstein, die in der Kellerei Lohr lagen, waren gemeinsamer Besitz von Mainz und Hanau. Der Oberteil der Stadt Rieneck war ebenfalls Kondominium beider Herrschaften. Die übrigen Orte unterstanden allein dem Kurfürsten von Mainz[106].

102) Vgl. Störmer, S. 298.
103) StAW G 17 358. Die Zahlen sind den „Extrakten zauberischer Aussagen" des Jahres 1627 in Miltenberg entnommen. Wahrscheinlich forderten die Hexenprozesse im Amt Prozelten noch weitere Opfer.
104) Vgl. Störmer, S. 163.
105) ASt Ffm FSg 2/1 - F 215.
106) Vgl. Schott, Der Landkreis Lohr.

Alle Prozesse wurden in Lohr geführt[107]. Eine Ausnahme bildeten der Biebergrund[108] und der Oberteil von Rieneck[109]. Bieber (Biebergemünd) und Rieneck waren die Gerichtsorte. Die Verfahren selbst wurden aber auch in diesen Gemeinden von dem Amtmann in Lohr bzw. seinen Kellern geleitet.

Prozesse unter Kurfürst Johann Adam von Bicken:

1. Hinrichrungen:	11	Frauen
2. Entlassungen:	2	Frauen
3. Tod im Gefängnis:	1	Frau

Betroffene Personen: 14 Frauen[110]

Die meisten Prozesse fanden im Biebergrund statt. Hier wurden schon um 1600 mindestens sechs Frauen wegen Hexerei verbrannt[111]. Die übrigen Verfahren richteten sich gegen Einwohner von Wiesen[112]. Aus diesem Dorf wurden zwei Frauen hingerichtet und zwei weitere nach Leistung der Urfehde entlassen. Eine Frau starb im Gefängnis.

Prozesse unter Kurfürst Johann Schweikard von Kronberg:

1. Hinrichtungen:	31	Frauen	2	Männer
2. Entlassungen:	3	Frauen	2	Männer
3. Flucht:	4	Frauen	1	Mann
	38	Frauen	5	Männer

Betroffene Personen: 43[113]

107) Vgl. Rauch, Das Zentgericht im Amt Lohr.
108) Nach StAW G 3 093 fanden die Prozesse, welche die Gemeinden des Biebergrunds betrafen, in Bieber (Biebergemünd) statt.
109) Die Hexenprozesse gegen Bewohner des Oberteils von Rieneck wurden in der Stadt selbst geführt. Die Angeklagten aus dem Niederteil brachte man nach Lohr; vgl. StAW Gericht Lohr Nr. 73 u. G 3 608.
110) StAW G 3 093, G 3 096 u. G 3 314.
111) Vgl. Zimmermann, S. 379; um 1600 wurden 30 Männer und Frauen in Bieber hingerichtet. Die von ihm benutzte Quelle im Pfarrhaus zu Bieber ist nicht mehr vorhanden. Freundl. Hinweis des ev. Pfarramtes Bieber v. 21.8.1983.
112) Vgl. Schott, Die Wiedertäufer in Wiesen. Er weist noch für die Jahre 1603 u. 1607 die Existenz von zwei Wiedertäufern nach. Auseinandersetzungen um das Vermögen der schon zumeist im 16. Jhrh. nach Böhmen ausgewanderten Wiedertäufer trugen zur Spannung innerhalb der Bevölkerung bei.
113) StAW Gericht Lohr Nr. 73, G 3 608 u. StaA Lohr XII Justizwesen, 3 T. 12, F. W. Nr. 5

Allein aus der Stadt Rieneck waren 29 Frauen und 5 Männer in das Prozeßgeschehen einbezogen[114]. Etwa zur gleichen Zeit, als man in Rieneck gegen Hexen vorging, fanden in Lohr Hexenprozesse gegen Personen aus anderen Dörfern des Amtes statt, die nur bedingt im Zusammenhang mit den Vorgängen in Rieneck standen[115]. Aus Scheppach waren vier, aus Nantenbach zwei, aus Rodenbach zwei und aus Neuendorf eine Frau der Hexerei angeklagt.

Prozesse unter Kurfürst Georg Friedrich von Greiffenklau:

1. Hinrichtungen:	87	Frauen	21	Männer
2. Entlassungen:	11	Frauen	1	Mann
3. Tod im Gefängnis:	6	Frauen	-	
4. Flucht:	-		2	Männer
	104	Frauen	24	Männer

Betroffene Personen: 128[116]

Die Prozeßserie in Lohr währte von 1626 - 1630. Zur Zeit der schwedischen Besatzung, im Jahr 1633, kam es zu einem Prozeß. Hierbei ging es aber nicht um Zauberei, sondern um einen als Hexerei getarnten Mord.
Die Prozesse wüteten vor allem in der Stadt Lohr. Die Dörfer in der unmittelbaren Umgebung der Stadt zählten nur wenige Opfer. Aus entfernteren Orten gerieten nur vereinzelt Personen in das Räderwerk der Hexenjustiz[117].

114) Die Hexenverfolgung in Rieneck hat literarischen Niederschlag gefunden: Vgl. Barthels, Lohrer Hexengericht, u. Stelzner, S. 18ff. Eine Angabe über die Zahl der in Rieneck eingezogenen Personen wurde in all diesen Schriften entweder überhaupt nicht versucht oder blieb äußerst unvollständig, weil sie mit der Anzahl der Opfer von Lohr in den Jahren 1626-30 in Verbindung gebracht wurde.

115) StaA Lohr XII T 12, F. W. Nr. 5. Diese Prozeßreihe weicht von dem üblichen Verfahrenstypus ab. Sie hat bisher keine Bearbeitung erfahren.

116) StAW G 3 083, G 3 608, G 18 889, Gericht Lohr Nr. 3; StaA Lohr XII.T 12, F.W. Nr. 1 - 4. Die Prozesse sind teilweise bearbeitet; vgl. Barthels, Das Lohrer Hexengericht, Gebhard, Die Rolle der Männer in den Lohrer Hexenprozessen, u. Stelzner, S. 3 - 43.

117) Je eine Frau aus Prozelten und Rieneck fand den Tod auf dem Scheiterhaufen; vgl. G 3 314.

l) Amt Orb

Den größten Teil des Amtes Orb erwarben die Kurfürsten von Mainz von der Herrschaft Trimberg in den Jahren 1313 - 1328. Das Hochgericht Orb war z.T. mit Stadtschöffen besetzt, denen der Amtmann vorstand[118].

Prozesse unter Kurfürst Johann Adam von Bicken:

Betroffene Personen: 5 Frauen[119]

Über weitere Prozesse in diesem Amt liegen keine Unterlagen vor.

m) Amt Amorbach

Das Amt Amorbach erstreckte sich über einen beachtlich großen Raum. Es war im 17. Jh. in die Kellereien Amorbach mit der Zent Mudau, Buchen und Walldürn aufgeteilt. Das Amt Amorbach war mit der Zent Amorbach nicht identisch. Diese Tatsache ist aber nicht von Belang, da der Einfluß der Zenten schon um 1600 weitgehend unter dem Einfluß der kameralistischen Verwaltung zusammengeschrumpft war[120].
Die Hexenprozesse wurden von dem Oberamtmann und Keller in Amorbach[121] und im Verwaltungsbezirk Buchen vom dortigen Kellereiinhaber geführt[122]. Die Verfahren von Walldürn fanden in Amorbach statt[123].

118) Vgl. Keyser, S. 360 f.
119) StAM Rechnungen II Orb Nr. 11, Jahrg. 1608. Die Rechnungen stammen aus dem Jahre 1608. Sie betreffen aber die Zeit von 1603/04. Vor 1607 taucht der Posten des „Hexengeldes" in den Kellereirechnungen von Orb nicht auf. Nach 1608 wird der Posten „Hexengeld" noch 18 Jahre lang aufgeführt und zwar mit der Bemerkung „Nicht", was auf keine Einnahmen hinweist.
120) Vgl. Störmer, S. 164 - 174.
121) Vgl. StAW G 18 890.
122) Vgl. Weiß, S. 117 - 131.
123) StAW G 18 890.

1. Prozesse in der Kellerei Amorbach und der Zent Mudau

Unter Kurfürst Johann Adam von Bicken:

circa 300 Hinrichtungen[124)]

Unter Kurfürst Johann Schweikard von Kronberg:

Kein Hinweis auf Hinrichtungen

Unter Kurfürst Georg Friedrich von Greiffenklau:

circa 100 Hinrichtungen[125)]

Unter Kurfürst Anselm Kasimir Wambolt von Umstadt:

1. Hinrichtungen:	1	Frau	-	Männer
2. Entlassungen:	3	Frauen	7	Männer
	4	Frauen	7	Männer

Betroffene Personen: 11[126)]

2. Prozesse in der Kellerei Buchen:

Unter Kurfürst Johann Adam von Bicken:

4 Hinrichtungen (Frauen)[127)]

Unter Kurfürst Johann Schweikard von Kronberg:

9 Hinrichtungen (7 Frauen, 2 Männer)

Unter Kurfürst Georg Friedrich von Greiffenklau:

3 Hinrichtungen (2 Frauen, 1 Mann)

Unter Kurfürst Anselm Kasimir Wambolt von Umstadt:

1 Entlassung

124) Bei Meder (S. 38), heißt es: „Was ist auch für ein Jammer im Bistum Mentz, nur im Ampte Mutich und unter dem Kloster Ammerbach befunden worden? Hat man nicht an die 300 Personen gestraft? Wie die Seulen/ daran sie verbrandt sind/ noch vor Augen stehen."

125) Urkunden von diesen Verfahren sind nicht mehr auffindbar. Besagungslisten, die in den Jahren 1641/42 angelegt wurden, enthalten die Namen von 15 Frauen und 6 Männern, die 1629 den Tod auf dem Scheiterhaufen fanden; vgl. StAW G 18 890. Da diese Listen angelegt wurden, um einen relativ kleinen Kreis von Verdächtigen zu überführen, findet sich in ihnen lediglich ein Bruchteil der Personen, die in die Prozesse verstrickt waren. Zudem fanden schon in den Jahren 1627/28 Hexenprozesse statt; StAW G 18 890.

126) StAW G 18 890.

127) GLA 229/13 950 u. StaA Buchen. Gerichtsprotokolle I u. IV. Die Quellen sind vollständig v. Weiß, (Die Hexenverfolgung in der mainzischen Zent Buchen, S. 117 - 131), bearbeitet. Dies gilt auch für die Verfolgungsperioden unter den späteren Kurfürsten.

3. Prozesse in der Kellerei Walldürn[128]

Unter Kurfürst Anselm Kasimir Wambolt von Umstadt wurde eine Person aus der Haft entlassen. Andere Hinweise liegen nicht vor[129].

n) Amt Tauberbischofsheim und Amtsvogtei Külsheim

Zum Amt Tauberbischofsheim gehörten 17 Orte mit über 1300 Herdstätten. Königheim und Königshofen waren nach der Stadt Tauberbischofsheim die bedeutendsten Ortschaften des Bezirks[130]. Die Amtsvogtei Külsheim bildete eine eigene Verwaltungseinheit, welche die Stadt Külsheim und zwei Dörfer umfaßte[131].
Die Gerichtsorte waren Tauberbischofsheim und Külsheim. Für die Verfahren war der oberste Beamte zuständig[132].

Prozesse unter Kurfürst Johann Adam von Bicken:

Betroffene Personen: nicht mehr feststellbar.

In Königshofen wurden „Manns- und Weibspersonen" verbrannt. Die ausdrückliche Erwähnung der Männer spricht für eine länger andauernde Prozeßreihe[133].

128) Vgl. StAW G 18 890. Dieses Verfahren ist bei Weiß (Die Hexenverfolgung in der mainzischen Zent Buchen, S. 117 - 131), nicht erwähnt.
129) Walldürn blieb wahrscheinlich weitgehend von der Hexenverfolgung verschont. In dem Prozeß gegen eine Frau dieser Stadt wird nicht wie bei Hexenprozessen üblich auf frühere Verfahren Bezug genommen. Vgl. StAW G 18 890.
130) Vgl. Berberich, S. 303 - 334.
131) Vgl. John, Das Land Baden-Württemberg IV, S. 317 - 321.
132) Vgl. Berberich, S. 303 - 305 u. StAW MRA K 210/168. Demnach war der Amtsvogt von Külsheim mit der juristischen Behandlung der Hexereidelikte befaßt.
133) StAW MRA H 1 534. Die Quelle enthält einen Brief des Kurfürsten an den Amtmann von Tauberbischofsheim, in dem fiskalische Fragen im Umkreis der Prozesse behandelt werden.

Prozesse unter Johann Schweikard von Kronberg:

1. Hinrichtungen: 1 Frau
2. Entlassungen: 1 Frau

Betroffene Personen: nicht mehr genau feststellbar.

Prozeßakten liegen von einem Verfahren in Külsheim vor, das 1612 durchgeführt wurde[134].

Nach den Aschaffenburger Kellereiakten kam es auch in Tauberbischofsheim zu Hexereiverfahren.

Prozesse unter Kurfürst Georg Friedrich von Greiffenklau:

Betroffene Personen: nicht feststellbar[135].

4. Die Verfolgung in den anderen Territorien

a) Die Mainzer Exklaven Oberhessens

Das Kurfürstentum Mainz besaß im nördlichen Hessen die Ämter Amöneburg, Fritzlar und Neustadt[136].

Die Hochgerichtsbarkeit wurde ähnlich wie in den übrigen Bezirken des Kurstaates ausgeübt. In den drei oberhessischen Ämtern kam es schon vor 1600 zu einzelnen Hexenprozessen[137].

Prozesse unter Kurfürst Johann Adam von Bicken:

1 Hinrichtung (Neustadt)

Betroffene Personen: 1[138]

134) StAW MRA K 210/166 u. R 33 312. Im Jahre 1617 überwies der Keller von Tauberbischofsheim 150 Gulden „Inname Hexengeld" an die Kellerei von Aschaffenburg.
135) Vgl. Berberich, S. 121, Prozeßakten aus dieser Zeit sind nicht mehr auffindbar.
136) Vgl. Keyser, S. 52f. u. 170 ff.
137) Vgl. Spielmann, S. 173f.
138) Vgl. Malkmus, S. 95 - 116.

Prozesse unter Johann Schweikard von Kronberg:

1. Hinrichtungen:	5	Frauen
2. Entlassungen:	3	Frauen
	8	Frauen

Betroffene Personen: 8[139)]

Die Verfahren wurden im Jahre 1615 gegen Frauen aus Ungedank bei Fritzlar durchgeführt. Die Prozesse in den Jahren 1626 - 1630 beschränkten sich ebenfalls auf Fritzlar.

Prozesse unter Kurfürst Georg Friedrich von Greiffenklau:

1. Hinrichtungen:	51	Frauen	7	Männer
2. Entlassungen:	1	Frau	?	
3. Tod im Gefängnis:	6	Frauen	1	Mann
4. Flucht:	1	Frau	-	
	59	Frauen	8	Männer
Betroffene Personen:	67[140)]			

b) Eichsfeld und Kommissariat Erfurt

Auf den einzigen Hexenprozeß, der in diesem Landesteil urkundlich nachweisbar ist, wurde bereits in anderem Zusammenhang Bezug genommen. Methodische Gründe legen es jedoch nahe, dieses Verfahren nicht in die Untersuchung einzubeziehen, da ein so später Prozeß für das Erzstift singulär ist[141)].

139) Vgl. Braun, S. 24.

140) StAW Abgetretene Ämter Nr. 66. Die Quelle gibt die Hinrichtung von 25 Frauen u. 7 Männern an. Die Akten stammen aus dem Jahre 1655. Die vorliegenden Zahlen befinden sich bei Thiele (Typoscript, StaA Fritzlar), S. 1 - 5 mit Angaben aus Quellen des HHStA Wien, die nicht mehr auffindbar sind. Mitteilung v. 3.2.1984.

141) Vgl. Knieb, S. 75f. Dieser Prozeß ist nur durch einen Taufeintrag bezeugt. (Ebd.)

Während der Regierungszeit Johann Schweikards von Kronberg überwiesen Vögte des Eichsfelds häufig hohe Summen an „Strafgeld", welche die von den Ämtern des Ober- und Unterstiftes eingesandten Beträge bei weitem übertreffen[142]. Es ist durchauch möglich, daß es sich bei diesen finanziellen Transaktionen auch um Hexengeld gehandelt haben könnte, da zu dieser Zeit das Erzstift und die dem Eichsfeld benachbarten Territorien von der Inquisition betroffen waren[143].
Berichte über Hexenprozesse im Kommissariat Erfurt liegen nur aus dem 16. Jahrhundert vor[144].

142) StAW R 33 312. Strafgeld wurde u.a. von dem Vogt von Horburg und Worbis überwiesen.
143) Vgl. Soldan/Heppe II, S. 91 - 98.
144) Vgl. Soldan/Heppe I, S. 511 u. 514.

11 Bestechliche und unbestechliche Richter. Holzschnitt aus der Bambergischen Halsgerichtsordnung, Mainz 1510.

12 Der Galgen von Lohr. Hinrichtungsstätte der wegen Hexerei verurteilten Männer und Frauen.

C. Der Hexenprozeß im Erzstift Mainz hinsichtlich seiner juristischen Struktur und Durchführung

I. Die Rechtsgrundlagen

1. Geschichtlicher Überblick über die Bewertung des rechtlichen Tatbestandes der Zauberei und Hexerei

In der römischen Antike wurden zauberische Handlungen, die den Tod eines Menschen herbeiführten oder seine Gesundheit schädigten, mit dem Tod bestraft[1]. Unter schädliche Magie fielen Schadens- und Wetterzauber. Eine ähnliche Rechtsauffassung findet sich bei den germanischen Völkern[2]. Die Strafandrohung richtet sich nicht gegen Zauberei generell, sondern gegen die von ihr verursachten Schäden.
Unter dem Einfluß des Christentums wurde die Magie in Frage gestellt[3]. So verkündete Bonifatius auf seinen Missionsreisen, daß der Glaube an Hexen und Werwölfe unchristlich sei. Karl der Große verbot den Sachsen unter Androhung der Todesstrafe, Hexen zu verbrennen[4]. Der Canon Episcopi verurteilte die nächtliche Luftfahrt mit Diana und die Succubustheorie (Dämonen nehmen die Gestalt von Frauen an) als heidnischen Aberglauben[5]. Burkard von Worms (um 1020) übernahm die Vorschriften des Canon Episcopi in seine Beichtanleitung „corrector et medicus"[6]. Der Glaube an Hexen und die Ausübung abergläubischer Praktiken wurden mit Kirchenstrafen belegt. Daneben hielt sich die schon im salischen und ripuarischen Recht grundgelegte Auffassung, daß das Maleficium (Schadenszauber) strafbar sei, und fand ihren Niederschlag im Sachsenspiegel (1221 - 1224), welcher den Schadenszauber mit dem Feuer bestraft wissen will[7]. Der Artikel 109 CCC bringt dieses germanische Rechtsverständnis zum Ausdruck.

1) Vgl. Mommsen, S. 64.
2) Vgl. His, S. 109.
3) Vgl. Webster, S. 415.
4) Vgl. Trevor-Roper, Der europäische Hexenwahn, S. 97.
5) Vgl. Soldan/Heppe I, S. 88.
6) Vgl. Hammes, S. 24.
7) Vgl. Friese, S. 288.

Dies zeigt sich darin, daß der Artikel 109 CCC Schadenszauber mit dem Tod auf dem Scheiterhaufen bestraft und die Bestrafung der übrigen Formen der Zauberei dem Ermessen der Richter überläßt[8].
Seit dem 13. Jahrhundert erweiterte sich der Tatbestand der Zauberei. Diese Entwicklung hängt mit dem sich neu bildenden Verständnis der Hexerei und der Person, die das Delikt ausübte (Hexe(r)), zusammen. Die Hexe wurde primär als Agentin des Teufels verstanden, die mit Gleichgesinnten das Teufelsheer (eine Art Gegenkirche) bildete. Das Verhältnis der Hexe zum Satan war durch quasisakramentale Riten umschrieben. Durch den Teufelspakt und die teuflische Taufe wurde sie in die Gemeinschaft der Teufelskirche aufgenommen. Die Teufelsbuhlschaft (geschlechtlicher Verkehr mit Dämonen) führte zu einer innigeren Gemeinschaft mit dem Bösen[9]. Gemeinsame Mahlzeiten und Tänze (Sabbate) förderten die Verbindung untereinander sowie mit den Dämonen[10]. Der Schadenszauber wurde nur als Teil der Hexerei gesehen. Schaden zu stiften war gleichsam nur die ethische Konsequenz des Hexenglaubens.
Nach Hansen ist die Hexenimago und die Hexenideologie unter dem Einfluß der Scholastik und der mittelalterlichen Kirche entstanden[11].
Neuere Autoren heben hervor, daß fast alle Elemente dieser Lehre auf Fruchbarkeitskulte hinweisen. Sie sind davon überzeugt, daß die scholastisch gebildeten Inquisitoren bei der Verfolgung der Katharer und Waldenser auf Reste vorchristlicher Fruchtbarkeitskulte stießen, die sie als Teufelsdienst deuteten und mißverstanden[12].

8) Vgl. Radbruch, S. 78.
9) Muchembled (Sorcières, Justice et Société, S. 228), faßt diese Vorstellungen treffend wie folgt zusammen: "Le Sabbat qu'ils imaginent est une liturgie chrétienne à l'envers, qui copie trait pour trait la messe, en effectant chaque élément d'un coefficient négatif, d'une coloration noire et morbide."
10) Exzessive Sabbatvorstellungen tauchen erst in der zweiten Hälfte des 16. Jahrhunderts auf. Sie sind Produkte theologischer Spekulation, die regionale Kulturmuster enthalten. Dem Hexenhammer sind diese Vorstellungen fremd. Vgl. Dülmen, Imaginationen des Teuflischen, S. 94 - 130.
11) Vgl. Hansen, Zauberwahn.
12) Vgl. Trevor-Roper, Der europäische Hexenwahn, S. 109 - 111.

Hexen wurden demnach als Apostaten nach kanonischen Normen behandelt. Schon vor der Bulle "Summis desiderantes affectibus (1485)" und dem Hexenhammer (1487)" verlangten Päpste und kirchliche Synoden, das Hexendelikt strafrechtlich zu verfolgen[13].
In Spanien und in Mittel- und Süditalien war die kirchliche (bzw. spanische) Inquisition mit der Verfolgung der Hexerei befaßt. Obgleich hier ähnliche verfahrensrechtliche Methoden angewandt wurden, wie sie der Hexenhammer fordert, kam es in diesen Ländern kaum zu Verbrennungen.
Schon im 16. Jahrhundert waren in Deutschland und Frankreich die staatlichen Gerichte zuständig[14]. Das epochale Gesetzgebungswerk der Hochnotpeinlichen Halsgerichtsordnung Karls V. (1532) sah die Hexerei fast ausschließlich unter dem Aspekt des Schadenszaubers. Das Hexereidelikt, wie man es seit dem 13. Jahrhundert neu zu verstehen versuchte, konnte deshalb nur inadäquat unter die einschlägigen Artikel der Carolina subsumiert werden[15]. Der Übergang des Hexenprozesses von der geistlichen in die weltliche Gerichtsbarkeit ist nicht, wie es Hansen annimmt, dem Hexenhammer zuzuschreiben[16]. Die Akzentuierung des Schadenszaubers in der Carolina spricht eher für eine Kontinuität zu germanischen Rechtsbräuchen und zu dem mittelalterlichen Rechtsverständnis, wie es dem Sachsen- und Schwabenspiegel zugrunde liegt.

13) Vgl. Merzbacher, S. 11f. und 22f.
14) Vgl. Baroja, S. 215f. und Behringer, Vom Unkraut unter dem Weizen, S. 44.
15) Die sächsischen Konstitutionen (1572) und das Churpfälzer Landrecht (1587) schufen hier eine partikularrechtliche Lösung, indem sie den Bund mit dem Teufel und die Teufelsbuhlschaft als eigene Verbrechenstatbestände betrachteten. Vgl. Stinzing II, S. 547 - 555.
16) Der Hexenhammer enthält diese Forderung. Vgl. Sprenger/Institoris I, S. 8ff. Zu bedenken ist die Tendenz des frühmodernen Staates, sein Machtmonopol auf alle Lebensgebiete auszudehnen. Dieses Bestreben führte dazu, Magie und Hexerei vor weltliche Gerichte zu bringen.

2. Die strafrechtliche Beurteilung der Hexerei im Kurfürstentum Mainz

a) Die Bewertung des Tatbestandes durch die Regierung

Im Kurfürstentum Mainz fand ausschließlich das in der Carolina kodifizierte Reichsrecht Anwendung. Die in der Kirchenordnung des Jahres 1615 enthaltenen Bestimmungen spielten nach den vorliegenden Quellen vor Gericht und bei der Aufklärung des Vergehens keine Rolle[17].
Nach dem im Kurfürstentum Mainz und in fast allen Staaten geltenden Rechtsgebrauch wurde das Hexenverbrechen unter die folgenden Artikel der Carolina subsumiert:

1) Artikel 106 (crimen laesae Maiestatis Divinae).
Er bestraft Gotteslästerung und Religionsfrevel. Der Artikel fand Anwendung, weil die Hexe beim Teufelspakt und der teuflischen Taufe Gott abschwor[18].
2) Artikel 116 (crimen sodomiae).
Er bestraft Homosexualität und Sodomie. Der Artikel fand Anwendung, weil die Hexe aufgrund der Teufelsbuhlschaft geschlechtlichen Verkehr mit Dämonen pflegte[19]. Den Haupttatbestand des Hexereiverbrechens bildeten nach dem Rechtsverständnis der Kurmainzer Oberbehörde diese beiden Artikel. In den Amtsschreiben der Mainzer Weltlichen Räte heißt es stereotyp: „daß sie nemblich Gott dem Allmächtigen ab und hingegen dem laidigen Sathan zugeschworen, die vermaladeythe Teufliche Taufen empfangen, Hochzeit gehalten und andere Unthaten begangen haben”[20].
3) Artikel 109 (crimen magiae).
Er bestraft schadenstiftende Zauberei mit dem Feuer. Bei unschädlicher Zauberei sollte eine arbiträre Bestrafung nach Ermessen des Richters erfolgen[21]. Die Rechtsentwicklung ging über den Artikel 109 CCC hinweg.

17) Vgl. Veit, Kirchenreform, S. 11 - 36.
18) Vgl. Radbruch, S. 77.
19) Ebd. S. 81.
20) StaA Mainz 28/291.
21) Vgl. Radbruch, S. 28.

Die 1572 erlassenen kursächsischen Konstitutionen bestraften den Teufelsbund und die Teufelsbuhlschaft mit dem Tod auf dem Scheiterhaufen[22]. Unter dem Einfluß Carpzovs setzte sich diese Lehrmeinung weitgehend durch[23].

Den Mainzer Oberbehörden stellte sich die Frage nach der Geltung des Artikels 109 CCC nicht. Sie umgingen das Problem, indem sie die Verbrechenstatbestände aus den Artikeln 106 und 116 ableiteten. Für den Tatbestand des Schadenszaubers wurde der Artikel 109 auch hier als sedes materiae angesehen.

4. Artikel 122 (Crimen adulterii). Er bestraft Ehebruch[24]. Er konnte bei verheirateten Hexen Anwendung finden, da diese mit Dämonen Geschlechtsverkehr ausübten. Im Erzstift war dieser Artikel nur im Amt Höchst und Miltenberg sedes materiae[25].

Das für das Erzstift Mainz geltende Interrogationsschema beruft sich auf die Carolina[26]. Die 15 Fragen der „interrogatio generalis" und die 96(98) Fragen der „interrogatio specialis" werden somit als territoriale Auslegung der Hochnotpeinlichen Gerichtsordnung verstanden[27]. Neben dem Teufelspakt (Frage 1 - 12 und 13 - 21), der Teufelsbuhlschaft (Frage 1 - 12 und 22 - 39) und dem Schadenszauber (Frage 60 - 69 und Frage 73) werden die Teilnahme am Hexentanz (Frage 40 - 59), der Hexenflug (Frage 75 - 80) und die Tierverwandlung (Frage 70) als eigene Verbrechenstatbestände angesehen.

Die in Frage 72 angesprochene Wahrsage- und Segenssprecherei wurde in der Gerichtspraxis nicht verfolgt.

22) Vgl. Mitteis/Lieberich, S. 274.
23) Vgl. Merzbacher, S. 31.
24) Vgl. Radbruch, S. 83.
25) StAW Aschaffenburger Archivreste Fasz. 360 X Nr. 1 u. Gericht Miltenberg Nr. 691.
26) StAW K 210/186f. 18 v.
27) StAW K 210/186 (Vizedomamt Aschaffenburg u. M.S.f. 1 080 (Amt Prozelten). Das Interrogatorium des Vizedomamtes enthält für die interrogatio specialis 98 Fragen. Es wurde von Kittel a.a.O. ediert. Das unedierte Interrogatorium des Amtes Prozelten hat 96 Fragen. Die Differenz kann nicht hinreichend geklärt werden.

Das ältere, wohl auf Kurfürst Wolfgang von Dalberg (1582 - 1601) zurückgehende Schema umfaßte nur acht Fragepunkte[28]. Die Fragen haben folgende Straftatbestände zum Inhalt:

1. Frage - Abfall von Gott
2. Frage - Abfall von Gott
3. Frage - Teufelsbuhlschaft
4. Frage - Abfall von Gott
5. Frage - Schadenszauber
6. Frage - Hexentanz
7. Frage - Schadenszauber
8. Frage - Schadenszauber

Es fällt auf, daß schon dieses Interrogationsschema den Tatbeständen des Abfalls von Gott und der Teufelsbuhlschaft den Vorrang vor dem Schadenszauber einräumt.
Die in Wirths „Chronik der Stadt Miltenberg" aufgeführten „Inquisitionsfragen" fanden bei den Prozessen in diesem Amt keinen Gebrauch[29]. Sie sind jedoch von sozialgeschichtlichem Interesse.
Auch die Urgichten (Bekenntnisse der Beklagten), die weitgehend von Behörden vorgeformt waren, zeigen, wie das Hexenvergehen im Kurstaat strafrechtlich bewertet wurde. Auch hier stehen Teufelspakt und -buhlschaft vor der schadenstiftenden Zauberei. Der Mißbrauch des Abendmahls wird häufig hervorgehoben.

b) Die Bewertung des Tatbestandes durch die Verteidigung

Neben der Carolina galt den Anwälten unter dem Einfluß der religiösen Rechts- und Staatsauffassung die Bibel als unmittelbare und verbindliche Rechtsquelle[30]. Wie auch das Fiskalat nahmen sie häufig auf die Hl. Schrift Bezug.

28) StAW M.S. f. 1 080. Dieses Interrogatorium wurde noch nicht ediert. Es galt als unauffindbar.
29) Vgl. Wirth, (M.J.), S. 225f.
30) Vgl. Weber, (H.), S. 44 - 49.

Verschiedene Defensoren hinterfragten die Stellen der Schrift, welche als Rechtsgrundlage für die Hexeninquisition herangezogen wurden. Der Vers: „die Zauberer sollst du nicht leben lassen" (Ex. 22,19), welchen Luther häufig in Hexenpredigten zitierte, und den Binsfeld seinem Buch „Bekenntnisse der Zauberer und Hexen" voranstellte, wurde in seiner juristischen Relevanz für das Hexenverbrechen bestritten[31]. So erklärte ein Anwalt in Bieber, Amt Lohr (1628): „Cap. Mosis 22 kann uff diese Peinliche beclagten nicht gezogen werdten, sinte mallen daselbsten von andern Zaubern gerett wirdt, welche durch falsche Wunder Werken daß Volck Gottes verführt, weiß sagten, undt Teuffels gespenster anstatt der Verstorbenen Gottes zu befragen ... aber von den heutigen bezüchtigten Hexen undt ihren phantastischen Luftfahren, gabell Reidten, buhlschaft mit dem Teuffel, wetter machen undt der gleichen, ob solche am Leben zu bestraffen nichts meltet und gedacht wirdt"[32].
Die zumeist benutzte Rechtsquelle war jedoch der Canon Episcopi, der die Hexerei als Aberglauben verurteilt und andere zauberische Vergehen durch Kirchenbußen gesühnt sehen will[33].
Die einzelnen Teile des Zaubereitatbestandes wurden von der Verteidigung wie folgt bewertet.

aa) Abfall von Gott

Die dem Hexenvergehen inhärenten Elemente, Teufelsbuhlschaft, Hexentanz, Flug zum Sabbat u.a. wurden bezüglich ihrer Realität von der Verteidigung in Frage gestellt. Ausnahmen bildeten Schadenszauber und Abfall von Gott. Während man aber die Einzelmomente der schadenstiftenden Magie aus natürlichen Ursachen zu erklären versuchte, hielt man die Abiuratio a Deo in der der Hexenideologie vorgegebenen Form, leibhaftige Begegnung mit dem Teufel und die Taufe durch einen Dämonen, für tatsächlich gegeben.

31) Vgl. Paulus, S. 20 - 48 und Binsfeld.
32) StAW G 3 083
33) Vgl. Hansen, Zauberwahn, S. 79 - 85.

Ansätze zur Kritik finden sich in der Niederschrift eines Advokaten, der eine Frau aus Bieber, Amt Lohr (1628), verteidigte. Er sieht die Aussage „daß sie ihrem Gott abgesagt und sich dem Teufel ergeben, auch in seinem Namen sich taufen lassen" für problematisch an, da „sie andere ding bekant, so doch unmöglich", dabei handelt es sich um die anderen Bestandteile des Hexenglaubens[34]. Wohl einmalig bei einem Hexenprozeß ist, daß hier die Verfolgungsverjährung (die Frau will die teuflische Taufe vor 50 Jahren empfangen haben) und der Irrtum in Tatumständen (die Angeklagte hielt den Teufel für einen Ritter) bedacht werden. Bezüglich der Verjährung beruft sich der Jurist auf einen Erlaß, der eine Frist von 20 Jahren, „spatium viginti annorum" für die Strafverfolgung ansetzt[35].
Fast alle Verteidiger rekurrieren bei der Bewertung des Delikts (Abfall von Gott) nicht auf den Artikel 106 CCC, sondern auf die Bibel als göttliche Rechtsquelle und auf die Tradition (Canon Episcopi). Zitiert werden Bibelstellen aus dem Alten und Neuen Testament, welche die Güte und Barmherzigkeit Gottes hervorheben. So werden u.a. genannt: Mt. 9,22; Lk 1,50; Röm. 9,15; Hebr. 2,17.
Besonders wird das Beispiel Christi hervorgehoben. Interessant ist, daß ein Anwalt (Höchst 1631) auf die Teufelsaustreibung Jesu Bezug nimmt. In dem Gerichtsprotokoll, das die Verteidigungsrede enthält, heißt es: „Sintemalen der Sohn Gottes seinen H. Jüngern und Aposteln und deren rechtsmäßigen Successoribus und Priestern, Marci am Letzten, versprochen, daß sie in seinem Nahmen Teuffel austreiben sollten, Item bey verschiedenen Propheten, der Allmächtige den Todt deß sünders nit haben will, sondern daß er sich bekehren und leben solle"[36].
Die Anwälte im Amt Höchst und im Vizedomamt Aschaffenburg beriefen sich häufig auf den Canon Episcopi, der das Zaubereidelikt mit Kirchenbuße betraft sehen will. So bittet ein Defensor im Geist dieses Canons „den schwachen einfältigen weibspersonen mitleiden, hülf und beystandt zubeweißen und mit zutheilen"[37].
Ein Hanauer Advokat verweist darauf, daß weiße Magie geduldet und ihre Repräsentanten von Fürsten hofiert wurden. Im Protokoll heißt es: „Daß etliche Zauberer sich dem Teufel allerdings ergeben offentlich gelit-

34) StAW G 3 093.
35) Ebd.
36) StAW G 3 013.
37) Ebd. u. StAW Aschaffenburger Archivreste 360 X Nr. 2.

ten (geduldet). Ja hochgeehrt und anderer fürgezogen worden, welche sünde als aus sonderbarer fürsatz begangen wohl gröser alß einer so gebrechlichen und schwachen und unverstendigen weibsperson"[38].
Möglicherweise dachte er dabei an Agrippa von Nettesheim (1486 - 1535) und Johannes Trithemius von Sponheim (1462 - 1516). Agrippa, der versuchte, naturwissenschaftliche Erfahrung, christliche Lehre und magische Vorstellungen miteinander zu verbinden, stand zeitweise in hohem Ansehen bei Karl V. und wurde von dem Kölner Erzbischof Johann von Wied protegiert[39].
Der Benediktinerabt Johannes Trithemius gilt als bedeutender Humanist und war um die Hebung monastischer Disziplin und wissenschaftlicher Bildung in seinem Kloster bemüht. Zu Kaiser Maximilian stand er in naher Beziehung. An seinem Hof hielt er u.a. Totenbeschwörungen ab[40].
Der italienische Bischof Lucas Gauricus galt als der größte Magier seines Landes. Er war der Überzeugung, daß der Teufel auf Befehl des Magiers erscheinen und dessen Befehle ausführen müsse. Luther, der selbst den Teufelspakt des Studenten Valerius Glöckner auflöste, nahm zu ihm Kontakt auf[41]. Der Gegensatz im zeitgenössischen Denken, daß weiße Magie geduldet und gefördert und die als schwarze Magie verstandene Hexerei verfolgt und ausgerottet wurde, wird in keiner der übrigen, aus dem Erzstift vorliegenden Akten - und auch in der zeitgenössischen Literatur nur äußerst selten - ausgesprochen[42].
Häufig ist die Verteidigung bemüht zu beweisen, daß die Beklagten keine weiteren Vergehen im Umfeld der Majestätsbeleidigung Gottes begangen haben. Verschiedene Beklagte bekannten sich, wohl in Unkenntnis der strafrechtlichen Folgen, schuldig, geweihte Hostien nach Empfang der Kommunion mißbraucht zu haben[43]. Dies führte zu Strafverschärfung und im Falle des Müllers Michael Fritz (Dieburg 1627) zur Verweigerung des kirchlichen Begräbnisses[44].
Die Bedeutung, welche die Behörde dem Mißbrauch beimaß, wird daraus deutlich, daß in einem Untersuchungsbericht dieser Frage nachgegangen wird. Ob die Kommunion mißbraucht wurde und ob Hostien bluteten, wie

38) Ebd.
39) Vgl. Mauthner, Agrippa von Nettesheim.
40) Vgl. Lehmann, (P.); Merkwürdigkeiten des Abtes Johannes Trithemius.
41) Vgl. Baschwitz, S. 30.
42) Vgl. Hammes, S. 137 - 153.
43) Häufig wurde dieses Vergehen in evangelischen Gemeinden gestanden. Vgl. St AW G 3 314 u. 3 608.
44) StaA Mainz 28/291.

es in dem Bericht heißt, kann aufgrund der schlechten Quellenlage des Vizedomamtes Aschaffenburg nicht mehr geklärt werden[45].

bb) Schadenszauber

Obgleich der Artikel 109 CCC bei der Urteilsfindung nicht die zentrale Rolle spielte wie in den übrigen Territorien, wurde er jedoch bei der Strafzumessung bedacht. In Kontinuität zu dem germanischen Recht und zu dem Schwaben- und Sachsenspiegel schränkte er die Verhängung der Todesstrafe auf schadenstiftende Magie ein[46].
Die Anwälte versuchten nachzuweisen, daß ihre Klienten keinen Schaden verursacht hätten, und forderten aufgrund der erlittenen Haft und Folter Freispruch. Dies war möglich, da Artikel 109, falls kein Schaden verursacht war, eine arbiträre und nicht die Todesstrafe vorsah[47]. Ein Anwalt verweist zusätzlich noch auf den Rechtsgelehrten Julius Clarus, der den Grundsatz betonte „poena mortis in hoc casu hodie non esse in usu"[48].
Die Teilelemente des Schadenszaubers, Erregung von Unwetter und Tötung oder Schädigung von Mensch und Tier, wurden durch theologische und juristische Argumente oder mit dem Hinweis, daß solche Phänomene der natürlichen Ordnung widersprächen, ad absurdum geführt[49].
So sagt bezüglich des Wetterzaubers ein Jurist im Amt Höchst: „Es sei auch ganz ohnglaublich, daß die Elemend den ohnsinningen weibern gehorchen, oder daß nach ihrem Willen die von Gott eingesetzte Ordnung der Natürlichen ding verhindert oder verwehrt werden soll"[50]. Zu dem Vorwurf, seine Mandantin habe einen Ochsen durch Zauberei umgebracht, sagte ein Advokat im Amt Lohr: „Es seye ohnglaublich, daß derselbe durch blos bestreichung umbrach worde seye ... quae nullam habet verisimilitudinem"[51].

45) StAL 412 Büschel 26.
46) Vgl. His, S. 109 - 111.
47) Vgl. Schmidt, (E.), Einführung in die Geschichte der deutschen Strafrechtspflege, S. 209.
48) Clarus (Claro, Chiaro), Giulio. Vgl. Moeller.
49) StAW K210/186, Aschaffenburger Archivreste Fasz. 360 X Nr. 1. u. G 3 093.
50) StAW Aschaffenburger Archivreste Fasz. 360 X Nr. 2.
51) StAW G 3 093.

Derselbe Anwalt wandte wohl als einziger im ganzen Erzstift den juristischen Terminus Corpus delicti an, um die Unschuld der Frau zu beweisen. Im Protokoll heißt es: „Quia de corpore delicti nondum plane constat, ob nemlich der Ochs eines recht natürlichen Todes gestorben oder umgebracht worden, steh nit fest"[52].

Die theologische Begründung stützt sich auf die Aussagen der Schrift, welche die Allmacht Gottes aufzeigen. Es werden u. a. folgende Bibelstellen zitiert: Psalm 26,12; Zach. 39,34; Jerem. 14. Der Defensor Johannes Martini faßt die theologische Begründung in dem Satz zusammen: „Gott seye der regnen und donnern läßt"[53].

cc) Teufelsbuhlschaft

Eine Reihe Advokaten stellten die Teufelsbuhlschaft generell in Frage. Bedingt durch die politische und konfessionelle Situation im Erzstift waren sie jedoch vorsichtig in ihren Aussagen und zurückhaltend in ihren Formulierungen. So schrieb 1613 ein Aschaffenburger Anwalt in einer Petitionsschrift: „So soll doch für wahrhaft solches (Teufelsbuhlschaft) nit geglaubt, sondern dem Teufel so sich in ein Engel des lichts verwandelt hat, und derowegen sich auch in ein iede menschliche persohn transfigurieren kann, alß ein trügerey zugegeben werden. Idem etiam sentit Gödelmann[54] in tractatu Suo de magis lib. 2 „Hortor itaque iudices, nec eiusmodi somnio et illusionibus credant fidemque adhibunt propterea quod prorsus nulla earum mentis fiat"[55].

Der Defensor Johann Martini (Martin) lehnte die Vorstellung, daß der Teufel mit einem Menschen sexuell verkehren könne, ab. Er hält den Gedanken für unvereinbar mit der reinen Geistnatur des Satans. In seinem Plädoyer am 20. Juni 1631 sagt er:

52) Ebd.
53) StAW Aschaffenburger Archivreste Fasz. 360 X. Nr. 2.
54) StAW K 210/186. Es handelt sich um Johann Georg Gödelmann (1559 - 1611), Professor der Rechtswissenschaft in Rostock. Er vertrat die zurückhaltenden Standpunkte der Carolina. Flug, Tierverwandlungen und Geschlechtsverkehr mit dem Teufel lehnte er ab. Vgl. Lorenz, (S.), I, S. 39 und Soldan/Heppe II, S. 468f.
55) „Ich ermahne deshalb die Richter, Träumen und Wahnbildern dieser Art nicht zu glauben und Glauben zu schenken, und zwar deshalb, weil nichts von dem wirklich geschieht, es sei denn in ihrem Denken".

„Was dem und so viel diese verblendete Teuflische impositur (Teufelsbuhlschaft) und verleitung betreffen thut, kan Ihme defensor, deren in actis angezogene Vermischung, weilen der Sathan ein Purer Geist, welchen fleich und blut gebeugt, ... nit imaginieren"[56]. Auch andere Juristen im Amt Höchst (Jost Haynbuch, Johannes Pfaff, Johann Traberg) äußerten sich ablehnend zur Incubus-Succubustheorie[57].

Weniger zaghaft argumentierte ein Hanauer Anwalt bei einem Hexenprozeß in Bieber (Amt Lohr). Er bestritt, daß die als sedes materiae geltenden Artikel der Carolina 44 CCC (von der anzeygung der Zauberey) und 116 CCC (er hat Homosexualität und Sodomie zum Inhalt) überhaupt auf den Straftatbestand der Teufelsbuhlschaft anwendbar seien. Rechtsquellen sind für ihn Juristen aus der Zeit der Rezeption, zeitgenössische Rechtsgelehrte (Augustin Lerchheimer[58], Johannes Fichard[59]), der Philosoph Scaliger[60], der Historiker David Chyräus[61] und nicht zuletzt der Canon episcopi[62]. Aus dieser Rechtssammlung zitiert er folgende zentrale Aussage gegen die Teufelsbuhlschaft: „Quisquis aliquid credit posse fieri aut aliquam creaturam in melius aut in deterius immutari in aliquam speciem vel similitidunem nisi ab ipso Creatore, procul dubio infidelis est et pagano deterior"[63].

Der „Hanauer Anonymus" hielt die dämonische Beischlaftheorie für eine Einbildung erregter Frauen, „Weiberträume, herrlich exempel der eitelkeit und falschheit", die den Gesetzen der Natur und des göttlichen Wirkens (Psalm 116) widerspricht[64].

56) StAW Aschaffenburger Archivreste Fasz. 360 X Nr. 2.
57) Frdl. Mitteilung von Herrn Oberarchivrat Schumacher (Mainz) v. 2.7.1987. Die Genannten standen im Dienst des Kurfürstentums.
58) Lerchheimer, Augustin (1524 - 1603), vgl. Hammes, S. 213 - 221 u. 272.
59) Fichard, Johannes (1512 - 1581). Vgl. Stinzing I, S. 78.
60) Scaliger, Joseph Justus (1540 - 1609); vgl. LThK IX, Sp. 357.
61) Chyräus, David (1531 - 1600). Vgl. LThK II, Sp. 1201.
62) Er stellt vermutlich ein fränkisches Kapitular dar, das in die Kirchenrechtssammlung des Regino von Prüm (907) übernommen wurde. Um 1020 nahm es Burkard von Worms in seine Beichtanleitung „Corrector et Medicus" auf. Vgl. Hansen, Quellen, S. 36 - 42.
63) StAW G 3 093. „Wer glaubt, es sei möglich, daß sich eine Kreatur in etwas Höheres oder etwas Niederes verwandle, in eine andere Art oder Wesenheit - es sei denn von Gott selbst verursacht - der ist ohne Zweifel ein Ungläubiger und schlimmer als ein Heide".
64) Ebd.

dd) Hexentanz

Der Hexensabbat wird wegen der mit ihm verbundenen Luftfahrt abgelehnt. So sagte der Hanauer Defensor: „So viel dan das nachtfahren in der Luft zu dem zauberischen Tanz anlangt, so seindt die Vornembsten und größe theil so wohl der Theologen als rechtsverstendigen wie auch medicorum undt Philosophen der meinung, daß es eitel Märlein und gedicht seyen, wie es dann nicht allein den natürlichen und wesentlichen eigenschaften widerspricht, etwa durch enge löcher heraus zu fahren, sondern auch durch viele bewehrte Authores ... bewießen"[65].

Der Jurist nennt die Vorstellung vom Hexentanz „lauter nichtige einbildungen" und „betrug des leidigen Satans". Er erklärt sich das Phänomen dadurch, daß „die arme Verführte weiber aus kraft ihrer zubereiteter salben in einen tiefen schlaf fallen und vom fliegen, danz und reigen phantasieren"[66].

Dabei stützt er sich auch auf das Konzil von Ankara[67], den Juristen Johannes Baptista Neapolitanus[68] und Johannes Weier[69], der als einer der ersten den Hexenwahn bekämpfte. Die Hauptautorität bildet für ihn der Canon Episcopi, dessen Zentralaussagen gegen Luftfahrt und Hexentanz er auf über einer Folienseite zitiert. Der Autor des schon erwähnten Aschaffenburger Gutachtens beruft sich ebenfalls auf die Thesen dieses Canons (zwei Folienseiten). Seine Aussagen werden jedoch nicht kommentiert[70]. Auch die im Amt Höchst tätigen Defensoren sprechen sich gegen den Hexentanz aus. Außer dem Canon Episcopi werden jedoch keine weiteren Autoritäten zitiert. Johannes Martini (Höchst 1631) sprach die Materie nur kurz an und betonte: „Solches (Luftfahrt) einem Menschen unmöglich seye, das Gewitter und sich selbsten als bey in der Luft hinc inde (hin und her) dirigieren und zu den conventiculis erheben können"[71].

65) Ebd.
66) Ebd.
67) Es handelt sich um eine Plenarsynode, die 314 in Ankara stattfand. Einzelne Canones bedrohen Zauberei mit Kirchenstrafen. Vgl. LThK I, Sp. 368.
68) Vgl. Fiorelli I, S. 364f.
69) Weier (Wier, Wierus), Johann (Johan), (1515 - 1588), Leibarzt der Herzöge von Cleve. Er bekämpfte die Hexenprozesse aus medizinischer Sicht. Vgl. Hammes, S. 193 - 209 u. 277.
70) StAW Aschaffenburger Archivreste Fasz. 360 X Nr. 1.
71) StAW G 3 093.

c) Die Bewertung des Tatbestandes im Verlauf des Prozesses

aa) Bibel

Den Bibeltexten, die von den Defensoren zitiert wurden, stellten die Fiskale anderslautende Schriftstellen entgegen. Als der Defensor Johannes Martini in Berufung auf die Teufelsaustreibungen Jesu Milde und Barmherzigkeit für die Angeklagten forderte, wies Christian Schaidt (Fiskal) auf das Gleichnis von dem Weinstock und den Reben (Jo. 15,1-8) hin und erklärte: „Die Schrift selbst sagt, ich bin der Weinstock, undt welcher nicht in mir pleibt des zweige soll abgeschnitten und in das Feuer geworfen werden (Jo. 15,1 u. 6), so sei auch dem Leib noch keine barmherzigkeit werth sint hemal, sich dessen zu erbarmen"[72].
Gewichtiger war das Argument, daß die Verteidigung keine Unterscheidung zwischen dem forum internum und externum, zwischen der sündenvergebenden Gewalt der Kirche und dem Auftrag des Staates, das Recht durchzusetzen, machte. Hiermit konnte das Fiskalat fast alle Gründe aus der Schrift entkräften.

bb) Canon Episcopi

Gegen die Anwendung des Canons wird angeführt, es handle sich um eine neue Art von Hexen, welche die frühmittelalterliche Rechtssammlung noch nicht gekannt habe. In einer „Replicschrift" beruft sich ein Aschaffenburger Jurist auf Martin Delrio, der diese Auffassung vertritt[73].

72) StAW Aschaffenburger Archivreste Fasz. 360 X Nr. 1.
73) Delrio Martin (1551 - 1608), Rechtswissenschaftler u. Verwaltungsjurist, später Jesuit und Professor für Philosophie in Douai und Lüttich. Er schrieb „Disquisitionum magicarum libri VI", Vgl. LThK III, Sp. 512f. und Hammes, S. 232 - 238.

Daß es Hexen und das Hexenwerk gibt, sieht er in den Bekenntnissen der Zauberinnen bestätigt. In der Schrift des Fiskals heißt es: "Wie dan nicht allein nur (dieses), sondern mehr dem entwichenen Jahrs alhir zue Aschaffenburg uff die ihnen vorgehaltenen interrogatoria gantz bestendiglich bekandt, das sie leibhaftig zu den däntzen, undt andere orth geführt worden". Seine Auffassung sieht er auch durch die „sententia communi Theologorum tum iuris consultorum "[74] (durch die übereinstimmende Meinung von Theologen und Rechtsgelehrten) bestätigt.

cc) Carolina

Wie die gesamte Rechtsprechung im Kurfürstentum, so maß auch das Fiskalat dem Artikel 109 CCC nur eine untergeordnete Bedeutung bei. Majestätsbeleidigung Gottes und Teufelsbuhlschaft galten als die zentralen Bestandteile des Hexereideliktes.

Dem Anwalt aus Hanau, der die einschlägigen Artikel der Hochnotpeinlichen Halsgerichtsordnung kritisch exegesierte, stand in der Person des Johann Schmitt aus Lohr ein Nichtjurist entgegen, der auf die kritischen Einwände nichts entgegnete, bzw. nichts entgegnen konnte[75].

Die Differenzen zwischen Defensoren und Fiskalen über die Auslegung der Carolina in Hexereisachen im übrigen Erzstift betrafen das Verfahrensrecht und nicht das materielle Recht. Diese Art des Vorgehens war unverfänglich und bewahrte die Anwälte davor, als Hexer verdächtigt zu werden.

74) StAW K 210/186.
75) StAW G 3 093.

II. Der Verlauf des Verfahrens

1. Das Vorverfahren

Bevor es möglich war, Personen gefangen zu nehmen, mußte nach den Regeln des Inquisitionsprozesses im Geheimen gegen sie ermittelt werden[76]. Es wurden Indizien oder Zeugenaussagen gesammelt, die sie belasteten. Wenn es bisher in einem Amt zu keinem Hexenprozeß gekommen war, mußten Tathinweise gefunden werden , um ein Verfahren eröffnen zu können. Kam eine genügende Zahl von Verdachtsmomenten zusammen, so wurden diese bei den Mainzer Weltlichen Räten eingereicht. Hielt die Oberbehörde die Hinweise für begründet, konnten die lokalen Gerichte die verdächtige Person inhaftieren lassen.

Die Entstehung der Prozesse kann auf zwei Ursachen zurückgeführt werden. Mißernten und durch Frost und Hagel bedingte Schäden in den Feldern und Weinbergen verstärkten die sozialen Spannungen in der Bevölkerung und förderten die Prozeßwünsche. Dies war z.B. in Dieburg, Oberroden, Rieneck, Weilbach und Wicker der Fall.

Ausgedehnte Prozeßserien im Hochstift Würzburg expandierten und führten dazu, daß die Menschen in den benachbarten Mainzer Ämtern (Aschaffenburg, Lohr, Miltenberg) Prozesse forderten.

Neuere Veröffentlichungen beweisen, daß die Hexenverfahren im Erzstift nicht von oben (Regierung), sondern von unten (Bevölkerung) gefordert wurden[77]. Von Johann Adam von Bicken und Strömungen im Domkapitel abgesehen, griff die Regierung nie aktiv in die Verfolgung ein[78]. Zustände, wie in den Hochstiften Bamberg und Würzburg, wo die beachtliche Summe von zehn Gulden als Kopfprämie für gefangene Hexen ausgesetzt war, herrschten im Kurfürstentum nicht[79].

76) Die Ermittlung heißt Generalinquisition. Sie dient dazu, das Corpus delicti festzustellen. Vgl. Schmidt, (E.), Einführung in die Geschichte der deutschen Strafrechtspflege, S. 196.

77) Nach Schormann (Hexenprozesse in Deutschland, S. 68), "werden in den kurmainzerischen Hexenprozessen die heftigsten Prozeßwünsche aus der Bevölkerung deutlich".

78) Vgl. Brück, Johann Adam von Bicken, S. 175 - 177 u., Stimming, Die Wahlkapitulationen der Erzbischöfe und Kurfürsten von Mainz, S. 66 (Anm. 2). Die Ausrottung der Hexerei gehörte selbst noch zur Wahlkapitulation Johann Philipps von Schönborn, wie selbstverständlich zu denen seiner Vorgänger. (Ebd. s. S. 59 - 65).

79) Vgl. Merzbacher, S. 112.

Waren die Prozesse einmal in Gang gesetzt, so beschränkte sich die Ermittlung darauf, sogenannte „Extrakte zauberischer Aussagen" anzulegen. Sie enthielten die Namen Verdächtiger und Aussagen darüber, welche Funktionen diese bei den Hexentänzen und bei anderen Aktionen, z.B. bei der Schädigung der Getreide- und Weinernte ausübten. Die Extrakte enthalten im Amt Dieburg im Schnitt 10 - 14 und im Amt Lohr 6 - 8 Beschuldigungen[80].

Der Durchschnitt in den übrigen Ämtern bewegt sich zwischen diesen beiden Richtwerten. Wohl am genauesten sind die Angaben im Amt Miltenberg. Hier sind Kennzeichen der Person, ihres Verhaltens beim Sabbat, Aussehen, Kleidung, Alter und andere Charakteristika enthalten[81].

„Extrakte zauberischer Aussagen" wurden von Territorium zu Territorium, (Würzburg an Mainz) und von Amt zu Amt (Königstein an Höchst-Hofheim) weitergegeben[82]. So führten die Hexenprozesse im Würzburgischen Freudenberg zu den ausgedehnten Prozeßserien im Amt Miltenberg (1616/17 und 1627-1630)[83].

Um Hexen aufzuspüren, legten eifrige Beamte Hexenindices an. Dies geschah ebenfalls in den Ämtern Königstein (1595)[84] und Miltenberg (1627). Der „Catalogus Miltenbergiensis" und der „Catalogus Personarum in benachbarten Orthen von Anno 1627" (ebenfalls Miltenberg) enthalten in alphabetischer Reihenfolge (geordnet nach Vornamen) die Namen von fast 600 Verdächtigen[85]. Diese Denunziationen führten zur Verfolgung in der Kellerei Klingenberg (1628/29) und begünstigten das Aufkommen von Prozessen in Amorbach[86].

In den Ämtern Dieburg (1627) und Lohr (1626) z.B. griff man auf Extrakte aus früheren Prozeßreihen (Dieburg 1612/13, Lohr 1611-1613) zurück[87].

80) StAW G 18 889 u. StaA Mainz 28/291.
81) StAW Gericht Miltenberg Nr. 691 u. a.
82) Vgl. Merzbacher, S. 165 (Anm. 318) u. StAW Aschaffenburger Archivreste Fasz. 360 X Nr. 1.
83) StAW Gericht Miltenberg Nr. 690.
84) StAW Aschaffenburger Archivreste Fasz. 360 X Nr. 1.
85) StAW Gericht Miltenberg Nr. 691.
86) StaA Mainz 28/291.
87) Ebd. u. StAW 18 889.

Die Aussagen der Extrakte werden in der von den Weltlichen Räten geschaffenen und geförderten, für den Hexenprozess spezifischen Terminologie „Voten" genannt. Hatten die Mainzer Weltlichen Räte genügend Voten verdächtiger Frauen und Männer in den Händen, so befahlen sie, „die Vermög eingeschickter Extract mit 7 und 9 zauberischen stimmen beladene Personen wofern man anderst zu solcher anzahl mit gefangnußen undt Seelsorgern der orts genugsamb gefaßt und Versehen, wo nit deren drey oder vier ..... gestellt gefengklich ein ziehen söllt"[88]. Der Verhaltensbefehl, der in ähnlicher Form bei den Prozessen in allen Ämtern nachweisbar ist, enthält eine zweifache Aussage. Lediglich „zauberische Aussagen", Denunziationen verurteilter Hexen, reichen aus, Menschen ins Gefängnis zu bringen. Die Zahl der Voten (Beschuldigungen) ist nicht festgelegt, sie hängt von äußeren Bedingungen, Zahl der Gefängnisse, Gerichtsbeamten u. a. ab und gibt der Oberbehörde, aber auch den Unterbeamten einen breiten Ermessensspielraum.
Unter Johann Schweikard von Kronberg (1604-1626) forderten die Mainzer Weltlichen Räte bisweilen, den Beschuldigungen Indizien hinzuzufügen[89].
Anselm Kasimir Wambolt von Umstadt (1629-1647) ließ Bezichtigungen ohne die Beifügung von Verdachtsmomenten nicht zu, was zu einem Rückgang der Prozesse führte[90].

88) StaA Mainz 28/291.
89) StAW G 3 314 u. 3 608.
90) StAW G 18 890.

2. Das Einleitungsverfahren

a) Die Haftnahme

Die Verhaftung verdächtiger Personen fiel unter den Aufgabenbereich des Zentgrafen, der Stadtknechte oder Büttel mit der Durchführung betraute. In ländlichen Gebieten wurden die Verhaftungen von Schultheißen vorgenommen, was dazu führte, daß dieser Berufsstand in den Kreis der Hexereiverdächtigen geriet[91].

Vielfach suchten sich Frauen und Männer der drohenden Inhaftierung durch Flucht zu entziehen. Maßnahmen gegen Entflohene, wie öffentliche Exkommunikation in der Kathedralkirche und die Anwendung des Artikels 206 CCC, der die Aufnahme des Inventars und die Bestellung eines Vermögensverwalters vorsah, sind im Gegensatz zu den fränkischen Hochstiften nicht nachweisbar[92]. Den Angehörigen wurde verboten, die Geflohenen zu unterstützen. In einem Amtsschreiben der Räte vom 9. Juni 1627 heißt es: „Daß Hans Arnoldt der alt bürger und des Raths zu Lohr (sich) von dannen absentiert und bis dato nit widerum sehen lassen ..... inmittelst aber seinem weib und angewandten ihme das geringste an Kleidung, gelt oder anderem nit aus volgen zulassen, ernstlich verbieten und einbinden zu lassen"[93]. Personen, bei denen Fluchtgefahr bestand, wurden überwacht. Als Else Sattig (Dieburg) und ihre älteste Tochter, die mit 14 bzw. mit 8 Voten belastet waren, im September 1627 den Markt in Ostheim (Groß-Ostheim bei Aschaffenburg) besuchen wollten, gab die Oberbehörde den Befehl, den Karren , den beide mit sich führten, zu untersuchen. Sie seien zu arretieren, wenn sich persönliche Dinge, Kleider und Hausrat darauf befänden[94].

Verschiedene Personen, wie z. B. die Frau des Pfarrers Balthasar Holzapfel (Rieneck 1612) und Philipp Kremer (Dieburg 1627), leisteten den Bütteln Widerstand[95].

91) Dies war in dem Amt Höchst-Hofheim u. der Kellerei Klingenberg der Fall.
92) Vgl. Merzbacher, S. 114.
93) StAW G 18 889.
94) StaA Mainz 28/291.
95) StAW Gericht Lohr Nr. 73.

Die Gefangenen wurden in die üblichen Gefängnislokale gebracht. In Amorbach und Miltenberg mußten wegen der hohen Zahl der Festnahmen eigene Hexereigefängnisse gebaut werden. Sie umfaßten pro Zelle nur sechs Quadratmeter[96].

b) Das gütliche Verhör

Grundlage des gütlichen Verhörs bildete der erste Teil des Interrogationsschemas, die „interrogatio generalis". Die ersten zehn Artikel waren Fragen zum Personenstand. In den folgenden Quaestiones wurde gefragt, ob sich der Beklagte im allgemeinen (Frage 11) oder bezüglich der gegen ihn erhobenen Beschuldigungen (Frage 12), „zauberische zusammenkünften, nachttänzen, wettermachen und andere Unthaten" schuldig bekenne. Quaestio 13 räumte dem Beschuldigten das Recht der Verteidigung ein. Bemerkenswert ist die Ausführung: „Ob er sonsten der Zeit, da diese obvermelte sachen vorgangen, beweißlich zu Haus oder an andere ehrlichen orthen geweßen seie"[97].
Die Möglichkeit, ein Alibi nachzuweisen, wurde jedoch kaum benutzt. Auch rechtlich versierte Beklagte (Philipp Kremer Dieburg, Hieronimus Weidenweber Lohr) machten davon keinen Gebrauch[98]. Dies hing damit zusammen, daß die Quaestiones 11 - 13 nicht nach ihrem Wortlaut, sondern ihrem Sinn nach gefragt wurden. Für diese Deutung spricht, daß Frage 11 - 13 in den Antworten als Einheit erscheinen. Darüber hinaus ist auch eine psychologische Erklärung möglich. Die Gefangenen waren primär bestrebt, ihre moralische Integrität zu beteuern und übersahen die juristische Relevanz dieser Passage.

96) StaA Amorbach Akt A 48 S. 32. Im Jahre 1629 schickte der Schultheiß von Amorbach eine Delegation nach Miltenberg, um die dortigen "Hexenhäuser" zu besichtigen. Die Kosten für die Hexengefängnisse in Amorbach betrugen 506 Gulden. Das Miltenberger Hexenhaus hatte 9 Zellen. Eine davon steht im Garten des dortigen Schwesternhauses. Vgl. Keller. In: Mainpost v. 28.8.1981.
97) StAW K 210/186.
98) StaA Mainz/28/291 u. StAW G 18 889.

c) Die Konfrontation

Die Frage 14 (Konfrontation) wurde mit folgender Nota eingeleitet: „Alhier den 24. Artikull Peinlicher Halsgerichtsordnung Caroli quinti zubesehen, undt sich in den Ambtern danach zuhalten"[99]. Dieser Artikel „daß man auß den nachgesetzten anzeygungen inn untbenenten ... argkwonigkeyten der mißthat, gleichnuß nemen möge" leitet die berühmte Indizienlehre der Carolina ein, die in 25 CCC enthalten ist[100]. Wenn man bedenkt, daß der darauf folgende Frageartikel die Konfrontation mit „Teilnehmer" der Hexentänze, also Complices in crimine, schlechtbeleumundeten und keineswegs klassischen Tatzeugen erforderte, bleibt nur zu bemerken, daß die bedeutende Indizienlehre der Carolina, die den Foltermißbrauch steuern wollte, in ihr Gegenteil verwandelt wurde. Die Gerichtsschreiber waren gehalten „dabei all ihre (der Angeklagten) bezaigunge (Bezeugungen), redt, Farb (Gesichtsausdruck) und Geberden auch ihre exceptiones (Einlassungen), defensiones (Verteidigungen) ieweilen vorfallende Variationes (Abweichungen und Unterbrechungen) fleißiglich mit ihren formalibus (den Tatbestand umschreibenden Gegebenheiten) ohne extention oder coloration (ohne Abschweifung oder Ausschmückung) zu protokollieren und zur Kanzlei zu berichten"[101].
Im Unterschied zu Würzburg und Bamberg gingen der Befragung keine religiösen Zeremonien (Feier der heiligen Messe, Oratio pro populo, das Anlegen von Reliquien und das Besprengen mit Weihwasser) voraus. Geistliche waren im Unterschied zu den mainfränkischen Hochstiften nicht beim Verhör zugegen[102]. Die juristische Fakultät Mainz empfahl bei ihrer Gutachtertätigkeit die Richter dem besonderen Schutz Gottes[103]. Die Mainzer Weltlichen Räte dagegen betrachteten das Geschehen bei Gericht nüchtern und allein vom juristischen Standpunkt aus[104].

99) StAW K 210/186.
100) Vgl. Schmidt, (E.), Einführung in die Geschichte der deutschen Strafrechtspflege, S. 127f.
101) StAW K 210/186.
102) Vgl. Merzbacher, S. 123ff.
103) StAW K 212/281.
104) Ebd.

Wenn die Beschuldigten im Verlauf des gütlichen Verhörs oder der Konfrontation bekannten, vernahm man sie zu den 98 Fragen der Spezialinquisition. Tatsächlich kamen solche Bekenntnisse, nachdem eine Prozeßreihe eine gewisse Zeit gedauert hatte, häufig vor. Labile Personen bekannten aus Angst vor der Folter. Intelligente Menschen gestanden deshalb, weil sie sich bei dem Fortgang des Verfahrens keine allzu großen Chancen ausrechneten.

3. Das Hauptverfahren

a) Das peinliche Verhör

Die Inquisitio generalis schrieb schon im 13. Fragestück eine territio pro primo gradu (territio solum verbalis) vor, welche aber im Gerichtsgebrauch - soweit nachweisbar - nicht vorgenommen wurde[105].
Wenn die Angeklagten nicht bekannten, wurde dies nach Mainz oder Aschaffenburg berichtet. Nur auf Befehl der Räte durfte die Tortur eingesetzt werden. Die Anweisung zur Folter wurde fast immer in folgender Form und folgendem Wortlaut angeordnet: „Die obgemelte Verhaffte Personen aber, nochmals ihre gewißen zuraumen, Gott und der Obrigkeit die Ehr und die runde (ganze), unverschlagene (volle) warheit an tag zu geben, auch ihnen selbsten vor weitere Pein und Marter zusein (behüten), in der güt ernstlich erinnern und vermahnen, falß aber solch bey ihnen nichts verfangen wollte, den Nachrichter mit explizierung (Erklärung) seiner Peinlichen Instrumenten bey und an die seit stellen, sie auch uff verspürentes Halstarriges tergivertieren (leugnen) mit der Tortur, jedoch gradatim (nach den vorgeschriebenen Graden) und mit gepürender moderation (Mäßigung), auch nach gestalt einer und anderer Person leibbaufälligkeit (Hinfälligkeit des Körpers) nach lindt angreiffen zulaßen, und ihrer daruff ervolgender aussag mit beschriebenen Umstenden zu nachricht und weiterer Verordnung widerumb gepürlich zuberichten"[106].

105) StAW K 210/186
106) Ebd.

Gestanden die Angeklagten das Hexereiverbrechen ein, schritt man zur „interrogatio specialis". Blieben die Inquisiten „hartnäckig", ordneten die Behörden eine weitere peinliche Frage an. Bestand ein Gefangener zum zweiten Mal die Folter, galt er als vom Verdacht befreit und wurde nach Leistung der Urfehde entlassen.

b) Das vorläufige Bekenntnis

Das vorläufige Bekenntnis wurde von den Frauen und Männern, die gestanden hatten, anhand des „interrogatoriums speciale" erfragt. Zu Beginn einer Prozeßserie konnten die geständigen Personen mit den einzelnen Fragestücken oft nichts Rechtes anfangen, da ihnen die darin enthaltenen Hexereivorstellungen fremd waren. So sagte der Bäcker Hans Deusinger aus Lohr: „Diese fragen verwiren einem menschen den Kopf, daß er nit weiß was er geredt oder antworte". Die Räte antworteten darauf: „Ohnlangend die Interrogatorien, über deren weitläufigkeit sich iehweils die verhafte Personen beclagen sollen, dieweilen dieselbe vor lengsten in all ihrer churfl. gl. Erzstifts Ampter uberschickt, nach welchen man sich bey dero Canzley in dero gleichen fällen iederzeit reguliert und nit füglich noch zur Zeit geendert werden können, Alß würdt man sich derselben noch eine Zeitlang iezigen schlags und begriffs biß uff weiter Verordnung geprauchen müssen"[107].

Aus dem Antwortschreiben geht hervor, daß es wohl häufig zu Beschwerden über das Interrogatorium kam und die Behörden eine Änderung nicht ausschlossen. Über die Frageschemata beschwerte sich auch der Amtmann von Lohr, Ludwig von Kerpen: „Die Gefangenen seyen distrahiert. Man hab für manch persohn eineinhalb Tag gebraucht"[108].

Das Interrogatorium enthielt die Hexendideologie bis ins Detail und half mit, diese weiter zu verbreiten.

Zu Beginn einer Verfolgungsserie waren die Antworten häufig sehr umfangreich. Sie nahmen aber im Verlauf einer Verfolgung an Umfang ab, da wohl viele die Mechanismen durchschauten. Den meisten Raum nehmen die Antworten auf die Quaestiones 1- 3 und 46 ein. Die Fragen 1 - 3 handeln von der ersten Begegnung mit dem Teufel.

107) StAW 18 889.
108) Ebd.

Der Schluß liegt nahe, daß die meisten Schuldigen sich für ethisches Fehlverhalten anderer Art rechtfertigen wollten. Auf die Frage 46 mußten Frauen und Männer denunziert werden, die bei Hexentänzen dabei waren (Complices in crimine)[109]. Labile Naturen (Ehereuter und Jeckel, Dieburg 1627, Dumb, Lohr 1627) gaben oft über 100 Mitschuldige an [110]. Ethisch hochstehende Menschen (Ottilia Grün, Dieburg 1627 und Hieronimus Weidenweber, Lohr 1627) nannten lediglich Personen, die schon hingerichtet waren. Wer bei dieser Quaestio die Aussage verweigerte, mußte mit weiteren Folterungen rechnen (Best Haun, Dieburg)[111].
Jörg Schmidt (Lohr) sagte: „Er habe nimand kannt, da alle vermumte gewese seyen". Diese Aussage mußte man ihm abnehmen. Der Herrenbender Hans Michenbach (ebenfalls Lohr) wollte keine teuflische Vermischung gestehen. Er sagte: „Sein Bul seye ein Mansbild gewesen"[112]. Der Text des Frageschemas enthält nach den Artikeln 69 und 75 je eine Nota. Sie fordern: „Was die verhaffte für beschadigung an Menschen, Viehe oder fruchten bekennen werden, deme soll alsobaldt durch die Beamte bei der beschädigten umständlich nachgekündigt werden"[113].
Die Quaestio 96 verlangt: „Sie zu erleichtherung ihres gewißens undt Information feindtseligkeit, haß undt Neidt gegen ihre nechsten mit allem ernst, auch mitzugemithziehung Zeitlicher und ehwiger straffen und verdamnis zuermahnen"[114].
Mit diesem Artikel suchten sich die Behörden rechtlich abzusichern, da Zeugenaussagen, die aus Haß und Neid geschehen waren, vor Gericht keine Gültigkeit hatten[115]. Den betroffenen Frauen und Männern luden sie damit jedoch Gewissensqualen auf.

109) Vgl. Zwetsloot, S. 236 - 246. Erst die Denunziationspraxis machte Kettenprozesse möglich.
110) StaA Mainz 28/291 und Sta A Lohr XII, 3, T. 12, Nr. 1.
111) Ebd.
112) St AW G 18 889.
113) StAW M. S. f. 1080.
114) Ebd.
115) Nach Art. 31 CCC durften solche Aussagen nicht zugelassen werden. Vgl. Radbruch, S. 45 f. u. Zwetsloot, S. 245f.

4. Das Abschlußverfahren (Peinlicher Rechtstag)

Das Peinliche Halsgericht fand - soweit nachweisbar - auf öffentlichen Plätzen statt, in Miltenberg z. B. „uf dem Marckt in der Statt"[116]. Zu Beginn las der Fiskal das Klagelibell der Mainzer Weltlichen Räte vor. Sie beriefen sich in ihrer Anklageschrift auf die Art. 106, 109, 116 CCC und forderten für die Angeklagten die Todesstrafe.
Darauf baten Fiskal und Defensor um ein „Zwischenurteil", „daß solch ihr Vorbringen ... ihren an ehren und gueter Leumunth nicht nachtheilig noch schedlich seye". Der Richter und die Schöffen zogen sich nun zur Beratung zurück und verkündeten das verlangte Urteil, das selbst die Bezeichnung "Interlocutoria" (Zwischenurteil) trägt[117].
Den Bitten wurde - wie nicht anders zu erwarten - stattgegeben . Jetzt wurden die Urgichten (Bekenntnisse der Beklagten) verlesen. Der Angeklagte mußte auf jeden Artikel mit Ja antworten. Darauf hielten der Defensor und der Fiskal die Plädoyers. Es war dabei üblich, daß „der fiskalische Anwalt" und der Verteidiger auf die jeweilige Rede der Gegenseite kurz antworteten. Anklage- und Verteidigungsrede mußten dem Gericht in Schriftform vorgelegt werden.
Der Richter und die Schöffen beschlossen und verkündeten nun das Urteil. Nachdem das Urteil verlesen war, bat der Verteidiger „umb begnadigung mit dem schwehrt". „Die gnadt" wurde von dem Amtmann gewährt und dem Urteil als „postiudicium" eingefügt[118]. Rechtlich gesehen war „der endliche Gerichtstag" eine Farce. Er bestätigte, was im Kabinett des Kurfürsten längst beschlossene Sache war. Er diente dem Repräsentationsbedürfnis des absolutistischen Staates und gab dem Volk das Bewußtsein, daß das Recht doch von ihm ausgehe[119].

116) StAW Gericht Miltenberg Nr. 692.
117) Ebd.
118) Ebd.
119) Vgl. Dülmen, Entstehung des frühneuzeitlichen Europa, S. 241f.

5. Die juristische Bewertung des Verfahrensganges

Der Prozeßtyp, der bei den Hexereiverfahren zur Anwendung kam, wird als Inquisitionsprozeß bezeichnet[120]. Sein Wesen wird durch zwei Momente bestimmt. Im Gegensatz zum akkusatorischen Verfahren des Mittelalters erfolgt die Wahrheitsfindung nicht durch die übereinstimmende Aussage zweier klassischer Tatzeugen (formelle Wahrheit), sondern durch rationale Tatsachenermittlung (materielle Wahrheit). Ein Prozeß wird nicht erst begonnen, wenn ein Kläger eine Klage erhebt (wo kein Kläger, da kein Richter), sondern die gesamte Strafverfolgung, vom Auftauchen eines Verdachtes bis zum Urteil, beruht auf der amtlichen Tätigkeit des Gerichts (Verfolgung ex officio)[121]. Akkusatorische Elemente sind in den Verfahren im Erzstift noch zu erkennen. So kam im Amt Neustadt ein Prozeß aufgrund einer Klage zustande und wurde auch im ersten Stadium akkusatorisch geführt[122]. Die Tatsache, daß sich die Behörden zu Beginn der Prozesse in Dieburg (1627)[123], Flörsheim[124] und in der Zent Nieder-Roden (1628)[125] eine Kaution stellen ließen, spricht dafür, daß das akkusatorische Prinzip wenigstens im Ansatz bedacht wurde.
Beim Inquisitionsprozeß wurde zwischen Inquisitio generalis und inquisitio specialis unterschieden. Erstere diente dazu, sich Gewißheit zu verschaffen, daß ein Verbrechen stattgefunden hatte (constare de corpore delicti)[126]. Im zweiten Teil des Verfahrens ging es darum, "den Beweis der Täterschaft gegen einen bestimmten Beschuldigten zu führen"[127]. Erst nach der Generalinquisition konnte ein Verdächtiger verhaftet werden[128].

120) Unverhau, (Akkusationsprozeß-Inquisitionsprozeß, S. 59 - 142), sieht die qualitative Gegenüberstellung von Anklage- und Inquisitionsprozeß in der Forschung als problematisch an und fordert, die Anwendung des Inquisitionsprozesses bei Hexereiverfahren differenziert zu betrachten.
121) Vgl. Schmidt, (E.), Inquisitionsprozeß und Rezeption, S. 4 - 8.
122) Vgl. Malkmus, S. 96 - 116.
123) StaA Mainz 28/291.
124) HStAW Klarenkloster Mainz 51/3.
125) Vgl. Gebhard, „Die Oberrodener Hexerey betreff." 13.
126) Vgl. Schmidt, (E.), Einführung in die Geschichte der deutschen Strafrechtspflege, S. 195f.
127) Ebd. S. 205.
128) Ebd. S. 196. Durch die Vermischung von General- und Spezialinquisition kam dieser Grundsatz außer Gebrauch. Der Verdächtige wurde schon im Verlauf der Generalinquisition eingezogen und summarisch verhört.

Im Kurfürstentum wurde das Verfahren von der Haftnahme bis zum vorläufigen Geständnis als Generalinquisition bezeichnet. Die seit dem späten 16. Jahrhundert üblich gewordene summarische (allgemeine) Vernehmung war auch im Erzstift im Gebrauch[129]. Weiterhin wurden keine dem Einzelvergehen und der Einzelperson angepaßten Frageartikel aufgestellt[130].

Vom ersten Aufkeimen eines Verdachtes an bis zum Urteil waren alle prozessualen Schritte von der Oberbehörde vorgeschrieben. Die einzelnen Gerichte, ihre Richter und Schöffen, wurden zu ausführenden Polizeiorganen der Kabinettsjustiz degradiert.

Lediglich das Zentgericht Nieder-Roden suchte seine Unabhängigkeit zu bewahren[131]. Es berief sich dabei auf § 95 des Reichsabschiedes zu Augsburg von 1532[132]. Bei dem Zentgericht war ein Angeklagter nicht unbedingt immer besser aufgehoben. Das Gericht und die Zent setzten alles daran, die der Hexerei beschuldigte Margarethe Gass dem Scheiterhaufen zu überliefern. Die Mainzer Oberbehörde war den Vorurteilen der Zent dieser Frau gegenüber enthoben und deshalb zu einem objektiveren Urteil fähig. Das volksnahe Zentgericht dagegen handelte unter dem Druck der Bevölkerung[133]. Letzthin verdankte Margarethe Gass den konkurrierenden Strömungen ihre Rettung vor dem Scheiterhaufen.

129) Das bedeutete eine Entfernung der Rechtssicherungen, die Schwarzenberg in der Carolina vorgesehen hatte. Diese Entwicklung erfolgte unter dem Einfluß territorialer Gesetzgebungen und dem übersteigerten Selbstbewußtsein des frühabsolutistischen Staates.

130) Dies wäre nach den strengen Formen des Inquisitionsprozesses, die unter dem Einfluß italienischer Gelehrter entstanden, erforderlich gewesen. Vgl. Schmidt, (E.), Einführung in die Geschichte der deutschen Strafrechtspflege, S. 197.

131) Vgl. Gebhard, Die Hexenverfolgung in der Mainzischen Zent Nieder-Roden, S. 91 - 105.

132) Vgl. Schmidt, (E.), Einführung in die Geschichte der deutschen Strafrechtspflege S. 204, Danach geschahen solche Berufungen zu unrecht. Der Reichsabschied von 1532 untersagte Appellationen an das Reichskammergericht. Er verbot aber keineswegs, daß in den "Territorialstaaten ein Rechtszug von einem niederen zu einem höheren Gericht stattfinden konnte."

133) Vgl. Gebhard, Die Hexenverfolgung in der Mainzischen Zent Nieder-Roden, S. 91 - 105.

Bei dem eben erwähnten Fall konnte der Anwalt schon früher tätig werden und nicht erst beim endlichen Gerichtstag. Der Advokat legte eine „Defensio pro avertenda speciali inquisitione"[134] vor und ließ die Zeugen über ein ebenfalls von ihm verfaßtes Interrogationsschema verhören[135].

134) Vor der eigentlichen Verhandlung konnte dies dem Rechtsbeistand zugebilligt werden. Vgl. Schmidt, (E.), Einführung in die Geschichte der deutschen Strafrechtspflege, S. 197.

135) Die Frage, ob auch der Angeklagte für die Zeugenvernehmung eigene Frageartikel vorlegen konnte, war strittig. Carpzov lehnte dies ab. Vgl. Schmidt, (E.), Einführung in die Geschichte der deutschen Strafrechtspflege, S. 19.

III. Methoden der Wahrheitsfindung

1. Die Indizien

a) Die Lehre der Carolina

Die Carolina unterscheidet zwischen Beweis und Indiz. Der Beweis wird erbracht durch das Geständnis zweier glaubwürdiger, klassischer Zeugen[136]. Ein Indiz dagegen ist jede andere Tatsache, die allein oder mit anderen zusammen durch eine Konvergenz der Wahrscheinlichkeiten nach Vernunft und Erfahrung zu einer Gewißheiß führen kann[137].
Schwarzenberg nennt zwei Arten, die „gemeinen Indizien", die sich auf alle - und diejenigen Indizien, „so sich uff sonderlich Missethatten ziehen"[138].
Die erste Gruppe ist in Tatumstände, die für sich allein, und in solche, die nur zusammen mit anderen, „genugsame", zur Folter ausreichende „anzeigung" ausmachen, gegliedert. Zur ersten Untergruppe gehören z.B. der böse Leumund und die üble Gesellschaft (25 und 26 CCC). Zu den besonderen Indizien, die in 33 - 44 CCC dargestellt sind, gehört Artikel 44, der die Tatumstände bei der Zauberei umschreibt[139].
Der Artikel 44 CCC enthält fünf Indizien. Sie seien hier kurz dargestellt[140]:

1. „Wenn jemand sich erbietet, andere Zauberei zu lehren". Dieser Tathinweis hatte in den Hexenprozessen keine Bedeutung.
2. Das zweite Indiz hatte die Androhung eines Schadens zum Inhalt. Es hatte in den Hexenprozessen ein eminentes Gewicht.
3. Das dritte Indiz handelt vom Umgang mit Zauberern und Zauberinnen. Es führte dazu, daß ganze Familien ausgerottet wurden, weil es die These der Hexenideologen, daß die Mütter ihre Kinder dem Teufel weihten, stützte.

136) Art. 66 u. 67 CCC. Vgl. Radbruch, S. 61.
137) Vgl. Zwetsloot, S. 211.
138) Vgl. Schmidt, (E.), Einführung in die Geschichte der deutschen Strafrechtspflege, S. 128.
139) Vgl. Radbruch, S. 52.
140) Vgl. Zwetsloot, S. 213 - 217.

4. Zum vierten Indiz zählen „verdächtige Dinge, Gebärden, Worte und Handlungen, die Zauberei an sich haben". Dieser Tathinweis war durch die allgemeine Beschreibung gefährlich.
5. Das fünfte Indiz hat die Personen zum Inhalt, welche im Ruf der Hexerei stehen. Das Indiz des „Gerüchts" führte dazu, daß sich die Hexenprozesse im Schneeballsystem vermehrten und sich zu einer Volksseuche entwickelten.

Von Bedeutung für die Verteidigung im Kurmainzer Gebiet ist die Unterscheidung zwischen „indicia sufficientia ad suspicionem aut ad torturam". Soweit bekannt, wird Schwarzenbergs[141)] Unterscheidung zwischen Tatumständen, die den Verdacht rechtfertigen, und solchen, die begründeten Anlaß zur Folter geben, in der Literatur nur selten erwähnt[142)].

b) Die Bewertung der Indizien

aa) Die Bewertung der Indizien durch die Regierung

Das Interrogatorium, das seit 1612 im Erzstift verwendet wurde, ist laut eigener Aussage „uff den 44 und 52 Articull Peinlicher Halßgerichtsordtnung Caroli quinti gegründet"[143)]. Artikel 52 enthält kein Indiz. Er verlangt lediglich, daß Personen, die sich der Zauberei schuldig bekennen, nach den näheren Umständen der Tat befragt werden[144)]. Daß der Artikel 44 für die Behörden im Kurstaat eine zentrale Bedeutung hatte, zeigte sich bei der Eröffnung von Verfahren. Während der Prozeßreihen unter Kurfürst Anselm Kasimir Wambolt von Umstadt wurden nur dann Prozesse gestattet, wenn Realindizien vorlagen[145)].

141) Johann Freiherr zu Schwarzenberg u. Hohenlandsberg (1463 - 1528). Er ist der Verfasser der Bambergischen Halsgerichtsordnung (CCB) der Vorläuferin der Carolina (CCC). Vgl. Stinzing II, S. 612 - 623.
142) Die Unterscheidung ist in der Petitionsschrift eines Anwaltes an die Weltlichen Räte enthalten. Vgl. StAW K 210/186. Sie taucht in keinem anderen Verteidigungsschreiben auf.
143) StAW M. S. f. 1 080.
144) Vgl. Radbruch, S. 52f.
145) StAW G 18 890.

Den Mainzer Weltlichen Räten genügten, um ein Verfahren zu eröffnen, Zeugenaussagen aus Prozessen, die zeitlich früher in demselben oder in anderen Ämtern stattgefunden hatten. Waren Voten (Zeugenaussagen) nicht zu erreichen, mußten Indizien erbracht werden.
Als im Jahre 1611 in Rieneck (Amt Lohr) die Weinberge erfroren, beriefen sich die Behörden auf das zweite in Artikel 44 CCC enthaltene Indiz. Sie verdächtigten die Frau Anna Seyffert dieses Schadens, weil sie ihren Mitbürgern Unheil gewünscht hatte[146]. Auch im Amt Höchst stützte man sich häufig auf dieses Indiz, um ein Verfahren eröffnen zu können[147].
Das dritte Indiz spielte im Verlauf der Mainzer Hexeninquisition eine große Rolle. In den Zentren der Verfolgung (Aschaffenburg, Dieburg, Miltenberg, Lohr) zählten ganze Familien zu den Opfern der Verfolgung. Über 20 Frauen und Männer der Sippe Kunkelmann aus Bürgstadt und Miltenberg mußten den Scheiterhaufen besteigen[148]. Ein Gutachten der juristischen Fakultät Mainz bezeugt, daß dieser Tathinweis bei der Hexenfahndung von großer Bedeutung war. Es heißt hier: „Wie das eye so daß kücken, wie das kücken, so der vogel, also legt er eyer"[149].
Die Juristen folgerten, daß die Kinder von Hexen, besonders die Töchter, von ihren Müttern das Hexenhandwerk lernten[150].
Auf das vierte Indiz wurde im Kurfürstentum kaum Bezug genommen. Segenssprecherinnen, Kräuterfrauen u.a. konnten mit Hilfe dieses Tathinweises belangt werden. Dieser Personenkreis war im Erzstift jedoch kaum von der Verfolgung betroffen[151].

146) StAW Gericht Lohr Nr. 73.
147) StAW Aschaffenburger Archivreste. Fasz. 360 X Nr. 1 u. Nr. 2.
148) StAW Gericht Miltenberg Nr. 690 - 692 u. 698.
149) StAW K 212/291.
150) Ebd. und Sprenger-Institoris II, S. 140 - 145. Die Neigung dieser Kinder zur Hexerei wird hier mit der Weihe an die Dämonen begründet.
151) Dieser Befund steht im Gegensatz zur Aussage feministischer Publikationen, nach denen diese Gruppe hohe Blutopfer bringen mußte. Vgl. Wisselinck, S. 12 - 41.

Die fünfte Bedingung (Indiz des Gerüchts) wurde im Erzstift weit ausgelegt. Aussagen mehr oder weniger beteiligter „Zeugen" (Complices in crimine) wurden in „Extrakten zauberischer Aussagen" gesammelt. Die Juristen des Kurstaates sahen hierin die Rechtfertigung, Prozesse zu beginnen und weitere durchzuführen[152].
Die Rechtsprechung des Kurfürstentums subsumierte, wie bereits erwähnt, auch Tatumstände unter den Begriff des Indiz. Im Verlauf eines Prozesses wurden regelmäßig Besen und Salbentöpfe als zauberische Requisiten beschlagnahmt und Todesfälle bei Mensch und Tier (sie galten als Opfer zauberischer Aktionen) registriert[153].
Unter Kurfürst Anselm Kasimir erhielt der Terminus „Indiz" eine neue Wertung. Dies zeigt sich schon darin, daß in den Amtsschreiben der Räte der Begriff „indicium reale" an Stelle von „indicium" vorkommt[154]. Die Behörden durften keine Prozesse mehr eröffnen, die sich lediglich auf „Extrakte zauberischer Aussagen" stützten. Indizien, wie sie in Artikel 44 CCC genannt werden, mußten hinzutreten.
Verdächtige hatten schon vor Prozeßbeginn Gelegenheit, zu den in den vorliegenden Indizien enthaltenen Verdächtigungen Stellung zu nehmen. Der Inhalt der Indizien mußte, wie des öfteren hervorgehoben wird, tatsächlichen Gegebenheiten entsprechen. Zu den Indizien wurden Zeugen (keine Complices in crimine) verhört. In einem Brief der Räte an das Amt Amorbach heißt es: „So seye so viel möglich in geheimb zu erkunden, was gegen diese Persohnen vor real indicia vorhanden, welche also beschaffen sein müssen, das man sie unempfenglichen verstands nach begreifen kan, daß Hexerey lasters halben sonsten hochverdächliche worth ausgestosen in jahres frist mit der beicht und H. kommunion sich nit eingestellt, mit wahrsagen, segen undt ander verdächtig teufels künsten sich gebrauchen lassen oder nach deme man mit der Hexeniquisition einen anfang ge-

152) Nach der Cautio Criminalis bilden die Denunziationen die Seele des Hexenprozesses. Sie sind das Thema von 9 (Quaestio 42 - 50) der 51 Fragen des Werkes. Vgl. Spee, S. 213 - 269.
153) Dieser Befund ist in fast allen Prozeßprotokollen des Erzstiftes nachweisbar.
154) StAW Aschaffenburger Archivreste Fasz. 360 X Nr. 1 u. Nr. 2 u. StAW G 18 890.

macht, diese Persohnen sich allbereits zaghaft gezeigt ... dahero sehr viel gelegen, den da dergleichen geschrey allein dahero nit ausreicht, weil der beschreit eltern verbrennt, oder andere uff sie bekannt (Denunziationen von Complices in crimine reichen nicht aus) würdt man sich daruff ganz nit fundieren können"[155]. Der Brief führt weiter aus, daß die Verdächtigen und Zeugen (keine Complices in crimine) schon im Vorverfahren zu den einzelnen Indizien zu befragen seien[156]. Die neue Wertung der Indizien („indicium reale") durch Anselm Kasimir grenzte die Prozesse ein (Amt Amorbach 1642[157] u. Höchst 1631[158]) oder erstickte sie im Keim (Miltenberg 1642[159]). Wenig moderat erscheint die Stellung dieses Kurfürsten zur Segenssprecherei und anderen zu dieser Zeit üblichen Praktiken[160].

bb) Die Bewertung der Indizien in der Auseinandersetzung zwischen Verteidigung und Fiskalat

Bei dem einzigen Hexenprozeß im Kurfürstentum, der vor einem Zentgericht stattfand, spielten Indizien eine große Rolle[161]. Indizien wurden zur Bewertung nicht nur zu den Mainzer Räten (abhängiges Juristenkollegium), sondern auch zu den juristischen Fakultäten der Universitäten Mainz und Würzburg (unabhängige Juristenkollegien) geschickt. Der Anwalt konnte eigene Interrogatorien zum Verhör von Zeugen anlegen. Die Wahrung der rechtlichen Bestimmungen der Carolina gab dem Verteidiger die Möglichkeit, Zeugen zu befragen [162].

155) StAW G 18 890.
156) D.h. eine Verhaftung konnte erst vorgenommen werden, wenn der Tatverdacht begründet war.
157) StAW G 18 890.
158) Aschaffenburger Archivreste Fasz. 360 X Nr. 2.
159) Vgl. Wirth, (M.J.), S. 222f.
160) U.a. werden Kristallsehen, Wahrsagen und Siebtreten genannt.
161) Es handelt sich um einen Prozeß beim Zentgericht Nieder-Roden. Vgl. StAW K 212/281.
162) Das Recht zur Verteidigung enthalten die Artikel 8, 14, 73, 77 u. 88 CCC. Vgl. Zwengel, S. 38.

In einem anderen Fall (Aschaffenburg 1613) rekurrierte die Verteidigung auf die Artikel 6 und 20 CCC, die allgemeine - und nicht nur auf die Spezialnorm (Art. 44) bezogene - Indizien enthalten[163]. Diese weitgefaßten Artikel räumten sowohl dem Defensor als auch dem Fiskal Interpretationsmöglichkeiten ein.
In einem Defensionsschreiben für Apollonia Branderich (Aschaffenburg 23.8.1613) suchte der Advokat die Glaubwürdigkeit der Zeugen zu erschüttern[164]. Er zeigte Widersprüche in ihren Aussagen auf. Auch das unbescholtene Leben der Angeklagten und ihre religiöse Haltung waren für ihn Zeichen ihrer Unschuld. Der Fiskal dagegen berief sich auf Petrus Duemas (reg. 76 num 6.)[165], Jodokus Domhauderius (Praxis rerum criminalium)[166] und darauf, „daß durch quoditiana experientia, und tägliche erfahrung ... alhie zue Aschaffenburg, und umbligenden orthen biß hero vielfaltig erwießen, daß auch die jennigen so sich dem teufel mit leib uns seel ergeben ... die heilige Meß und Predigt vleyßig gehört und das Heilige Hochwürdigen Sakrament gebraucht haben"[167]. Er weist fernerhin Argumente des Defensors gegen den Gebrauch der Folter ohne hinreichende Indizien zurück. „Daß Apollonia aus Angst vor weiterer Folter (metu tormentorum) bekannt habe", sieht er nicht als ausreichendes Indiz an[168]. Er beruft sich auf Artikel 57 CCC, der die Ungültigkeit eines peinlichen Bekenntnisses auf Trübungen des Seelenlebens eingeschränkt wissen will[169].

163) Die Artikel 6 u. 20 CCC handeln vom „anzeygen der missetat". D.h. Inhaftierung oder Tortur waren nur gestattet, wenn ausreichende Indizien vorlagen. Vgl. Schmidt, (E.), Inquisitionsprozeß u. Rezeption, S. 80f. u. Zwengel, S. 40 u. 47.
164) StAW K 210/186.
165) Petrus Duemas (1560 - 1610). Vgl. Stinzing I, S. 519f.
166) Jodokus Domhauderius (Damhouder, Jost E; 1507 - 1581). Das Zitat ist dem Werk: „Praxis rerum criminalium", Antwerpen 1554, entnommen. Vgl. Chevailler, S. 95 - 129.
167) StAW K 210/186.
168) Ebd.
169) Vgl. Radbruch, S. 58.

2. Zeugen

a) Die Zeugen im kurmainzischen Hexenprozeß

Der Begriff des Zeugen und des Zeugenbeweises war im Erzstift formal von den einschlägigen Artikeln der Hochnotpeinlichen Halsgerichtsordnung Karls V. bestimmt, die in Artikel 62 - 70 CCC enthalten sind[170]. Anwendung fanden die Artikel 67 u. 68 CCC. Artikel 67, der für die Beweiswürdigung das Gebärdenprotokoll verlangt, fand seinen Niederschlag in Quaestio 13 des Interrogationsschemas. In eben diesem Schema wird des öfteren auf Artikel 63 CCC (Talionsprinzip) verwiesen [171].
Da es sich beim Hexereivergehen um ein fiktives Verbrechen handelte, konnte es nie dazu kommen, daß ein Angeklagter aufgrund der Aussage zweier klassischer Tatzeugen verurteilt wurde (Art. 69 CCC)[172]. In den Hexenprozessen treten vier Arten von Zeugen auf: Betroffene-, nichtbetroffene -, beteiligte - , nichtbeteiligte Zeugen.
Betroffene (bzw. nichtbetroffene -, unbeteiligte) Zeugen traten zu Beginn einer Prozeßreihe oder bei den zahlreichen Einzelverfahren in den Ämtern Höchst (Astheim, Eddersheim, Krüftel, Weilbach, Wicker - 1615/16 und 1630/31) und Lohr (Nantenbach 1612, Wiesen 1601/02) auf[173]. Die Zeugen bei den Einzelverfahren waren zumeist Personen, die ihre Nachbarn beschuldigten, Menschen oder Vieh getötet, Krankheit verursacht oder andere Schäden gestiftet zu haben. Während sich die großen Prozeßserien in Fortsetzung der Ketzerinquisition gegen „eine große und verbreitete Hexensekte" richteten, ging es bei diesem Prozeßtyp um die Ahndung von Magie und schadenstiftender Zauberei.
Volkstümlicher Zauberglaube spielte eine große Rolle. Es ging um die Verwandlung in Katzen und Wölfe, um die Aspekte, unter denen die Menschen noch heute das Bild der Hexe und des Hexenglaubens sehen. Natürlich konnte sich ein Einzelverfahren zu einer Prozeßserie entwickeln, bei der sich andere Mechanismen entfalteten.

170) Ebd. S. 60f.
171) StAW M. S. f. 1 080.
172) Vgl. Radbruch, S. 61.
173) StAW G 3 096. StaA Lohr XII, 3. T. 12, F, W Nr. 1 u. Nr. 5.

Betroffene unbeteiligte Zeugen traten in den Prozessen unter Kurfürst Anselm Kasimir auf[174]. Sie wurden zu den in Art. 44 CCC genannten Indizien verhört. Bei den meisten Hexenprozessen spielte jedoch eine andere Kategorie von Zeugen eine Rolle, die Complices in crimine, die beteiligten Zeugen (Denunzierte).

b) Die beteiligten Zeugen (Denunziation)

aa) Begriff

Nach Zwetsloot machte die Denunziation die Hexen, nicht die Folter[175]. Bei den Inquisitionsverfahren gegen Katharer und Waldenser bildete sich der Brauch aus, gefangene Ketzer zu zwingen, die Namen ihrer Glaubensgenossen preiszugeben. Da die Angehörigen dieser Sekten große Glaubenstreue bewiesen und kaum eine(n) Glaubensschwester/-bruder verrieten, verstrickten sich nur selten Personen in das Netz der Inquisition, die nicht zu diesen Glaubensgemeinschaften gehörten[176]. Seit dem 14. Jahrhundert wurde das Denunziationssystem bei Hexenprozessen verwandt. Gemeingefährlich wurde das System dadurch, daß die Beschuldigung aufgrund des fiktiven Charakters des Hexenvergehens jeden treffen konnte[177]. Seine Gefährlichkeit wurde noch verstärkt, weil die Inquisitoren dem Grundsatz huldigten: „Gott werde nicht zulassen, daß Unschuldige denunziert würden"[178]. Die Theorie der Denunziation schloß Hexensabbat und Hexenflug ein.
Die Vorstellung des Hexensabbats entwickelte sich aus den religiös kultischen Feiern zu Ehren der Götter.

174) StAW G 18 890.
175) Vgl. Zwetsloot, S. 235.
176) Ebd. S. 238.
177) Ebd. S. 240f.
178) Diese These spielt bei den Hexenideologen Peter Binsfeld (1543 - 1598) u. Martin Delrio (1551 - 1608) eine bedeutende Rolle. Spee setzt sich mit ihnen in Quaestio 44 u. 47 auseinander. Vgl. Spee, S. 218 - 230, 240 - 242.

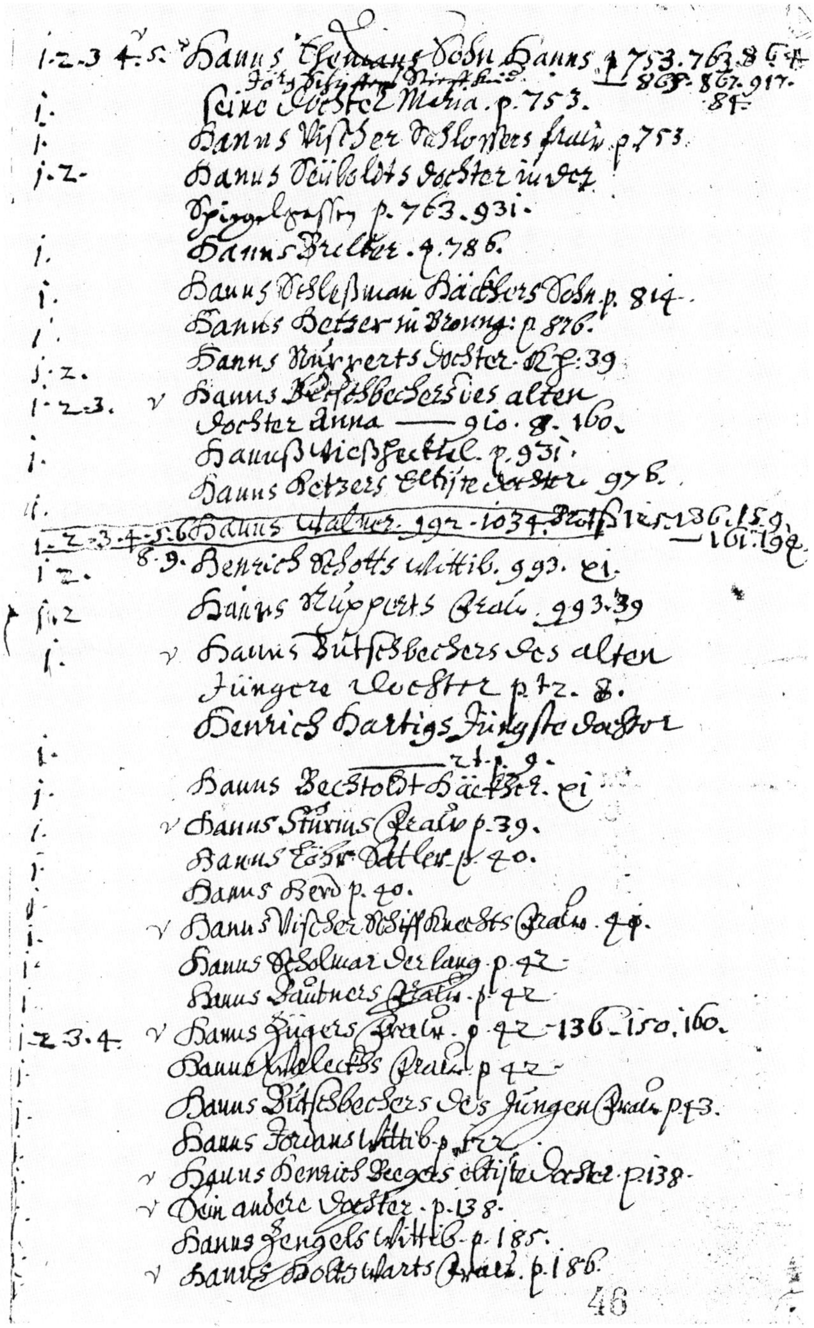

13 Aus dem „Index Denuntiatorum et Denuntiatarum Miltenbergiensium“ (St.A W). Er enthält die Namen von über 600 Personen, die im Amt Miltenberg der Hexerei beschuldigt waren. Die Denuntiationsliste ist alphabetisch (nach Vornamen) geordnet.

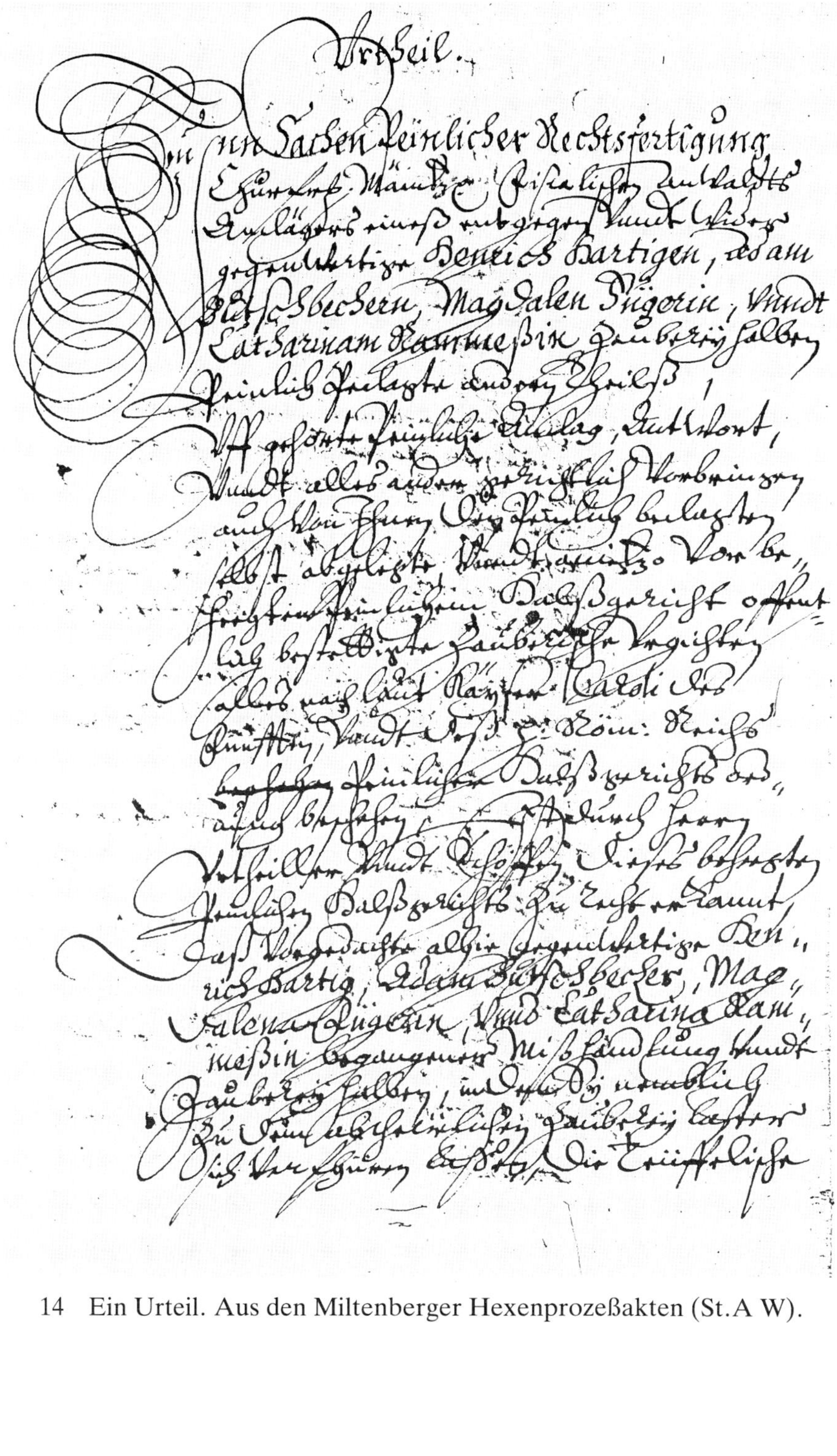
Urtheil.

In Sachen peinlicher Rechtsfertigung

14 Ein Urteil. Aus den Miltenberger Hexenprozeßakten (St.A W).

Die gemeinsame Feier und das gemeinsame Mahl schlossen in mutterrechtlichen Kulturen Formen sexueller Betätigung ein 179). Die Wortverbindung Hexensabbat (Hexen, Sabbat) läßt sich aus antijüdischem Ressentiment erklären. Der Hexensabbat schloß orgiastische Kulte und Gelage der Teilnehmer sowie der Dämonen ein180). Die Denunziationstheorie ging davon aus, daß sich die Teilnehmer an den Hexentänzen untereinander kannten und von daher in der Lage waren, als Complices in crimine (am Verbrechen beteiligte Zeugen) gegeneinander auszusagen. Wenn Angeklagte nicht aussagen wollten, gaben sie an, die anderen Gäste seien vermummt gewesen181).

Der Gedanke des Luftfluges ist in vielen Kulturen verbreitet182). Es ist wohl auf die Wirkung von Narkotika zurückzuführen, die solche Vorstellungen im Bewußtsein erweckten183). Befürworter „des Hexenwahns" weisen auf konkrete Beispiele hin184). Für die Fahrt zum Tanz wurden Besen (Phallussymbole) und Ziegenböcke (mythologische Tiere) benutzt185). Die Hexenideologen Jacquier, Bodin u.a. gingen davon aus, Gott werde es nicht zulassen, daß ein Unschuldiger denunziert werde. Im Falle, daß es doch geschehe, hofften sie, daß Gott dem Betroffenen bei der Folter beistehe oder ihn zumindest für das irdische Leid belohne186).

179) Entgegen der Auffassung von Murray und Gardner lebten diese Kultformen jedoch nicht bis ins Mittelalter fort. Die religiös-kultischen Vorstellungen bilden lediglich das Material, aus dem philosophische und theologische Spekulation die Idee vom Hexensabbat formte. Vgl. Dülmen, Imaginationen des Teuflischen, S. 129 u. Muchembled, Sorcières, Justice et Société, S. 228 - 233.
180) Vgl. Dülmen, „Imaginationen des Teuflischen", S. 127ff.Demnach ist „die explizite Vorstellung des Hexensabbats, auf dem das nächtliche Treiben in der Teufelsanbetung und sodomitischen Orgien kulminiert", erst Ende des 16. Jahrhunderts entstanden. Das Mainzer Interrogatorium von 1613 setzt allerdings diese Formen voraus.
181) Diese Aussage findet sich in den Gerichtsprotokollen fast aller behandelten Ämter.
182) Vgl. Leibbrand u. Leibbrand-Wettley, S. 830 u. Duerr, S. 110 - 126.
183) Vgl. Marzell, Kuhlen u. Biedermann, S. 42 - 45.
184) Vgl. Behringer, Hexenverfolgung in Bayern, S. 188ff.
185) Vgl. Bächtold-Stäubli I, Sp. 1129 - 1147 u. IX, Sp. 912 - 931.
186) Vgl. Zwetsloot, S. 241f.

bb) Lehre der Carolina

Artikel 31 CCC handelt von den Complices in crimine[187]. Zwetsloot bezeichnet seine Bestimmungen als „sehr gemäßigt"[188]. Im einzelnen sind hier fünf Bedingungen aufgestellt, unter denen diese Kategorie von Zeugen zur Aussage zugelassen werden konnte: Die erste Voraussetzung enthält das Verbot von Suggestivfragen. Dann soll der Richter den Mittäter nach den Einzelheiten der Tat befragen und seine Aussagen bewerten. Auch darf zwischen der denunzierten Person und dem Denunzianten keine Feindschaft bestehen. Die vierte Bedingung setzt voraus, daß der Verdacht gegen eine Person gerechtfertigt ist. Die fünfte Voraussetzung will einen Widerruf nach dem Empfang der Beichte verhindern.

c) Die Bewertung der Denunziation im Erzstift

aa) Die Bewertung der Denunziation durch die Regierung

Das 1613 erlassene Interrogationsschema versteht sich als Auslegung des Art. 31 CCC und beruft sich in der Einleitung ausdrücklich auf ihn[189]. Im Verlauf des Schemas wird auf die Bedingungen eins bis drei und fünf Bezug genommen:

	Carolina	Interrogationsschema
1.	Suggestivfragen	- Quaestio 46
2.	Einzelheiten der Tat	- Quaestio 1 - 98 (spez.)
3.	Feindschaft	- Quaestio 15 (gener.)
		- Quaestio 97 (spez.)
4.	Gerechtfertigter Verdacht	- entfällt
5.	Widerruf nach der Beichte	- Quaestio 98 (spez.)

187) Vgl. Radbruch, S. 31f.
188) Vgl. Zwetsloot, S. 245f.
189) StAW M. S. f. 1 080.

Lediglich der vierten Bedingung des Art. 31 wird nicht gedacht. Sie sagt aus: „daß die besagt person allso argkwönig sey, das man sich der bessagten missethat zu ir nit versehen mug"[190].
Diese Voraussetzung hätte erfordert, den guten Ruf und den Leumund der Beschuldigten im geheimen Vorverfahren zu überprüfen.
Die Kurmainzer Hexenjustiz hielt die Aussagen beteiligter Zeugen (Consortes in crimine) nicht nur zur Aufnahme des Verfahrens, sondern auch zur Vornahme der Folter für ausreichend. Indizien brauchten keine mehr hinzuzutreten.
Diese Auffassung ist nicht direkt vom Hexenhammer beeinflußt. Obgleich auch er infame Zeugen zuläßt, stellt er doch gewisse Bedingungen an sie und fordert Tatbeweise[191]. Hier macht sich der Einfluß Binsfelds[192] und Delrios[193] geltend. Die beiden Autoren sahen die Irregularität der Consortes in crimine durch die peinliche Frage aufgehoben. Die Gefahr, daß Unschuldige verurteilt werden konnten, hielten sie nicht für gegeben. Sie stützten sich vielmehr darauf, „Gott werde es nicht zulassen, daß Unschuldige denunziert würden"[194].
Die in Art. 31 CCC enthaltenen Bestimmungen konnten die Denunziation auch deshalb nicht eingrenzen, weil die Verfahren summarisch gehandhabt wurden. Die Bestimmungen wurden zwar formal berücksichtigt, in der Realität aber ging man über sie hinweg. Niemand war davor sicher, verdächtigt oder denunziert zu werden; dennoch traf es kaum jemand zufällig. Spee nennt Haß, Neid und Eifersucht als Triebfedern[195]. Die Mechanismen können jedoch genauer umschrieben werden, wenn man das soziale Umfeld der Denunzierten durchleuchtet. Nicht ganz auszuschliessen ist, daß Personen rein zufällig in das Getriebe der Prozesse gerieten[196].

190) Vgl. Radbruch, S. 46.
191) Vgl. Sprenger/Institoris III, S. 41 - 50.
192) Vgl. LThK II, Sp. 484 u. Hammes, S. 171 - 192.
193) Vgl. Fischer, S. 102 - 118.
194) Vgl. Zwetsloot, S. 245. Diese Theorie wurde von zahlreichen Theologen und Juristen schon vor Tanner u. Spee bestritten, a.a.O. S. 249 - 252.
195) Vgl. Spee, S. 4. Invidia (Neid) als auslösendes Moment für Hexenverfahren wird auch in der zeitgenössischen Literatur (Simplicius Simplicissimus) genannt. Vgl. Stockinger, S. 28 - 45.
196) StaA Mainz 28/291. Der 1627 hingerichtete Hans Leber geriet wohl zufällig in den Strudel der Prozesse.

bb) Die Bewertung der Denunziationen durch die Verteidigung

Ein Aschaffenburger Anwalt zeigte sich widersprechende Aussagen von beteiligten Zeugen auf (der eine sagte, seine Mandantin habe eine Krone aufgehabt, der andere bestritt es). Ein Zeuge wurde abgelehnt, weil er wegen Diebstahls irregulär geworden, der andere, weil er der ärgste Feind der Mandantin gewesen war. Die übereinstimmende Aussage zweier Zeugen, sie hätten die Frau (Mandantin) auf dem Tanzplatz gesehen, versuchte er zu entkräften. Er berief sich dabei auf Gödelmann[197] und den Juristen Sigismund Scaccia[198] (Tractatus de Judice, causa criminis, num. 10), der die Hexentänze für Sinnestäuschungen hielt[199].
Die Verteidigung stützte sich aber vor allem auf die vierte Bedingung des Artikels 31 CCC[200]. Der Defensor sah diese nicht erfüllt, weil seine Mandantin einen rechtschaffenen Lebenswandel führte. Dies suchte er zu beweisen, indem er aufzeigte, daß Apollonia Branderich bei ihren Nachbarn und der geistlichen sowie weltlichen Obrigkeit einen guten Leumund habe und einen religiösen Lebenswandel führe. Auch die fünf Indizien des Artikels 44 CCC seien auf sie nicht anwendbar.
Der Anwalt griff außerdem das formale Vorgehen der Justiz an und betonte, daß selbst wenn „argkwönigkeit" bestanden habe, diese nur zur allgemeinen Ermittlung (inquirere de corpore delicti) und nicht zur Vornahme der peinlichen Frage ausgereicht habe[201]. Er stützte seine Meinung auf zeitgenössische Juristen und auf die Artikel 6 und 20 der Carolina[202].

197) Gödelmann, Johann Georg (1559 - 1611). Vgl. Stinzing I, S. 727ff.
198) Scaccia, Sigismund, Vgl. Fiorelli II, S. 347.
199) StAW K 210/186
200) Vgl. Radbruch, S. 45.
201) Der Jurist geht von einer strengen Trennung zwischen „inquisitio generalis" und „specialis" aus. Unter dem Einfluß der Kabinettsjustiz und territorialer Gesetzgebungen war es jedoch zu einer Weiterentwicklung des prozessualen Rechts gekommen. Der Schwerpunkt lag auf der summarischen (nicht artikulierten) Vernehmung bei der Generalinquisition. Vgl. Schmidt, (E.), Einführung in die Geschichte der deutschen Strafrechtspflege, S. 290.
202) Vgl. Radbruch, S. 33f. u. 40.

Folgende Juristen werden genannt: Aegidius Bohn[203], (Tractatus criminis, tit. de capt. col. 1 et 2), Zangerus[204], Julius Clarus[205] und Johannes Fichard[206].
Die Verteidigung setzte ihre Kritik vor allem beim Verfahrensgang und bei der materiellen Wahrheitsfindung an. Die Hexenideologie und die sie tragenden Bestimmungen wurden im Bereich des Kurfürstentums - von den Kondominien abgesehen - nicht in Frage gestellt. Dies hing damit zusammen, daß die Juristen entweder selbst vom Hexenwesen überzeugt waren oder ihre Person und ihre Berufsausübung durch Bestreitung des Hexenglaubens nicht in Gefahr bringen wollten. Spee ging in seiner „Cautio Criminalis" ähnlich vor[207]. Er faßte zusammen, was viele Juristen sahen und empfanden[208].

cc) Die Bewertung der Denunziationen durch das Fiskalat im Verlauf des Prozesses

Der Fiskal führte den Begriff der "denunciationes in genere" in die Auseinandersetzung mit dem Defensor ein[209]. Er hielt solche allgemeinen Bezichtigungen der Complices in crimine für erlaubt, weil es sich bei der Hexerei um Ausnahmeverbrechen, „crimina excepta", handele[210]. Den Charakter des Ausnahmeverbrechens sah er gegeben durch die Verwerflichkeit des Delikts (atrocitate) und durch die Schwierigkeit, dieses gegen das Gemeinwohl gerichtete Vergehen zu beweisen (difficultate probationis delicti contra commune).

203) Vgl. Fiorelli II, S. 329.
204) Zanger, Johann (1557 - 1607). Vgl. Lorenz, (S.), I, S. 47.
205) Julius Clarus (Chiaro, 1525 - 1575). Vgl. Moeller.
206 s.S. 102
207) Vgl. Ritter, Friedrich von Spee (1591 - 1635), ein Edelmann, Mahner und Dichter u. Zwetsloot.
208) Ebd. S. 265ff.
209) StAW K 210/186.
210) Zur Theorie des Ausnahmeverbrechens. Vgl. Zwetsloot, S. 118 - 120.

Einen anderen Weg, das Delikt auszurotten (via ad exstirpandum hoc crimen), und eine andere Weise, in die Hexenzirkel einzudringen (ingredi in conventicula maleficorum), gäbe es nicht[211].

Der Fiskal räumte ein, daß die Denunziationen der beteiligten Zeugen bedenklich seien. Gerade deshalb aber sei es notwendig, die beschuldigte Apollonia zur Ergründung der Wahrheit (pro eruenda ipsa veritate) der Tortur zu unterwerfen. Weitere Indizien brauchten bei manchen Vergehen, wie z.B. der Häresie und dem Ehebruch, nicht hinzuzutreten, da keine Tathinweise zurückblieben (nulla remanent vestigia)[212]. Die Verwendung von Complices in crimine sah er durch den Hexenhammer legitimiert[213]. Dabei übersieht er, daß selbst Sprenger[214] und Institoris[215] bei dem Zeugnis von Complices in crimine zusätzliche Verdachtsmomente verlangen[216].

Der Hexenhammer wird in den Gerichtsakten nur einmal, und zwar bei obigem Fall, zitiert[217]. An seine Stelle waren längst die Werke Binsfelds[218] und Delrios[219] getreten.

Der Fiskal berief sich an keiner Stelle auf die Carolina. Dies ist wohl daher zu verstehen, daß sich bei der Behandlung des Hexereidelikts eine eigene Rechtsprechungspraxis gebildet hatte, die sich auf zeitgenössische Hexenideologen stützte.

211) Ähnlich lautet die Begründung zeitgenössischer Juristen. Vgl. Zwetsloot, S. 119.
212) Die Juristen unterschieden zwischen „delicta facti permanentis", (z.B. Brandstiftung, Mord) und „delicta facti transeuntis", (Beleidigung, Gotteslästerung). Bei der zweiten Art der Vergehen war es schwierig, das Corpus delicti nachzuweisen. Hier mußte der Tatverdacht durch Zeugen und andere Beweise erbracht werden. Vgl. Schmidt, (E.), Einführung in die Geschichte der deutschen Strafrechtspflege, S. 196.
213) Vgl. Sprenger/Institoris II, S. 43ff.
214) Jakob Sprenger (1436 - 1495). Vgl. LThK X, Sp. 987.
215) Heinrich Institoris (1430 - 1505). Vgl. LThK V, Sp. 713.
216) Vgl. Sprenger/Institoris III., S. 42f.
217) StAW K 210/186
218) Tractatus de Confessionibus maleficorum et sagarum, Trier 1589. Vgl. Hammes, S. 269.
219) Disquisitionum magicarum libri VI, quibus continetur accuratu curiosarum artium et vanarum superstitionum confutatio, Löwen 1599.

Die hundertfach wiederholten „Geständnisse" der Hexen verfestigten diese Position[220]. Den beamteten Juristen war es fast unmöglich, aus diesem Wahnsytem, das fast täglich durch Aussagen Beschuldigter bestätigt wurde, auszubrechen.
Seine Stützpfeiler bildeten die Denunziation und die Folter. Nachdem unter Kurfürst Anselm Kasimir zu den Denunziationen noch andere Beweise hinzutreten mußten, war das System weitgehend erschüttert[221]. Zwetsloots Satz, „nicht die Folter, sondern die Denunziation macht die Hexen", wird durch die Mainzer Hexeninquisition mehr als bestätigt[222].

3. Hexenproben

Hexenproben, welche in fast allen Ländern gang und gäbe waren, und die auch in den Hochstiften Bamberg und Würzburg eine große Rolle spielten, waren im Erzstift von untergeordneter Bedeutung[223].
Die Wasserprobe oder das Hexenbad, welches Merzbacher ausführlich beschreibt, fand im Mainzer Territorium keine Anwendung[224]. Ein dahingehender Vorschlag eines Richters aus Neustadt (Hessen) wurde von den Mainzer Weltlichen Räten verworfen[225]. Andere Proben wurden eingeschränkt gebraucht, so die Suche nach dem „stigma diabolicum" und die Tränenprobe. Man verwandte sie nur dann, wenn der Delinquent trotz Foltergebrauch nicht gestand[226].

220) Dies war durch das Denunziationssystem bedingt. Nach Zwetsloot (S. 246) wurde die Frage der Denunziationen erst nach 1580 zum Gegenstand heftiger Diskussion. Zwetsloot führt die Kettenprozesse um 1590 auf diese Diskussion zurück.
221) StAW G 18 890.
222) Vgl. Zwetsloot, S. 207.
223) Vgl. Merzbacher, S. 152 - 154.
224) Ebd. S. 153f.
225) Vgl. Malkmus, S. 96.
226) StAW G 3 314.

Der Brauch, daß Beschuldigte „das Vater unser laut vorbeten mußten" und, daß es für ihre Schuld sprach, wenn sie dabei stockten, bestand in Mainz nicht[227].
Kurfürst Anselm Kasimir Wambolt von Umstadt, der das Hexereidelikt milder beurteilte als seine Vorgänger, ließ - im Gegensatz zu seinem sonstigen Vorgehen - die Gefangenen generell scheren[228]. Vor Beginn eines Verfahrens mußte auf Befehl dieses Erzbischofs der Exorzismus gebetet werden[229].

4. Gutachten juristischer Fakultäten

Die Aktenversendung an juristische Fakultäten bürgerte sich im Verlauf des 16. Jahrhunderts ein. Durch ihre praxisbezogene Tätigkeit übten die Professoren maßgebenden Einfluß auf die lokalen Gerichte aus[230]. Wie in den Hochstiften Bamberg und Würzburg wurde die konsiliare Funktion von Fakuktäten im Erzstift kaum beansprucht[231]. Da den Mainzer Weltlichen Räten bis zu zwei promovierte Juristen angehörten, verstanden sie sich wohl selbst als Spruchfakultät[232]. Außer in Miltenberg, wo in einem komplizierten Rechtsfall ein Gutachten der juristischen Fakultät Mainz eingeholt wurde[233], machte man nur dort, wo es noch ein Zentgericht gab (Nieder-Roden), von der Gutachtertätigkeit Gebrauch[234]. Auch in Kondominien rekurrierte man auf Spruchfakultäten[235]. Insgesamt wurden nur sieben Mal Akten an Universitäten geschickt. Es handelte sich um die Hochschulen in Mainz, Marburg und Würzburg. Ein medizinisches Gutachten wurde von der Universität in Ingolstadt erbeten[236].

227) Vgl. Merzbacher, S. 153.
228) StAW G 18 890.
229) Ebd.
230) Vgl. Merzbacher, S. 134.
231) Ebda. S. 134 - 138. Er bringt wenige Beispiele dafür, daß die beiden Hochstifte Gutachten anforderten.
232) Vgl. Goldschmidt, S. 10.
233) StAW Gericht Miltenberg, Nr. 692.
234) Vgl. Gebhard, Gerichtsakten, „Die Oberrodener Hexerey betreff." S. 31.
235) StAW G 3 093.
236) StAM 86/16 388.

Alle juristischen Fakultäten standen der Hexenideologie äußerst positiv gegenüber. Das härteste Vorgehen verlangte ein Würzburger Rechtsspruch, welcher schließlich von den Mainzer Weltlichen Räten zurückgewiesen wurde[237]. Nach Merzbacher „gebührt der Mainzer Rechtsfakultät vor allen deutschen Universitäten der Ruhm, die Bahn der Humanität und Vernunft in den Hexenprozessen beschritten und den Mißbrauch der Folter bekämpft zu haben". Er beruft sich dabei auf ein von Diefenbach und Soldan-Heppe veröffentlichtes Gutachten aus dem Jahre 1674[238]. Dabei übersieht er die durch Johann Philipp von Schönborn beieinflußte neue Stellung zu den Hexereiverfahren im Kurstaat. Bis zu diesem großen Fürsten schwamm auch die Mainzer Juristenfakultät im Wasser der Hexenideologie.
Auch der Rechtsspruch der Juristen der kalvinistischen Universität Marburg zeigte den gleichen Geist. Er rief den Widerspruch der Regierung in Hanau hervor, die zusammen mit Mainz die Herrschaft über das Dorf Bieber (Biebergemünd) ausübte[239].
Die Praxis der universitären Spruchfakultäten hat die Rechtsprechung im Kurfürstentum kaum beeinflußt, da sie wohl von den Weltlichen Räten als Konkurrenz angesehen wurde. Die im Erzstift verwandten Gutachten blieben oft hinter der für die damalige Zeit moderaten Rechtsprechung der Mainzer Räte zurück. Das Würzburger Gutachten z.B. forderte einen überzogenen Gebrauch der Folter[240]. Auch die Entscheide der juristischen Fakultät Mainz waren undifferenziert und mehr vom Hexenhammer als von der Carolina beeinflußt[241].

237) StAW K 212/281.
238) Vgl. Merzbacher, S. 136f. u. Anm. 167.
239) StAW G 3 093.
240) StAW K 212/281
241) Ebd.

5. Das erzwungene Geständnis (Folter)

a) Zur Geschichte der Folter

Fast in allen Kulturkreisen hielt man die Folter im Gerichtsgebrauch für erforderlich[242]. Die Römer übernahmen die Tortur von den Griechen, bei denen sie nur gegen Sklaven angewandt wurde. Im Verlauf der Kaiserzeit wurde es üblich, auch Freie durch physischen oder psychischen Druck zum Geständnis zu zwingen[243]. Bei den germanischen Stämmen fand der Foltergebrauch nur begrenzt Aufnahme. An die Stelle der Folter trat das Ordal, das Gottesurteil[244].

Im 13. und 14. Jahrhundert gewann die peinliche Befragung wieder an Bedeutung. E. Schmidt hat nachgewiesen, daß das Wiederaufleben der Folter nicht durch die Rezeption des römischen und italienischen Rechts bedingt war[245]. Der kanonistische Ursprung scheidet ebenfalls aus[246]. Die Wiederaufnahme der Tortur steht im Zusammenhang mit der Ablösung des Akkusationsprozesses durch den Inquisitionsprozeß. Nicht mehr formelle Beweismittel (Zeugen) entschieden über die Schuld oder Unschuld des Angeklagten, sondern der erforschbare Tatbestand (materielle Wahrheit). Der Foltergebrauch war eine Folge des staatlichen Interesses an der materiellen Wahrheit. Stärker als beim Akkusationsverfahren war der Staat hier an einem Bekenntnis interessiert. Wenn Zeugen und Beweise der Tat nicht ausreichten, lag es nahe, auf Verdächtige Zwang auszuüben[247]. Nach Schmidt führte die systematische Verbrechensbekämpfung in süddeutschen Städten zur Aufnahme der Tortur[248]. Anregung zum Foltergebrauch bot der damals im Kriegswesen übliche Mißbrauch, Kriegsgefangenen Geständnisse durch Quälen zu entreißen[249].

242) Vgl. Fiorelli I, S. 11 - 58.
243) Vgl. Merzbacher, S. 139.
244) Vgl. Zwetsloot, S. 166.
245) Vgl. Schmidt, (E.), Inquisitionsprozeß und Rezeption, S. 53 - 60.
246) Ebd. S. 57f.
247) Ebd. S. 4f.
248) Ebd. S. 13 - 52
249) Vgl. Zwetsloot, S. 169.

15 Folterwerkzeuge, mit denen in Aschaffenburg auch Hexen gefoltert wurden. (Ausgestellt im ehemaligen Stiftskarzer des Stiftskapitelhauses; heute: Stiftsmuseum der Stadt Aschaffenburg.)

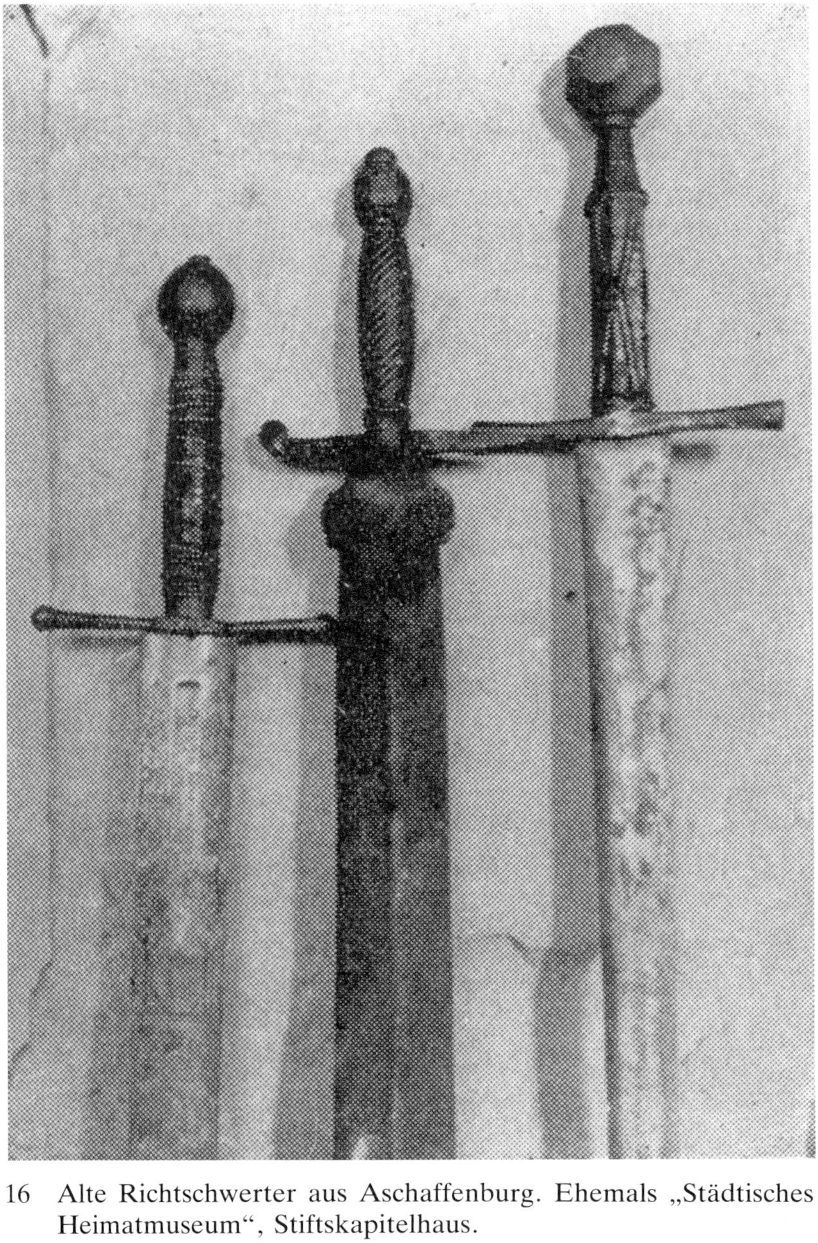

16 Alte Richtschwerter aus Aschaffenburg. Ehemals „Städtisches Heimatmuseum“, Stiftskapitelhaus.

Daß der Folter „eine reinigende Kraft" beigemessen wurde, ist durch die Rezeption des römischen Rechtes bedingt. Im römischen Recht hatte die Aussage eines Sklaven nur dann einen Wert, wenn sie unter der Folter gemacht wurde. Die Tortur befreite ihn von der Ehrlosigkeit[250].
Die Sicht der peinlichen Frage als Kampf mit den Dämonen ist dagegen kanonistischen Ursprungs[251].
Die Carolina suchte den Mißbrauch der Folter zu steuern. Ihre bedeutsame Indizienlehre sowie andere Bestimmungen begrenzten die Tortur[252]. Bei den Hexenprozessen kamen sie jedoch kaum zum Tragen, da das Hexereidelikt als Ausnahmeverbrechen gesehen wurde, und die meisten Juristen die Bestimmungen der Carolina im Geist der zeitgenössischen Hexenliteratur auslegten[253]. Dies war auch im Erzstift der Fall.

b) Arten und Maß der Folter

Nach Artikel 58 der Carolina soll „die peinlich frag nach gelegenheit des argkwons der person, viel, offt oder wenig, hart oder linder nach ermessung eyns guten vernünftigen Richters fürgenommen werden"[254]. Man unterschied drei Grundarten der Tortur, die „territio verbalis", die „territio realis" und die „tortura stricte sic dicta"[255]. Bei den ersten beiden Arten wurde der Inquisit/die Inquisitin lediglich mit der Folter bedroht. Die reale Bedrohung unterschied sich von der Bedrohung durch Worte dadurch, daß den Beschuldigten die Folterinstrumente angesetzt wurden, die jedoch nicht zur Anwendung kamen. Im Erzstift wählte man einen Modus zwischen „territio verbalis et realis". Die Amtsschreiben der Mainzer Weltlichen Räte enthalten stereotyp die Anweisung, dem Beklagten „den Nachrichter mit Vorzeigung seiner peinlichen Instrumenten zur seiten (zu) stellen"[256].

250) Ebd. S. 172f.
251) Vgl. Fehr, S. 214.
252) Vgl. Schmidt, (E.), Inquisitionsprozeß und Rezeption, S. 80ff.
253) Vgl. Zwengel, S. 55f.
254) Vgl. Radbruch, S. 58.
255) Vgl. Merzbacher, S. 142.
256) Diese Wendungen enthalten alle benutzten Quellen, soweit sie Hexenprozesse zum Inhalt haben.

Im Kurfürstentum wandten die Folterknechte nur die beiden ersten Grade der Tortur an. Zur ersteren zählten die Daumen- und Beinschrauben. Daumenstöcke wurden in den Ämtern Dieburg und Lohr (mit Ausnahme von Rieneck) und Höchst (nur, wenn der Scharfrichter von Frankfurt amtierte) angewandt[257]. Zu den stehenden Folterrequisiten im Mainzer Gebiet gehörten die Beinschrauben, welche hier „Krebse" genannt wurden. Sie waren ähnlich konstruiert wie die Daumenstöcke, preßten auf Schienbein und Waden und trieben Eisenstücke ins Fleisch. Um die Schmerzen zu steigern, klopfte der Henker auf die Eisenplatte oder trieb Holzkeile zwischen das Bein und die Schrauben.
Den zweiten Grad der Tortur bildete der Aufzug mit oder ohne Stein. Dabei wurden den Angeklagten die Hände auf den Rücken gebunden, und daran ein Seil befestigt, das durch einen Kloben lief. Anschließend wurde der Beschuldigte hochgezogen, bis die Arme verdreht über dem Kopf standen. Blieb die verdächtigte Person noch immer halsstarrig,so befestigte man an ihren Füßen Steine, mit deren Gewicht beschwert, sie erneut emporgezogen wurde. Verweigerten die Beschuldigten immer noch die Aussage, so setzten die Henkersknechte erneut den „Krebs" verbunden mit dem Aufzug ein.
Andere Arten der Tortur, „Spanischer Bock", Brennen mit Schwefelhölzern, Prügel mit der Karbatsche und Durstfolter, welche in Bamberg und Würzburg eine unheilvolle Rolle spielten, sind für das Erzstift nicht nachweisbar[258]. Lediglich im Amt Miltenberg bestrich der Scharfrichter die Zauberer und Hexen mit Ruten[259].
Die Folter durfte eine halbe Stunde nicht überschreiten. Sie konnte jedoch zweimal wiederholt werden[260]. Eine zeitliche Begrenzung der Tortur scheint sich erst unter Johann Schweikard von Kronberg (1604-1626) durchgesetzt zu haben[261].

257) StaA Mainz 28/291, StAW G 18 889 u. Aschaffenburger Archivreste Fasz. X 360 Nr. 1.
258) Vgl. Merzbacher, S. 143.
259) Vgl. Diefenbach, S. 106.
260) Diese Anweisung ist in jedem Amtsschreiben der Mainzer Weltlichen Räte, das zum Foltergebrauch Stellung nimmt, enthalten.
261) Darauf zielen die Fragen, die im Jahre 1605 an die lokalen Gerichte gesandt wurden. Vgl. StAL 412 Büschel 26

Entsprechende Verordnungen liegen nicht mehr vor, werden aber in den Anweisungen der Weltlichen Räte vorausgesetzt. Vorher konnten Delinquenten länger der peinlichen Frage unterworfen werden. Auf die Anfrage der Regierung: „Waß für tormenta gegen Hexen Personen gebraucht", antwortete das Vizedomamt in Aschaffenburg: „Wer einer uf ein mal 6 stunden aneinander torquiert worden, so nit bekennen wollen"[262].
Nach den Vorschriften der Mainzer Räte durfte erst zur neuen peinlichen Frage geschritten werden, wenn zwischen vorausgehender und nachfolgender Tortur 24 Stunden lagen. Auch sollte die Folter „den vormittag bei nüchterm Leib der verhafften gebraucht werden"[263]. Beide Bestimmungen zielten darauf hin, Todesfälle als Folge der Folterung zu vermeiden.
Die Amtsschreiben der Räte schärften den Untergerichten ein, daß „die tortur gradatim und mit gepührender moderation" erfolgen solle. Beide Begriffe „gradatim" und mit „gepührender moderation" oder „moderate" tauchen in den Folteranweisungen häufig auf und sind stehende Wendungen; wobei der erste Terminus die Einhaltung der Grade der Tortur und der zweite die Zurückhaltung im Gebrauch aussagte. Weiterhin mahnte die Oberbehörde, „auf die baufälligkeit und das alter" zu achten. Jugendliche durften erst nach der Vollendung des 18. Lebensjahres gefoltert werden[264]. Die Beistellung des Scharfrichters (territio) war jedoch vorher erlaubt. Von daher ist auch möglicherweise die Hinrichtung eines Jungen von 13 Jahren in Aschaffenburg erklärbar[265].

262) StAL 412 Büschel 26.
263) Diese Vorschriften tauchen häufig in den Folteranweisungen der Mainzer Weltlichen Räte auf und sind stehende Wendung. (Dies gilt auch von den übrigen Zitaten dieses Teiles, soweit sie von der Tortur handeln).
264) Territoriale gesetzliche Bestimmungen sind nicht nachweisbar. Sie können jedoch aufgrund der Anweisungen der Hofräte vorausgesetzt werden. Nach Soldan/Heppe (I, S. 282, 289, 369, 475, 523, 545f. II, S. 5, 51, 54, 68, 91, 114, 121, 122, 124f, 127, 128ff., 142, 151f., 173, 274, 310) kam es in fast allen Territorien zu Folterungen von Kindern und Jugendlichen. Das Erzstift bildet insofern eine rühmliche Ausnahme.
265) StAL 412 Büschel 26.

Die vorliegenden Schreiben der Räte beweisen, daß die Oberbehörde auf die Einhaltung dieser Altersgrenze bedacht war und die Gerichte dementsprechend instruierte und kontrollierte[266]. Die Territio führte wohl auch dazu, daß in Dieburg siebzehnjährige Mädchen hingerichtet wurden[267]. Zu bedenken ist auch, daß die im „interrogatorium generale" gemachte Altersangabe ungenau war und anhand des Taufbuches - wie ein Beispiel aus Lohr zeigt - überprüft und korrigiert wurde[268].
Nach geltendem Rechtsbrauch waren auch Greise nicht von der Folter ausgenommen[269]. Am 25. Juni 1627 wurde der 94jährige Michael Kunkelmann aus Bürgstadt bei Miltenberg torquiert[270].
Menschen, welche die Folter bestanden, waren oft körperlich und seelisch gebrochen. Diese Aussage gilt jedoch nicht exklusiv. Die Schultheißenwitwe Maria Firnhaber (Miltenberg)[271] und Ottilia Grün (Dieburg), welche 1612 bzw. 1617 torquiert worden waren, betätigten sich weiter geschäftlich und zeigten sich auch nach der Folter als äußerst tatkräftig. Ottilia leistete sogar ein weiteres Mal den Folterknechten Widerstand[272].
In einem Schreiben an die Kellerei Rieneck vom 23.8.1612 beklagen die Mainzer Weltlichen Räte den übermäßigen Foltergebrauch. Es heißt hier wörtlich: „Als werdet ihr eure unterbeamten dessen hiermit zu vernehmen und anzuweisen haben, daß sie solcher übermaß in künftig mässigen sollen auch nach ahnweißung der Rechten, und peinlicher Kayserlicher Halsgerichtsordnung Art. 58[273] sich ob angedeuter schuldiger moderation bey den peinlichen befragungen jederzeit geprauchen"[274]. Die Passage zeigt, daß die Oberbehörde sich dem Artikel 58 der Carolina verpflichtet wußte und daß die Gerichtsordnung Karls V. einen weitgehenden Einfluß auf die Rechtsordnung im Kurstaat ausübte.

266) StAW G 18 889 u.a.
267) StAW K 210/168 u. K 212/279.
268) StaA Lohr XII, 3. T. 12, F.W. Nr. 2.
269) Vgl. Merzbacher, S. 146.
270) StAW Gericht Miltenberg Nr. 691.
271) Ebd. Sie war die Tochter des Külsheimer Kellers Peter Gerstenberger (s.S. 152).
272) StaA Mainz 28/291.
273) Vgl. Radbruch, S. 58. Danach soll die Folter nach dem Ermessen eines vernünftigen Richters erfolgen. Ein Bekenntnis darf nicht während der Folter abgelegt werden.
274) StAW G 3314 u. 3 608.

Einschränkungen und Mäßigung im Foltergebrauch gehen möglicherweise auch auf Binsfeld und Delrio zurück, welche Torturen ablehnen, die dem Körper irreparable Schäden zufügen[275]. Eine direkte literarische Abhängigkeit von beiden Autoren kann jedoch nicht nachgewiesen werden. Wahrscheinlich wirkte sich auch der Einfluß der beiden Hexenideologen auf den eingeschränkten Gebrauch von Hexenproben im Kurfürstentum aus.

Artikel 59 der Carolina schränkt die Folter von Kranken und Verletzten ein[276]. Im Erzstift fand diese Bestimmung sogar auf seelisch Kranke Anwendung, wenn Zeichen exzessiver Gestörtheit vorlagen[277]. Wie in Bamberg und Würzburg wurden Schwangere nicht torquiert[278]. Die Atteste stellten vereidigte Hebammen aus. Ärztliche Bescheinigungen liegen im Bereich des Kurfürstentums nicht vor. Im Gegensatz zu den mainfränkischen Territorien hielten die Gerichte die Regelungen zu Gunsten der Schwangeren ein[279].

Adlige und Doktoren des Rechts standen im Kurfürstentum nicht vor dem Hexengericht. Insofern kann auch die Frage nicht geklärt werden, ob sie ihr privilegierter Stand vor der Folter schützte, oder ob die „enormitas delicti" die Tortur ermöglichte[280]. Bei niederen und mittleren Beamten, sowie Ratsherren und Schultheißen wurde des privilegierten Standes nicht gedacht.

Aus den Quellen geht nicht hervor, inwieweit die Gefolterten medizinisch versorgt wurden. Wahrscheinlich waren hiermit die Nachrichter betraut, welche im Regelfall außerhalb ihrer Amtstätigkeit das chirurgische Handwerk ausübten[281].

275) Vgl. Hammes, S. 233 u. Janssen, S. 613 (Anm. 5).
276) Vgl. Radbruch, S. 58.
277) s.S. 279.
278) Vgl. Merzbacher, S. 147.
279) Ebd.
280) Ebd.
281) Vgl. Schuhmann, S. 215 - 219.

Sympathiemittel (Weihwasser, geweihtes Salz und Weihrauchkörner) setzten die Gerichte ein, wenn ein Inquisit nicht gestehen wollte. Priester besprengten die Angeklagten mit Weihwaser, ließen sie dasselbe trinken oder die Weihrauchkörner und das geweihte Salz schlucken[282].
Die Sympathiemittel werden in den Mainzer Amtsschreiben „Antidotes" genannt[283]. Zu den oben erwähnten Bräuchen kam noch das Tragen eines „Agnus Dei" hinzu[284].
Als in der Stadt Rieneck vier Frauen trotz intensiver Tortur nicht bekennen wollten, gaben die Räte am 9. und 23. August 1612 folgende Verhaltensbefehle: „Ihre ietzige kleydung umb erhandt verdacht willen wegbringen zu lassen" und „fürhin ein andere unverdechtiger würth gebraucht werde"[285]. Diese Bestimmung zielte, wie der Gebrauch der Sympathiemittel überhaupt, darauf hin, Dämonen auszuschalten. Die Folter wurde unter dem Einfluß des Hexenhammers als Kampf mit teuflischen Mächten verstanden[286]. Schon Kleidung und Speise konnten nach der herrschenden Meinung dämonische Macht übertragen. Um den Einfluß des Teufels einzudämmen, trugen die Inquisiten in manchen Ämtern besondere Folterkleider, die vor ihrem Gebrauch gesegnet und mit Weihwasser besprengt sein mußten.

c. Kritik am Foltergebrauch

Je ein Anwalt aus Aschaffenburg und Hanau erhoben Bedenken gegen die Anwendung der peinlichen Frage, ohne daß ausreichende Indizien vorlagen[287].

282) StAW Gericht Miltenberg Nr. 691.
283) StaA Mainz 28/291.
284) Ebd.
285) StAW G 3 314 u. 3 608.
286) Vgl. Merzbacher, S. 148f.
287) StaA Mainz 28/291.

Sie beriefen sich auf zeitgenössische Juristen oder Autoritäten aus der Epoche der Rezeption; so unter anderem auf Paul de Castro[288], Prospero Farinacci[289], Johannes Fichard[290], Alexander de Imola[291] und Johannes de Anania[292].
Der Aschaffenburger Verteidiger zitierte Farinacci mit folgender schonungsloser Aussage gegen den Foltermißbrauch: „Confessio non praecedentibus legitimis indiciis extorta non solum nulla, verum etiam iudex a Syndicatu tollendus et puniendus est" (Ein Bekenntnis, dem keine rechtmäßigen Indizien vorausgehen, ist nicht nur nichtig, vielmehr ist der Richter aus dem Richterkollegium zu entfernen und zu bestrafen). Noch unerbittlicher lautet ein Zitat, das er dem Werk „De Maleficiis" von Vitabinus[293] entnahm. Es lautet: „Iudices sine legitimis indiciis reos torquentes canes appellat". (Er nennt Richter, die ohne rechtmäßige Indizien Beschuldigte foltern, Hunde).
Neben der Forderung nach hinreichenden Indizien vor Anwendung der Tortur wurde verhaltene Kritik an der Institution selbst laut.
So sagte ein Hanauer Anwalt bei einem Prozeß, der in der Gemeinde Bieber stattfand, die Mainz und Hanau gemeinsam gehörte: „So viel aber die durch die scharffe frag weiter auß gebreste auß sag belanget, kann ein Verstendiger Richter nach beschaffenheit der armen beclagten, alter und baufelligkeit auch fast vierzigjährigen Persohn, uff solche durch ohn ertregliche schmerzen, herausgezogenen bekandtnuß kein fundament setzen, viell weniger mit gutem gewissen daruff dieselbe zum todt verdammen, den nach dem kayserlichen Rechten in gemein kann der Tortur, als welche auch in Gottes wordt nit fundiert, und es nicht stattuiren, als quod res sit fragilis et periculosa, quae veritatem fallat"[294].

288) Vgl. Fiorelli II, S. 334.
289) Farinacci (Farinacius) Prospero (1544 - 1618); Vgl. Zwetsloot, S. 334 u. Biener, S. 116ff.
290) Fichard, Johannes (1512 - 1581). Vgl. Stinzing I, S. 586 - 599.
291) Alexander Tartagnus De Imola (1424 - 1470). Vgl. Savigny VI, S. 312 - 319.
292) Johannes de Anania (1376 - 1457). Vgl. Schulte, S. 320ff.
293) Vgl. Fiorelli II, S. 347.
294) StAW G 3 093.

Die Folter selbst wurde jedoch nicht in Frage gestellt, dazu war sie zu fest im Gerichtsgebrauch verankert. Bei fehlendem Zeugenbeweis mußte die Tortur das Bekenntnis der Verdächtigen herbeiführen, denn aufgrund von bloßen Indizien durfte niemand schuldig gesprochen werden[295].

295) Vgl. Zwetsloot, S. 170ff. Er weist hier die Stellung des Foltergebrauchs in der Carolina und in der zeitgenössischen Rechtswissenschaft auf.

IV. Die am Verfahren beteiligten Personen

1. Gerichtspersonen

Die Verwaltungs- und Gerichtsorganisation im Erzstift Mainz war gegenüber anderen vergleichbaren Territorien weit fortgeschritten[296]. Dies gilt sowohl für die Zentralregierung als auch für die einzelnen Amtsbezirke. Im Vergleich zu anderen Territorien sind Ansätze zur Arbeitsteilung zu erkennen. Die Gerichtsbarkeit war von der allgemeinen Verwaltung getrennt[297]. Nach Goldschmidt lassen„der Vorzug, den man in Mainz den Regierungsgeschäften einräumte, und die scharf ausgeprägte Arbeitsteilung, die in der Abtrennung des Hofgerichts und der Kammer sowie in der Besetzung dieser Behörden mit eigenem Personal ihren Ausdruck fand, Mainz in dieser Epoche seinem äußeren Rang entsprechend wirklich den deutschen Staaten voranschreiten"[298]. Auf dem Reichstag in Nürnberg (Dez. 1522 - Febr. 1523) wurde beantragt, die Fürsten sollten ihre territorialen Gerichte reformieren, „aus der mentzischen Hofgerichtsordnung wer gut form zu suchen"[299].
Gegenüber Bamberg und Würzburg hatten die Zentgerichte ihre Bedeutung verloren[300]. Dort wo sie noch Recht zu sprechen versuchten, wurden sie rigoros unterdrückt[301]. An ihrer Stelle fungierte der Amtmann im Auftrag der Oberbehörde. Auf lokaler Ebene war die Verwaltungsreform noch nicht völlig vollzogen. Vor allem waren die einzelnen Ämter und Funktionen noch nicht in allen Punkten abgegrenzt. Dies gilt besonders von den Ämtern des Kellers, Zentgrafen und Rentmeisters[302]. Dazu kamen regionale Unterschiede.

296) Vgl. Goldschmidt, S. 65 - 68.
297) Ebd. S. 26f.
298) Ebd. S. 69.
299) Nach Goldschmidt, S. 69 (Anm. 1).
300) Vgl. Merzbacher, S. 78ff. u. 94.
301) Vgl. Gebhard, Die Hexenverfolgung in der Mainzischen Zent Nieder-Roden, S. 91 - 104.
302) Nach den behandelten Quellen gehen die Funktionen häufig ineinander über.

a) Aufsichtsbehörde

Oberster Gerichtsherr war der Kurfürst. Im Unterschied zu den Hochstiften Bamberg und Würzburg, in denen die Fürstbischöfe die höchste Gerichtsgewalt selbst ausübten[303], nahmen im Erzstift die Mainzer Weltlichen Räte das Amt wahr[304]. Der Aufgabenbereich der Mainzer Räte war vorgeschrieben[305].

Die kurfürstliche Verordnung von 1541 verlangt, „daß die Räte den Amtsleuten in peinlichen Sachen auf ihr Ansuchen Rat erteilen sollten und Insehns haben, daß die Beschuldigten nach genugsamer Erkundigung wie billig bestraft werden"[306]. Goldschmidt hebt hervor, daß das Gremium bei Kriminalprozessen einen weitergehenden Einfluß ausübte. Er verweist darauf, daß die Folter nur auf Anordnung der Räte angewandt und das Urteil lokaler Gerichte von den Räten bestätigt werden mußte[307]. Wenn Goldschmidt jedoch die Auffassung vertritt, „als Kriminalgerichtshof scheint der Rat in dieser Epoche (16. u. frühes. 17. Jahrhundert) noch nicht fungiert zu haben"[308], so ist zu bedenken, daß die Urteile aller örtlichen Gerichte im Namen der Mainzer Weltlichen Räte gesprochen wurden und die Kompetenz dieses Gremiums weit über die einer Aufsichtsbehörde hinausging[309]. Der Rat bestand ursprünlich aus 13 Mitgliedern. Dazu gehörten u.a. der Kanzler, der Hofmeister, der Marschall, zwei Domherren und zwei Rechtsgelehrte[310]. Die ständischen Vertreter mußten aber nach dem Bauernkrieg ausscheiden, so daß dem Gremium elf Mitglieder angehörten[311].

303) Vgl. Merzbacher, S. 93f.
304) Die Räte berufen sich nie auf den Fürsten. Die Amtsschreiben sind mit „Mainzer Weltliche Räte" unterschrieben.
305) Vgl. Goldschmidt, S. 17ff.
306) Ebd. S. 20.
307) Ebd. S. 20f.
308) Ebd.
309) StAW Gericht Miltenberg Nr. 202, 690 - 692 u. 698. Hier sind die Urteile fast vollständig erhalten. Sie wurden im Namen der Räte gesprochen und nicht des Kurfürsten.
310) Vgl. Goldschmidt, S. 10.
311) Ebd. S. 11.

Ab 1609 ist ein Mitglied des Rates als „Direktor in Iudicialibus" nachweisbar[312]. Gründe sprechen dafür, daß dieses Amt bereits früher bestand und für die Zeit der Hexenprozesse unter Johann Adam von Bicken (1601-1604) vorausgesetzt werden kann[313]. Der Direktor verteilte die Prozeßakten „unter die Räte und Advokaten" und war für die korrekte Ausführung verantwortlich. Er war gegenüber dem gesamten Kollegium weisungsgebunden[314]. Die Rechtsprechungspraxis des Gremiums war äußerst starr und unbeweglich[315]. Diese negative Kontinuität wurde vom 16. Jahrhundert an bis etwa 1629 durchgehalten. Erst unter Anselm Kasimir Wambolt von Umstadt (1629-1647) wurden neue Akzente gesetzt[316].

Die Amtsschreiben der Mainzer Weltlichen Räte zeigten bezüglich der Hexenprozesse eine gewisse Gleichförmigkeit. Sie ähneln modernen Formularen, in die oft nur Namen und Tatumstände eingesetzt wurden. Die Schreiben sind lediglich mit der Signatur „Die Mainzer Weltlichen Räte" und nur selten mit der Unterschrift eines Sekretärs versehen[317]. Jeder Rechtsgang eines lokalen Gerichts war von dem Gremium vorgeschrieben: die Haftnahme, die Vornahme der peinlichen Frage und das Endurteil. Lediglich bei Strafverschärfungen, Zwicken mit Zangen und Verbrennung ohne vorhergehende Enthauptung, hatten die Gerichte einen gewissen Spielraum[318].

In den Gebieten, die dem Domkapitel oder geistlichen Stiften unterstanden, wurde im Namen dieser Gremien Recht gesprochen. Die Räte griffen nicht in den Verlauf der Prozesse ein. Das Urteil wurde im Namen des Domkapitels oder des zuständigen Stiftes verkündet[319]. Diese nahmen auch das Gnadenrecht wahr. Im übrigen Erzstift war die Ausübung des Gnadenrechtes dem Kurfürsten reserviert[320].

312) Ebd. S. 26.
313) Dafür sprechen die Kontinuität in den Entscheidungen des Gremiums und, daß das Amt „des Direktors" als gegeben angesehen wird.
314) Vgl. Goldschmidt, S. 27.
315) Nach den Quellen zeugen die Entscheidungen von steriler Gleichmäßigkeit, die von 1601 - 1629 nicht durchbrochen wird.
316) StAW G 18 890.
317) Prozeßakten aus allen Ämtern.
318) StAW G 18 889 u. StaA Mainz 28/291. Diese Strafe wurde über Anna Stork (Dieburg) und Margarethe Niklaus u. Hans Dumb (Lohr) ausgesprochen.
319) StAW K 210/170, StAM 86/16 388 u. SB Bamberg I. H. msc. misc. 9/12.
320) In den benutzten Quellen sind zahlreiche Beispiele enthalten.

Auch der Erlaß oder die Ermäßigung von Konfiskationsgeldern wurden von dem Fürsten selbst vorgenommen. Dies hing wohl damit zusammen, daß der Kurfürst über diese Einnahmen frei verfügen konnte[321]. Nur selten griff der Landesherr in Fragen ein, die mit Hexenprozessen zusammenhingen wie z.B. in Dieburg im Jahre 1627. Der Anlaß und der Grund dafür waren, daß die Zent Dieburg anläßlich der Huldigungsreise von Georg Friedrich von Greiffenklau stürmisch solche Verfahren verlangte. Der Fürst wandte sich gegen die Zusammenrottung der Bürger und drohte all denen Strafe an, welche behaupteten, die Kurmainzer Hexenjustiz begünstige reiche Leute. Des weiteren forderte von Greiffenklau die Einhaltung der Carolina und ein angemessenes juristisches Vorgehen. Der Inhalt und die Form der Briefe unterschied sich in keiner Weise von den Amtsschreiben der Räte. Der Fürst wurde wohl nur deshalb aktiv, weil ihn die Dieburger Zent massiv bedrängte und grünes Licht für Prozesse forderte[322].
Die Weltlichen Räte unterhielten auch den Schriftverkehr mit anderen Regierungen[323]. Verhandlungen fielen an, wenn eine verdächtige Person in ein fremdes Territorium geflohen war, oder wenn Prozesse in einem Kondominium stattfanden[324].

321) Vgl. Stimming, Wahlkapitulationen, S. 125); danach sollten die Hexengelder für bessere geistliche Pfründe und „andere gottseelige Sachen" verwendet werden. Unter Johann Adam von Bicken waren diese Einkünfte unter der Klosterrechnung zusammengefaßt und vom Domkapitel geprüft. Dafür, daß dessen Nachfolger von dieser Vereinbarung abwichen, sprechen die überaus zahlreichen Briefe der Kurfürsten, in denen das rückständige„Hexengeld" verlangt wird. Nach den vorliegenden Rechnungen wurden diese „Einnahmen" für den Schloßbau in Aschaffenburg verwendet.
322) Vgl. Steiner, Geschichte des Bachgaus, S. 69.
323) StAM 86/1096 a/b, StaA Mainz 28/291.
324) StAW G 3 093 u. K 320/84, 87 u. Merzbacher, S. 165 (Anm. 318). Er zitiert hier das Mainzer Ingrossaturbuch Nr. 84. „Johann Gottfried von Aschhausen, Fürstbischof von Bamberg und Würzburg, verpflichtet sich Mainz gegenüber, entflohene Hexen auszuliefern".

Die Räte berücksichtigten dabei weitgehend fremdes territoriales Interesse, waren aber nicht bereit, ihre eigene Rechtsauffassung zu modifizieren[325].

b) Richter und Schöffen

Nach Merzbacher übten eine Vielzahl von Amtsinhabern die Richterfunktion aus. Er nennt Zentgrafen, Schultheißen, Amtmänner und Vögte[326]. Zumeist war jedoch in dem von ihm untersuchten Gebiet der Zentgraf Vorsitzender des Gerichts[327].
Im Kurfürstentum Mainz war der Amtmann Richter[328]. Der Stadtschultheiß von Aschaffenburg übte im Vizedomamt Aschaffenburg eine dem Amtmann vergleichbare Funktion aus. Er leitete in der Stadt und in der Zent vorm Spessart die Verfahren[329]. Weiterhin war er Vorsitzender des Gerichts in der Zent Mönchberg und im Amt Wörth[330]. Georg von Reigersberger wurde die Aufgabe des Inquisitors in diesen Bezirken übertragen, da er besondere „Fähigkeiten" bei der Durchführung der Hexeninquisition entwickelte[331].

325) StAW G 3 093, G 3 314 u. 3 808. In Rieneck und Bieber setzten die Hofräte ihre Rechtauffassung gegenüber der anderen Kondominatsherrschaft (Hanau) durch. Dagegen wurde der zuständige Amtmann (Ludwig von Kerpen) angewiesen, die territorialen Interessen der Hanauer Regierung zu berücksichtigen.
326) Vgl. Merzbacher, S. 94.
327) Ebd. S. 94f.
328) Die Zent Nieder-Roden bildete eine Ausnahme.
329) Vgl. Herrmann, (L.), a.a.O. 11; Held (StAD), S. 6; Brück, Hexenprozesse, S. 267. (Die beiden letzteren Aufsätze stimmen fast wortwörtlich überein, wobei zu bedenken ist, daß die Niederschrift von Held früher vorlag).
330) Vgl. Weber, (J.), S. 168 u. S.B. Bamberg I. H. msc. misc. 9/12.
331) s.S. 212.

Dafür spricht auch, daß ihn das St. Petersstift in Mainz mit der Durchführung der Hexenprozesse in Bürgel, Groß-Krotzenburg und Rodenbach betraute, die dem Erzstift nicht direkt unterstanden[332].
Ein Zentgraf leitete lediglich in der Zent Nieder-Roden einen Hexenprozeß[333]. Kompetenzstreitigkeiten zwischen dem dortigen Zentgericht und den Mainzer Weltlichen Räten trugen mit dazu bei, daß die Angeklagte Margarethe Gass 1628 freigesprochen wurde[334]. Der Amtmann von Elz, der dem Amt Steinheim vorstand, zu dem die Zent gehörte, übermittelte bei diesem Verfahren die Amtsschreiben der Räte. Weiterhin wachte er darüber, daß die Beschlüsse der Mainzer Weltlichen Räte durchgeführt wurden[335]. Das Beispiel zeigt, daß im Unterschied zu den mainfränkischen Hochstiften die Rolle der Zentgerichte unter dem Einfluß der kameralistischen Verwaltung zusammenschrumpfte[336]. 1722 wurde im Kurfürstentum Mainz das Amt des Zentgrafen offiziell abgeschafft. Formal aber blieben die Zentenen bis zum Ende des Kurstaates (1803) bestehen[337]. Bei dem Prozeß in der Zent Nieder-Roden erwiesen sich der Zentgraf und die Schöffen den Prozeßwünschen der Bevölkerung gefügig. Erst das Eingreifen der Mainzer Weltlichen Räte verhinderte, daß das Gericht unter den Druck der aufgewühlten Bevölkerung geriet. Der Fall macht deutlich, daß alt überlieferte Institutionen wie das Zentgericht, den Hexenwahn noch weniger steuern konnten als die neuen Institutionen des absolutistischen Staates, der wenigstens formalrechtliche Verfahren gewährleistete und Repressionen von seiten der Untertanen verhinderte[338].

332) StAM 86/16 386.
333) Gebhard, Hexenverfolgung in der Mainzischen Zent Nieder-Roden, S. 91 - 104.
334) Ebd.
335) Vgl. Seibert, S. 52ff.
336) Vgl. Merzbacher, S. 94f.
337) Vgl. Störmer, S. 149.
338) Vgl. Unverhau, Akkusationsprozeß - Inquisitionsprozeß, S. 115. Sie kommt in ihrer rechtshistorischen Arbeit über die Hexenprozesse in Schleswig-Holstein zu einer dezidierten Meinung über den Inquisitionsprozeß und wehrt sich gegen den Vorwurf, man habe keine Rechtsnormen beachtet.

Wenn der Amtmann abwesend oder verhindert war, stand der Keller, der nächsthöchste Beamte, im Auftrag des Amtmannes den Verhören und Sitzungen vor. Der Amtskeller Heinrich Bohn (Bonn)[339] schien besonderes Talent für die Durchführung von Hexenprozessen zu haben. Er leitete im Auftrag des Amtmannes die Verfahren in Rieneck (1611-1613)[340] und war maßgebend mit der Hexeninquisition in Dieburg (1627-1630) befaßt[341]. Kaum hatte er sein Amt in Höchst (1603) angetreten, wurde auch hier gegen Hexen ermittelt[342]. Zentbereiter und Baumeister, welche im Freigericht oder im Amt Höchst in Vertretung des Amtmannes fungierten, sind lokal abweichende Bezeichnungen für den Amtskeller[343].
In den Bezirken, die dem Domkapitel oder Stiften unterstanden, übte der Amtmann der Körperschaft oder ein von dem Stift (Petersstift) bestellter Jurist das Richteramt aus[344]. Die Kellerei Külsheim, eine der kleinsten Bezirke des Erzstiftes, wurde von einem Keller verwaltet. Er fungierte hier als Richter[345].
Die Aufgaben der Richter bestanden darin, die gütlichen und peinlichen Verhöre durchzuführen, die Akten zu versenden, den Schriftwechsel mit der Oberbehörde zu führen, die Urgicht und das Urteil abzufassen, zu verkünden und seine Durchführung zu überwachen.
Während Richter in fast allen anderen von Hexenprozessen betroffenen Territorien Rechtsbeugungen und andere Straftaten begingen, sind solche im Kurfürstentum nicht nachzuweisen. Lediglich Veruntreuung der Hexengelder (Freigericht[346] und Fritzlar[347]) und Bereicherung im Amt (von Reigersberger, Aschaffenburg) kamen vor, wobei letztere nicht strafrechtlich verfolgt wurde[348].

339) HStAW Gerichtsprotokollbuch Wiesbaden 330, IX, 7 u. Friedrichs, S. 100
340) StAW G 3 314 u. 3 608.
341) StaA Mainz 28/291.
342) StAW Aschaffenburger Archivreste Fasz. 360 X Nr. 2.
343) Vgl. Grebner, S. 219ff u. StAW Aschaffenburger Archivreste Fasz. 360 X Nr. 1.
344) Ebd. u. K 210/170 u. StAM 86/1 098 a/b.
345) StAW K 210/166.
346) Vgl. Grebner, S. 219ff.
347) StAW K 622/H 1 534.
348) S.B. Bamberg I. H. msc. misc. 9/12.

Die Richter waren Kinder ihrer Zeit, d.h. sie waren von der strafrechtlichen Relevanz des Hexenvergehens und der Realität der Hexenwerke überzeugt. Sie teilten diese Auffassung mit der übrigen geistigen Elite ihrer Zeit. Dennoch übten sie ihre Aufgabe unterschiedlich aus[349]. Der Amtmann von Miltenberg, Oberst von Goerzen, stellte Stadt und Amt unter strenges Regiment. Separate Hexengefängnisse und Verbrennungsöfen wurden angelegt. Das Denunziationssystem erfaßte ein Viertel der Bevölkerung. Durch amtliche Mitteilungen wurden Verfahren in anderen Ämtern gefördert. Zusätzlich führte der Oberst neue Folterinstrumente ein. Die Beamtenschaft wurde auf ihn eingeschworen[350]. Mit Recht kann hier von „bürokratisiertem Massenwahn" gesprochen werden[351].
Dagegen kämpfte der Keller von Külsheim, Peter Gerstenberger, einen fast aussichtlosen Kampf um das Leben von Frauen, die der Hexerei beschuldigt waren. Er erreichte die Abberufung zweier Pfarrgeistlicher, welche die Bevölkerung aufwiegelten und Hexenfurcht schürten. Obgleich der Beamte des öfteren als Hexenfreund verdächtigt wurde, setzte er das Recht gegen den Willen der Bevölkerung durch[352].
Wie sensibel und menschlich Richter reagieren konnten, zeigt das Beispiel des Amtmannes Johann Konrad von Vohrburg (Miltenberg; 1606-1618)[353]. Die Hexenprozesse raubten ihm den Schlaf. Er war dankbar dafür, daß sein Fürst die Verurteilten vor der Verbrennung mit dem Schwert hinrichten und nicht mehr lebendig verbrennen ließ[354].
Dem Richter waren zwei Schöffen beigeordnet. Die Gemeinden durften die Gerichtsschöffen nicht wählen, sie besaßen nur das Vorschlagsrecht[355]. Sie mußten auch an den Verhören und bei der Urteilsverkündung teilnehmen. An ihre Stelle traten bisweilen Assessoren (Beisitzer). Sie kamen aus der Beamtenschaft der Zentralbehörde (Dieburg)[356] oder des Amtes (Miltenberg)[357].

349) Vgl. Midelfort, Alte Fragen und neue Methoden in der Geschichte des Hexenwahns, S. 18. Er fordert, auch die Angst der politischen und religiösen Elite ernst zu nehmen.
350) StAW Gericht Miltenberg Nr. 690 - 692 u. 698.
351) Vgl. Baeyer-Katte, Die historischen Hexenprozesse. Der verbürokratisierte Massenwahn.
352) StAW K 210/166.
353) Vgl. Friedrichs, S. 57.
354) Nach Veit, Die Stadt Dieburg und Umgebung, S. 26.
355) Vgl. Goldschmidt, S. 12.
356) StaA Mainz 28/291.
357) StAW Gericht Miltenberg Nr. 690.

Ein ortsansässiger Schöffe mußte jedoch bei Gericht dabei sein. Schöffen verbreiteten häufig die Bekenntisse der Beklagten. Am 9. Juli 1627 bedrohten die Weltlichen Räte Weigand Haberkorn und Peter Rapp aus Dieburg wegen „ohngepürlichen propalisierens und spargierens" mit „ohnaußpleiblicher ernster bestraffung"[358]. Wenn Schöffen Namen denunzierter Personen bekanntgaben, schuf dies Unruhe in der Bevölkerung. Verdächtige wurden zur Flucht verleitet. Wiederholt mußte sich die Oberbehörde zu Beginn einer Prozeßserie mit diesem Phänomen beschäftigen. In einem Schreiben vom 20. Februar 1627 an den Amtmann von Lohr beklagten sich die Räte, „dem hiesigen benachbarte Amter vorgangene exempla bezeugen", daß „inquisitiones spargirt worden und iniuri Clagen und Rechtfertigungen bei den underthanen erweckt worden"[359]. Die Gerichtsbeamten und Schöffen wurden deshalb in Eid genommen. In den Ämtern Dieburg und Lohr geschah dies im Februar bzw. Juli 1627. Die Formel einer feierlichen Eidesleistung liegt noch vom Amt Miltenberg vor. Oberst von Goerzen ließ die Beamten und Schöffen in das Amtshaus kommen und schwören: „Ihr sollent zu Gott und den Heiligen geloben und schwören der Inquisition und Examini über das Zauberey getreu und erbarlich bey zu Wohnen, was von den Verhafften Personen güt- oder peinlich ausgesagt, oder sonsten dabey würdt, bey Euch und gantz verschwiegen zu halten, und niemanden es treffe an was und welchen es wölle, ietzo oder künftig wann auch schon Weib und Kinder treffen solle, zu offenbaren, auch hierbey alles das zu thun und zu lassen, was getreuen frommen und verschwiegenen beysitzern aignet und gebürt, alles traulich, und ohne gefehrde"[360]. Diese jegliche Familienbindung ignorierende, inhumane Eidesformel war wohl nicht überall und zu jeder Zeit in Gebrauch. Der Eid, den die Schöffen im Amt Prozelten leisten mußten, war allgemein gehalten und nicht speziell für die Hexeninquisition konzipiert[361].

358) StaA Mainz 28/291.
359) StAW G 18 889.
360) StAW Gericht Miltenberg Nr. 690.
361) StAW M. s. f. 1 080.

c) Fiskal und Defensor

aa) Der Fiskal

Das Amt des Fiskals entwickelte sich aus der spätmittelalterlichen Verwaltung. Er vertrat ursprünglich die Interessen seines Landesherrn gegenüber den Unterbeamten und hatte die Strafgelder aus den Prozessen einzutreiben[362]. Nachdem die Gerichte das Inquisitionsverfahren übernommen hatten, wandelte sich die Funktion des Fiskalats. Aus dem Verwaltungs- und Steuerbeamten wurde der öffentliche Ankläger, der im Auftrag der Regierung ermittelte und Klage erhob[363]. Im Unterschied zu Bamberg und Würzburg war er im Erzstift nicht mit Untersuchungsaufträgen in Hexensachen befaßt[364]. Auch waren die Fragenschemata im Kurfürstentum schon vorgegebcn. Er brauchte die Fragen nicht jeweils neu zu formulieren[365]. Der Fiskal trat lediglich beim endlichen Gerichtstag auf. Im Amt Höchst - Hofheim waren ausgebildete Juristen mit dem Amt betraut. Gründe sprechen dafür, daß im gesamten Unterstift akademisch gebildete Juristen das Fiskalat versahen[366]. Dagegen waren im Oberstift lediglich Schöffen , Schullehrer u.a. als öffentliche Ankläger tätig. Hier beschränkte sich die Klageerhebung auf das Klagelibell, das zumeist nur aus wenigen Sätzen bestand, und auf „die Interlokutio"; d.h. die Bitte des Defensors um Begnadigung durch das Schwert. Der Prokurator erklärte, „daß diese Gnad im Namen der Mainzer Weltlichen Räte gewährt"[367]. Die Laienfiskale hatten besonders in Kondominien einen schwierigen Stand. Hier waren auf der Gegenseite fast immer Juristen als Defensoren tätig.

362) Vgl. Schmidt, (E.), Einführung in die Geschichte der deutschen Strafrechtspflege, S. 156.
363) Vgl. Mitteis/Lieberich, S. 272f.
364) Vgl. Merzbacher, S. 101.
365) Vgl. Kittel Nr. 10 - 12.
366) Nach allen aus dem Unterstift vorliegenden Quellen nahmen ausgebildete Juristen das Amt des Fiskals und Defensors wahr.
367) Protokolle vom endlichen Gerichtstag liegen nur aus dem Amt Miltenberg vor. Vgl. StAW Gericht Miltenberg Nr. 690 - 692.

Wo akademisch gebildete Prokuratoren fungierten, mußten sie sich oft mit der Kritik der Verteidigung am Hexenglauben und mit dem Vorwurf, daß sie die Indizienlehre der Carolina nicht berücksichtigten, auseinandersetzen[368].

bb) Der Defensor

Die Tätigkeit der Fürsprecher und Anwälte war in den Artikeln 101 - 106 der Carolina festgelegt[369]. Merzbacher nennt eine ganze Reihe Länder, die den Gefangenen die Gelegenheit zur Verteidigung verwehrten[370]. Im Erzstift war die Defension erlaubt. Die Mainzer Weltlichen Räte bestanden zu Beginn einer Prozeßserie darauf, Defensoren hinzuzuziehen[371]. Es ist keine Prozeßreihe bekannt, bei der nicht Fürsprecher oder Advokaten fungierten.

Im Unterstift und im Vizedomamt Aschaffenburg übten Juristen das Amt aus, im übrigen Gebiet juristische Laien. Über das Mainzer Gebiet im Eichsfeld können keine Angaben gemacht werden, da keine Quellen vorliegen.

Beschränkungen, wie z.B. im mainfränkischen Raum, waren Advokaten und Fürsprecher nicht ausgesetzt[372]. Sie hatten Zugang zu den Namen und Aussagen von Zeugen. Eine Verteidigung konnte auch von Privatpersonen bestellt werden, nicht nur von Richtern[373].

Gefährdungen der Verteidiger (Exkommunikation u.a.) waren nicht gegeben. Im Kurfürstentum, vor allem im Unterstift, wurde der Grundsatz des Hexenhammers, „daß den Advokaten die Namen der Zeugen nicht bekannt gegeben werden durften"[374], nicht eingehalten[375].

368) StAW G 3 093. Die Hanauer Regierung und der Verteidiger, ein Hanauer Advokat, kritisierten die Rechtskenntnisse und das juristische Vorgehen des Fiskals Johann Schmidt aus Lohr.
369) Vgl. Radbruch, S. 74 - 77.
370) Vgl. Merzbacher, S. 103.
371) Vgl. Grebner, S. 181. Danach erschien bei den Prozessen im Freigericht (1601-1605) lediglich ein Fiskal am Gerichtsort. Nach den Quellen fungierte in allen darauf folgenden Verfahren auch ein Defensor.
372) Vgl. Merzbacher, S. 103f.
373) StAW K 210/186. Im Jahre 1613 reichte ein Advokat eine Verteidigungsschrift für eine Mandantin ein.
374) Vgl. Sprenger/Institoris III, S. 61f.
375) StAW Aschaffenburger Archivreste Fasz. 360 X Nr. 1.

Dort, wo Fürsprecher fungierten, wurde lediglich dem formalen Recht auf Verteidigung Genüge getan. Sie beschränkten sich darauf, für die Angeklagten „die Gnade des Schwertes" (Enthauptung vor der Verbrennung) zu fordern[376]. Die Juristen hingegen stellten Grundsätze der Hexenideologie in Frage, kritisierten den Foltergebrauch und forderten die uneingeschränkte Anwendung der Carolina. Dadurch wurde in einem Fall eine Freilassung erreicht, die Zahl der Verfahren im Unterstift begrenzt und eine kritischere Haltung der Oberbehörde gegenüber dem Hexenwesen gefördert[377]. Byloffs Bemerkung, „die Figur des Verteidigers (ist) selbst dort, wo man ihn auch zuließ, zu einer traurigen Marionette im Verfahren herabgewürdigt", trifft in dieser generalisierenden Formulierung nicht auf das Erzstift zu[378]. Die Gebühren für Fiskal und Defensor richteten sich danach, ob es sich um Berufs- oder Laienjuristen handelte. Das Honorar hatten die Angehörigen der Gerichteten zu zahlen[379]. Die Vergütung für Privatklagen und Petitionen handelten die Beklagten direkt mit ihrem Verteidiger aus.

d) Weitere Beteiligte

Neben den Genannten waren an den Hexenprozessen noch andere Personen beteiligt. Ein Miltenberger Protokoll nennt den Schultheißen, den Rentmeister, den Baumeister, den Ratsschreiber und den Schreiber des Amtmanns. Sie nahmen als Beisitzer (Assessoren) zusammen mit den Schöffen an den Verhören teil[380]. Bisweilen wurden auch Assessoren in kleine Ämter delegiert, um bei Hexenverfahren zu assistieren[381]. Bei dem oben zitierten Protokoll fällt auf, daß der Zentgraf nicht genannt wird. Ihm kam bei der Strafermittlung eine wichtige Rolle zu. Außer dem Scharfrichter und dem Büttel waren gewöhnliche Bürger als Wächter und Botengänger beschäftigt.

376) StAW Gericht Miltenberg Nr. 690.
377) Die Freilassung erfolgte im Amt Steinheim. Vgl. StAW K 212/281.
378) Vgl. Byloff, Das Verbrechen der Zauberei, S. 214.
379) s.S. 203-212.
380) StAW Gericht Miltenberg Nr. 690.
381) Dies war bei der Prozeßserie von 1611-1613 in Dieburg der Fall. Vgl. StaA Mainz 28/291.

aa) Der Zentgraf

Abgesehen von der Zent Nieder-Roden übte der Zentgraf nur noch polizeiliche und fiskalische Funktionen aus[382]. Er hatte die Beschuldigten zu verhaften, deren Indizien zu überprüfen, die Gerichts- und Konfiskationskosten einzubeziehen und diese bei der Kellerei in Aschaffenburg, der Zentralstelle, abzurechnen[383].
In kleineren Gemeinden übertrug der Zentgraf die Festnahme von Beschuldigten den Schultheißen[384]. Die Hauptaufgabe des Zentgrafen bestand in der Untersuchung von Indizien. Er requirierte Zaubersalben, (es handelte sich um Mixturen, welche man zur Behandlung von Mensch und Tier gebrauchte) sowie die Hexenbesen zur Ausfahrt zum Sabbat. Daneben untersuchte er Fälle von Schadenszauber (Krankheiten und Todesfälle bei Menschen und Tieren), was bei der hygienischen und medizinischen Versorgung keine allzu großen Schwierigkeiten bereitete[385]. Mehr Zeit raubte die fiskalische Abwicklung der Prozesse. So mußte u.a. das Gesamtvermögen registriert und taxiert werden, und das war bei den wirtschaftlichen Verhältnissen (Erbteilung) schwierig und zeitraubend[386]. Die Abwicklung der fiskalischen Seite der Prozesse wurde in Dieburg vom Keller, in Miltenberg vom Rentmeister, in Ober-Roden und Seligenstadt vom Fauth (Vogt) vorgenommen[387]. Das Amt des Zentgrafen war im 17. Jahrhundert einem fortlaufenden Funktionswandel ausgesetzt. Abgesehen von einer Ausnahme, war ihm von seiner früheren Aufgabe als militärischer und richterlicher Leiter nichts mehr geblieben.

382) s.S. 150.
383) In den Prozeßakten des Amtes Lohr wird häufig auf die Tätigkeit des Zentgrafen Bezug genommen Vgl. StAW G 3 083, G 3 096, G 3 314, G 18 889.
384) Dies geschah im Amt Höchst-Hofheim u. in der Kellerei Klingenberg. Vgl. StAW Aschaffenburger Archivreste Fasz. 360 X Nr. 2 u. G 17 356.
385) Neben Krankheiten und Seuchen dezimierte die unzureichende Winterfütterung den Viehbestand. Vgl. Henning I, S. 245.
386) Ebd. S. 206.
387) StaA Mainz 28/291; StAW Gericht Miltenberg Nr. 690 u. StAD E9 Konv. 54 Fasz. 8.

In der Ämterhierarchie eines Bezirkes stand er hinter Amtmann und Keller. Allmählich gingen seine letzten Funktionen in das Amt des Rentmeisters und in den Zuständigkeitsbereich der entstehenden Polizeigewalt über. Die letzten Zentgrafen waren lediglich Inhaber eines Ehrenamtes[388].

bb) Der Gerichtsschreiber

Sein Amt war in den Artikeln 5 und 181 CCC umschrieben[389]. Die Protokollierung bei Gericht oblag im Kurfürstentum dem Amts-, Stadt- oder Zentschreiber[390]. Die Berichte an die Oberbehörde ließ der Amtmann durch seine eigene Schreibkraft ausfertigen[391].
Die Schriftform, welche der Inquisitionsprozeß forderte, nahm Amts- und Stadtschreiber stark in Anspruch[392]. In Großkrotzenburg z.B. schrieb der Pfarrer die Testamente der Verurteilten. Er wurde selbst mit einigen Legaten bedacht[393].

cc) Der Büttel

Die Büttel waren dem Zentgrafen unterstellt. Sie übten niedere Gerichtsdienste (Verhaftungen, Botengänge u.a.) aus und bewachten Gefangene. Bei Prozeßkonzentrationen wurden Bürger als Botengänger und Wächter angeworben[394].

388) Vgl. Störmer, S. 148f.
389) Vgl. Zwengel, S. 26 - 32.
390) Lediglich in der Zent Nieder-Roden war noch ein Zentschreiber tätig. Vgl. StAW K 212/281.
391) Im Amt Miltenberg waren Paul Rauenberger als Amtsschreiber u. Heinrich Engels als Schreiber des Amtmanns tätig. Vgl. StAW Gericht Miltenberg Nr. 690.
392) Nach Niess (S. 304) kam in der Grafschaft Büdingen durch die verwaltungstechnische Überlastung der Beamten infolge der Hexenprozesse die allgemeine Verwaltung zu kurz.
393) Vgl. Zeller, S. 87. Es handelt sich um Pfarrer Johann Matthäus Hägelin.
394) s.S. 213.

dd) Der Scharfrichter

Ansätze zu einem besoldeten öffentlichen Scharfrichterstand waren im Kurfürstentum Mainz zur Zeit der Hexenprozesse noch nicht vorhanden. Nachrichter wohnten nachweisbar in Mainz, Aschaffenburg, Miltenberg und Oberursel[395]. Im Amt Dieburg griff man auf Scharfrichter aus Aschaffenburg, Frankfurt und Oberursel zurück[396]. In den Gerichtsakten tragen sie den Titel Meister. Häufig betätigten sie sich als Chirurgen und Heilpraktiker[397]. In Lohr stellte der Nachrichter aus Leichen Hingerichteter „Salben" her. Er verkaufte auch Knochen zum Düngen von Gärten[398].

2. Die Betroffenen

Schon bevor die Hexenprozesse begannen, hatte sich in den betroffenen Städten und Gemeinden Angst verbreitet[399]. Bestürzung machte sich bei den Menschen breit, die nach Meinung des Volkes zum Kreis der Verdächtigen gehörten .

Die Gerichtsakten des Amtes Amorbach von 1641/42 enthalten erschütternde Zeugnisse menschlicher Not und Verzweiflung. Von Jörg Schlader, dessen Mutter 1629 verbrannt worden war, heißt es in einer Notiz: „Dieser Jörg Schlader wurdt offentlich vor einen gemeinen Hexenmann gehalten, auch all seine geberdten und gestalt sieht niemand fröhlich ahn, und ist ihme so angst, daß er nit weiß wo er pleiben solle"[400].

395) StAW Aschaffenburger Archivreste Fasz. 360 X Nr. 2. Scharfrichter aus diesen Städten waren im Amt Höchst-Hofheim tätig.
396) StaA Mainz 28/291.
397) Vgl. Schuhmann, S. 193 - 200 u. 215 - 220.
398) StAW G 18 889.
399) Vgl. Delumeau II, S. 469 - 519 u. 527 - 586, Midelfort, Alte Fragen und neue Methoden in der Geschichte des Hexenwahns, S. 18f., Riezler, S. 153f. u. Veit, die Stadt Dieburg und Umgebung S. 26. Sie behandeln die Angst im Umkreis der Hexenprozesse unter verschiedenem Aspekt. Riezler geht auf die Angst der Betroffenen ein. Veit zeigt Äußerungen der Angst im Erzstift.
400) StAW G 18 889.

Als eine Frau (Ursula Eck) 1641 eingezogen wurde, sagte der Weißgerber Peter Peußner zu seinem Sohn: „O Jörglein der Vatter muß fort, es ist nun aus mit mir, dieß Wort wol 4 mal repetiert"[401]. Eine Nota handelt von Velten Spent aus Zell bei Amorbach, sie lautet: „Er gehet ein hero so traurig, daß mans Ihme offentlich anmerkt, kann balt die Kleider an leib nit mehr tragen"[402]. Bevor man Ursula Eck, die als einzige während dieser Prozeßserie verbrannt wurde, in das Gefängnis brachte, backte sie ihren Kindern einen Kuchen; sie ließ sich vom Zentgrafen noch einmal um ihr Haus führen, wünschte den Nachbarn gute Nacht und äußerte: "Sie sehe doch ihr Haus und Kindt nit mehr"[403].

Gleichartige Szenen enthalten die Akten der Ämter Lohr und Höchst. An der Hexenjagd auf Frau Diel aus Lohr beteiligten sich große Teile der Bevölkerung[404]. In Weilbach und Wicker (Amt Höchst) schürten die Viertelmeister Hexenangst, indem sie die Leute zusammenriefen und Listen von Verdächtigen anlegten[405].

Ähnliches spielte sich in den anderen Gemeinden ab. Vermögende Leute konnten rechtzeitig aus dem Inferno fliehen. Die alte hanauische Amtsfrau (Rieneck, Amt Lohr) begab sich schon zu Beginn der Prozesse nach Würzburg[406]. Der reiche Sternwirt Michael Arnold aus Lohr (er besaß über 5000 Gulden) und der vermögende Kupferschmied Hans Sattig aus Dieburg (er galt allgemein als der reiche Hans) flohen zu Zunftgenossen nach Groß-Umstadt (Odenwald) bzw. nach Frankfurt[407]. Der Metzger Jörg Ziegler aus Miltenberg entkam 1616 den Prozessen und wurde 1641 in Walldürn erneut angeklagt[408]. Viele Flüchtende wurden wieder aufgegriffen (Anna Pfadt, Dieburg 1627)[409]; andere kamen auf der Flucht um[410]. Reale Fluchtchancen hatten nur begüterte Personen, welche in Großstädten oder von der Hexenverfolgung freien Gebieten bei Verwandten oder Freunden Unterschlupf fanden.

401) Ebd.
402) Ebd.
403) Ebd.
404) StAW G 18 889.
405) StAW Aschaffenburger Archivreste Fasz. 360 X Nr. 2.
406) StAW G 3 114 u. 3 608.
407) StAW G 18 889 u. StaA Mainz 28/291.
408) StAW G 18 890 u. Gericht Miltenberg Nr. 698.
409) StaA Mainz 28/291.
410) StAW Aschaffenburger Archivreste Fasz. 360 X Nr. 1.

a) Versorgung

aa) Die Haftzeit

Die Zeit, welche die Inhaftierten nach der Gesetzesreform von 1612 im Gefängnis des Kurfürstentums Mainz verbrachten, war im Verhältnis zu anderen Territorien relativ kurz[411]. Im Amt Lohr konnte die Haftzeit für 74 Personen errechnet werden[412]. Sie mußten insgesamt 3814 Tage im Kerker aushalten, was einem Durchschnitt von 51,54 Tagen entspricht. Verteilt auf Wochen ergibt sich folgendes Bild:

Wochen	Personen
1	0
2	1
3	8
4	15
5	20
6	7
7	6
8	2
9	1
10	1
11	2
12	2
13	1
über 14	8

Am längsten mußten folgenae Personen im Gefängnis schmachten: Katharina Siegler 185 Tage, Clas Eberles Tochter aus Wonbach 206 Tage und Hans Breid des Alten Frau 228 Tage. Die langen Gefängnisaufenthalte sind daduch bedingt, daß diese Frauen die Folter bestanden und später neu belastet wurden. Hans Breids Frau war wiederholt im Kerker.

411) Vgl. Riezler, S. 182. Er erwähnt Haftzeiten über sechs Jahre.
412) StaA Lohr XII 3, T12, F.W. Nr. 1 - Nr. 4.

Die meisten der Inhaftierten blieben jedoch nur drei bis sieben Wochen im Gefängnis. Ein Zeitraum von vier bis fünf Wochen kann als Mittelwert angesehen werden.
Während der Verfolgung in Aschaffenburg 1628/29 verbrachten über die Hälfte der Betroffenen 4 - 5 Wochen im Gefängnis. Lediglich die Witwe des Nikolaus Rüth war 83 Tage in Haft, weil neue Beschuldigungen auftauchten[413]. In Dieburg und Miltenberg überstieg die Haftzeit nicht die Werte, die für Aschaffenburg angegeben sind[414]. Gefängnisaufenthalte von über 100 Tagen waren für Verfolgungen nach 1612 (von Lohr abgesehen) atypisch. Vor 1612 mußte mit längerdauernden Haftzeiten gerechnet werden. Darauf weist zumindest ein Untersuchungsbericht der Regierung hin[415].
In den benachbarten fränkischen Hochstiften verbrachten Verdächtige „Jahre im Gefängnis". Der Bamberger Bürgermeister, Georg Neudecker, lag vom April 1628 bis zum Jahre 1631 im Drudenhaus[416]. Barbara Schwarz (Hochstift Bamberg) war drei Jahre eingekerkert[417]. Ähnlich ging es im Hochstift Würzburg zu[418].

bb) Das Essen

Die Verköstigung während der Haft war genau vorgeschrieben. Die erhaltenen Rechnungen sprechen dafür, daß reichliches Essen gereicht wurde. So heißt es in einer Rechnung des Amtes Miltenberg: „Hat die arm Sünderin während der Verhaftung, laut bey lag, verzehrt - 9 Gulden 9 Batzen 2 1/2 Erl". Bei der„arm Sünderin" handelt es sich um Ottilie Dölger, welche 17 Tage inhaftiert war[419]. Der Tagessatz betrug also über einen halben Gulden, während in der Regierungsverordnung 2 Batzen als Höchstsatz vorgesehen waren[420].

413) Vgl. Held (StAD), S. 4.
414) StaA Mainz u. StAW Gericht Miltenberg Nr. 690 - 692.
415) StAL 412 Büschel 26.
416) Vgl. Merzbacher, S. 120.
417) Ebd.
418) Ebd. S. 119 - 121.
419) StAW Gericht Miltenberg Nr. 690.
420) StAW K 210/186.

Auch im Amt Lohr war die Tagesration höher als vorgeschrieben. Der Kassiber, den Ela Dheiß aus dem Gefängnis in Höchst (Frankfurt-Höchst) schmuggelte, beweist, daß die Gefangenen nicht gerade Hunger litten. Ela verlangte, „man soll im schrank in der Eßstub nach quittensaft, essig, gurgen und weiße strümpf suchen" und ihr bringen[421]. Im Kurfürstentum war das Essen einheitlich und nicht wie in Bamberg und Würzburg nach Klassen gestuft. Zustände, wie sie Merzbacher von Ochsenfurt (Hochstift Würzburg) beschreibt, wo man „Frauen in pane doloris et aqua tribulationis fein leidlich speisen" ließ, sind für das Erzstift nicht nachweisbar[422].

cc) Die sanitären Verhältnisse

Sanitäre Aspekte waren bedacht. Die Rechnungen weisen einen regelmäßigen Betrag für Stroh und Licht aus. Nach einer Untersuchung, welche 1620 durchgeführt wurde, konnten Beklagte ihre eigenen Betten mitbringen. Im Winter quartierte man sie in „Stuben" ein[423].
Trotz der zeitbedingten und beklagenswerten Zustände in den Haftlokalen sind zaghafte Versuche, ein gewisses Maß an Menschlichkeit zu erreichen - zumindest, was die Versorgung betrifft - bei der Kurmainzer Hexenjustiz nicht zu übersehen.

b) Betreuung

Die Angeklagten verbrachten die Zeit vor der Inhaftierung bis zum „Bekenntnis" oder zur Freilassung in den ortsüblichen Gefängnissen. Danach wurden sie, wie es in den Amtsschreiben heißt, in „leidigere Kustodien" verlegt. Die Aufsicht in den Gefängnissen führten die Büttel der Gemeinden. In den freieren Haftlokalen wurden sie von „Hütern" oder „Wächtern", welche im Tagelohn arbeiteten, betreut[424].

421) StAW Aschaffenburger Archivreste Fasz. 360 X Nr. 2.
422) Vgl. Merzbacher, S. 120
423) StAL 412 Büschel 26.
424) Dieser Sachverhalt und diese „Fachausdrücke" der Gerichtssprache finden sich in fast allen behandelten Quellen.

Das Gefängnispersonal ging oft hart mit den Inhaftierten um. Am 13. August 1627 sollte Margarethe Zacheis (Amt Dieburg) aus dem Verlies, das sich im unteren Teil eines Turmes befand, zum Verhör geholt werden. In den Verhörsprotokollen heißt es: „Als sie aus dem unteren theile des gefängnis herufgezogen worden und eben oben ahn gewölb gewesen, hat sie wie die Knecht berichte, ahn weyhl die Händt uffgethan, daß sie wieder hinund gefallen, clagt sich sehr ahm Rücken und gleichsam im Leib etwas zerfallen hätte, ist auch ahm Knie wund und blutig gewesen"[425]. Trotzdem wurde sie am gleichen Tag der peinlichen Frage unterworfen. Die Witwe des Niklaß Lippert (ebenfalls aus Dieburg) fand man am 23. Juli 1627 nach einem Selbstmord tot im Gefängnis. Dabei stellte man fest, daß sie fünf Tage kein Essen angerührt hatte[426]. Hüter und Wächter gingen nicht immer sorgfältig mit der ihnen gestellten Aufgabe um. So konnte Wilhelm Ofenstein aus Dieburg 1627 die Flucht gelingen. Er lief mit den Ketten nach Hause, bestieg ein Pferd und sprang über die Stadtmauer[427]. Der Schlosser Georg Mayer aus Rieneck besuchte seine Frau Veronika, die als Hexe angeklagt war (Juni 1613), mehrmals im Turm. Mit Hilfe von Zweitschlüsseln verschaffte er sich Zugang. Ziel der nächtlichen Besuche scheint gewesen zu sein, seine Frau zu schwängern[428].

Schwangere Frauen wurden aus der Haft entlassen[429]. Veronika hatte bei ihrer Verhaftung angegeben, ein Kind zu erwarten. Die Untersuchung durch eine vereidigte Hebamme war jedoch negativ verlaufen.

425) StaA Mainz 28/291.
426) Ebd.
427) StaA Mainz 28/291.
428) StAW G 3 608.
429) In Bamberg ist nur eine Entlassung aus diesem Grund bekannt. Vgl. Merzbacher, S. 147. Auch in anderen Territorien verschob man lediglich die Tortur. Ebd. S. 146ff.

Georg Mayers Besuche bei seiner Frau im Turm wurden der Regierung durch eine Anzeige des evangelischen Pfarrers Holzapfel bekannt. Den Schlosser Mayer und den Büttel Welzenbach zog die Regierung ein. Nach einem Verhör unter Zuziehung des Scharfrichters entließ man beide nach Stellung einer Kaution[430]. In ähnlich gelagerten Fällen gingen die Bamberger und Würzburger Behörden wesentlich schärfer vor. So wurde am 18. August 1627 Christian Übelacker aus Würzburg unter dem Galgen enthauptet, weil er als Wärter zwei Gefangenen Beihilfe zur Flucht geleistet hatte[431]. Unter den Gefangenen war Kommunikation möglich. Zwei Schiffsknechte, welche im Dezember 1612 im Rathaus zu Rieneck eingekerkert waren, konnten ein Gespräch zwischen Klaus Fischers Frau und Tochter mithören. Die Mutter fragte die Tochter, wie oft sie torquiert worden sei und ob sie gerade gehen könne. Die Tochter fragte zurück. „Ob man ihr die Händ gewaschen", wohl ob man Daumenschrauben angesetzt habe[432].

c) Gefängnisseelsorge

Die seelische Betreuung der Inhaftierten war Aufgabe der Geistlichen. Dabei hing es von ihren menschlichen und priesterlichen Qualitäten ab, wie sie diesem verantwortungsvollen Dienst gerecht werden konnten[433]. Die Gefangenenseelsorge wurde primär von Pfarrgeistlichen ausgeübt. Erst ab 1627 waren Jesuitenpatres im Aschaffenburger Raum als Hexenbeichtväter tätig. Das Tagebuch des Georg Nikolaus von Reigersberger enthält den Eintrag: „Den 14 (14. August 1627) seindt die Jesuiten zum ersten mahl nach Wehrt (Wörth) verreißt, alß vier zauberische man und weibßpersonen hingericht worden"[434].
Eine regierungsamtliche Untersuchung des Jahres 1612 stellt die Frage: „Obgemelte Geistlichen zu Ihnen (Hexen) gleich anfangs wan die etwa

430) StAW G 3 608.
431) Vgl. Merzbacher, S. 121.
432) StAW G 3 608.
433) Vgl. Spee, S. 136-153. Demnach konzentrierte sich die Seelsorge auf die Beichte. Er teilt Erfahrungen mit, die heute noch Geltung haben. Soweit bekannt, hat dieser Teil der „Cautio" noch keine (pastoraltheologische) Bearbeitung gefunden. Das Kapitel enthält auch Beispiele von Verrat am Heilsauftrag.
434) S.B. Bamberg I. H. msc. misc. 9/12.

albereit bekhert, oder mit ihren bekantneeß allerdings fertig oder aber allererst, da sie in wenigen tagen sollten hingerichtet werden, ihren Zugang haben". Die Antwort lautet: „Nit eher dan ein Tag 4 oder 5 vor dem Gerichtstag es seye dann daß die Ahrme Persohnen ihren eher begehren werden, doch seye er nit allein, sonder in beywesen der Hüter zugelassen, dann die Pfarrer wie schon oftermahl dahin bewegt, daß solche Ahrme lauth vor offentlichen Gericht vielmehr revociert und wieder in gefengnuß mußten geführt werden[435]. Die Seelsorger konnten demnach die Gefangenen - abgesehen von Ausnahmen - erst nach der Verurteilung oder gar wenige Tage vor der Hinrichtung besuchen. Die Besuchsregelung hatte ihren Grund. Die Behörden befürchteten, daß seelsorgliche Gespräche und Beichten die Verurteilten zum Widerruf bewegen könnten.

aa) Die Zusammenarbeit der Geistlichen mit den Gefangenen

Priester, welche auf die Gefangenen eingingen, spürten im Laufe der Zeit, daß sie es nicht mit abscheulichen Verbrechern zu tun hatten, sondern mit unschuldig verurteilten Menschen[436]. Die Beichte war ein erstes Moment, das den Hexenglauben in Frage stellte. Der Kaplan Andreas Henricus aus Lohr faßte seine Erfahrung in zehn Punkten zusammen, die er dem Amtmann zugehen ließ. Sie enthalten ein Gespräch mit einer als Hexe verurteilten Frau, die er, um ihre Anonymität zu wahren, Anna nennt:

„1. Sie sey der graußamen Zauberey sünde so rein, als ein kindt das auff diesen Tag und stundt die heilige Taufe empfange, und darmit beseliget werdte.

2. Sonsten sey sie eine große arme Sünderin vor Gott, wie alle Menschen, hab vielfeldig wieder Gott und den Nechsten gesündigt.

3. Vor nemlich ßey eß itzt ihre größte sünd darüber sie auch großen schrecken hab in ihrem Hertzen, das sie wider sich selbst, und die zwo andern falsch Zeugnis geben habe.

435) StAL 412 Büschel 26.

436) Cornelius Loos (1545 - 1595) u. Adam Tanner (1572 - 1632) , die Spee beeinflußten, griffen wohl auf solche Erfahrungen zurück. Vgl. Diefenbach, S. 145f. u. 276f., Riezler, S. 264f. u. Paulus.

4. Begere von Gott, und bitte tag und Nacht, das ihr gott solche sünd umb christus willen vergeben wölle.
5. Begehrt von Mir zu woßen, ob ihr diese sünd auch könne verziehen werdten.
6. Als ich ihr gesagt Nicht allein diese sünd, daß sie falsch zeugnis gebn, sondern alle anderen Sünde, auch der Abfall von Gott, Bundtniß mit dem Teufel, Zauberey e.c. können vergeben werdten, wann sie ware buße thue: Anthwort ßie, das sie solches gar wol glaube, hab aber nicht von Nöthen der Zauberey halben umb Verzeihung zu bitten.
7. Als ich ihr vorgehalten, Ob sie gleich leugnen und sich beschönen wölle, so ßey doch Gott ein Herzenkündiger, der werdte am Jüngsten tag doch alles ans licht bringen. Anthwort sie Mir, deß freue ich mich, diß ist allein mein trost.
8. Als ich ihr einredete, Es weren vielleicht dießs nur Wortt, sie redt dies nur aus furcht vor dem tod. Sagt sie: Es sey über sie kommen, das die Obrigkeit es hab vorgenommen, das Unkraut der Zauberer und Zauberinn aus zu roten, Wo fern sie nun eine ware, und itzt sich gleich mit leugnen und hoher betheuerung konthe ausreden, das sie wieder zu den ihren keme, müste sie sich doch gestehen das es wan ein tag oder 3 andere auffs Neue auff sie bekennen würdten, das sie doch wieder in dießes elende kome. Darumb, wann sie eine Zauberinne were, So wellte sie es gleich itzt bekennen, das sie der Marter und qual abkome.
9. Das sey itzt ihre große klag, das man von ihrer unschuld nicht wißen oder hören wölle. Wenn man (sich) mit peinlicher Frage witter an sie wendte setzent sie zu (wie vorgestern) wider bekennen würdthe so thue sie doch wißentlich unrecht.
10. Als ich gesagt: Sie werdte in der güte oder peinlich gefragt, Soll sie die Wahrheit sagen, ihr solle auch Niemand Unrecht thun. Anttwortet sie. Die Wahrheit will man von Mir nicht hören. Diß ist die wahrheit, das ich der sünden der Zauberey unschuldig, wie ein Kindt.

Andr. Henricus Caplan alhier."[437].

437) StAW G 3 314.

Ähnliche Erfahrungen berichtet Spee in den Quaestionen 28 (S. 126 - 132), 30 (S. 136 - 153), 45 (S. 231 - 236). Der entscheidende Punkt war, daß Widerrufe nach der Beichte nicht geglaubt wurden. Das brachte Priester und „Hexe" in unlösbare Gewissenskonflikte[438].
Erfahrungen dieser Art ließen wohl bei manchen Priestern die Einsicht in die Unsinnigkeit der Hexenverfolgung wachsen. Es stellte sich ihnen die Alternative, sich entweder mit der herrschenden Ideologie zu identifizieren und mit den Verfolgern zusammenzuarbeiten oder auf scheinbar verlorenem Posten zusammen mit den Hexen Widerstand zu leisten[439].
Widerstand gegen die bestehende juristische Praxis drückte sich vor allem in Widerrufen aus. Sie waren für die Angeklagten riskant, da sie mit erneuter Folter beantwortet werden konnten. Dennoch kam es in den Ämtern Lohr und Höchst zu zahlreichen „Revokationen"[440].
Im Jahre 1628 denunzierten fast alle Angeklagten in Lohr nur wenige Personen. Ottilia Hopfengart (30. Mai 1628 verhört) widerrief alle Frauen und Männer, welche sie angegeben hatte. In einer Notiz heißt es: „Ehe dann diese Justifizierte Ottilia gefordert worden, hat dieselbe alle ihre Complices und angegebenen Persohnen wiederumb revociert"[441]. Auch die nächste Angeklagte, Elisabeth Leonhardt Hofbauers Witwe, (2. Juni 1628 verhört) revocierte. Diesem Beispiel folgten fast alle Beschuldigten.

438) Vgl. Spee, S. 286f.
„Manche jedoch lassen die Gaja zum Überfluß noch exorzieren, sie an einen anderen Ort bringen und danach abermals foltern, ob vielleicht durch diese Ortsveränderungen und Entsühnung der Schweigezauber gebrochen werden könnte. Kommt man aber auch damit nicht voran, so lassen sie sie endlich lebendig ins Feuer werfen. Wenn sie so umkommen muß, ob sie ein Geständnis abgelegt hat oder nicht, dann möchte ich um der Liebe Gottes willen wissen, wie hier irgend jemand, er sei noch so unschuldig, soll entrinnen können? Unglückliche, was hast du gehofft? Warum hast du dich nicht gleich beim ersten Betreten des Kerkers für schuldig erklärt? Törichtes, verblendetes Weib, warum willts Du den Tod so viele Male erleiden, wo du es nur einmal zu tun brauchtest? Nimm meinen Rat an, erkläre dich noch vor aller Marter für schuldig und stirb. Entrinnen wirst du nicht."
439) Die Spannung zwischen Befürwortern und Gegnern der Hexenprozesse war besonders bei den Jesuiten ausgeprägt. Vgl. Duhr, Die Stellung der Jesuiten in den deutschen Hexenprozessen, S. 66 - 73.
440) StAW G 18 889 u. Aschaffenburger Archivreste Fasz. 360 X Nr. 1.
441) StaA Lohr XII 3, T. 12, F.W. Nr. 2.

Die Mainzer Weltlichen Räte erwiderten den Boykott der Prozesse, indem sie erneute Folterungen anordneten. Daraufhin beschuldigten die Angeklagten fast nur Personen, die bereits inhaftiert oder hingerichtet waren. Lediglich Außenseiter, die zahlreiche Frauen und Männer denunzierten, halfen, die Prozesse am Leben zu erhalten[442]. Da innere seelische Vorgänge und Gewissensentscheidungen quellenmäßig nicht erfaßbar sind, ist nicht ermittelbar, ob die Einsicht der Bevölkerung in die Prozeßmechanismen oder der Rat der Priester bei der Beichte die zahlreichen Revokationen bewirkten.

Im Amt Höchst leisteten Personen aus Hofheim, Heidersheim und Krüftel schon vor 1560 Widerruf. Die wenigen Akten, die noch vorliegen, erlauben jedoch nicht, die Motive, welche die Angeklagten dazu bewogen, zu eruieren[443].

Vereinzelte Widerrufe sind auch im Amt Miltenberg zu beobachten[444]. Nach Diefenbach taten sich Geistliche aus dem würzburgischen Amt Rothenfels im Kampf gegen den Hexenwahn hervor[445]. Er übersieht, daß es sich bei den von ihm genannten Geistlichen um Pfarrer aus Gemeinden des Erzstiftes handelte. Er nennt folgende Namen:

1. Pfarrer Johannes Raitzmann (1629 Großwallstadt)[446] soll den wegen Hexerei Inhaftierten unerschrocken Beistand geleistet und sie im Glauben und ihrer Zuversicht gestärkt haben.
2. Pfarrer Gerhard Klöppner (1641-1645 Obernburg)[447] wird auch von Hinkel als „Gegner der Hexenverfolgung" zitiert. Er soll sich vor allem in der Predigt mit dem Hexenwesen auseinandergesetzt haben[448].
3. Pfarrer Göll aus Eichenbühl[449] ermutigte viele, „bis man in nicht wenigen Fällen von ihnen abließ".

442) Ebd.
443) StAW Aschaffenburger Archivreste Fasz. 360 X Nr. 1.
444) Ebd. Gericht Miltenberg Nr. 691.
445) Vgl. Diefenbach, S. 130.
446) Vgl. Hinkel, Pfarrer und Seelsorge im Aschaffenburger Raum, S. 86, 186 u. 190f.
447) Ebd. S. 84 u. 152.
448) Ebd. S. 148.
449) Vgl. Diefenbach, S. 130.

bb) Die Zusammenarbeit der Geistlichen mit den Behörden

Geistliche sahen ihre Aufgabe nicht nur darin , den Gefangenen Beistand zu leisten, sondern sie bedrängten sie auch, vor Gericht auszusagen. Spee spricht es deutlich aus: „Ich halte nichts von solchen Beichtigern, deren erstes und letztes Ziel einzig und allein zu sein scheint, daß die Angeklagten nur ja gestehen und nichts verheimlichen. Sie wiederholen nur immer: Bekennen und Bekennen"[450].

Spee schildert in der 30. Frage zurückhaltend, aber doch deutlich, welch enges Bündnis Richter und Beichtväter eingingen[451]. In den Schreiben der Mainzer Weltlichen Räte überrascht die immer wiederkehrende

450) Vgl. Spee, S. 140.

451) Vgl. Spee, S. 148f.
„Es ist zu befürchten, daß das Beichtgeheimnis, von dem doch alle betonen, daß es auf jeden Fall bis zum äußersten gewahrt werden müsse, verletzt oder doch scheinbar gebrochen wird. Denn das einfache Volk macht keinen Unterschied zwischen dem, was innerhalb und außerhalb der Beichte gesagt ist. Deshalb dürfte man sich wirklich über die Klugheit jenes Geistlichen wundern, der regelmäßig als Beichtiger der Angeklagten amtierte und sich nicht scheute, neulich vor einer großen Gemeinde auf der Kanzel auszurufen (nach Ort und Namen habe ich nicht fragen mögen), die Obrigkeit brauche sich nicht zu scheuen, mit aller Strenge gegen die Hexen vorzugehen. Er wisse nämlich mit voller Gewißheit, daß in dieser Stadt noch keine Hexe zur Hinrichtung geleitet worden sei, die ohne Schuld gewesen wäre. Ich selbst würde gerne wissen, woher er das so genau gewußt hat. Etwa daraus, daß sie öffentlich vom Gericht verurteilt worden waren. Aber war denn das dem Volk nicht ebenso bekannt, auch ohne daß der Prediger das erst sagte? Er wollte doch etwas mehr sagen und die Sache mit noch größerer Gewißheit bekräftigen. Aber woher kam ihm diese größere Gewißheit? War sie außerhalb oder innerhalb der Beichte gewonnen? Wenn innerhalb: Wo bleibt dann schließlich das Gebot so unantastbaren Geheimnisses? Wenn außerhalb: Warum sagte er das dann nicht dazu und beugte dem Verdachte vor, ein Beichtiger werde das wohl nicht so bestimmt sagen, wenn er nicht etwas tieferen und genaueren Einblick gewonnen, als auf gewöhnliche Weise möglich? Und so hat denn die Gemeinde, wie es heißt, großen Anstoß daran genommen, da schon die Entweihung des geheiligten Namens eines Beichtvaters viele mit Recht sehr erbittert hat. Ich selbst wundere mich gar nicht so sehr über diesen Beichtiger, wie über die Ordensoberen, die solche Männer auf schwierige Posten stellen, deren Mangel an Urteilskraft sie unter allen Umständen schon längst erprobt haben oder erprobt haben

Aufforderung an die Behörden : „sie (die Angeklagten) inmittels durch die Pfarrherrn und Seelsorger Vleißig besuchen und raumung ihres gewißens beweglich erinnern und Vermahnen" zu lassen452).
Diese Wendung taucht meist dann auf, wenn die Angeklagten sich weigerten, nach der ersten Folterung ein Geständnis abzulegen. Die Geistlichen sollen den Gefangenen die Gewissen „rhaumen"; dies ist in den Amtsschreiben ein stehender Ausdruck453).
Jakob Thürmers Frau und die Witwe Eva Kolb aus Lohr (Oktober 1628) fielen während der Folter „in einen ziemblichen harten schlaf", und waren „schmertzen gleichsamb onempflindlich", so daß sie nicht bekannten. Da die Oberbehörde mutmaßte, sie hätten „wol einen heimblichen Pact, den sie mit ihrem Buhlgeist getroffen haben möge", befahlen sie: „Also hetet ihr sie beide noch eine Zeitlang in Custodi enthalten, durch die Pfarrherrn und Seelsorger Vleißig besuchen, zu eröffnung der wahrheit, vermittels gottseeliger einsprechungen, auch adhibierung anderer Zuläßiger gaistlicher remedien treuligst vermahnen, und uns des ervolgs was nemblich soch der gaistlichen Zusprechen, bey ihnen verfangen möchte hernegst ebenmeßig hinwider zu verstendigen"454).

sollten. Wenigstens habe ich erfahren, man habe Verstand und Fähigkeit dieses Geistlichen unter den Seinen so beurteilt, daß es geheißen habe, er werde wegen Dummheit seine Studien nicht fortsetzen können. Das haben seine Hörer hernach in Erfahrung gebracht und mir erzählt. Der Leser mag sich nun selbst ein Bild davon machen, wie klug und umsichtig jemand im Verborgenen mit den Angeklagten verfahren sein mag, der es so wenig verstanden hat, sich in der Öffentlichkeit Ansehen zu erwerben. Das aber ist nicht zu bezweifeln, wenn wir nicht solche Leute anstellen würden, die mit ihrer maßlosen Schroffheit die Angeklagten zwingen, sich zu guter Letzt besiegt zu geben und aus bloßem Überdruß, um der Quälerei ein Ende zu machen, alles zu bekennen, was diese Beichtiger um jeden Preis hören wollen - so soll es nämlich, wie ich höre, des genannten Predigers Gewohnheit gewesen sein - , dann würde es gewiß niemanden in Deutschland geben, der die arglosen Gemüter der Fürsten mit dem Märchen von den vielen Hexen erfüllte."

452) StaA Mainz 28/291. Gleichlautende Formulierungen finden sich in fast allen Quellen.
453) Ebd.
454) StAW G 18 889.

Da die Gespräche zwischen Priestern und sogenannten Hexen unter dem Siegel des Beichtgeheimnisses geführt wurden, kann nicht mehr hinreichend ermittelt werden, wie sich die Geistlichen verhielten. Neben verständnisvollen Priestern standen wohl auch ideologisch fixierte Vertreter der Hexenideologie, die seelischen Terror auf die Gefangenen ausübten. Darauf weist eine Äußerung von Ottilia Grün hin, welche sich weigerte, zur Beicht zu gehen, „da sie dem Pfarrer nicht traue"[455].
Der evangelische Rienecker Pfarrer Balthasar Holzapfel, dessen eigene Frau als Hexe verbrannt worden war, arbeitete mit den Behörden Hand in Hand. Er ging sogar in das Gefängnis und hörte die Gefangenen aus, dann ließ er den Behörden einen Bericht zugehen[456].
Ein Brief Holzapfels ist noch erhalten. Hier heißt es: „Nach vielfeltigen fragen, und ernstlichen erinnern, hab ich von der verhafften Veronica Jörgen Mayers des Schlossers Hausfrau anders nichts erforschen und erfahren können, dan daß sie allerdings unschuldig sein will, auch solche ihre Unschuld, mit Gott und ihrem gewißen zum höchsten bezeuget, als ich aber dagegen eingewandt, hab doch ihr Mutter eben den tag, do sie hette sollen justifiziert werden, sehnlich gesagt und geclagt, Ach mein Frönlein, Mein Frönlein, was dan diese wort andeuteten, und daß solche wort ein sonderlich nachdenkhen möchten, hat sie mir zur Antwort geben, solches rühre daher, Als ihr Vater vor dieser Zeit zu Wiesenfeldt ein Hofbauer gewesen, sei zu ihnen in daß Hofhaus kommen, ein starker Mann, mit einer krämersladen, und sich bei ihnen angeben ihnen die Handen zu lesen, Als sie das Frönlein nicht willigen wollen, hab ihr Bruder Claus, so dazumal noch ein Bub gewesen, gesagt, laß ihn lesen, ich will ihn für mich und dich den Lohn geben, und als sie gewilliget, hat der Mann angefangen zu lesen, daß sie in einem bösen Zaichen geboren, und das ihr mit der Zeit durch blindte Leut eingewaschen, und in gefahr Leibs und Lebens Kommen würde, Als aber ihr Bruder Claus gefragt, was blindte leut einem thun Köndten, hette der Man zur andwort geben, durch solche blinden würde verstanden, solche Leut, die Gotes Reich nicht sehen, und dadurch die Zauberei und Hexen vermeint, Signatum Rieneck der 16. Juli Anno 1612"[457].

455) StaA Mainz 28/291. Pfarrer in Dieburg war damals (1627) M. Johann Breisiger. Vgl. Hinkel, Pfarrer und Seelsorge im Aschaffenburger Raum, S. 167.
456) StAW Gericht Lohr Nr. 73.
457) Ebd.

Der Bericht Holzapfels verfehlte seine Wirkung nicht. Am 26. Juli verordneten die Mainzer Weltlichen Räte: „Wo fürs anders kain gütliche Verwährung mehr bey ihro fruchten würdt, anzustrengen und uff ziehen, und dan ihr folgende aussag vleissig zubeschreiben"[458]. An diesen Satz schließt sich die Aufforderung an, den Pfarrer die Gefangenen fleißig besuchen zu lassen und darüber zu berichten. Balthasar Holzapfel war kein intoleranter Hexenjäger, wohl aber ein ausgesprochener Opportunist. Sein Anliegen war es, seine Pfarrstelle zu erhalten, da zu dieser Zeit in den Gemeinden des Erzstiftes die katholische Religion eingeführt wurde. Tatsächlich wurde Rieneck als eine der letzten Pfarreien des Erzbistums dem katholischen Glauben zugeführt[459].

d) Situation und Verhalten der Betroffenen

Nur vereinzelt geben Briefe und Kassiber Auskunft, in welcher psychischen Verfassung sich die Gefangenen befanden[460]. Dagegen enthalten die Gerichtsakten reiches Material über die seelische Lage der Inhaftierten[461]. Die Isolation in den Zellen, die Behandlung in den Gefängnissen und der Druck der Folter schufen eine Atmosphäre, in der viele Frauen und Männer bereit waren, die Geheimnisse ihres Intimlebens offen darzulegen. So wird fast von allen Beklagten die erste geschlechtliche Begegnung mit dem Teufel ausführlich geschildert, während die übrigen Fragen des Interrogatoriums speciale zumeist nur knapp beantwortet werden[462].

458) StAW Gericht Lohr Nr. 73.
459) Vgl. Schmidt (J.), S. 110, Rieneck wurde nach 1618 katholisch. Pfarrer Holzapfel durfte weiter hier wohnen und bekam eine Pension auf Lebenszeit.
460) Bekannt ist der Brief des Bamberger Bürgermeisters Johannes Junius an seine Tochter Veronika. Vgl. Soldan/Heppe II, S. 6ff.
461) Der Nutzen des Quellenstudiums wird von neueren feministischen Veröffentlichungen bestritten, da hier nur die Verfolger zu Wort kämen. Vgl. Honegger, In: (Ders.), (Hg.), a.a.O., S. 11 u. Wisselinck, S. 7ff.
462) StAW K 210/186. Die ersten drei Fragen der "Inquisitio specialis" sind häufig zusammengezogen. Sie handeln von der ersten Begegnung mit dem Teufel und der teuflischen Taufe.

Die Personen erliegen nicht - wie häufig angegeben - aus depressiver Verstimmung oder materieller Not den Verführungskünsten des Satans[463]. In die Verführungsgeschichten sind vielmehr zum teil reale Erlebnisse verflochten, die bis in die Pubertät zurückreichen.

Aus dem Amt Dieburg liegen u.a. folgende Bekenntnisse vor[464]:

Philipp Kretzer bekannte, daß er von seiner Pflegemutter verführt worden sei: „Sie habe ihm, als er 12 Jahre alt gewesen, eine jung Magd gegeben". Ähnliche Aussagen machten Philipp Stork (der Teufel verspricht ihm, als er 15 Jahre alt war, ein schönes Weib), Else Sattig (der Vater schickt ihr einen schönen Mann), Anna Stork (sie wird verführt, als sie ein Dienstmädchen war), Maria Lippert (sie wird von einem Knecht zur Unzucht verleitet) und Wilhelm Ofenstein (seine Mutter gibt ihm mit zehn Jahren eine Frau).

Margarethe Diel aus Lohr gestand: „Als sie noch ledigen standes und bei ihren Eltern gewesen, hette sie einß mahl in der hingerichteten Holebers Annen weingarten am Beilstein gehackt, wer de böse feindt in gestalt eines bauern, den sie lieb gehabt, kommen"[465]. Manchmal nahm der Teufel auch das Aussehen des eigenen Ehemannes an. Margarethe Bechthold aus Eichenbühl (Amt Miltenberg) sagte aus: „So seie einer in schwarzen kleidern, ßo einen roden barth gehabt, und in ihres Verstorbenen Mans gestalt, in ihres Vaters haus erschienen ... als baldt bey nacht miteinander auf die wiesen gefahren und Vermischung miteinander gepflogen"[466].

Fast alle Berichte von den Betörungen des Teufels enthalten biographische Details. Das Stereotyp, das den Teufel in Gestalt eines schwarz oder grün gekleideten Edelmanns erscheinen läßt, tritt dagegen zurück[467]. Aus den Aussagen wird die starke Spannung spürbar, welche auf den Angeklagten lastete, und sie zwang, Teile ihres Privatlebens preiszugeben.

463) Vgl. Soldan/Heppe I, S. 281.
464) StaA Mainz 28/291.
465) StAW G 18 889.
466) StAW Gericht Miltenberg Nr. 698.
467) Vgl. Petersdorff I, S. 386. Demnach sind schwarz und grün Teufelsfarben.

Bisweilen gestanden Beklagte ihr sittliches Fehlverhalten auch direkt ein. So sagte Lorenz Beck, der Wirt des Gasthauses „Zum Riesen" in Miltenberg, am 1. Februar 1627 aus: „Er hab weibspersonen mehrteils trunkener weiß ungebührlich zugehalten". Ein längeres Verhältnis hatte er zu zwei Mägden, „des Thürmers zu Bischofsheim schwester" und „eine magd so von Hartheim" und mit „Simon Schomanns hausfrauen". Letztere mußte er sogar abfinden, da sie ein Kind von ihm bekam[468].
Das laszive Verhalten einzelner Beklagter rechtfertigt keineswegs Verdikte, die häufig in älteren Veröffentlichungen besonders katholischer Provenienz auftauchen[469]. Auch Merzbachers verallgemeinernde Aussagen, „Opfer des Hexenwahns waren zermürbte, zerrissene Naturen", und „neben vielen wertvollen Menschen endeten wahrscheinlich zahlreiche negative Kreaturen in den Flammen", finden in den Quellen des Erzstiftes keine Bestätigung[470].
Bei ihren Angehörigen fanden die Gefangenen kaum Unterstützung. Wiederholt schrieben Ehemänner an ihre gefangenen Frauen, sie sollten sich nicht foltern lassen, sondern bekennen[471]. Eine seelisch und körperlich gebrochene Frau waren sie nicht bereit, wieder in ihr Haus aufzunehmen. Da die Frauen aufgrund der häufigen Schwangerschaften oftmals früh starben und die Männer deshalb mehrmals heirateten, wurde die Ehe noch nicht in ihrer partnerschaftlichen Funktion gesehen[472].
Eine Ausnahme bildeten zwei Briefe des Zöllners Mohr, die sich in den Gerichtsakten des Amtes Miltenberg finden[473]. Sie zeigen, wie der Hexenglaube Ehepartner entfremdete, aber auch, wie die gegenseitige Zuneigung und Treue die Entfremdung aufhob:

„Liebe Hausfrau Catharina!

Euer betrübter Zustand ist mir hart zu Herzen gegangen, Ob nun wohl ich mir Anfangs keine Gedanken hab machen können, daß ihr eine solche Person seiet, so weiß ich aber, daß ohne den Willen gottes keinem Men-

468) StAW Gericht Miltenberg Nr. 698.
469) Vgl. Görres V, S. 80f. u. S. 140ff. u. Janssen.
470) Vgl. Merzbacher, S. 186f.
471) Aschaffenburger Archivreste Fasz. 360 X Nr. 2.
472) Vgl. Dülmen, Entstehung des frühneuzeitlichen Europa, S. 193 - 204.
473) StAW Gericht Miltenberg Nr. 692.

schen ein Härlein auf seinem Kopf gekrümmt werden kann, und ist mir alsbald dieser Trost eingefallen, daß dies Unglück aus lautterer göttlicher Schickung zu eurem Sehlen Heyl geschehen sey.
Dieweil ich denn auch von Ihrer gestreng, Herrn obbristen verstanden, wehr auf Eich bekanndt, und was ihr mit denselben menschen, so uf Euch gestorben, für Werk begangen, glaub ich wohl, daß ihr eine zauberische und arme verführte Person seiet, und der Buß wohl bedürftig.
Wenn ihr auch schon durch Hülf des Leidigen Teufels die nachfolgende erschreckliche Pein, welches menschlicher Weiß möglich ist, ausstehen werdet, so müßt ihr doch in ewiger Gefängnis sitzen bleiben, und werdet nichts destoweniger von der Obrigkeit und allen Menschen für eine unbußfertige Sünderin und bekannte Zauberin gehalten werden.
Mich verwundert sehr und schmerzt mich im Herz, daß ihr euch durch Henker nakt ausziehen und wider die Natur scheren und schänden lasset. Vielmehr aber verwundere ich mich, daß ihr des leidigen Teufels in Ewigkeit sein und pleiben wollet. O Gott erbarme sich der arme Verführten Sehl. Gehet in euch, schemet euch vor eurem erschaffer, vor Gott dem Allmächtigen, schemet euch vor Gott unserm gerechten strengen Richter, der alles gesehen hat, was ihr vor seinen göttlichen Augen gethan habt. Schemet euch, daß ein solch unbußfertiges Leben von euch geführt wird, schemet euch vor denen, wider die ihr gesündigt habt, schemet euch nit vor mir, dann euch ist von mir Alles verziehen, und obwohl ich euch in dieser Welt nicht mehr sehen kann, noch sehen will, so verhoffe ich doch, wenn ihr die Heimsuchung Gottes erkennet, und werdet euer Gewissen reinigen, daß wir uns wieder im Ewigen Leben mit Freuden ansehen werden. Soviel ich Eurer Sehle Guthes thun kann, will ich nit unterlassen. Habt das Vertrauen zu Gott, glaubt an Gott, veracht die böse Welt, folgt Christo nach, traget euer verschuldetes Creutz willig und gehrn, verachtet die bevorstehende Gnadenzeit nit; denn in der Hölle ist keine erlösung. Verlasset euch nit of des Theufels Einsprechen und verdammlichen bösen Trost; denn seine Werk sind lauter Lügen, und Seind lauter solche zu sehn, darin er die bei ihm bleiben, zur Hölle führet, darin sidet, brennet und bratet. Gedenkt wie ihr selber oftmals gesagt habt, wenn ihr euch ein wenig gebrannt habt:»O Gott behüte uns vor dem höllischen

Feuer«. Wenn ihr nun wollt eurer Seele Ruhe schaffen, so müßt ihr eurer Seele den Eingang zur ewigen Seligkeit durch eure Buß und Bekennung eurer Sünde machen. So wird alsdann zu eurer Sehl gesagt werden, wie dem heiligen Petro, der hl. Maria Magdalena, dem hl. David, dem schächer am Kreuz und vielen anderen mehr, so auch große Sünder gewesen: komme her du büßende liebe Sehl, denn alle deine schwere müh und arbeit solle nun ein Ende haben. Komm her, besitze das Reich deines himmlischen Vatters, welches dir von Ewigkeit her bereitet ist.
Hiermit wünsche ich euch eine gute Nacht und befehle euch in Schutz Gottes und der lieben Englein und aller Heiligen Gottes und ich will den heil. Erzengel Michael bitten, weil er den Teufel aus dem Paradies geschlagen, daß er auch zu euch komme, damit er den bösen Geist aus eurem Herz treiben möge. Allein bitt ich euch, ihr wollet die Thür eures Herzens eröffnen, und die gute einsprechungen nit versperren, so werdet ihr Ruhe finden.

Euer getreuer Hauswirth
David Mohr"[474)]

„Herzliebe Frau, daß euch der Henker nit mehr scheere.
Liebe Hausfrau, aus getreuem gemüth gebe ich euch dieses zu bedenken, wenn ihr eine arme verführte Sehl seiet, dafür euch meines gnädigsten Herrn Räthe und sonst jedermann haltet, so bitt ich um Gottes Willen, ihr wollet euch nit mehr durch den Henker zwingen und so jämmerlich zerreissen lassen, sondern wollet gedenken, wie Christus unser Seligmacher sagt: überwinde dich selbst, nimm dein Kreutz und folge mir nach. Es scheint euch vielleicht diese Rede hart zu seyn, aber viel härter wird das letzte Wort zu hören seyn, weichet von mir, ihr Verfluchten, in das ewige höllische Feuer. Gedenkt, daß daselbst eine stundt wird länger sein in der höllischen Pein, als allhie hundert jahr in schmertz und in der allerbittersten Buus.

474) Nach Diefenbach, S. 113f.

Liebe Frau, gedenkt, daß besser ist, die ganze Welt zum Feindt zu haben, als Christum zu Zörner und in der Ungnad Gottes zu seyn. Ich bitt euch, bedenkt die Ewige Ewige Ewigkeit. Gott behüt euch vor der ewigen Verdammniß. Amen.
Miltenberg 1627 D. Mohr"[475].

Kraft schöpften die meisten Gefangenen aus ihrem tiefen Glauben. Margrethe Stahlberg (Dieburg 1627), die mit einer anderen Inhaftierten konfrontiert wurde, fiel vor ihr nieder, küßte die Erde und sagte: „O Gott, gute Ann, gute Ann bedenkt Euer Sehl, Jesus soll Euch behüten und bewahren, Gott soll ihr zu Hilfe kommen"[476].
Aussagen wie die von Nikolaus Ehereuter (ebenfalls Dieburg), „so wahr alß Christus am Creutz gestorben ist, wisse er nit, von weme er die Zauberey gelernt hette", finden sich häufig in den Protokollen. Da viele rechtschaffene und fromme Leute wegen Hexerei verurteilt wurden, konnte sich die Auffassung verbreiten, daß es der Teufel auf diesen Personenkreis abgesehen habe. So sagte der Blutschöffe Hans Leber aus Dieburg bei seiner Festnahme: „Seine frau hette vor seiner captur zu ihme gesagt, es hetten viele Hexische Persohnen geschworen, sich uff fromme Leuth zu bekennen". Auffällig ist, daß sich die Frömmigkeit auf Jesus zentrierte. Barbara Göller (Dieburg) rief ohne Unterlaß: „O du lieber Herr Jesus." Oft tauchte auch der Ruf auf:„Jesus Christus soll sich mein erbarmen"[477].
Von Apollonia Deusinger (Lohr 1627) ist sogar ein Stoßgebet überliefert, das sie bei ihrer Folter häufig wiederholte. Es lautet: „Herr Jesus Christ erbarm dich mein und steh mir bei in meiner Pein". Bewegend ist ihre Aussage, sie habe in der Frühe den Morgensegen gebetet: „Ich befehl leib und seel in Gottes händt". Dabei habe sie an die „Schelmshänd" gedacht und sei durch das Gebet traurig geworden[478].

475) Nach Diefenbach, S. 114f.
476) StaA Mainz 28/291.
477) Ebd.
478) StAW G 18 889.

Einige ältere Beklagte bedauern die mangelnde religiöse Betreuung in ihrer Jugend[479]. Philipp Kretzer (Dieburg) konnte nach seinen Angaben mit „sieben kein Kreutz machen und kein Vater unser beten"[480]. Mitunter wird Kritik an der pastoralen Situation laut. Martin Jeckel (Dieburg) spricht sie am deutlichsten aus: „Wan die geistliche die leuth beßer in die Kirch hielten und selbst vleißiger drinnen gingen und daß Volk vermahnten auch die kindter lernten, könnte der Teufel nit so platz haben, es sey manches mahl zu Urberach, alda er in seiner jugent verfuhrt worden, in drey vier wochen kein pfarher dahin kommen"[481].
Da die Hexenideologie dem Wirken des Teufels breiten Raum gab, war es verständlich, daß ihm bisweilen positive Phänomene zugeschrieben wurden. Manche Beschuldigten sahen im Teufel einen Gott, den sie verehrten und dem sie - wohl aus Verzweiflung - ihre Bitten vortrugen. Auffallend positiv erscheint der Satan in den Lohrer Gerichtsprotokollen. Der Fischer Kaspar Seberich sagte bei einem Verhör am 17. Oktober 1628 aus: „Derselbe man (Teufel) ihme gesagt, er seye der böse feindt, er wolle ihme wurzel graben lernen, damit soll er den leuthen daß fieber vertreiben, dan daß fieber wieder selbigen jahres sehr regieret, deme er gevolgt und viel leuthen damit geholfen"[482]. Dem Schiffbauer Hans Pirnen Keeß (am 4.4.1628 verhört) half der Teufel bei einem Schiffsunglück, nachdem er zu ihm gebetet hatte[483].
Margarethe Kunkelmann (Amt Miltenberg 22.3.1628) erklärte sogar: „Er sey nicht wie die priester sagen, er seye Gott"[484].

479) Die Aussagen sind von der religiös-politischen Situation im Erzstift des 16. Jahrhunderts zu verstehen. Nach Brück, (Johann Adam von Bicken, S. 147ff.), begann die kirchliche Reform erst mit diesem Erzbischof.
480) StaA Mainz 28/291.
481) Ebd. In diesem Klima konnte die Hexenideologie leicht gedeihen, da Gott als Interpretament für die Wechselfälle des Lebens weitgehend ausschied. Janssen führt die Hexenprozesse auf den religiös-sittlichen Tiefstand dieser Zeit zurück.
482) StaA Lohr XII, 3, T. 12, F.W. Nr. 2.
483) Ebd.
484) StAW Gericht Miltenberg Nr. 690. Nach der Hexenideologie konnte der Teufel direkt auf innerweltliche Vorgänge einwirken. Dies führte bei einfachen Menschen zu einem naiv dualistischen Gottesbild. Belege für ähnliche Gedankenmuster liegen - soweit bekannt - für diese Zeit nicht vor.

Furcht vor der Folter und dem Tod auf dem Scheiterhaufen bestimmte das Lebensgefühl der Gefangenen. Ihre Angst äußerte sich in Träumen. Manchmal wurden sie nach außen projiziert, wobei das zeitgenössische Dämonenbild hilfreich war. So erzählte Hans Thumb (Lohr 1627) bei einem Verhör „daß er ein sehr unruhige nacht gehabt, und wer sein bul geist zu ime in die stuben kommen, wüst aber nit wie, ihn nit gesehen, allein denselben gehört, daß er gesagt, er werde gepeinigt werden, ... auch ein mahl oder drey, uff den disch geschlagen, hette entlich einen solchen windt am fenster geben, daß er heftig erschrocken und nit anders gemeint, daß fenster uff in fallen werde, hette auch umb hülf geschrien"[485].
Die Beamten hielten solche Mitteilungen fest, maßen ihnen aber keine allzu große Bedeutung bei. Am 25.8.1627 schrieb der Amtmann Ludwig von Kerpen an die Regierung: „Bey dieser vorgangenen Examination hat Verhaftin (Anne Rosen, Lohr 1627) gesagt, daß deme in warheit also seye und angezeigt, nach deme der in Haft gelegene Jörg Schmidt (Stadtrat) vorigen Freitags hingerichtet worden, wer ihr in der Sontags nacht hernachher ein lange manß person in einem weisen kleidt in gestalt, alß wan derselbe ein weiß alben anhette, zu ihr kommen, ihr ihren schenkel mit deme sie in ketten ein geschlosen, den selben zwey mahlen uff gehoben, und wieder die erden gestossen in deme sie sich verwundert und sehr erschrocken, solche person anders nit alß wen es Jörg Schmidt selbsten were, angefangen zu reden, ... sie solle dem Zentgrafen umb Gottes willen pitten, das er seiner hausfrauen sage, daß sie ein Opfer ausrichte, und eine kertze in die buchen (Wallfahrtsort Maria Buchen bei Lohr) bringen lasse, auch ein Seel Meß für ihn halden lasse ... und ob man schon daran gezweifelt, ob dem also seye, so ist doch hirauf alles bevohlen worden"[486].

485) StAW G 18 889.
486) Ebd.

Ernster nahm man einen Vorfall, den auch das Wachpersonal wahrgenommen hatte. Margrethe Zehender (Lohr 1627) hatte vom Höllenfeuer geträumt, auch daß sie sich selbst in der Hölle befände. Des weiteren hörte sie Geräusche an den Wänden, am Türschloß und am Fußboden. Nachdem sie verlegt worden war, hörte der Lärm auf. Auch als man sie zurückverlegte, blieben die Geräusche aus[487]. Möglicherweise führte die emotional äußerst angespannte Atmosphäre zu Materialisationen. Zu bedenken ist, daß die drei genannten Personen schon vorher ihren Mitmenschen auffielen[488]. In den folgenden Jahren wurden in Lohr ähnliche Vorkommnisse nicht mehr konstatiert.

Eine Reihe Gefangener nahm ihr Los nicht passiv hin, sondern setzte sich aktiv zur Wehr. Hans Haun aus Dieburg (1627) wehrte sich bei seiner Verhaftung mit den Worten: „Man werd schon sehen, was man mit ihme zu tun bekomme. Donner und Hagel mög euch erschlagen"[489]. Am geschicktesten verteidigte sich Philipp Kremer (Dieburg 1627). Er verlangte die Anwendung der Artikel 31 und 44 der Carolina, welche einen redlichen und glaubwürdigen Zeugen fordern. „Wenn der Erzbischof sich daran halt, sei er ein gerechter Fürst, sonst sei er ein Tyrann"[490]. Weiterhin meinte er, bei den geltenden Rechtsverhältnissen könnte kein Recht geschehen. Außerdem kritisierte er mit Berufung auf Gödelmann[491] den Foltergebrauch und lehnte den Hexenglauben ab, da dieser durch die Schrift nicht bewiesen werden könne[492].

Nachweisbar legten nur drei Personen gegen das Vorgehen der Regierung Berufung ein. Im August 1613 forderte die Witwe Brenderich aus Aschaffenburg durch ihren Anwalt einen ordentlichen Prozeß auf dem Boden der Carolina[493]. Ein Advokat konnte eine Frau aus Ober-Roden (Margarethe Gass 1628) vor dem Scheiterhaufen bewahren. Günstig für den Verlauf des Verfahrens war, daß der Prozeß Kompetenzstreitigkeiten zwischen der zentralen Justizbehörde (Mainzer Weltlichen Räte) und dem Nieder-Röder Zentgericht auslöste[494].

487) Ebd.
488) s.S. 277 u. 281.
489) StaA Mainz 28/291.
490) Ebd.
491) s.S. 130.
492) StaA Mainz 28/291.
493) StAW 210/186
494) Ebd. K 212/291.

Dagegen blieb die Klage von Jörg Staupp (Miltenberg 1629) ohne Wirkung. Er versuchte nachzuweisen, daß er nicht gegen den Artikel 109 der Carolina (Straff der Zauberey) verstoßen habe.
Ein Gutachten der juristischen Fakultät Mainz (12.8.1629) legte dar, daß die anderen Tatumstände, welche Staupp zugab, wie z.B. die Teilnahme an den Hexentänzen, Schadenszauber inkludiere[495].

e) Tod im Gefängnis

Nach Grebner kam es des öfteren vor, daß Angeklagte an den bei der Tortur erlittenen Verletzungen im Gefängnis verstarben[496]. Als einziges Beispiel führt er - bei 139 Hinrichtungen und einer Prozeßdauer von vier Jahren - den plötzlichen Tod von Else Volz aus Großwelzheim an[497].
Ein Kausalzusammenhang zwischen der Folter und dem Tod im Kerker kann nicht - wie es häufig in der Literatur geschieht - vorausgesetzt werden[498]. Psychische Ausnahmesituationen, Haftbedingungen und Krankheiten sind als Faktoren mit zu erwägen. Auch die Behörden waren darauf bedacht, Sterbefälle infolge der Tortur zu vermeiden[499].
Während der Hexenprozesse 1626-1630 im Amt Lohr verstarben vier Frauen in Haft. Bei Apollonia Pickert (Bickert), die am 9.9.1627 im Gefängnis starb, steht nicht fest, ob sie der peinlichen Frage unterworfen wurde. Nachweisbar ist nur, daß man sie am 23.7. mit der Folter bedrohte und am 31.8.1627 gütlich befragte[500]. Anna Emmerich, welcher der Scharfrichter „lediglich" die Daumenschrauben angelegt hatte, fand der Büttel am 29.1.1629 tot im Gefängnis[501].

495) Ebd. Gericht Miltenberg Nr. 692.
496) Vgl. Grebner, S. 185.
497) Ebd.
498) Vgl. Gloger/Zöller, S. 159f.
499) s.S. 139.
500) StaA Lohr XII,3, T. 12, F.W.
501) Ebd. Nr. 3.

Die Witwe Eva Kolb jedoch mußte sich am 28.10.1628 allen Graden der Tortur (Daumenschrauben, Krebs und Elevation) unterziehen. Der Tod trat aber erst am 18.11.1628 (20 Tage nach der Folter) ein[502].
An den Folgen der Tortur verschied nachweisbar Katharina Berhart, des alten Behrhansen Frau aus Rodenbach. Das Protokoll verzeichnet schon am 14.2.1629, daß sie nicht ganz gesund und fast sechzig Jahre alt sei. Nachdem sie am 2.3. „mit den Daumeisen" und an beiden Schenkeln vexiert worden war, schrieb der Oberamtmann: „daß man auch wegen Mattigkeit ihres leibß mit ferner pein, an sie zu sitzen nit fortkommen können". Am 9.3. gaben die Mainzer Weltlichen Räte den Verhaltensbefehl, daß wenn sie „uff ihr Hartnäckiges leugnen verbleiben sollte, sie mit nochmahliger beschraubung der Daumen und schinbeinen moderate angestrengt und wie daß erfolgt wieder berichtet werden möge"[503]. Der Befehl wurde am Morgen des 17. März durchgeführt. Bereits am Nachmittag fand man Katharina Berhart tot im Kerker.
Die meisten Menschen, welche in der Haft umkamen, standen im mittleren Lebensalter. Auf alte und „baufällige" Personen, wie es in den Amtsschreiben heißt, wurde besondere Rücksicht genommen[504]. Jugendliche durchstanden relativ leicht die Qualen der Tortur und die Unannehmlichkeiten der Gefängnishaft.
Engel Deusinger, deren Eltern zu den ersten Opfern in Lohr gehörten, wurde wiederholt eingezogen; doch mutig und gläubig meisterte sie ihr schweres Schicksal[505].
Fast während jeder Verfolgungsserie kam es zu Selbstmorden in den Haftanstalten. In Dieburg hatten kaum die Prozesse begonnen, als eine Frau (Margarethe Lippert, 23.7.1627) und ein Mann (Best Haun, 10.8.1627) Suizid verübten[506].

502) StaA Lohr XII, 3, T. 12, F.W. Nr. 2.
503) Ebd. Nr. 3.
504) s.S. 139.
505) StAW G 18 889.
506) StaA Mainz 28/291. Riezler (S. 200, 218, 229 u. 296 a.a.O.) geht auf das Problem der Selbstmorde bei den bayerischen Hexenprozessen ein. Er sieht sie durch die Angst vor dem Tod im Feuer verursacht.

Tortur und baldige Hinrichtung bereiteten den Gefangenen Angst; zur Verzweiflung aber führte der Gewissenskonflikt, unschuldige Menschen verraten zu müssen oder erneut der Folter ausgesetzt zu werden. Dies wird auch bei Margarethe Lippert und Best Haun spürbar. Margarethe nahm sich zu dem Zeitpunkt das Leben, als man sie zwingen wollte, Zeugen zu benennen[507].

Best Haun hatte nur vier Personen genannt. Weil er keine weiteren Menschen verraten wollte, und der Scharfrichter nicht zur Hand war, brachte ihn der Büttel in den Turm zurück. Am nächsten Tag fand man ihn tot im Kerker. In einem Schreiben der Mainzer Weltlichen Räte an den Amtmann von Dhaun in Dieburg heißt es: „Die weil wir aus eurem bericht, so viel vernehmen, das der thodt gefundene Best Haun ohnbekleydet, und nur in einem Hemdt, uff dem Rucken gelegen, und ein rundt zusammen getröhetes Stroheseyl, eines daumens dick, umb den Hals, und derselbe mit einem holzenen starken Zimmermans nagel zusammengekurbelt gehabt, auch das genick ganz entzwey gewesen seye, und dahero nit zu zweiffeln, er sich durch hilf seines Buhlgeistes des teuffels, selbsten ganz verzeifhelter Weiß umb das leben gebracht und ermordet habe"[508].

Im Amt Lohr verübte keiner der Gefangenen Suizid. Eine Reihe Gründe, die vielen Widerrufe und die erhaltenen Berichte sprechen dafür, daß gute Seelsorger die Gefangenen vor der äußersten Verzweiflung bewahrten[509].

Auch für Frauen und Männer, die in Haft starben oder Selbstmord begingen, mußten die Gerichtskosten bezahlt werden. Die Gütereinziehung wurde nur dann vorgenommen, wenn eine solche Person vorher verurteilt worden war[510]; im Gegensatz zu dem in Bamberg und Würzburg geltenden Recht genügte das Eingeständnis der Schuld nicht[511].

507) Ebd.
508) StaA Mainz 28/291.
509) s.S. 166f.
510) StaA Lohr XII, 3, T. 12, F.W. Nr. 2 u. Nr. 3.
511) Vgl. Merzbacher, S. 177ff.

Ein erschütterndes Beispiel, wie es im Innern eines Menschen, der im Verlauf der Hexenjagd zum Äußersten getrieben wurde, aussehen konnte, ist uns von Peter Diem (er war Knecht in der Fürstenherberge zum „Riesen" in Miltenberg) erhalten. Er schrieb den folgenden Text am 16. Juli 1629 mit Kreide auf die Tür seines Kerkers: „Gott erbarm! /Mein unschuldig Leben / will gott selber uffgeben. / Gott nehme mein Seel in Dein Händ, /Damit ich mein unschuldig leben end, / In Gottes Namen! / Amen, Amen, Amen. / O du unschuldiger Peter, / Frommer, gerechter Diener! / Weib und Kinder, eine gute Nacht! / Herzeleid. / In Gottes Namen! / Gott sei Lob und Dank in Ewigkeit! / Ich bin nit verzweifelt an Gott. / O aeternitas, aeternitas, aeternitas!"[512].

512) Nach Vierengel, Fürstenherberge „Riesen", a.a.O., S. 7.

V. Das Urteil

1. Freispruch

Nach Merzbacher „verhängten die Gerichte in den Urteilen zumeist nur die Todesstrafe"[513]. Die wenigen Freilassungen, die er erwähnt, beziehen sich fast ausschließlich auf Kurmainzer Gebiet[514].

Schon im 16. Jahrhundert wurden Personen, die der Hexerei angeklagt waren, nach Leistung der Urfehde aus der Haft entlassen. Ein genauer Überblick ist für das 17. Jahrhundert möglich:

	Verfahren allgemein:	Entlassungen:
1. Unter Johann Adam von Bicken: (1601 - 1604)	690	6
2. Unter Johann Schweikard von Kronberg: (1604 - 1626)	395	21
3. Unter Georg Friedrich von Greiffenklau: (1626 - 1629)	909	41
4. Unter Anselm Kasimir Wambolt von Umstadt: (1629 - 1647)	11	10
	2.005	78

Aufgrund der wenigen Quellen und lediglich allgemeiner Hinweise auf Verfahren in verschiedenen Ämtern darf die Zahl der Freigelassenen höher angesetzt werden[515].

513) Vgl. Merzbacher, S. 159.
514) Ebd. S. 162 (Anm. 299, 300 u. 302).
515) Zu bedenken ist hier die schmale Quellenbasis im Unterstift.

Nach obiger Statistik wurden unter Kurfürst Johann Adam von Bicken die wenigsten Personen entlassen. Das Engagement des Fürsten bei der Führung der Hexenprozesse fiel schon seinen Zeitgenossen auf. So schrieb der Mainzer Jesuit Nikolaus Serarius: „Der Erzbischof befleißigte sich in seiner Mainzer Diözese zwei pestartige Krankheiten zu bändigen und zu heilen, einmal das Übel der Hexerei und zweitens die Häresie"[516]. Auch der unerwartet plötzliche Tod des noch jungen Kurfürsten wurde mit seinen Hexenverfolgungen in Verbindung gebracht[517].
Während der Regierungszeit seines Nachfolgers, Johann Schweikards von Kronberg, kam es im Verlauf fast aller Prozeßserien zu Entlassungen. Obwohl unter diesem Fürsten beinahe in allen Ämtern die Scheiterhaufen loderten, waren die Prozeßkomplexe begrenzt und uferten nicht zur Massenverfolgung aus[518]. Viele wurden nach der Tortur deshalb aus der Haft entlassen, weil die durch zahlreiche Prozeßreihen verursachte Denunziationsflut, welche die Freigelassenen eingeholt und neu belastet hätte, noch nicht in voller Intensität auftrat.
Als die Prozeßlawine unter Georg Friedrich von Greiffenklau verschiedene Städte überrollte und die Bevölkerung teilweise dezimierte, hatte kaum jemand eine Chance, dem Holokaust zu entkommen. Frauen und Männer, welche die peinliche Befragung bestanden, wurden immer wieder von Mitangeklagten der Teilnahme an Hexentänzen beschuldigt, bis sie erneut vor Gericht standen und ihre physische und psychische Widerstandskraft durch die wiederholte Tortur gebrochen war.
Ab 1629 begannen die Verfahren zu stagnieren[519]. Die Zahl der Brände ging zurück, und viele Frauen und Männer erlangten die Freiheit.

516) Nach Brück, Johann Adam von Bicken, S. 175.
517) Ebd. S. 184.
518) Wesentlich intensiver wurden in dieser Phase die Prozesse in Bamberg und Würzburg betrieben. s.S. 303f.
519) Schormanns These (Hexenprozesse in Deutschland, S. 63), daß die mittlere Prozeßwelle kriegsbedingt endete, gilt nicht vom Erzstift und den geistlichen Hochstiften in Franken. s.S. 340.

Nach Midelfort führte die schrankenlose Ausweitung der Prozesse bei vielen, die ursprünglich die Hexenjagden unterstützt hatten, zu einer tiefgreifenden Krise des Vertrauens in die Handhabung von Gesetz und Recht und in der Folge häufig zur Einsicht in die Unsinnigkeit des gesamten Hexenprozeßwesens[520]. Diese Entwicklung ist auch im Kurfürstentum Mainz zu beobachten[521]. Die Anzahl der Denunziationen schrumpfte auf wenige Personen (oft schon Hingerichtete) zusammen und die Folter wurde „humaner" gehandhabt. So kamen im Amt Lohr fünf zwanzigjährige Frauen (1629) nach bestandener Marter gleichzeitig frei[522].

Schon im Verlauf der großen Prozeßserie (1627-1629) waren die Mainzer Weltlichen Räte darauf bedacht, das Aufkommen neuer Verfahren in anderen Ämtern zu verhindern. Zwei Punkte bestimmten dabei ihr Handeln. Die bis zur Grenze ihrer Belastbarkeit angestrengte oberste Justizbehörde sollte von weiteren Verfahren entbunden[523], und das Aufbegehren der Bevölkerung, das sich oft im Wunsch nach Hexenprozessen äußerte, sollte unterdrückt werden[524]. So endeten während der großen Prozeßwelle Einzelverfahren teilweise mit der Entlassung der Betroffenen[525].

Unter Kurfürst Anselm Kasimir Wambolt von Umstadt kam es kaum noch zu Verurteilungen. In Amorbach erlangten 1642 von elf Beklagten zehn die Freiheit, nur eine Frau wurde zum Tode verurteilt[526].

520) Vgl. Midelfort, Witchhunting in Southwestern Germany, S. 164 - 192.
521) Wobei Midelforts „General Crisis of Confidence" einer detaillierteren Definition bedarf. Im Erzstift war der allmähliche Rückgang der Prozesse durch das Aufkommen neuer geistlicher Bewegungen und durch die Persönlichkeit des Kurfürsten Anselm Kasimir bedingt, der für das prozessuale Vorgehen neue Bestimmungen erließ.
522) StaA Lohr XII, 3, T. 12, F.W.
523) Vgl. Gebhard, Hexenverfolgung in der Mainzischen Zent Nieder-Roden, S. 91 - 104.
524) Vgl. Huffschmid, S. 432 u. StAW G 10 139.
525) Vgl. Gebhard, Hexenverfolgung in der Mainzischen Zent Nieder-Roden, S. 91 - 104.
526) StAW G 18 890.

Angeklagte, die Gefängnis und Tortur überstanden hatten, waren an Leib und Seele gebrochen. Hans Keßler aus Lohr schildert in einem Brief an den Erzbischof (1628) das Schicksal seiner Frau nach Haft und Folter. Frau Keßler wurde, nachdem sie dreimal mit einem schweren Stein hochgezogen worden war und nicht bekannt hatte, aus der Stadt verwiesen. Sie konnte so schlecht gehen, daß sie der Büttel fast tragen mußte. Schließlich brachten sie ihr Mann und ihre Kinder über den Main in eine Scheune bei Sendelbach, wo jedoch die Gemeinde die Aufnahme verweigerte[527].

Während die Angehörigen Dorothea Keßler betreuten, weigerten sich andere Ehemänner vielfach, ihre von der Folter entstellten und nicht mehr arbeitsfähigen Frauen wieder aufzunehmen. Der Mann der „Katharina von Nantenbach" (Amt Lohr 1612) ist nur dann bereit, seine Frau aufzunehmen, wenn er von der Obrigkeit einen Schein bekäme, der ihre Unschuld bestätige[528]. Noch schwerer war das Los der Anna Müller aus Weilbach (Amt Höchst 1616). Ihr Mann Johann Müller schrieb ihr: „Sie soll sich nicht lang uffhalten oder martern lassen. Er hab schon lang gemerkt, daß sie dergleichen Person sei"[529].

Merzbacher weist nach, daß es sich bei Freilassungen lediglich um eine bedingte Freisprechung der Angeschuldigten handelte. Falls neue Indizien auftauchten, konnte der Beschuldigte erneut peinlich befragt werden[530]. So wurden in den Ämtern Dieburg und Miltenberg fast alle Frauen und Männer, welche 1616/17 freigelassen worden waren, 1627-1629 erneut belangt und schließlich hingerichtet[531].

527) StAW G 18 889.
528) StAW G 3 314.
529) StAW Aschaffenburger Archivreste Fasz. 360 X Nr. 2.
530) Vgl. Merzbacher, S. 163. Vor der Entlassung aus der Haft mußten sie Urfehde (Versprechen, sich nicht an Personen sowie für Haft- und Folterbedingungen zu rächen) leisten.
531) StaA Mainz 28/291 u. StAW Gericht Miltenberg Nr. 690 u. 698.

2. Landesverweisung und Verstrickung

Die Strafe der Landesverweisung wurde häufig unter den Kurfürsten Johann Schweikard von Kronberg und Anselm Kasimir Wambolt von Umstadt ausgesprochen. Im Amt Höchst mußten alle Personen, die die Folter bestanden hatten, das Mainzer Gebiet verlassen[532]. Dagegen fand diese Bestrafung in den Ämtern Lohr (1611-1613) und Miltenberg (1616/17) keine generelle Anwendung[533]. Anhand der Quellen kann nicht entschieden werden, ob die Verhängung dieser Strafe vom Ermessen der Gerichte abhing oder durch regionale Rechte begünstigt wurde. Als die Hexenverfolgung zurückging, (Amorbach 1641/42), verwiesen die Richter viele der Haft Entlassenen des Landes[534].

Die Strafe der Landesverweisung stützte sich auf Artikel 109 CCC[535]. Die Gefangenen mußten schwören, sich für die erlittene Untersuchungshaft und Folter nicht zu rächen, zeitlebens darüber zu schweigen und nie mehr in das Mainzer Gebiet zurückzukehren. Solche Eidesleistungen (Urfehden) sind in zahlreichen Gerichtsdokumenten erhalten geblieben[536].

Vielfach richteten Angehörige ein Gnadengesuch an den Erzbischof. Der Bischof war stets zur Milde bereit, falls die Gefängnis- und Gerichtskosten beglichen, die Inhaftierten von ihrer Familie aufgenommen und von ihrer Nachbarschaft keine Einwände erhoben wurden[537].

532) StAW Aschaffenburger Archivreste Fasz. 360 X Nr. 2.
533) StAW Gericht Miltenberg Nr. 690 u. 698 u. Gericht Lohr Nr. 73.
534) StAW G 18 890.
535) Vgl. Radbruch, S. 78.
536) s.S. 96.
537) StAW Aschaffenburger Archivreste Fasz. 360 X Nr. 1 u. Nr. 2.

Des Landes Verwiesene hatten oft ein schweres Schicksal. In einem Brief an seinen Landesfürsten, Kurfürst Johann Philipp von Schönborn (1647 - 1673), schildert der Bäcker Georg Müller aus Amorbach (1657) sein Los. Müller wurde von Stadt zu Stadt gejagt. Hilfe gewährten ihm lediglich Klöster. Fromme geistliche Personen seien sein einziger Trost gewesen. Schließlich fand er in Wien als Bäcker Arbeit. Als er 1657 nach Amorbach zurückkehrte, nahmen ihn seine Mitbürger freundlich auf. Seine eigene Frau aber wies ihn mit der Bemerkung zurück, ihm nichts mehr schuldig zu sein[538].

Frauen, die von dieser Strafe betroffen waren, verkamen häufig, von Land zu Land irrend, auf der Straße[539].

Die Strafe der Verstrickung wurde nachweisbar nur in zwei Fällen (1602 Wiesen; Amt Lohr) verhängt[540]. Die betroffenen Frauen durften ihre Häuser und Höfe unter keinen Umständen verlassen. Selbst bei geringen Verstößen gegen die Anordnung drohte ihnen die Landesverweisung. Wiederholt beschwerten sich die Nachbarn, daß sich die Frauen nicht an die Weisung hielten. Der Amtmann ermahnte die Frauen, die Verfügung einzuhalten; zu ernsteren Maßnahmen kam es jedoch nicht[541].

Auch alle anderen Freigelassenen hatten bestimmte Auflagen zu erfüllen. Sie durften an keinen Festen und öffentlichen Versammlungen teilnehmen. Der Besuch von Tauf- und Hochzeitsfeiern war ihnen verboten. Die genannten Bestimmungen hatten jedoch weniger Straf- als Schutzfunktion. Sie sollten die Betroffenen vor Angriffen schützen und die Ruhe unter den Bürgern bewahren, die gern Hexereibeschuldigungen aufgriffen, um ihre Unzufriedenheit kundzutun[542].

538) StAW G 18 890.
539) StAW Aschaffenburger Archivreste Fasz. 360 X. Nr. 1.
540) StAW G 3 096.
541) Ebd.
542) Vgl. Gebhard, Gerichtsakten, „Die Ober-Rodener Hexerey betreff". In: Nieder-Rodener Lokalnachrichten, Nr. 14 v. 14.6.1983.

3. Todesstrafe

Das Hexenverbrechen subsumierte nach Reichsrecht eine Reihe von Vergehen, die fast alle mit dem Tod bestraft wurden. Dazu zählten die Majestätsbeleidigung Gottes (Art. 106 CCC), die Sodomie (Art. 116 CCC), die Zauberei (Art. 109 CCC) und der Ehebruch (Art. 122 CCC)[543]. Alle Artikel kamen bei der rechtlichen Bewertung der Hexerei im Kurfürstentum Mainz zur Anwendung[544].

Nach römischem Recht und dem Sachsenspiegel wurde die Todesstrafe an Hexen und Zauberern mit Feuer vollzogen[545]. Diese Rechtsauffassung fand über die Bamberger Peinliche Halsgerichtsordnung (Art. 131 CCB) - dieser Artikel bedrohte Häresie allgemein mit dem Tod auf dem Scheiterhaufen - Aufnahme in die Carolina (1532)[546]. Hier heißt es in Artikel 109: „So jemand den Leuten durch Zauberey schaden oder nachtheil zufüget, soll man ihn straffen vom Leben zum Tode, und man solliche straff mit dem Feuwer thun"[547].

Majestätsbeleidigung Gottes und die den Hexen unterstellten Sittlichkeitsdelikte wurden nach dem Recht der Carolina ebenfalls mit dem Tod auf dem Scheiterhaufen bestraft[548].

543) Vgl. Radbruch, S. 77f. u. 81ff.
544) s.S. 94f.
545) Vgl. Mommsen, S. 643 u. His, S. 106 - 112.
546) Vgl. Schmidt, (E.), Einführung in die Geschichte der deutschen Strafrechtspflege, S. 130 - 133.
547) Vgl. Radbruch, S. 78.
548) Ebd. S. 77f.

a) Arten der Todesstrafe

Vor 1600 und unter Johann Adam von Bicken (1601-1604) wurden fast alle Hexen und Zauberer lebendig verbrannt[549]. Um ihre Qualen abzukürzen, hängte der Scharfrichter ihnen ein Pulversäckchen um den Hals[550]. Grebner, der über 100 Prozesse im Freigericht untersuchte, erwähnt nur einen einzigen Fall, bei dem die Feuerstrafe in Enthauptung mit anschließendem Verbrennen der Leiche umgewandelt wurde[551].
Seit 1614 ließen die Behörden die Hexen vor der Verbrennung enthaupten oder erwürgen. Der Amtmann Johann Konrad von Vohrburg (Miltenberg) schreibt in einem undatierten Brief von 1614: „Ich wachte in der Nacht des 24. November um 2 Uhr plötzlich auf. Darauf verfiel ich in einen Halbschlummer, in dem ich mich mit dem beklagenswerten Los der der Zauberei verfallenen Personen beschäftigte, welche nun schon seit zwei Jahren in Stadt und Land Aschaffenburg auf Anzeige verhaftet, verhört, gemartert und getötet werden, und da ich die Armen sah, pries ich die Güte meines Fürsten (Johann Schweikard von Kronberg), der nicht mehr, wie vordem, die Hexen lebendig verbrennen, sondern sie enthaupten oder aufknüpfen und nach Eintritt des Todes verbrennen läßt"[552].
Ein dahingehender Erlaß liegt jedoch nicht vor. Möglicherweise erfolgte eine solche Verordnung im Jahre 1612 zusammen mit den anderen Kurmainzer Bestimmungen über das Hexenwesen[553]. Dagegen scheinen die Hexenprozesse in Rieneck 1611-1613 (Amt Lohr) zu sprechen. Hier verurteilte man die Hexen und Zauberer zum Tode durch Verbrennen ohne vorherige Enthauptung[554].

549) Vgl. Grebner, S. 182.
550) Ebd.
551) Ebd.
552) Nach Veit, Die Stadt Dieburg und Umgebung in der ersten Hälfte des 17. Jahrhunderts, S. 26.
553) StAW K 210/186.
554) StAW Gericht Lohr Nr. 73.

Es ist aber zu bedenken, daß die Ordnung bezüglich der Hexenprozesse den Beamten in Lohr und Rieneck erst gegen Ende der Prozeßserie bekannt wurde[555]. In allen späteren Prozessen enthauptete man die Opfer, bevor man ihre Leichen dem Feuer überließ.

Nach Merzbacher konnte im Hochstift Würzburg nur der Bischof als oberster Zentherr „die Begnadigung - vom lebendigen Brand - zu vorheriger Hinrichtung mit dem Schwert aussprechen"[556]. Die Angehörigen der wegen Hexerei Verurteilten reichten deshalb des öfteren bei der fürstlichen Kanzlei Begnadigungsgesuche ein. Im Fürstentum Bamberg wurde erst 1628 eine allgemeine „Begnadigung zum Schwert" verkündet[557]. Im Erzstift Mainz übten die Amtmänner im Namen des Kurfürsten das Gnadenrecht aus. Mehrere solcher Gnadenzettel aus den Jahren 1616-1618 liegen aus dem Amte Miltenberg vor. Die Begnadigung wurde in folgender Form ausgesprochen: Der Amtmann Johann Konrad von Vohrburg„erclärt sich uf geführte Gnad (sie war von dem Defensor erbeten worden) und milterung des scharpfen Uhrtheil, erteilten und habenden Gewalt nach, daß Claus Heilmann, zuvor mit dem Schwerth vom leben zum Thodt hingerichtet werden, und dann darauf dem wohlausgesprochenen Endurteil ein Völliges genügen geschehen soll, und das aus Kurfürstlicher Begnadigung von rechts wegen. Datum 10ter September Anno 1618 Johann Konrad von Vohrburg"[558]. In späteren Verfahren spielte das Gnadenrecht keine Rolle mehr. Die der Feuerstrafe vorausgehende Hinrichtung mit dem Schwert wurde als gegeben angenommen.

Im Gegensatz zu den fränkischen Hochstiften[559] sprachen die Richter im Kurfürstentum seltener eine Verschärfung der Todesstrafe aus. Das im Bistum Bamberg übliche Reissen mit glühenden Zangen[560] hatten die Scharfrichter im Erzstift - soweit bekannt - nur in vier Fällen auszuführen[561].

555) Ebd.
556) Vgl. Merzbacher, S. 164.
557) Ebd.
558) StAW Gericht Miltenberg Nr. 692.
559) Vgl. Merzbacher, S. 174.
560) Ebd. S. 175. Sedes materiae ist 175 CCC.
561) Dies geschah in Dieburg und Lohr. Vgl. StaA Mainz 28/291 u. StAW 18 889.

Die Delinquenten waren - neben Hexerei - der Abtreibung, des Ehebruches oder des Totschlages überführt worden.

b) Durchführung

Die Hinrichtungen in der frühen Neuzeit waren öffentlich und entwickelten sich zu einem staatlichen Strafritual, das der Zurschaustellung der staatlichen Macht diente. Dabei war nach Dülmen nicht das „subjektive Leiden des Verurteilten entscheidend, sondern die Sichtbarkeit für den Zuschauer"[562].
Bei der Hinrichtung von Gela Geiß in Lohr (1612) waren neben den Amtspersonen (dem Zentgrafen, dem Blutschultheißen, den acht Schöffen der Stadt und den Schöffen der Gemeinden Frammersbach, Rieneck und Wiesen) Musketiere und Rotten in Rüstung anwesend, die eine besondere Bezahlung erhielten[563]. Die Hinrichtungen wurden bis ins einzelne vorbereitet. So hat sich in den Gerichtsprotokollen des Amtes Höchst (1616) ein Blatt erhalten, das die Überschrift trägt: „Was man zur Hinrichtung einer Hexe braucht"[564].

562) Vgl. Dülmen, Entstehung des frühneuzeitlichen Europa, S. 241f.
563) StAW Gericht Lohr Nr. 73.
564) StAW Aschaffenburger Archivreste Fasz. 360 X Nr. 1.
„1. ein Wagen mit Wellen
2. fünf Wagen mit Holz
3. ein Bausch Stroh
4. Stroh
5. ein Stützel zum eingraben
6. zwei Feuerhaken."

Hinrichtungsstätten werden in den Kurmainzer Urkunden selten erwähnt. Hinweise auf Verbrennungsplätze finden sich jedoch häufig im lokalgeschichtlichen Schrifttum. Die Richtplätze folgender Gemeinden konnten ermittelt werden:

Aschaffenburg	- „hinter der Agathenkirche"[565)]
Dieburg	- „zwischen Ewaldspforte und Mainfelder Pforte"[566)]
Fritzlar	- „auf dem Pippert hinter der Siechenkapelle"[567)]
Flörsheim	- „auf dem Hexenberg oberhalb der Traiser Mühle"[568)]
Groß-Ostheim	- „auf dem Schieberg am stumpfen Turm"[569)]
Groß-Welzheim	- „am Spiegelsberg"[570)]
Hörstein	- „am Weg nach Kahl"[571)]
Klein-Heubach	- „unter dem Galgen"[572)]
Klingenberg	- „am Galgen auf dem Hobberg"[573)]
Lohr	- „auf dem Galgenberg"[574)]
Miltenberg	- „vor dem Rathaus und auf dem Schindanger an der Stadtmauer in Richtung Bürgstadt"[575)]
Mönchberg	- „oberhalb der Waldmühle"[576)]
Seligenstadt	- „auf dem Marktplatz"[577)]
Somborn	- „Galgengrund"[578)]
Steinheim	- „auf dem Schloßplatz"[579)]
Wörth	- „über der alten Straße"[580)]

565) Vgl. Lorenz, (A.), S. 2.
566) Vgl. Karst, Die mittelalterlichen Vorstädte Dieburgs, S. 58f.
567) Vgl. „Fritzlarer Kreisanzeiger" v. 3.9.1949.
568) Vgl. Dehm, Typoscript v. 8.4.1979 (StaA Flörsheim).
569) Vgl. „Main-Echo" v. 17.3.1957.
570) Vgl. Rücker, In: 1000 Jahre Groß-Welzheim, S. 149.
571) Vgl. Grebner, S. 182.
572) Vgl. „Main-Echo" v. 27.8.1980.
573) Vgl. Walter, In: Stadt und Amt Klingenberg, S. 138.
574) Vgl. „Lohrer Echo" v. 20.4.1960.
575) Freundl. Mitteilung des StaA Miltenberg v. 16.10.1985.
576) Vgl. „Main-Echo" v. 30.4.1949.
577) Vgl. Seibert, Hexenbrände in und um Seligenstadt, S. 15.
578) Vgl. Grebner, S. 182.
579) Freundl. Mitteilung v. Dr. Kaiser/Steinheim v. 12.9.1985.
580) Vgl. „Main-Echo" v. 30.4.1954.

17 Hochgrab der Familie Becker in Mönchberg, Spessart. Ein Großteil der Familie wurde im Verlauf der Hexenverfolgung ausgerottet.

18 Hinrichtung und Stäuben. Aus Ulrich Tenglers Laienspiegel. Mainz 1508.

c) Bestattungsformen

Mit der Hinrichtung war die Ausstoßung des Missetäters nicht zu Ende, sie reichte über den Tod hinaus. Daher verscharrten die Scharfrichter die Asche der verbrannten Hexen und Zauberer oder verstreuten sie in die Winde[581].

Bittgesuche um Erdbestattung wurden im Kurfürstentum Mainz generell abgelehnt. Im November 1627 wandten sich der Müller Michael Fritz aus Dieburg, seine sieben Kinder und der Pfarrer der Gemeinde mit der Bitte an den Erzbischof, „daß ihr verhaftet alter Vater (er war 80 Jahre alt) nach erlittener Justifizierung und Enthauptung, wo nit an einem geweythen Ort, yedoch uf einem absonderlichen und vor diese in similibus nobilibus casibus darzu deputierten spezialörtlein tumuliert und begraben werde"[582]. Obgleich sich der Müller um die Verwaltung der Güter des Erzbischofs in Dieburg verdient gemacht hatte und der Pfarrkirche reiche Legate versprach, lehnten die Mainzer Weltlichen Räte im Auftrag des Kurfürsten das Gnadengesuch ab[583].

In ihrem Antwortschreiben heißt es: „Also sehen wihr nit, warum ihme Erles Müller mehr gnad, als andern seines gleichen personen zu erweyßen seye, auch nit davon halten daß ermelte Supplicanten disfalß von höchsten Kurfürstlichen Gnaden, welche dergleichen suchen mehrmals abgeschlagen, ein mehrers erhalten werden"[584].

Auch im Amt Lohr wurde die Bitte eines reichen Kaufmanns (Hieronimus Weidenweber 1627), nach der Enthauptung bestattet zu werden, abgewiesen[585]. Folgende Gründe sprechen dafür, daß man in Großkrotzenburg Verurteilte nach der Hinrichtung mit dem Schwert in der Erde beisetzte.

581) Vgl. Merzbacher, S. 175.
582) StaA Mainz 28/291.
583) Ebd.
584) Ebd.
585) StAW G 18 889.

Von 49 der im Jahre 1628 in der Gemeinde Großkrotzenburg Gerichteten liegen Testamente vor, die reiche Vermächtnisse an die Kirche, den Amtmann und andere Amtspersonen enthalten[586]. Die reichen Legate, die durch ihren Umfang auffallen und die in keinem Verhältnis zu anderen Ämtern stehen, stellen die Frage, ob möglicherweise die Zusicherung von Straferleichterung die Verurteilten zu ihrem Handeln motivierte. Einige Passagen aus dem Tagebuch des Nikolaus Georg von Reigersberger[587] scheinen ebenfalls dafür zu sprechen, daß die Leichen von Verurteilten nicht verbrannt wurden[588]; er leitete die Prozesse in Großkrotzenburg. Bei Hinrichtungen in Aschaffenburg findet sich fast regelmäßig die Wendung, „zu Schwert und Feuer kondemniert"[589], während er für Großkrotzenburg die Ausdrücke „hingerichtet" oder „justifiziert" gebraucht[590]. Da von Reigersberger in seiner Prozeßführung dem Dekan und Kapitel des St. Petersstiftes[591] und nicht den Mainzer Weltlichen Räten unterstand, ließe sich ein solches Abweichen von der im übrigen Kurfürstentum geltenden Regelung erklären.
Eine Klärung des Sachverhalts ist nicht möglich, weil nur noch fiskalische Berechnungen, Testamente der Verurteilten und einige wenige Amtsschreiben vorliegen; die eigentlichen Prozeßunterlagen sind nicht mehr auffindbar.
Unter Anselm Kasimir wurden die Verurteilten mit dem Schwert hingerichtet und an einem ungeweihten Ort beigesetzt.
Gefangene, welche nach ihrem Bekenntnis starben oder im Kerker Selbstmord begingen, schleifte der Henker durch die Straßen der Stadt zum Richtplatz und verbrannte sie dort. In dieser Weise verfuhr man z.B. mit den sterblichen Überresten zweier Personen, die in der ersten Phase der großen Dieburger Hexenprozesse Suizid verübten (Margarethe Lippert 23.7.1627 und Best Haun 10.8.1627)[592]. Inhaftierte, die vor ihrem Bekenntnis im Gefängnis starben, wurden an einem ungeweihten, abgelegenen Ort begraben.

586) StAM 86/16 388.
587) s.S. 212.
588) S.B. Bamberg I. H. msc. misc. 9/12.
589) Ebd.
590) Ebd.
591) Vgl. Zeller.
592) StaA Mainz 28/291.

Nachdem am 17.3.1629 die Frau „des alten Beerhansen aus Rodenbach" im Gefängnis von Lohr gestorben war, gaben die Mainzer Weltlichen Räte (19.3.1629) folgenden Verhaltensbefehl, „daß ermelter todter Cörper durch der verstorbenen befreundte oder da sich dieselben deßen verweigern sollten, durch gewisse um billichen Lohn, hierzu gedingte Leut oder im fall davon auch keine zuerlangen, durch den Nachrichter an ein absonderlich ohngweyhtes orth in der Stille under die erden begraben seye"[593].

593) StAW G 18 889.

VI. Die Kosten des Verfahrens

1. Die Prozeßkosten

Die Kosten des Verfahrens mußten in der frühen Neuzeit von den Angeklagten selbst getragen werden[594]. Die Vielzahl der am Prozeßgeschehen Beteiligten bedingte ein differenziertes System der Gerichts-, Gefängnis- und Hinrichtungsgelder.

a) Die gewohnheitsrechtliche Regelung der Kosten

Erst 1612 erließ Kurfürst Johann Schweikard von Kronberg eine Gebührenordnung, um die Unkosten zu mindern, welche die Hexenprozesse verschlangen[595]. Gewohnheitsrechtliche Regelungen bestanden bereits vorher. Sie waren von Amt zu Amt verschieden und fanden auch bei anderen Strafprozessen Anwendung. Im Amtsbezirk Lohr z.B. war die Besoldung der Beamten und Hilfskräfte taxiert. Jede Amtshandlung und Verrichtung mußte extra vergütet werden. Eine Vergütungsordnung des Amtes Lohr aus dem Jahre 1602 zeigt, wieviele Personen bei einem Hexenprozeß mitwirkten und welchen Lohn sie erhielten:

1. "Dem Fiscali Ancläger Vor jeder Persohn 2 Gulden.
2. Dem Defensori halb soviel alß 1 Gulden.
3. Mehre derem jeder für seine Zehrung oder Imbs so hirbevorn nach vollendeten Gericht gehalten zu werden gepflogen 4 Batzen.
4. Den hiesigen Löhrer Gerichtsschöpfen, deren Knecht, sampt dem Blutschultheißen, Zentgraven und Stadtschreiber für die Zehrung yedem 5 Batzen.
5. Dem Zentgraven, zween Gerichts Persohnen und andere dar zu gehörigen Examinatoren yedem 5 Batzen.

594) Vgl. Merzbacher, S. 177.
595) StAW K 210/186.

6. Den Zweyen Gerichtsschöpfen zu Wiesen, jedem Weiler sie etwas weit zugehen für zehrung 2 Gulden.
7. Den Dreyen Frammerspacher Schöpfen für ihre Zehrung yedem 6 Batzen.
8. Dem Herrn Pfarrherren und Caplan an statt der Zährung oder für den Imbiß jedem 2 Gulden.
9. Dem Herrn Centgraven wegen des Gerichts (endlicher Gerichtstag) 2 Gulden.
10. Dem Stattschreiber (endlicher Gerichtstag) 2 Gulden.
11. Dem Herrn Oberamptmann (für den Schriftverkehr mit der Oberhörde) 2 Gulden.
12. Dem Stattschreiber (ebenfalls für den Schriftverkehr) 2 Gulden.
13. Vor einer Persohn jetziger Zeit sein zehrung täglich beim Wirth 6 Batzen, 2 Kreuzer.
14. Den Bütteln vor jeder Persohn zu warten tag und nacht hat jeder für seine Zehrung gemeinlich 4 Batzen, 4 Kreuzer.
15. Deen Wechtern so dergleichen Mißthätigen Persohnen zugegeben werden (Es handelt sich um Privatpersonen, welche nach der Verurteilung die Gefangenen bewachten; davor war dies Aufgabe der Büttel) jeder tag 4 Batzen.
16. Dem Nachrichter vor eine Persohn 10 Gulden.
17. Deßgleichen ihme vor jedes Verhör, da Peinliche Instrumente gebraucht oder vorgezeigt werden 1 Gulden.
18. Den Rotten in Rüstung, so bey der Exekution gebraucht 1 Thaler.
19. Holz, stro, wellen so zur Exekution beigeschaft werden muß, erstreckt sich ohnegefehr uff 5 Gulden .
20. Pothenlohn und Warthgeld. (Die Boten überbrachten die Gerichtsschreiben; manchmal mußten sie auf die Ausfertigung von Schreiben warten) 4 - 5 Batzen pro Tag"[596].

596) StAW Gericht Lohr Nr. 73.

Beachtlich sind die hohen Bezüge, welche der Scharfrichter erhielt. Neben den Exekutionskosten von 10 Gulden bekam er für jede peinliche Befragung (eine Person wurde bis zu fünfmal gefoltert) einen Gulden und denselben Betrag, um das Gefängnis zu reinigen. Die Gebühren für Wasenmeister waren in anderen Ämtern geringer veranschlagt:

Amt:	Lohn:
1. Aschaffenburg[597)]	3 Gulden
2. Freigericht[598)]	7 Gulden
3. Höchst[599)]	7 Gulden
4. Seligenstadt[600)]	3½ Gulden

Die neue Gebührenordnung wurde 1612 eingeführt. Darauf protestierten die Scharfrichter und die Büttel von Lohr. Sie handhabten die Tortur gelinder, so daß vier Angeklagte nacheinander die Folter bestanden. Darauf drohten die Weltlichen Räte mit Strafmaßnahmen und ließen die peinliche Frage wiederholen[601)].

Eine variable Taxordnung war auch im Freigericht in Geltung. Der Landbereiter (seine Funktion war der des Zentgrafen vergleichbar), die beiden Schöffen und der Gerichtsschreiber bezogen für einen Gerichtstag je einen Gulden. „Paul Eyles (Gerichtsschreiber) erhielt außerdem für die Abfassung des Protokolls von jeder Person (109 Gerichtete) drei Gulden". Die Geistlichen bekamen wie in allen Amtsbezirken - außer Lohr - keine Sonderbezüge[602)].

In den meisten Ämtern waren, abgesehen von den Boten und Wächtern, die in einem den Tagelöhnern vergleichbaren Dienstverhältnis standen, Fixbeträge für die Beamten angesetzt, die nur unwesentlich variierten:

597) Vgl. Lorenz (A.), S. 3.
598) Vgl. Grebner, S. 216.
599) StAW Fasz. 360 X Nr. 1 u. Nr. 2.
600) StAD E9 Konv. 54 Fasz. 8.
601) StAW G 3 608.
602) Vgl. Grebner, S. 216f.

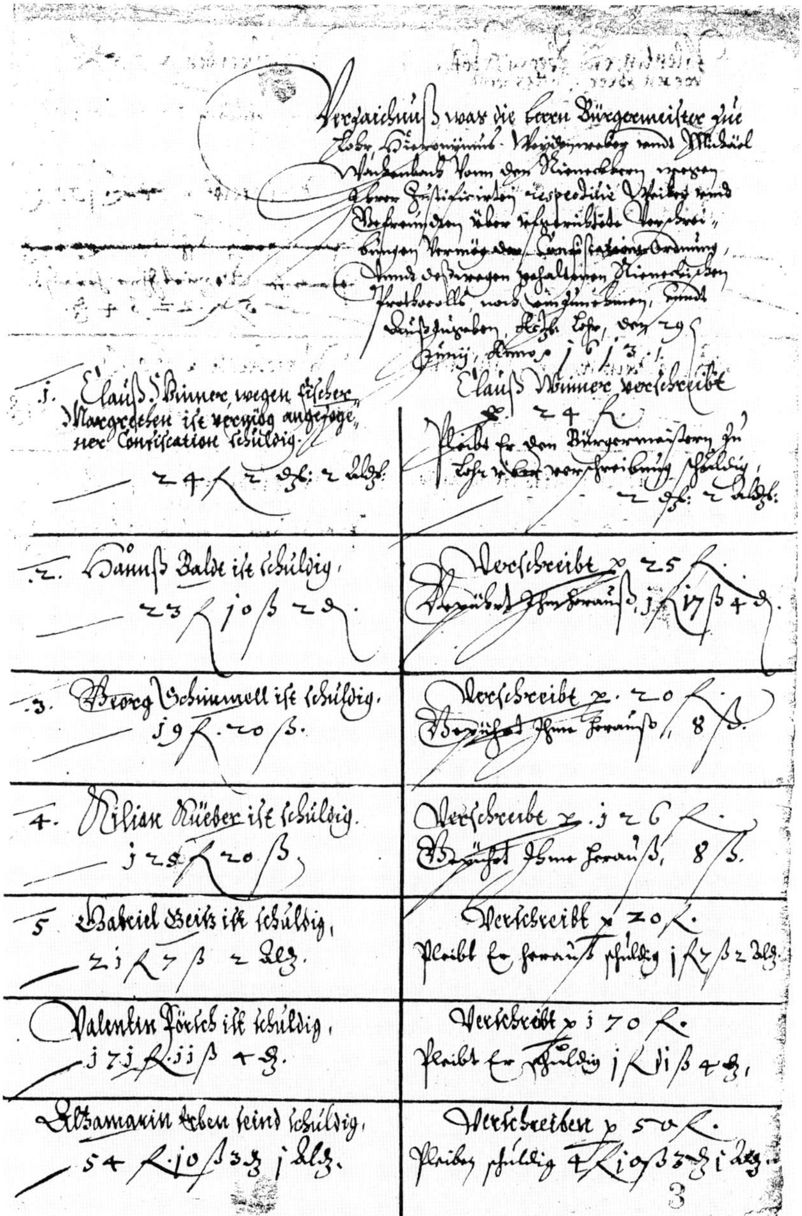

19 Aus den fiskalischen Akten der Kellerei Rieneck (Sta A Lohr). Die Liste enthält die Prozeßkosten, die auf die Angehörigen entfielen.

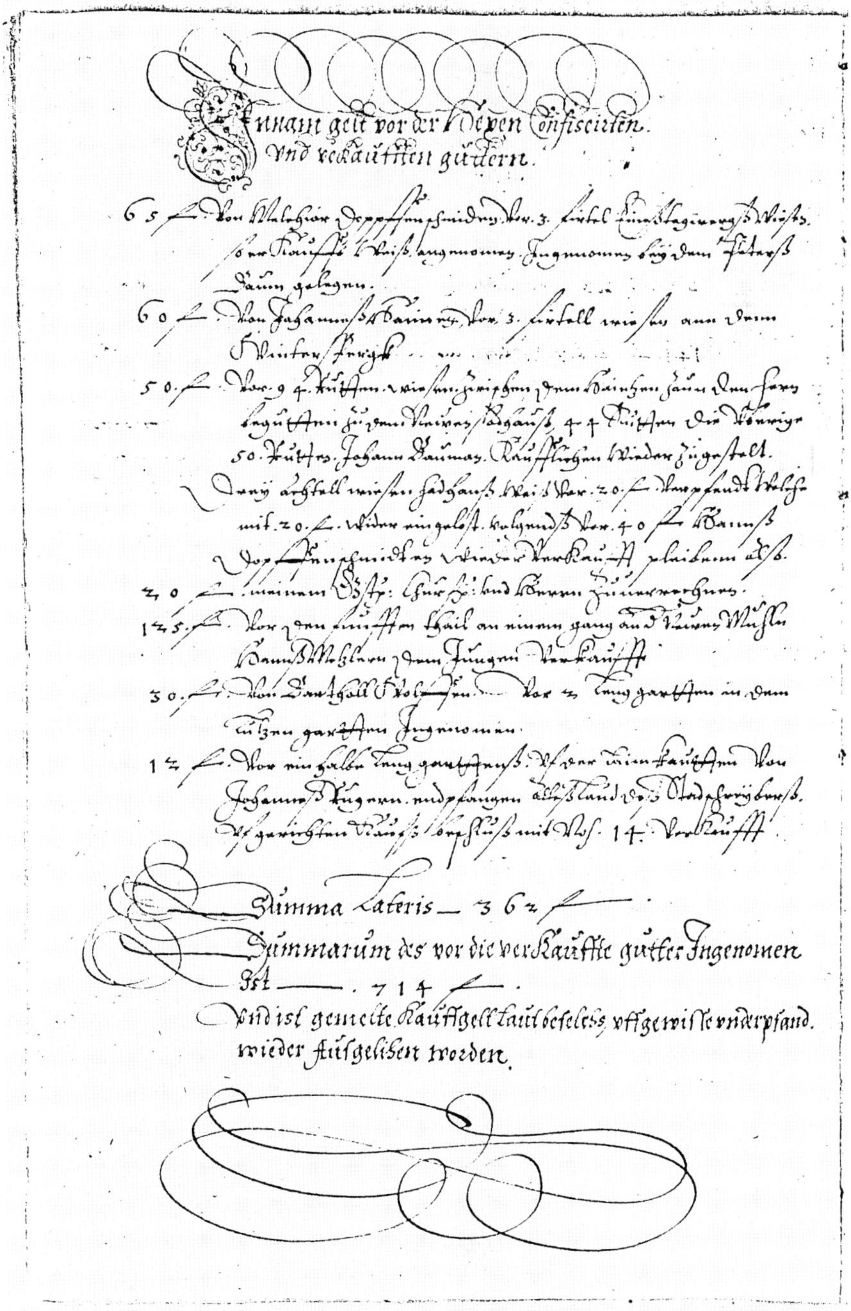
Innam gelt vor der Hexen confiscirten
Vnd verkaufften gütern.

Summa Lateris — 362 fl
Summarum des vor die verkauffte gütter Ingenomen
ist —— 714 fl
Vnd ist gemelte Kauffgelt laut befelchs vff gewisse vnderpfand
wieder außgeliehen worden.

20 Rechnungen Orb Nr. 11, Jahrgang 1608 (St.A M). Sie enthalten die Namen von fünf Frauen, die 1603/04 in Bad Orb hingerichtet wurden.

Übersicht

	Aschaffenburg[603]	Flörsheim[604]	Höchst[605]	Seligenstadt[606]
1. Amtmann (Stadtschultheiß)	2 G	10 G	7 G	?
2. Zentgraf	1 G	3 G	2 G	?
3. Fiskal	1 G	15 G	6 G	8 G
4. Defensor	1 G	11 G	5 G	6 G
5. Schöffen	1 G	2 G	2 G	2 G
6. Gerichtsschreiber	2 G	10 G	5 G	?
7. Büttel	?	?	?	1 G

Im Unterschied zu anderen Amtsbezirken übten in den Ämtern Flörsheim und Höchst promovierte Juristen die Ämter des Richters, Fiskals und Defensors aus. Von daher wird die unterschiedliche Vergütung verständlich. Die Gerichtsbeamten in Seligenstadt erhielten keine Sonderbezüge für die Prozesse. Hier sind jedoch die Kosten für die Gerichtsmahlzeiten äußerst hoch. Sie beliefen sich auf 20 - 41 Gulden für eine einzige Hinrichtung[607]. Im Amt Lohr wurde die Summe von sechs Gulden kaum überschritten[608].

Die unterschiedlichen Rechtstraditionen im Kurfürstentum Mainz sind durch die Geschichte des Territoriums bedingt. Jedes neu erworbene Gebiet brachte seinen eigenen Rechtsbrauch ein.

603) Vgl. Lorenz (A.), S. 3.
604) StaW Fasz. 360 X Nr. 1 u. Nr. 2.
605) Ebd.
606) StAD E9 Konv. 54 Fasz. 8.
607) Vgl. Seibert, S. 36 - 39.
608) StAW G 3 083.

b) Die gesetzliche Normierung der Kosten

Die Gefängnis-, Gerichts- und Hinrichtungskosten wurden durch eine Verordnung des Kurfürsten Johann Schweikard von Kronberg vom 12.3.1612 zentral geregelt.

aa) Die Gefängniskosten

Der erste Teil handelt von der Versorgung der Gefangenen. Den Inhaftierten soll „deß tags mehr nit als auf ein persohn für 12 Heller brodt, und der Wasserkrug dargereicht werden". Jeden dritten Tag erhalten sie zusätzlich „ein warm brue und fleisch" oder an Fasttagen „suppen und gemueß" und ein „Acht maß wein". Die Ausgaben sollen jedoch einen Batzen nicht überschreiten[609].
Nach dem Bekenntnis „soll die verhaft Persohn in ein besonder stuben oder gemach gesetzt werden". Sie bekommt nun täglich warme Speisen und Wein, wie es bis dahin nur für jeden dritten Tag vorgeschrieben war[610].
„Da nun verhaft Persohn durch den Herrn Pfarrherrn communiziert worden, soll man ihr ein Halbmaß Wein, undt ein warm Essen, oder zwey, welche doch über zwan Batzen nit wehrt sein sollen, geben laßen"[611]. Die übrigen Bestimmungen schränken die Henkersmahlzeit auf „ein gering Imbs" ein und regeln die Versorgung Kranker und hinfälliger Personen. „Die Stadtküch" (betr. nur Aschaffenburg) und „die Atzungswürth" werden zur Sparsamkeit gemahnt[612].

609) StAW K 210/186 fol. 15 v.
610) Ebd.
611) Ebd. fol 16 r.
612) Ebd. fol. 16 r. u. v.

Die Regelung der Gefängniskosten verfolgte vier Ziele: Zunächst sollte die karge Nahrung in den ersten Tagen die Gefangenen gefügiger machen. Weiterhin war man darauf bedacht, Todesfälle und Suizide im Gefängnis zu verhüten und den Verurteilten seelsorgerische Hilfe zukommen zu lassen. Diesen beiden Zwecken diente die Nahrungsaufbesserung nach dem Bekenntnis und dem Empfang der Kommunion. Die Haftkosten sollten reduziert werden, da hohe Ausgaben das Vermögen der Betroffenen minderten und dadurch die Güterkonfiskation des Staates einschränkten. Dabei ging die Sparsamkeit der Regierung bis zur Grenze des kaum noch Erträglichen. Während vor der Reform z.B. in Lohr täglich $4\frac{1}{2}$ - 6 Batzen für die Verköstigung ausgegeben wurden, waren jetzt 2 Batzen als Höchstsatz vorgeschrieben.

bb) Die Gerichtskosten

Die neue Ordnung brachte eine grundlegende Unterscheidung zwischen Personal- und Sachkosten. Die Sachkosten hatten nicht, wie bei den bis 1612 geltenden gewohnheitsrechtlichen Regelungen, die Angehörigen der Verurteilten aufzubringen, sondern die Gemeinden, aus denen die Gerichteten kamen. „Es handelte sich um ketten, kloben, feuerhaken, holz, reisig und stroh"[613].

Die Personalkosten waren in Grundgebühren und Taxkosten unterschieden. An Grundgebühren mußten erstattet werden[614]:

1. Amtmann oder Stadtschultheiß	-	2 Gulden
2. Zentgraf	-	1 Gulden
3. Gerichtsschreiber	-	$2\frac{1}{2}$ Gulden
4. Scharfrichter	-	3 Gulden

613) StAW K 210/186 fol. 17 v.
614) Ebd. fol. 17 r.

Die Taxgebühren waren wie folgt gestaffelt[615]):

1. Amtmann oder Stadtschultheiß	- je Verhör	- 3 Batzen
2. Zentgraf	- je Verhör	- 3 Batzen
3. Gerichtsschreiber	- je Verhör	- 3 Batzen
4. Scharfrichter	- je Verhör	- 3 Batzen
5. Büttel	- je Verhör	- 4 Batzen
6. Hüter	- pro Tag und Nacht	- 4 Batzen
7. Bote	- pro Tag und Nacht	- 4 Batzen

Fiskal und Defensor wurden bei der Aufführung der Gerichtskosten nicht genannt, da sie erst am „endlichen Rechtstag" auftraten. Eine Festsetzung der Honorare war erschwert, weil regional unterschiedlich ausgebildete Juristen oder Laien (Schullehrer u.a.) als Ankläger und Verteidiger amtierten.
Auch bei der Neuordnung der Gerichtskosten wird die Tendenz sichtbar, die Angehörigen so wenig wie möglich zu belasten, um einen hohen Konfiskationsgewinn zu erzielen. Dies versuchte man dadurch zu erreichen, daß man die Grundgebühren allgemein einführte, die Taxgebühren reduzierte und die Materialkosten den Gemeinden übertrug.

cc) Die Hinrichtungskosten

Zu einer Verringerung der Hinrichtungskosten führte vor allem die Abschaffung der Gerichtsmahlzeiten. An Stelle „des abgeschafften Imbs" traten Vergütungen in Geldbeträgen. Es erhielten[616]):

1. Amtmann (Stadtschultheiß)	-	$\frac{1}{2}$ Gulden
2. Zentgraf	-	$\frac{1}{2}$ Gulden
3. Amtsschreiber (Stadtschreiber)	-	$\frac{1}{2}$ Gulden
4. Schöffen pro Person	-	9 Alb
5. Büttel	-	9 Alb
6. Fiskal	-	$\frac{1}{2}$ Gulden
7. Defensor	-	$\frac{1}{2}$ Gulden

615) StAW K 210/186 fol. 17 v u. 18 r.
616) Ebd. fol 18 r. u. v.

c) Die Gebühren

Die Neuregelung der Kosten wirkte positiv auf die Einzelverfahren. Die Forderungen des Fiskus an die Hinterbliebenen gingen zurück. Dies wird durch den Kostenvergleich der Prozesse vor und nach 1612 deutlich.

aa) Die Prozesse vor 1612

Die wenigen fiskalischen Akten, die aus der Zeit vor 1612 vorliegen, geben ein sehr unterschiedliches Bild:

	Anzahl der Prozesse	Gesamtkosten	Kosten - Einzelprozeß
1. Aschaffenburg[617] (1611 - 1613)	66	5551 Gulden	84,1 Gulden
2. Flörsheim[618] (1615)	35	2625 Gulden	75 Gulden
3. Freigericht[619] (1601 - 1605)	139	6661 Gulden	47,92 Gulden
4. Rieneck[620] (1611 - 1613)	18	1020 Gulden	55,66 Gulden
5. Seligenstadt[621] (1601 - 1604)	9	495 Gulden	55 Gulden
6. Wiesen[622]	2	101 Gulden	50,5 Gulden

617) Vgl. Köhl, S. 85.
618) StAW Fasz. 360 X Nr. 1 u. Nr. 2.
619) Vgl. Grebner, S. 217.
620) StAW G 3 083.
621) StAD E9 Konv. 54 Fasz. 8.
622) StAW G 3 096.

Die hohen Summen in Aschaffenburg und Flörsheim resultierten daraus, daß in diesen beiden Städten ausgebildete und promovierte Juristen mit der Durchführung der Verfahren beauftragt waren. Im Freigericht wirkte sich die Massenverfolgung günstig auf die Kosten des Einzelprozesses aus.

bb) Die Prozesse nach 1612

Die fiskalischen Akten der größten Prozeßwelle, welche das Mainzer Territorium überschwemmte (1627-1629), sind in manchen Ämtern fast vollständig erhalten. Sie gestatten, die Faktoren anzugeben, welche die Gebühren der Verfahren anhoben oder senkten.

Gebühren in den einzelnen Ämtern

1. Aschaffenburg: Hier wurden (1628/29) 21 Personen aus der Haft entlassen. Sie mußten folgende Gebühren entrichten[623]:

17 - 18 Gulden	-	6 Personen
19 - 20 Gulden	-	12 Personen
21 - 24 Gulden	-	3 Personen

2. Lohr: Für das Amt Lohr liegen die Gerichtskosten fast aller Personen vor, welche vom 30.10.1626 - 27.11.1629 hingerichtet oder freigelassen wurden[624]:

623) Vgl. Brück, Hexenprozesse in Aschaffenburg, S. 267 - 269.
624) StAW G 3 083.

Gerichtskosten Lohr

Gebühren	Gerichtete v. 30.10.1626 - 12.12.1627	%	Gerichtete v. 10.9.1628 - 13.1.1629	%	Gerichtete v. 16.5.1629 - 27.11.1629	%	Gerichtete insgesamt	%
Unter 30 G	2	7,6	2	4,7	2	13,3	4	4,8
30 - 40 G	7	26,9	20	47,6	-	-	27	32,5
41 - 50 G	7	26,9	8	19,0	1	6,6	17	20,4
51 - 60 G	7	26,9	6	14,2	8	53,3	22	26,5
61 - 70 G	1	3,8	-	-	1	6,6	2	2,4
71 - 80 G	1	3,8	1	2,3	2	13,3	4	4,8
81 - 90 G	-	-	3	7,1	1	6,6	4	4,8
91 - 100 G	-	-	1	2,3	-	-	1	1,2
über 100 G	1	3,8	1	2,3	-	-	2	2,4
	26	99,7	42	99,5	15	99,7	83	99,8

Die für das Oberamt Aschaffenburg ermittelten Gerichtsgelder erscheinen äußerst niedrig. Dabei ist zu bedenken, daß diese Angaben unvollständig sind. Die Honorare für den Fiskal und den Defensor sind nicht in der Rechnung enthalten. Die Beträge für den „endlichen Rechtstag" fehlen, da es sich ausschließlich um Entlassene handelt.
Dagegen sind die Kosten im Amt Lohr relativ hoch. Die horrenden Summen, die einige Angehörige zu bezahlen hatten, resultierten aus den im Vergleich mit anderen Ämtern atypisch langen Gefängnisaufenthalten[625]. Aber auch hier betrugen die Ausgaben bei über 30% der Prozesse nicht mehr als 40 Gulden. Die Summe von ca. 40 Gulden kann nach der Reform des Jahres 1612 als Mittelwert für das ganze Erzstift angesehen werden. Dieser Wert liegt weit unter der niedrigsten Gebühr (Freigericht - 47,92 Gulden), welche für die Zeit vor 1612 ermittelt werden konnte. Die Länge der Haftzeit war auch nach der Neuregelung im Jahre 1612 der kostenintensivste Faktor. Lange Gefängnisaufenthalte ließen die Prozeßgelder ansteigen und kurze Haftzeiten ließen sie sinken.
Ein Vergleich der auf Seite 161 aufgeführten Tabellen über die Länge der Inhaftierung mit den hier gemachten Angaben über die Kosten der Prozesse zeigt, daß hohe Gerichtsgebühren mit langen Gefängnisaufenthalten korrespondierten. Die Übersicht der Ausgaben für einen Einzelprozeß in den drei aufgeführten Ämtern beweist, daß die Reform des Jahres 1612 zu einer erheblichen Kostendämpfung führte.
Die Regierung versuchte, die Haftzeit zu verkürzen. Ein Fragebogen, der 1612 an die Behörden in Aschaffenburg gerichtet wurde, enthält die Anfrage: „Wie lang ungefehr die Malefierten ehe sie Hingericht werden in verhaftung ligen"[626]. In fast allen Antwortschreiben der Mainzer Weltlichen Räte, die Hinrichtungen anordneten, findet sich als stehende Wendung: „Dahero man nit Ursach, sich nunmehr, zur erspahrung ufflaufenden Uncostens, mit denselben lenger uffzuhalten"[627].

625) s.S. 161.
626) StAL 412 / Büschel 26.
627) StaA Mainz 28/291.

Bei der Prozeßreihe 1627-1630 schaltete sich die Oberbehörde wiederholt ein und mahnte die Richter, den Gefängnisaufenthalt zu verkürzen. Die Mainzer Weltlichen Räte erledigten die Befehl- und Antwortschreiben trotz hoher Belastung - etwa 1000 Verfahren waren anhängig - relativ schnell. Vor 1612 verzögerte die Oberbehörde oftmals den Prozeßverlauf. Darauf weist folgende Bemerkung der Aschaffenburger Behörde hin: Die Zeit von der Verurteilung bis zur Hinrichtung wäre oft „zu 10 oder mehr wochen, dar bei der Cantzley viel andere wichtige geschefften und da ietzo die bescheidt alle zu Mainz müssen abgeholt werden, als das etwas langsam geht"[628].
Die Neuregelung der Gerichts-, Gefängnis- und Hinrichtungskosten erreichte damit ihr Ziel, die Verarmung der Bevölkerung zu verhindern, und der Regierung einen möglichst hohen Konfiskationsgewinn zu sichern. In den fränkischen Territorien waren die Gerichtsgebühren wesentlich höher. Nach Merzbacher wurden in einem Fall (für eine einzige Person) im Bistum Bamberg 1000 Gulden und in einem anderen 1600 Gulden verlangt[629]. Die Angehörigen der in Zeil (Hochstift Würzburg) Justifizierten mußten über 11 232 Gulden an Gerichtskosten aufbringen[630].

d) Die Gewinne aus den Verfahren

Die Gewinne aus den Prozessen flossen, wenn man von der Güterkonfiskation absieht, nicht dem Staat, sondern den Beamten, Bediensteten und anderen Beteiligten zu. An den Hexenprozessen profitierten Amtsleute, Juristen, Scharfrichter und eine große Zahl Personen, welche Dienstleistungen ausführten (Wächter, Boten u.a. und nicht zuletzt die Wirte)[631].

628) StAL 412 / Büschel 26.
629) Vgl. Merzbacher, S. 176.
630) Ebd. S. 178.
631) Auch in anderen deutschen Staaten gingen die Prozeßkosten fast ausschließlich an die bei den Verfahren beteiligten Personen. Vgl. Schormann, Hexenprozesse in Deutschland, S. 82f.

Zumindest vor 1612 zogen promovierte Juristen in einigen Ämtern beträchtlichen Nutzen aus den Prozessen. Nach der Neuordnung der Gerichtskosten konnten Amtsleute (Amtmänner, Keller, Zentgrafen) reichlichen Gewinn aus den Verfahren erzielen, besonders in den Gemeinden, in denen Massenprozesse vorkamen. Ein Amtmann erhielt im Durchschnitt vier Gulden pro Hexenprozeß.
Nikolaus Georg von Reigersberger, der Stadtschultheiß von Aschaffenburg und spätere Kanzler des Erzstiftes (1640), der 1648 den Westfälischen Frieden für das Kurfürstentum mitunterzeichnete, erzielte immense Gewinne aus den Hexenprozessen[632]. Er leitete nicht nur die zahlreichen Verfahren in Aschaffenburg, sondern auch die Prozesse in Großkrotzenburg, Mönchberg und Wörth[633]. Reigersberger erhielt in Aschaffenburg für einen Prozeß vier Gulden[634], in Großkrotzenburg aber für jede(n) der 104 gefangenen Hexen und Zauberer acht Gulden, insgesamt also 832 Gulden. Als Prozeßunkosten bekam er außerdem vom Petersstift 584 Gulden. Zwei als Hexen angeklagte Frauen vermachten ihm 150 Gulden[635]. Welche Beträge er für die Verfahren in Mönchberg und Wörth erhielt, kann nicht mehr genau ermittelt werden. Der Stadtschultheiß führte exakt Tagebuch über seine Einnahmen. Beschreibungen der Witterung, der Weinkäufe, des Aufenthalts des Kaisers in Aschaffenburg und der Kindbettsnöte seiner Frau werden durch knappe, professionelle Mitteilungen über Verhöre und Hinrichtungen von Hexen unterbrochen[636]. „Am 2. Oktober 1628 erbat er sich vom Dekan des Petersstiftes ein Zeugnis, daß er sich in der Inquisition wegen der Zauberei richtig verhalten habe"[637].

632) Vgl. Friedrichs, S. 89 u. 110f. Die bei Friedrichs genannten Namensformen (Reigersberg, Reichens-, Reigens-, Regens-, Regers-, Regesberger) kommen in den benutzten Urkunden nicht vor.
633) SB Bamberg I. H. msc. misc. 9/12.
634) Vgl. Held (StAD), S. 13.
635) StAM 86/16 388.
636) Das Tagebuch Reigersbergers befindet sich bei dem Nachlaß der Aschaffenburger Jesuiten in der Staatsbiliothek Bamberg, Vgl. SB Bamberg I. H. msc. misc. 9/12.
637) StAM 86/16 388.

NICOLAS GEORGE DE REIGERSBERG Plenipotentiaire de l'Electeur de Mayence.
B. Moncornet excudit, Auec priuilege du Roy.
27

21 Nikolaus Georg von Reigersberg († 1652). Stadtschultheiß von Aschaffenburg und kurmainzischer Kanzler.

22 Cent- oder Folterturm in Aschaffenburg. Federzeichnung, laviert, um 1850. (Städt. Schloßmuseum Aschaffenburg).

Fälle von Beamtenkorruption kamen in der Stadt Fritzlar vor. Die „Direktoren der Stadt", Johannes Müller, Thil Lohn und Christoph Westhoff und andere, bereicherten sich an dem Besitz der Verurteilten. Im Jahre 1655 setzte die Regierung eine Untersuchungskommission ein, welche die noch lebenden Hinterbliebenen und Zeugen verhörte, die Schuldigen aber fast 30 Jahre nach Beendigung der Prozesse nicht mehr belangen konnte[638]. Trotz der nach 1612 wesentlich reduzierten Gebühren fanden Scharfrichter und Büttel reichen Lohn, da die zahlreichen Verhöre und Hinrichtungen von 1627-1630 die niedrige Besoldung mehr als aufwogen. Viele Männer fanden als Boten und Wächter ihr Auskommen.

Boten und Wächterlohn
in Großkrotzenburg[639]

1) Lorenz (Bote)	-	28 Gulden
2) Happ (Schmied und Wächter)	-	86 Gulden
3) Gebrüder Matern (Wächter)	-	103 Gulden

Die zahlreichen Prozesse, welche 1601-1604, 1611-1613, 1616/17, 1627-1630 in Aschaffenburg, Dieburg, Lohr und Miltenberg u.a. stattfanden, forderten eine stattliche Zahl von Wächtern und Botengängern. Die Verfahren dürften einer Anzahl von Männern ein gediegenes Einkommen verschafft und ihr Interesse an der Weiterführung der Prozesse begünstigt haben. Um die Prozesse durchführen zu können, mußte die Regierung in manchen Städten zu Zeiten starker Prozeßkonzentration 10 - 12 Personen im Tagelohn beschäftigen. Es handelte sich um Handwerker und Kleinbauern. Da diese Leute auch einen Beruf ausübten, war eine starke Fluktuation bei den Wächtern und Boten gegeben und die Schicht, aus welcher diese Personen kamen, wesentlich breiter, als die angegebene Zahl vermuten läßt.

638) StAW Abgetretene Ämter 66.
639) StAM 86/16 388.

Die Verdienstmöglichkeiten, welche die Hexenprozesse der Unter- und Mittelschicht gaben, trugen mit dazu bei, daß diese Verfahren, auch nachdem die erste Begeisterung verflogen war, akzeptiert und toleriert wurden. Die Hauptnutznießer der Hexeninquisition jedoch waren die Wirte. Nur von einer Prozeßserie liegen die eminenten Gewinne vor, die ein Wirt erzielte. Der Großkrotzenburger Schultheiß, der zugleich Wirt war, berechnete für die Verköstigung der Gerichtspersonen und Hexen die horrende Summe von 2676 Gulden. Die Gewinne, welche die Wirte in den anderen Städten machten, können nur erschlossen werden. Dazu werden drei Faktoren veranschlagt:

1) Zahl der Inhaftierten nach 1612	-	circa 1200 Personen
2) durchschnittliche Haftzeit	-	40 Tage
3) Gefängniskosten	-	$\frac{1}{4}$ Gulden
Dies ergibt die Summe von		12.000 Gulden,

welche der „Gastronomie" zuflossen.

Der Profit, den die Gastwirte vor 1612 aus den Verfahren schlugen, dürfte wesentlich höher gelegen haben. Die Gewinne der Wirte waren den Beschuldigten nicht unbekannt. Sie wurden darum nicht nur wegen ihres Reichtums, sondern auch aufgrund ihrer Funktion bei den Verfahren zu bevorzugten Opfern der Hexenprozesse[640].

2. Die Konfiskation

Die Rechtsquelle der Gütereinziehung lieferte der Artikel 218 der Carolina. Der Artikel wendet sich gegen Mißbräuche bei der Konfiskation, verbot sie aber nicht grundsätzlich[641]. Midelfort schreibt dazu: „The Carolina certainly permitted confiscation in a few stated cases, but forbade the unrestrained use of this punishment"[642].

640) Vgl. Midelfort, Witchhunting in Southwestern Germany, S. 187f. Demnach wurden Wirtsleute (innkeepers) häufig Opfer der Prozesse. Er führt die Verfolgung dieses Berufsstandes auf seinen Bekanntheitsgrad und nicht auf seine Funktion bei den Verfahren zurück.
641) Vgl. Radbruch, S. 129.
642) Vgl. Midelfort, Witchhunting in Southwestern Germany, S. 166.

Die Rechtmäßigkeit der Gütereinziehung war wegen der ungenauen Aussagen des Artikels 218 bei den zeitgenössischen Juristen umstritten. Daher stellten viele Staaten im Deutschen Reich ihre eigenen Regelungen auf. Sie konnten sich damit auf Artikel 204 „der Hochnotpeinlichen Halsgerichtsordnung Karl V." berufen, welche der territorialen Gesetzgebung einen breiten Spielraum einräumte[643].
Auch im Erzstift Mainz wurde die Konfiskation gehandhabt. Eine erste Verfügung geht auf Wolfgang von Dalberg (1582 - 1601) zurück. Ihre Existenz und ihr Inhalt können lediglich aus der Konfiskationsordnung von 1612 erschlossen werden[644]. Sie bestimmte, daß bei Verurteilten, die Kinder hinterließen, ein Kindsteil einzubeziehen sei. Dagegen wurde das gesamte Vermögen sequestriert, wenn keine Kinder vorhanden waren.

a) Die Konfiskationsordnung von 1612

Am 9.12.1611 unterbreitete Johann Schweikard von Kronberg eine juristische Absichtserklärung an die zuständigen Behörden mit konkreten Vorschlägen der geplanten Güterkonfiskation im Hinblick auf die endgültige Formulierung eines Dekretes. Das Dekret selbst wurde am 13.4.1612 erlassen und stimmte im wesentlichen mit der Absichtserklärung überein[645].
Die neue Ordnung ließ die Bestimmung Wolfgang von Dalbergs bestehen, daß bei Verurteilten, die leibliche Nachkommen hinterließen, ein Kindsteil eingezogen werden sollte. Dagegen schränkte sie die Konfiskation bei justifizierten Personen, die keine Kinder hinterließen, auf die Hälfte des Vermögens ein[646]. Weiterhin war nur der Teil des Vermögens konfiszierbar, den eine Person in die Ehe eingebracht oder in der Ehe erworben hatte. Auch wurden die Schulden der Betroffenen und die Gerichtsgebühren von der Konfiskationsmasse ausgenommen.

643) Vgl. Radbruch, S. 204.
644) StAW G 3 023.
645) Ebd.
646) Die Aussage Merzbachers (S. 180), „wo keine Kinder vorhanden waren, sequestrierte man auch in Mainz das ganze Vermögen der Hexen", gilt für die Zeit vor dem 13.4.1612 und für die Landesteile, die nicht der unmittelbaren Jurisdiktion des Landesfürsten unterstanden.

Um Mißbräuchen vorzubeugen, mußten nach der Gefangensetzung einer Person ein Notar und zwei Schöffen den gesamten Besitz aufnehmen und taxieren[647]. Zur Gütereinziehung kam es erst nach der Hinrichtung. Die Angehörigen konnten ihre Schulden in Geld, Naturalien oder durch den Verkauf von Immobilien begleichen. Das Dekret regulierte auch die Probleme, die aus Testamenten und Eheverträgen entstanden, und es entschied, daß solche vertraglichen Bestimmungen die Vermögenseinziehung nicht beeinträchtigen dürften.

Hauptziel der Neuregelung war es, die Verarmung der Bevölkerung zu verhindern und die Rechtlichkeit der Verfahren zu sichern[648]. Die Motive des Erzbischofs, „die Majestätsbeleidigung Gottes zu ahnden und die Untertanen vor Mißtätigen Personen zu schützen", sind aus der politisch-religiösen Situation und der theologisch geprägten Auffassung seines Amtes zu sehen[649].

Die Mainzer Konfiskationsordnung wurde von anderen Regierungen, z.B. von Ellwangen, übernommen[650]. Das Hochstift Würzburg orientierte seine eigene Ordnung an der von Mainz. Es schränkte jedoch einzelne Konfiskationsmöglichkeiten ein[651]. Dagegen konfiszierte das Hochstift Bamberg fast das ganze Vermögen der Opfer, was schließlich den Kaiser selbst zu energischen Protesten veranlaßte[652].

647) Die Funktion des Notars übte häufig der Keller oder der Zentgraf aus.
648) Vgl. Niess, S. 307. Demnach führte die Hexenverfolgung in der Grafschaft Büdingen zu einem wirtschaftlichen Rückschlag, den man durch Änderung der Einwanderungsbestimmungen zu kompensieren suchte.
649) Vgl. Dülmen, Die Entstehung des frühneuzeitlichen Europa, S. 145f.
650) Vgl. Midelfort, Witchhunting in Southwestern Germany, S. 170.
651) Vgl. Merzbacher, S. 179.
652) Ebd. S. 180.

b) Die Durchführung

Schon nach der Gefangennahme wurden das Inventar und der Grundbesitz der beschuldigten Person aufgenommen.
Die Mobilien der Margarethe Niklaus (1626 in Lohr hingerichtet) wurden im Bestandsverzeichnis wie folgt unterteilt: „Tücher, Bettwerk, Frauenkleider, Haus und Küchengerät, Zinnwerk und Erbgüter"[653]. Nach der Hinrichtung erfolgte die Schätzung des Vermögens durch den Stadtschreiber und zwei Schöffen. Sie zogen die Schulden und die Schätzungsgebühr von dem Gesamtbesitz ab. Nur die jetzt noch verbleibenden Vermögenswerte durften zur Konfiskation herangezogen werden. In manchen Fällen übertrafen die Gerichtskosten den für die Vermögenseinziehung taxierten Wert, so daß der Staat leer ausging oder sogar aus den Gesamteinnahmen der Konfiskation aller Beteiligten Gelder zuschießen mußte[654].

aa) Die Güterkonfiskation vor 1612

Genaue Werte liegen für das Freigericht vor. Hier wurden 13 896 Gulden von 139 Hingerichteten verlangt, so daß die Konfiskation durchschnittlich circa 100 Gulden pro Person betrug. Nach Grebner schwanken die Beträge zwischen fünf und 300 Gulden, in einigen Fällen war jedoch wegen Armut keine Gütereinziehung möglich[655]. Im Oberamt Aschaffenburg liegen für das Jahr 1603 Rechnungen für 30 Personen vor. Sie enthalten Konfiskationsforderungen in Höhe von 8 483 Gulden, was einem Personenanteil von 281 Gulden entspricht. Den höchsten Betrag entrichtete „die Ochsenwirtin", sie bezahlte allein 3 352 Gulden.
Für 65 in den Jahren 1611-1613 Hingerichtete forderte die Regierung einen Güterteil von 20 237 Gulden, was über 311 Gulden für eine Person ausmachte[656].

653) StAW G 18 889.
654) Vgl. Schormann, Hexenprozesse in Deutschland, S. 83 - 87.
655) Vgl. Grebner, S. 217f.
656) Vgl. Köhl, S. 85.

Einzelne mußten eminente Summen bezahlen[657]:

1.	Regina Weißmantel	2 000 Gulden
2.	Familie Grünewald	2 891 Gulden
3.	„Die Wasserzöllnerin"	6 001 Gulden

Nach der bis 1612 geltenden Ordnung konnte bei Ledigen oder Kinderlosen das gesamte Vermögen beschlagnahmt werden. Dies erklärt z.T. die hohen Konfiskationswerte dieser Epoche.

bb) Die Güterkonfiskation nach 1612

Fiskalische Akten, welche die Gütereinziehung betreffen, sind für die Ämter Aschaffenburg, Dieburg, Großkrotzenburg, Lohr und Miltenberg fast lückenlos nachweisbar. Die Unterlagen von Großkrotzenburg und Miltenberg enthalten neben den Quoten Angaben über das Vermögen der Justifizierten. Für Großkrotzenburg ergibt sich folgende Relation[658]:

Vermögen	Konfiskationssumme	in Prozent
0	0	0 %
10	0	0 %
15	0	0 %
21	0	0 %
?	10	?
50	50	100 %
100	100	100 %
119	30	25,2 %
140	37	13,1 %
150	150	100 %
150	150	100 %
173	24	13,8 %
182	24	13,1 %

657) Vgl. Weber, (F.L.), S. 13ff.
658) StAM 86/16 388.

Vermögen	Konfiskationssumme	in Prozent
190	38	20 %
200	15	7,5 %
202	202	100 %
214	50	23,36 %
214	50	23,36 %
224	15	6,6 %
250	75	30 %
323	40	12,3 %
340	77	22,6 %
356	300	84,2 %
356	300	84,2 %
360	360	100 %
386	81	20,9 %
392	60	15,3 %
408	130	31,8 %
422	53	12,5 %
435	10	2,2 %
454	151	33,2 %
466	88	18,8 %
511	50	9,7 %
537	200	37,2 %
550	60	10,9 %
576	44	7,63 %
598	149	22,9 %
606	81	13,3 %
704	234	33,23 %
731	339	46,37 %
759	390	51,3 %
759	390	51,3 %
850	50	5,88 %
1032	258	25 %
1280	250	19,5 %
1644	385	23,4 %

Vermögen unter 50 Gulden wurden hier nicht konfisziert. Dies steht im Gegensatz zu allen anderen Ämtern, wo man auch geringe Vermögenswerte sequestrierte. Eine weitere Regelung steht ebenfalls dem allgemeinen Gebrauch im Erzstift entgegen. Bei der Hinrichtung Lediger und kinderloser Ehepaare floß der gesamte Besitz dem St. Petersstift in Mainz als Gerichtsherrn zu. Aufgrund der Quellenlage kann nicht entschieden werden, ob man in Bezirken, die z.B. dem Domkapitel oder Stiften unterstanden, ebenfalls von der Konfiskationsordnung abwich.
Im Durchschnitt wurden in Großkrotzenburg 23,8 Prozent des Vermögens eingezogen. Fünf Totalkonfiskationen sind dabei nicht erfaßt; in den Urkunden erscheint lediglich der Hinweis „alles an den Fiskus"[659]. Nach den nicht ganz vollständigen fiskalischen Akten des Amtes Miltenberg dürfte die Vermögenseinziehung 25 - 30 % betragen haben[660]; ein Wert, der in etwa auf den geamten Kurstaat übertragen werden kann.
Die im Erzstift erhobenen Konfiskationsbeträge sind - im Bezug zum Vermögen der Opfer - relativ hoch. Der Durchschnittswert in Mergentheim (Bad Mergentheim) betrug nach Midelfort lediglich 14 Prozent[661].Der Unterschied ist durch die jeweils verschiedene Durchführung der Vermögenseinziehung bedingt. Im Kurfürstentum wurde die Konfiskationsordnung streng befolgt. Reich und Arm fielen in gleicher Weise der Konfiskation zum Opfer. Dagegen nahm man in Mergentheim auf die kommunale Situation, betroffene Familien und andere Modalitäten stärker Rücksicht[662]. Da Vermögende und Unbemittelte ohne Unterschied der Person sequestriert wurden, entfällt auch für das Erzstift das von Midelfort aufgeworfene Problem, ob Regierungen stärker für die Hinrichtung der Reichen optierten[663].

659) Ebd.
660) StAW Gericht Miltenberg Nr. 690-92.
661) Vgl. Midelfort, Witchhunting in Southwestern Germany, S. 174.
662) Ebd. S. 172-75.
663) Die Frage stellte sich im Kurfürstentum nicht, da die Regierung auf Denunziationen keinen Einfluß nahm.

In der neueren wissenschaftlichen Diskussion spielt die Frage eine Rolle, inwieweit sich die Prozesse auf bestimmte soziale Schichten konzentrierten[664]. Midelfort schuf ein Instrumentarium, das es ermöglicht, die Vermögensverhältnisse der Hingerichteten zu rekonstruieren und soziale Schichtungen aufzuzeigen. Bei der Anwendung seiner Methode für das Territorium des Kurfürstentums Mainz wurden Ergebnisse erzielt, die von den Aussagen des amerikanischen Forschers abweichen. Dies wird durch einen Vergleich der Konfiskation im Vizedomamt Aschaffenburg mit der im Oberamt Lohr deutlich.

Die Güterkonfiskation im
Vizedomamt Aschaffenburg 1628/29[665]

Gulden konfisziert	Anzahl der Personen	Betrag in Prozent	
0 - 4	4	9,52 %	
5 - 10	0	0,00 %	
11 - 15	3	7,14 %	
16 - 20	4	9,52 %	
21 - 30	6	14,28 %	
31 - 40	3	7,14 %	
41 - 50	2	4,76 %	
0 - 50			52,36 %
51 - 60	0	0,00 %	
61 - 70	1	2,38 %	
71 - 80	1	2,38 %	
81 - 90	0	0,00 %	
91 - 100	1	2,38 %	
51 - 100			7,14 %
101 - 120	2	4,76 %	
121 - 140	1	2,38 %	
141 - 160	0	0,00 %	
161 - 180	0	0,00 %	
181 - 200	1	2,38 %	
201 - 250	1	2,38 %	

664) Vgl. Schormann, Hexenprozesse in Deutschland, S. 72 - 80.
665) StaA Mainz 28/291.

Gulden konfisziert	Anzahl der Personen	Betrag in Prozent	
251 - 300	1	2,38 %	
301 - 350	2	4,76 %	
351 - 400	3	7,14 %	
401 - 500	2	4,76 %	
501 - 600	2	4,76 %	
601 - 700	1	2,38 %	
701 - 800	0	0,00 %	
801 - 900	0	0,00 %	
901 - 1000	0	0,00 %	
1001 - 1500	1	2,38 %	
101 - 1500			39,98 %
	42	99,48 %	

Konfiskationssumme	7870 Gulden
Durchschnitt	187 Gulden
Median	41 - 50 Gulden

Die Güterkonfiskation im
Oberamt Lohr 1627-1629[666)]

Gulden konfisziert	Anzahl der Personen	Betrag in Prozent	
0 - 4	26	32,10 %	
5 - 10	5	6,17 %	
11 - 15	2	2,47 %	
16 - 20	10	12,35 %	
21 - 30	8	9,88 %	
31 - 40	5	6,17 %	
41 - 50	2	2,47 %	
0 - 50			71,61 %

666) StAW G 3 083.

Gulden konfisziert	Anzahl der Personen	Betrag in Prozent	
51 - 60	2	2,47 %	
61 - 70	2	2,47 %	
71 - 80	4	4,94 %	
81 - 90	1	1,23 %	
91 - 100	1	1,23 %	
51 - 100			12,34 %
101 - 120	1	1,23 %	
121 - 140	2	2,47 %	
141 - 160	1	1,23 %	
161 - 180	1	1,23 %	
181 - 200	2	2,47 %	
201 - 250	0	0,00 %	
251 - 300	2	2,47 %	
301 - 350	2	2,47 %	
351 - 400	0	0,00 %	
401 - 500	1	1,23 %	
501 - 600	0	0,00 %	
601 - 700	0	0,00 %	
701 - 800	0	0,00 %	
801 - 900	0	0,00 %	
901 - 1000	0	0,00 %	
1001 - 1500	1	1,23 %	
101 - 1500			16,03 %
	81	99,98 %	

Konfiskationssumme 5614 Gulden
Durchschnitt 69,3 Gulden
Median 15 - 25 Gulden

Wenn man nach dem Beispiel Midelforts die obere Reihe der Intervalle der Unterschicht, die mittlere der Mittelschicht und die untere der Oberschicht zuordnet, wird eine eminente Differenz zwischen den beiden Ämtern sichtbar. Die Spannung ist sowohl bei der Berücksichtigung der jeweiligen Werte für Ober- und Unterschicht als auch beim Vergleich der jeweiligen Durchschnittswerte und Mediane ersichtlich. Die unterschiedlichen Ergebnisse in beiden Bezirken resultieren nicht daraus, daß in Aschaffenburg verstärkt die vermögenden und in Lohr primär die ärmeren Bevölkerungskreise Opfer des Pogroms wurden, vielmehr wird an dem Beispiel die jeweilig andere Sozial- und Wirtschaftsstruktur der beiden Ämter deutlich.
Die geringe wirtschaftliche Kapazität des Amtes Lohr ist durch seine Lage im Spessart bedingt. Auch führte die Handelsstraße von Frankfurt nach Würzburg nicht an Lohr vorbei. Die Stadt hatte nur für das Umland Bedeutung. Bedingt durch den Waldreichtum des Spessarts war nur an wenigen Stellen eine intensive Nutzung des Bodens möglich, so daß das Agrarwesen als entscheidender wirtschaftlicher Faktor des 17. Jahrhunderts kaum in Erscheinung trat[667].
Aschaffenburg dagegen war die bedeutendste Stadt zwischen Frankfurt und Würzburg. Der kurfürstliche Hof, die Verwaltung und der Handel gaben ihr einen hohen wirtschaftlichen und sozialen Status[668].
Die Untersuchungsergebnisse aus beiden Ämtern beweisen, daß Aussagen über den sozialen Status der Justifizierten nur unter Berücksichtigung der wirtschaftlichen und sozialen Basis möglich sind; insofern steht auch Schormanns Bemerkung, „daß Anhaltspunkte vorhanden sind, die für eine Konzentration der Opfer in den sozial schwächeren Gesellschaftsschichten sprechen", auf schwankendem Boden[669]. Er bezieht auch das Amt Lohr ohne Berücksichtigung seiner Sozialstruktur in die Untersuchung ein[670].
Die Auswertungen der Konfiskationen in vier Ämtern geben deutlichere Hinweise dafür, welche sozialen Gruppen primär belangt wurden[671].

667) Vgl. Schott, Der Landkreis Lohr am Main in vergangener Zeit, S. 105 - 111, 113 - 123 u. Vorwerk, S. 62 - 76.
668) Vgl. Köhl, S. 4f.
669) Vgl. Schormann, Hexenprozesse in Deutschland, S. 80.
670) Ebd. S. 87.
671) StaA Mainz 28/291, StAM 86/16 388; StAW G 3 083 u. Midelfort, Witchhunting in Southwestern Germany, S. 171.

Amt	Aschaffenburg (1628/29)	Dieburg (1627-1629)	Groß-Krotzenburg (1628/29)	Lohr (1626-1629)	Ellwangen (1611-1613) 1. Periode	Ellwangen (1613-1615) 2. Periode
Summe	7 870	11 700	5 281	5 614	9 220	8 374
Personen	42	90	62	81	94	153
Durchschnitt	187	130	85,17	69,30	98	55
Median	41 - 50	80,5	41 - 50	15 - 25	31 - 40	21 - 30
Gruppe 1	52,36 %	46,46 %	56,45 %	71,61 %	59,7 %	73,1 %
Gruppe 2	7,14 %	6,66 %	17,74 %	12,34 %	16,1 %	13,8 %
Gruppe 3	39,98 %	46,46 %	25,80 %	16,03 %	24,7 %	13,4 %

Nach der Tabelle unterscheidet sich das Amt Lohr von allen anderen Bezirken. Hier sind sowohl Durchschnitt und Median als auch die Prozentwerte der Oberschicht wesentlich niedriger als in den anderen Gebieten. Was Großkrotzenburg anbelangt, ist zu bedenken, daß fünf Totalkonfiskationen - es handelt sich um hohe Vermögenswerte - nicht berücksichtigt werden konnten. Zumindest der Durchschnittswert und der Prozentsatz der Oberschicht sind hier höher einzustufen. In Dieburg rangieren Ober- und Unterschicht in gleicher Höhe und der Median schlägt sogar auf 80,5 aus.
Bei der Auswertung der am Beispiel Midelforts orientierten Tabelle muß ein Unsicherheitskoeffizient berücksichtigt werden. Die als Unterschicht bezeichnete Gruppe subsumiert nicht nur Angehörige sozial schwacher Familien. Es handelt sich zum Teil auch um Personen, welche nach Ausrottung der gesamten Sippe zu Opfern der Hexenjagd wurden. Von ihnen war aus begreiflichen Gründen kein Konfiskationsgewinn zu erzielen. Allein in den fiskalischen Akten von Dieburg sind fünf Jugendliche (Töchter begüterter Familien) und eine junge Frau verzeichnet, von denen es heißt: „diejenigen, so noch nichts von den Eltern ererbt"[672]. Ähnliches darf sicher auch von den anderen Ämtern angenommen werden, so daß der Prozentsatz wohl allgemein niedriger einzustufen ist.
Die für vier Ämter des Erzstiftes ermittelten Werte verdeutlichen eine beachtliche Differenz gegenüber den Angaben Midelforts. So sind die in Aschaffenburg, Dieburg und Miltenberg im Durchschnitt gezahlten Beträge ca. 30 bzw. 90 Gulden höher als während der beiden Verfolgungsperioden in Ellwangen. Der Median übersteigt sogar in vier Ämtern die von Midelfort angegebene Höhe (31 - 40 bzw. 21 - 30). Schließlich übertrifft der Prozentsatz der Oberschicht in vier Ämtern um 15 - 20 % den für Ellwangen errechneten Wert.

672) StAW G 13 358 fol. 44 r.

Unabhängig davon, wie diese Unterschiede zu deuten sind, sei es durch regionale Differenz oder zeitliche Distanz, ist doch festzuhalten, daß sich im Kurfürstentum Mainz zwei Konzentrationen andeuten. Im Erzstift war neben einer breiten Schicht Unbemittelter die mittelstädtische Oberschicht stark betroffen[673]. Dies gilt für alle untersuchten Bezirke, wobei zu bedenken ist, daß in Lohr aufgrund der sozialen und wirtschaftlichen Basis die Zahl der Begüterten allgemein geringer war als in den anderen aufgeführten Ämtern.

c) Der Konfiskationserlaß auf dem Gnadenweg

Begnadigungen gehörten zu den Rechten, die dem Landesherrn vorbehalten waren. Die Mainzer Kurfürsten machten von diesem Privileg nur selten Gebrauch. Soweit die Quellen Aufschluß geben, sind lediglich in den Gerichtsakten von Lohr drei Moderationen von Konfiskationssummen nachweisbar[674]. Am 2. August 1627 wurden dem Herrenbänder Lorenz Staib von 254 Gulden 104 erlassen. Der Erzbischof betonte, daß die Begünstigung „in erwegung seiner geleisten viel jährigen unterhtenigsten dhiensten geschehe" und „keine praeiudicirliche consequenz gezogen werden" (dürfe)[675]. Dem neunzehnjährigen Jodokus Weidenweber, der für seinen justifizierten Vater 1645 Gulden zahlten sollte, wurde am 13.9.1627 „aus gnad und mitleid" ein Nachlaß von 400 Gulden gewährt[676]. Am 7. Oktober 1627 verzichtete der Kurfürst auf die 12 Gulden, die Jakob Burkard nach der Hinrichtung seiner Frau zahlen sollte, da „der Supplikant ein ganz armer mann, und des bettelstabs sich geprauchen müsse"[677].

673) Zu bedenken ist, daß es sich bei der Unterschicht um Inhaber von Kleinvermögen handelte. Nach Dülmen (Entstehung des frühneuzeitlichen Europa, S. 122) machten diese Gruppen und „die Habnitz" fast 70 % der Bevölkerung im Jahre 1618 in Augsburg aus. Nach Schormann (Hexenprozesse in Deutschland, S. 80) neigt die Forschung dazu, die Opfer der Verfolgung primär der Unterschicht zuzuordnen. Dabei wird ihr hoher Anteil an der Gesamtbevölkerung übersehen.
674) StAW G 18 889.
675) Ebd. fol. 122v.
676) Ebd. fol. 137v.
677) Ebd. fol. 141r.

Das St. Petersstift in Mainz, das im Amt Großkrotzenburg die Gerichtsherrschaft ausübte, verringerte dagegen häufig die Konfiskationsbeträge[678]. Gute Gründe sprechen dafür, daß der Kurfürst unabhängig von Gremien über die Konfiskationsmasse verfügen konnte. Dieser Sachverhalt macht es verständlich, warum der Kurfürst äußerst selten den Gnadenweg beschritt.

d) Die Verwendung der konfiszierten Vermögenswerte

Nach Schormann wurden die Gerichtskosten im deutschen Hexenprozeß auf drei Arten finanziert, „durch den Gerichtsherrn, durch den Angeklagten oder durch seine Familie und durch Güterkonfiskation"[679]. Im Kurfürstentum Mainz mußten die entstandenen Kosten von den Angehörigen der Justifizierten bezahlt werden. Der Passus der Verordnung, welcher den Gemeinden die Sachkosten übertrug, konnte sich in der Praxis nicht durchsetzen. Einnahmen aus konfiszierten Vermögenswerten wurden herangezogen, wenn der Besitz von Hingerichteten zur Deckung der Gebühren nicht ausreichte. Schon die kurfürstliche Mainzische Verordnung vom 23.4.1612 begründete die Konfiskation mit der Feststellung, „daß zu abtragung und erstattung daß bey den zauberischen processen und excutionen und sonsten ohnerschwinglichen laufenden ohncosten eine gewißße ohnpart erhoben werde"[680].
Mit den Konfiskationsgeldern wurde nach einem jeweils verschiedenen Modus verfahren. Im Amt Miltenberg legte der Fiskus den fehlenden Betrag nach Beendigung eines Verfahrens aus der sequestrierten Vermögensmasse zu, wenn die Prozeßkosten den Wert des vorhandenen Vermögens übertrafen. So mußte die Regierung für das Verfahren gegen Jörg Schöffers Frau und ihre Hinrichung am 10.10.1628 die Summe von 3 Gulden zahlen. Für Gabriel Schneider kam sie am 19.5.1629 mit 24 Gulden auf[681].

678) StAM 86/16 388.
679) Vgl. Schormann, Hexenprozesse in Deutschland, S. 82 - 86.
680) StAW G 3 023 fol. 10 r.
681) StAW Gericht Miltenberg Nr. 692.

In anderen Ämtern wurden die Unkosten, welche die Angeklagten nicht erbringen konnten, nicht nach jedem Verfahren abgezogen. Dies war z.B. in Lohr der Fall. Der Amtmann schickte erst am 6.5.1628, nachdem der Kurfürst die überschüssigen Konfiskationsgelder angemahnt hatte (die Verfahren begannen bereits 1626), 2 274 Gulden an die Oberkellerei in Aschaffenburg[682]. In den folgenden Jahren entstand dem Amt eine Schuldenlast von 1 106 Gulden, vier Batzen und vier Heller, da Angehörige von Gerichteten und sozial schwächere Personen belangt worden waren. Kurfürst Anselm Kasimir (1629-1647) unterbreitete den Vorschlag, die Schulden durch die Kellerei in Lohr tilgen zu lassen. Des weiteren forderte er eine Aufstellung der Aktiv- und Passivposten. Aus den vorhandenen Akten ist nicht ersichtlich, wie die Frage gelöst wurde[683].
Bezüglich der Verwendung der konfiszierten Vermögenswerte stellen sich in der neueren wissenschaftlichen Diskussion folgende Fragen: Wie hoch war der Reingewinn, den die Regierung verbuchen konnte? Wofür wurde das eingezogene „Hexengeld" verwandt[684]?
Die fiskalischen Akten geben nur begrenzt Auskunft über den Gewinn, den die Regierung aus den Prozessen ziehen konnte. Ein Überblick ergibt folgendes Bild:

Aschaffenburg[685]	Dieburg[686]	Lohr[687]
8 483 Gulden (1603)	unbekannt (1602/03)	keine Konfiskation
20 237 Gulden (1611-1613)	unbekannt (1612/13)	keine Konfiskation
7 870 Gulden (1628/29)	11 700 Gulden (1627-1630)	2 274 Gulden
Summe: 36 590 Gulden	Summe: 11 700 Gulden	Summe: 2 274 Gulden

682) StAW G 18 889.
683) StaA Lohr, XII, 3, T 12, FW, Nr. 4.
684) Vgl. Schormann, Hexenprozesse in Deutschland, S. 80 - 88.
685) Vgl. Köhl, S. 85 u. Weber, (F.L.), S. 13ff.
686) StAW G 13 358.
687) StAW G 3 083 fol. 76 r. u. v.

Schormann vertritt die Auffassung: „Erst Abrechnungen über längere Zeiträume könnten zeigen, ob trotz aller Schwankungen wirklich ein Plus (von der Gütereinziehung) verbleibt"[688]. Den Beweis, daß diese Verfahren reiche Gewinne brachten, scheint obige Tabelle zu liefern. Die Regierung konnte allein im Vizedomamt Aschaffenburg 36 590 Gulden sequestrieren; dabei ist zu bedenken, daß nur Teile der 1601-1604 und 1611-1613 konfiszierten Summen bekannt sind. Der Gesamtbetrag von 56 480 Gulden stellt ebenfalls nur einen Bruchteil des im Erzstift konfiszierten Vermögens dar. Die Jahresberichte der Oberkellerei Aschaffenburg enthalten zusätzlich Beträge aus den Ämtern Höchst, Tauberbischofsheim u.a.[689].

Sicher waren die hohen Gewinne nicht Anlaß oder gar Ursache der Hexenverfolgung; daß sie einen gewissen Anreiz zu Verfahren boten, kann schwerlich bestritten werden. Dafür spricht auch die Tatsache, daß sich die Kurfürsten recht häufig und persönlich um die Einziehung der rückständigen Hexengelder kümmerten, während sie die Prozeßführung den Mainzer Weltlichen Räten überließen. Kurfürstliche Schreiben mit der Forderung, das rückständige Hexengeld zu entrichten, liegen selbst für Ämter vor, in denen sämtliche anderen Prozeßakten verloren gegangen sind[690].

Sicher war „Hexenbrennen" nicht immer ein einträgliches Geschäft[691]. So wurden im Amt Lohr vor 1612 keine Konfiskationen durchgeführt[692]. Auch der Tatbestand, daß Kurfürst Georg Friedrich von Greiffenklau von der Stadt Dieburg eine Kaution von 2 000 Gulden verlangte, bevor er

688) Vgl. Schormann, Hexenprozesse in Deutschland, S. 87.
689) StAW R 27 289-92, R 33 312 u. R 33 313.
690) StAW 613/H 687, L 616/H 683, L 617/H 1 072 u.a.
691) Vgl. Weber, (F.L.), S. 13f.
692) StAW G 3 083.

Prozesse zuließ, beweist, daß solche Verfahren nicht immer mit einem Gewinn endeten[693]. Finanziell uninteressant waren die Hexenprozesse dennoch nicht. Dafür sprechen die in der Tabelle ausgewiesenen Beträge[694]. Auch hätte der Kaiser dem benachbarten Bamberger Bischof wohl kaum ein Monitum zugehen lassen, wenn seine Handhabung der Konfiskation nicht allgemeines Ärgernis erregt hätte und die Verfahren mit einem Minus zu Ende gegangen wären[695].
Die Konfiskationsordnung gibt als Verwendungszweck „usus pios" an[696]. Tatsächlich flossen im 16. Jahrhundert dem Aschaffenburger Hospital „Hexengelder" zu[697]. Die Rechnungsbücher des 17. Jahrhunderts weisen jedoch keine Einnahmen aus konfiszierten Vermögen aus[698]. In welchem Maß Gewinne aus Hexenprozessen für den Bau des Aschaffenburger Schlosses verwandt wurden, kann nicht mehr hinreichend geklärt werden, weil die Rechnungen im zweiten Weltkrieg verbrannt sind[699]. Die Tatsache jedoch, daß Konfiskationsgelder für den Neubau des Schlosses herangezogen wurden, ist unbestritten[700]. Grebner weist wohl zu Recht die Behauptung Schulze-Kolbitz, „das Schloß sei ausschließlich aus Konfiskationsgeldern errichtet worden", als unrichtig zurück. Vereinzelte Hinweise rechtfertigen die Vermutung, daß der Kurfürst im wesentlichen frei über die Gelder verfügen konnte und sie für Regierungsmaßnahmen und Zwecke der Hofhaltung verwendete[701].

693) StaA Mainz 28/291. Auch die Gemeinde Flörsheim mußte eine Kaution für die Durchführung von Hexenprozessen stellen. Sie nahm im Jahre 1618 2 000 Gulden beim St. Klarenkloster in Mainz auf. Verhandlungen über die Rückzahlung erstreckten sich bis ins 18. Jahrhundert. Vgl. HStAW Klarenkloster Mainz 51/3.
694) s.S. 229. Sie stellen nur ein Bruchteil der Einnahmen dar. Aus den Akten der Oberkellerei in Aschaffenburg sind die „Hexengelder" nur teilweise zu erschließen.
695) Vgl. Merzbacher, S. 47.
696) StAW K 210/186.
697) Vgl. Wirth, (J.), S. 7f.
698) StiA Aschaffenburg, Hospitalrechnungen v. 1600 - 1631.
699) Frdl. Hinweis v. Herrn Oberarchivrat Wagenhöfer v. 4.12.1986.
700) Vgl. Grebner, S. 222 (Anm. 621).
701) Vgl. May, (G.), Beschreibung und Geschichte der koeniglichen Schloesser in Bayern, S. 89 - 91 u. Brück, Johann Adam von Bicken, S. 185f. Demnach wurden von der hinterlassenen Barschaft Johann Adam Bickens 30 000 Gulden „ins Gemach" des neuen Kurfürsten geliefert. „Dazu komme das Hexengeld...". „Zwei Hexenbecher sollten für Coena Domini am Gründonnerstag gebraucht werden." Brück beruft sich auf die Mainzer Domkapitelsprotokolle (MDKP 25, 358-359 u. 25, 363-364).

Hexengelder gelangten nicht immer in die Kassen der Regierung. Jörg Friedrich von Thüngen, der im Auftrag von Kurmainz und der Grafschaft Hanau die Hexenprozesse von 1601-1605 im Freigericht führte, rechnete die Konfiskationssumme von 7 235 Gulden ungenau ab[702]. Grebner ist der Auffassung, daß er damit Prozesse vor dem Reichskammergericht finanzierte und sich deshalb nicht in der Lage sah, die Beträge ordnungsgemäß abzurechnen. Da die Hexengelder ausblieben, konnte die in Hanau begonnene „Hohe Landesschule" erst 1665 fertiggestellt und eingeweiht werden[703].

702) Vgl. Grebner, S. 219f.
703) Ebd. S. 221f.

D) Die Hexenprozesse in sozial-geschichtlicher Sicht

I. Die Rolle der Frauen und Männer in den Hexenprozessen

1. Der Anteil der Frauen und Männer

a) Verfolgung unter Johann Adam von Bicken (1601 - 1604)

Bei den Hexenprozessen unter Kurfürst Johann Adam von Bicken ist das Geschlecht von 227 angeklagten Personen nachweisbar. Von ihnen waren 208 Frauen und 19 Männer[1]. Zu einem ähnlichen prozentualen Verhältnis kommt auch Grebner, der auf der Basis von 139 Betroffenen den Anteil der Frauen und Männer bei den Verfahren im Freigericht untersuchte[2].

Übersicht

	Kurfürstentum Mainz	Freigericht
Frauen	91,63 %	90,65 %
Männer	8,37 %	9,35 %

Die überwiegende Anzahl der Hingerichteten waren bei dieser ersten Verfolgungsperiode (1601 - 1604) Frauen. Männer wurden zumeist erst dann in die Verfahren verwickelt, wenn die Verfolgung intensiv oder von langer Dauer war[3].

Die Feststellung Grebners, daß „Männer vorzugsweise Geschlechtsgenossen angaben"[4], ist singulär und läßt sich weder in dieser noch in

1) Die Feststellung des Geschlechts der Angeklagten wird durch die relativ wenigen Prozeßakten aus dieser Periode erschwert.
2) Vgl. Grebner, S. 207.
3) Vgl. Midelfort, Witchhunting in Southwestern Germany, S. 178.
4) Vgl. Grebner, S. 208.

den beiden nächsten Verfolgungsperioden (1611 - 1620; 1626 - 1629) verifizieren. Männer mußten vielmehr deshalb zunächst vor das Tribunal treten, weil das Verhörschema einen Spielmann bei Hexentänzen voraussetzte. So ist es nicht verwunderlich, daß bei den Hexenprozessen in Rieneck (1611 - 1613) vor allem Spielleute aus dieser Gemeinde verurteilt wurden[5].

b) Verfolgung unter Johann Schweikard von Kronberg (1604 - 1626)

Der Anteil der Männer nahm in der zweiten Verfolgungsperiode (1611 - 1620) sprunghaft zu. Verteilt auf die einzelnen Ämter ergibt sich folgendes Bild:

	Frauen	Männer
1. Mombach	12	24
2. Bodenheim	24	1
3. Höchst	38	7
4. Dieburg	1	2
5. Freigericht	-	1
6. Miltenberg	44	30
7. Lohr	38	5
8. Kellerei Buchen	7	2
9. Exklaven in Oberhessen	8	-
insgesamt:	172 (70,49 %)	72 (29,25 %)

In Mombach (Mainz-Mombach) wird die Zahl der hingerichteten Frauen von der Anzahl der Männer sogar um die Hälfte übertroffen[6]. Dabei ist

5) StAW G 3 608 und Gericht Lohr 73.
6) DDAM K 60/II 11. u. Ys./Bir. A 9 681. Der fragmentarische Charakter der ersten Quelle ist zu beachten; nur ein Bruchteil der Brände v. 1613/14 ist hier wiedergegeben. Bei der zweiten Quelle handelt es sich um einen Brief der Isenburgischen Regierung an Kur-Mainz. Die Hinrichtung von zwei Frauen wird nur nebenbei erwähnt.

aber zu bedenken, daß schon in den Jahren 1611/12 in dieser Gemeinde Prozesse stattfanden, deren Umfang und Intensität nicht mehr feststellbar sind. Wahrscheinlich stellten die Frauen in diesen Jahren mehr Opfer. Dennoch ist der Anteil der Männer, die 1613/14 den Scheiterhaufen besteigen mußten, ungewöhnlich hoch. Gründe für dieses Phänomen können nicht angegeben werden, da keine Prozeßakten mehr vorliegen.
Überdurchschnittlich hoch ist auch der Anteil der Männer, die in der Stadt Miltenberg von Prozessen betroffen waren. Die Dauer der Verfolgung und die zahlreichen Verfahren allein vermögen keine zufriedenstellende Erklärung dafür zu geben, warum so viele Männer hingerichtet wurden, zumal diese Prozeßserie erst die Reihe der Prozesse in Miltenberg eröffnete.
Hier spielt das in der Forschung - soweit bekannt - nur wenig beachtete Gefälle zwischen Stadt und Land eine Rolle. Größere Prozeßserien sind in Landgemeinden selten zu verzeichnen[7]. Zu Prozeßkomplexen, in deren Verlauf auch Männer hingerichtet wurden, kam es erst dann, wenn Prozesse in einer Stadt expandierten und auf die umliegenden Gemeinden übergriffen.
Diese Feststellung wird durch die Übersicht unterstrichen. In dem vorwiegend durch Landwirtschaft und Weinbau bestimmten Bodenheim war unter der Zahl der Hingerichteten lediglich ein einziger Mann, von dem man annahm, daß er als Spielmann bei Hexentänzen fungierte[8]. Die acht Opfer aus den Exklaven Oberhessens waren Frauen und stammten aus ländlichem Gebiet[9]. Höher dagegen ist der Anteil der Männer in den Ämtern Höchst und Lohr. Aber auch hier kommen die männlichen Opfer vor allem aus Städten bzw. größeren Gemeinden, während für die Dörfer ausschließlich Frauen nachweisbar sind[10]. Ein ähnliches Bild bieten die

7) Die neuere Forschung sieht in den Hexenprozessen ein primär rurales Phänomen. Vgl. Kieckhefer u. Muchembled, Kultur des Volkes. Ihre Forschungsergebnisse beziehen sich aber auf den außerdeutschen Bereich.
8) StAW MRA 210/170.
9) Die Frauen stammen aus der Landgemeinde Ungedank. Vgl. Braun, S. 24.
10) In Flörsheim, Hochheim und Hofheim wurden auch Männer hingerichtet, während aus Weilbach und Wicker nur Frauen der Verfolgung anheimfielen.

übrigen Amtsbezirke, sofern die Quellen über den Anteil von Frauen und Männern Aussagen zulassen.
Die Konzentration der Verfolgung auf Städte und größere Gemeinden ist durch den „elaborierten" Hexenbegriff bedingt, der ein gewisses intellektuelles Niveau erforderte. In den Dörfern herrschte ein Hexenglaube, bei dem der Schadenszauber an Mensch und Tier im Vordergrund stand. Dagegen war in den Städten, bedingt durch die schon damals größeren Bildungs- und Kommunikationsmöglichkeiten, ein neuer Hexenmythos verbreitet, der eine organisierte Hexensekte mit eigenen Riten voraussetzte. Dieser Hexenglaube schuf durch die Theorie von „Succubi und Incubi" die Voraussetzung dafür, daß Männer, Jugendliche und sogar Kinder in die Verfolgung einbezogen werden konnten[11]. Gefördert wurde dieser Hexenmythos vor allem durch das neue Interrogationsschema, das unter Johann Schweikard erlassen worden war[12].

11) Vgl. Manser, S. 94 - 99.
Die Lehre besagt, daß Dämonen die Gestalten von Frauen und Männern annehmen, um mit Menschen sexuell zu verkehren. Wenn ein Dämon in der Gestalt einer Frau erscheint, wird er als Succubus (der Darunterliegende) und wenn er sich als Mann manifestiert als Incubus (der Darüberliegende) bezeichnet. Die Theorie hat ihre Wurzeln im antiken Volksglauben. Schon in der Patristik fand sie teilweise Eingang in die Theologie. Thomas von Aquin (De potentia q. 6a, 8 ad 5) und die anderen Scholastiker außer Petrus von Tarantaise halten sie für äußerst wahrscheinlich. Im 15. Jahrhundert wurde die Lehre popularisiert und von den Hexenideologen übernommen.

12) Vgl. Kittel, Nr. 10 - 12. Das Schema setzt Frauen und Männer aller Altersschichten als Besucher der Hexentänze voraus.

c) Verfolgung unter Georg Friedrich von Greiffenklau (1626 - 1629)

Für diese letzte und größte Verfolgungswelle sind aufgrund der Quellenlage differenzierte Angaben möglich:

	Frauen	Männer
1. Gemeinde Bodenheim	2	-
2. Amt Höchst	17	6
3. Aschaffenburg	17	13
4. Amt Dieburg	94	39
5. Amt Steinheim	1	1
6. Groß-Krotzenburg	74	14
7. Amt Klingenberg	45	26
8. Amt Miltenberg	119	56
9. Amt Prozelten	3	4
10. Zent Rüdenau	3	6
11. Amt Lohr	104	24
12. Amt Amorbach	2	1
13. Amt Fritzlar	59	8
	540 (73,17 %)	198 (26,83 %)

Die Statistik erweckt zunächst den Eindruck, daß die Zahl der Frauen unter den Opfern anstieg und die der Männer zurückging. Diese Annahme ist unrichtig. Das Verhältnis zwischen Frauen und Männern ist vielmehr durch die genaueren Zahlenwerte bedingt, die für diese Prozeßwelle vorliegen.

So gesehen blieb die Relation der von den Prozessen betroffenen Frauen und Männer weitgehend konstant. Selbst in den von der Verfolgung am heftigsten in Mitleidenschaft gezogenen Ämtern und Städten zeigt sich,

daß der Anteil der wegen Hexerei hingerichteten Männer nur bis zu einer gewissen Höhe stieg[13]. Die für die Zent Rüdenau und das Amt Prozelten angegebenen Zahlen widersprechen dieser Aussage nicht, da sie nur einen Bruchteil der in diesen Gebieten Verurteilten enthalten.
Abschließend läßt sich sagen, daß die oben vorgelegten Werte die früheren Aussagen generell bestätigen.

Zusammenfassung

1. Die Hexenprozesse richteten sich zunächst fast ausschließlich gegen Frauen. Männer wurden einbezogen, weil die Hexentänze einen Spielmann voraussetzten.
2. Die Vorstellung einer Hexensekte war stärker in den Städten verbreitet. Hier war auch der Anteil der Männer höher als in ländlichen Gebieten[14].
3. Langandauernde und intensive Verfolgungen erhöhten den Anteil der Männer, der jedoch eine bestimmte Höhe meist nicht überschritt.

13) Die Auswirkung der frauenfeindlichen Tendenzen des Hexenhammers und ähnlicher Werke auf die Verfolgung im 17. Jahrh. wird von der neueren sozialgeschichtlich ausgerichteten Forschung nur wenig beachtet. Vgl. Grebner, S. 226f. u. Midelfort, Witchhunting in Southwestern Germany, S. 193 - 196 u.a. Nach Schormann (Hexenprozesse in Deutschland, S. 32f.), vermittelten Prediger, Juristen u. das herrschende Denunziationssystem den Hexenglauben breiteren Schichten.

14) In den Städten erhöhten die berufliche Differenzierung, die sozialen Spannungen zwischen den einzelnen Schichten u. die mangelnde Integrationsfähigkeit einzelner den Anteil der Männer an der Verfolgung.

2. Das Alter der Betroffenen

Genaue Altersangaben sind in den Gerichtsakten zunächst selten, da das Interrogationsschema von 1597 keine Fragen über die persönlichen Verhältnisse der Angeklagten enthielt[15]. Erst das Verhörschema von 1613 verlangte genaue Angaben zur Person. Exakte Daten liegen darum erst aus der Prozeßwelle 1627 - 1629 vor.
Die aus den drei Ämtern Dieburg, Lohr und Miltenberg gewonnenen Angaben ergeben folgendes Bild bezüglich des Alters der Frauen:

a) Die Alterstruktur der Frauen

Amt Dieburg

bis 25 Jahre	4 (10,81 %)
26 - 40 "	12 (32,43 %)
41 - 60 "	15 (40,54 %)
61 - "	6 (16,22 %)
	37 (100 %)

Amt Lohr

bis 25 Jahre	9 (15,25 %)
26 - 40 "	12 (20,30 %)
41 - 60 "	35 (59,37 %)
61 - "	3 (5,08 %)
	59 (100 %)

Amt Miltenberg

bis 25 Jahre	4 (10,00 %)
26 - 40 "	12 (30,00 %)
41 - 60 "	19 (47,50 %)
61 - "	3 (12,50 %)
	38 (100 %)

15) Dieses Interrogationsschema galt in der Literatur lange als verschollen.

Die drei Tabellen zeigen in der zweiten und dritten Position ein relativ konstantes Bild. Differenzen ergeben sich bei den Gruppen der jüngeren und älteren Frauen. Der Unterschied ist z.T. durch Erhebungsart, Quellenlage und regionale Abweichung bedingt. Nach obiger Statistik konzentriert sich die Verfolgung auf Frauen der mittleren Altersstufe, deren Männer am öffentlichen Leben entscheidenden Anteil hatten und z.T. über bedeutende Vermögenswerte verfügten.
Grebner, der eine Untersuchung der Altersstruktur auf einer recht schmalen Basis durchführte, kommt zu dem Ergebnis, daß „es sich bei den Gerichteten um ausgesprochen alte Frauen gehandelt habe"[16]. Abgesehen davon, daß die Hexenprozesse der Jahre 1601 - 1604 z.T. eine andere Zielrichtung besaßen - vor allem Frauen wurden verurteilt - als die späteren, hat Grebners Feststellung für die Prozesse, die am Anfang einer Serie standen, gewisse Berechtigung. In den Gemeinden Bieber, Külsheim und Rieneck weiteten sich Verfahren gegen alte und arme Frauen, die zudem der in der Bevölkerung verbreiteten Vorstellung von Hexen entsprachen, zu ausgedehnten Verfolgungen aus[17]. Dagegen wurden bei der Verfolgung 1627-1629 in den Gemeinden Dieburg und Lohr schon gleich in den ersten Prozessen Frauen aus der mittleren Altersschicht belangt[18].
Insgesamt gesehen richteten sich die Hexenprozesse - in geringerem Maße unter Johann Adam von Bicken - gegen Frauen aus der mittleren Altersgruppe[19].
Die Prozeßakten aus der Regierungszeit des Kurfürsten Johann Schweikard von Kronberg zeigen eine ähnliche Altersstruktur der Beklagten, wie sie in obiger Statistik zur Darstellung kommt. Folgende Altersangaben aus den Ämtern Höchst und Miltenberg bestätigen diese Beobachtung[20]:

16) Vgl. Grebner, S. 210f. Nach ihm waren die Frauen, „deren Alter sich exakt ermitteln läßt", zwischen 50 u. 93.
17) StAW K G 3 093, K 210/166, G 3 608 und Gericht Lohr 73.
18) StaA Mainz 28/291 und StaA Lohr XII T 12, F.W. Nr. 1.
19) In der Verfolgungsperiode 1601-1604 überwogen die überlieferten, volkstümlichen Vorstellungen von der Hexe als alter Frau. Die Ideologie einer Hexensekte war wenig verbreitet und die Instrumentalisierung der Hexenprozesse zum Mittel sozialer Auseinandersetzung kam erst in Gang.
20) StAW Aschaffenburger Archivreste Fasz. 360 X Nr. 1 u. Nr. 2; Gericht Miltenberg Nr. 690 - 692 u. Nr. 698.

Amt Höchst:

bis 25 Jahre	3	(18,75 %)
26 - 40 "	4	(25,00 %)
41 - 60 "	6	(37,50 %)
61 - "	3	(18,75 %)
		100,00 %

Amt Miltenberg:

bis 25 Jahre	3	(10,71 %)
26 - 40 "	8	(28,57 %)
41 - 60 "	13	(46,42 %)
61 - "	4	(14,28 %)

b) Die Altersstruktur der Männer

Die von den Ämtern Dieburg, Lohr und Miltenberg erhobenen Zahlen ergeben folgendes Bild:

Amt Dieburg

bis 25 Jahre	2	(5,14 %)
26 - 40 "	13	(33,33 %)
41 - 60 "	14	(35,89 %)
61 - "	10	(25,64 %)
	39	(100 %)

Amt Lohr

bis 25 Jahre	1	(5,55 %)
26 - 40 "	6	(33,34 %)
41 - 60 "	8	(44,45 %)
61 - "	3	(16,66 %)
	18	(100 %)

Amt Miltenberg

bis 25 Jahre	5	(11,11 %)
26 - 40 "	19	(42,23 %)
41 - 60 "	17	(37,77 %)
61 - "	4	(8,89 %)
	45	(100 %)

Auch bei den Männern sind die Altersgruppen zwischen 25 - 40 und 41 - 60 am stärksten von der Prozeßwelle betroffen. In Miltenberg sind die 26 - 40 jährigen überstark repräsentiert. Dies hängt mit der für die Hexenprozesse in Miltenberg charakteristischen Tendenz zusammen, die sich gegen Familiengruppen vom erwachsenen Jugendlichen bis zum Greis wendete[21]. Da diese Altersschicht wohl auch zahlenmäßig die Mehrheit der Bevölkerung stellte, wurde sie am stärksten von der Verfolgung heimgesucht.

Im Amt Dieburg ist die Zahl der über 60-jährigen höher als in anderen Ämtern. Hier wurden schon zu Beginn der Verfolgung viele öffentliche Repräsentanten (Stadträte, Blutschöffen) und vermögende Bürger (Müller Fritz und Oberförster Haun u.a.) in die Verfahren verstrickt. Da die Dieburger Bürger schon drei Verfolgungsperioden erlebt hatten, durchschauten sie die Prozeßmechanismen am besten und versuchten durch Denunziation von prominenten Mitbürgern ihre eigene Verurteilung zu verhindern und die Prozesse zum Abbruch zu bringen.

Die Übersicht zeigt, daß auch junge Männer wegen Hexerei verurteilt wurden. Der herrschende Hexenglaube setzte voraus, daß ganze Familien den Hexensabbat besuchten[22]. Daher richtete sich die Verfolgung auch gegen jüngere Familienangehörige.

Der Vergleich der Altersdifferenz zwischen Männern und Frauen zeigt, daß bei beiden Geschlechtern die mittleren Altersgruppen, die noch voll im sozialen und öffentlichen Leben standen, am stärksten betroffen waren.

21) Die Anlage des alphabetisch geordneten „Index Maleficii Denuntiatorum Personarum Miltenbergensium", die Errichtung von separaten Hexengefängnissen u. verschiedene Anweisungen an seine unterstellten Beamten zeigen, daß Amtmann Oberst Johann von Goerzen die Hexenjagd intensiv u. systematisch betrieb.

22) StaA Mainz 28/291.

3. Jugendliche

Bereits im vorhergehenden Abschnitt wurde ausgeführt, wieviele Opfer diese Altersgruppe stellt. „Der Index maleficarum und maleficorum" der Stadt Miltenberg von 1627 unterstreicht die hohe Anzahl der Jugendlichen. Diese alphabetisch angelegte Denunziationsliste enthält die Namen von 476 Personen; unter ihnen waren allein 81 junge Menschen (17,01 %)[23).
Die Anklage gegen junge Leute wurde durch zwei Vorstellungen des Hexenmythos gefördert. Eine Annahme bestand darin, daß ganze Familien die Hexentänze besuchten[24). Deshalb wurden in Gemeinden mit großer Verfolgungsdichte wie Dieburg, Flörsheim, Groß-Krotzenburg und Miltenberg auch ganze Familien denunziert.
Der Gedanke, Mütter tauften ihre Kinder auf den Namen des Teufels und verführten sie zur Hexerei, spielte eine weitere Rolle[25).
Die jugendlichen Angeklagten in Dieburg und Lohr z.B. stammten zumeist aus Familien, die wegen Zauberei belangt worden waren. Für die juristische Fakultät der Universität Mainz war die Abstammung von einer Hexe schon Grund genug, ein Verfahren einzuleiten[26).
Das 1613 erlassene Interrogationsschema begünstigte ebenfalls die Einbeziehung junger Menschen in die Prozesse[27). Einige Fragen zielten z.B. darauf ab, welche Funktionen einzelne bei der „teuflischen Hochzeit" ausübten. Hier wurden dann einzelne Dienste wie Köchin, Spielmann, Brautführer, Brautjungfern und Schmalmägde (junge Mägde) genannt. Da die beiden letzten Funktionen jugendliches Alter voraussetzten, lag es nahe, daß hier ausschließlich weibliche Jugendliche und jüngere Frauen

23) StAW Gericht Miltenberg 691.
24) In der Phantasie der Beklagten hatte der Hexensabbat oft den Charakter eines Volksfestes, das Eltern mit Kindern besuchten; dämonische Züge traten zurück. Vgl. StaA Mainz 28/291.
25) Die Incubus-Succubuslehre (geschlechtlicher Verkehr von Menschen mit Dämonen und daraus resultierende Nachkommenschaft) wurde nicht zur Erklärung herangezogen. Zur volkstümlichen Ausbildung dieser Theorie: Vgl. Bächtold-Stäubli IV, Sp. 685ff.
26) StaA Mainz 28/291.
27) Kinder und Jugendliche tauchen erst in den Prozessen der Jahre 1627-1629 in größerer Zahl auf. Neben den Frageschemata förderten die Verdichtung der Verfahren und die zahlreichen Prozesse gegen junge Leute in benachbarten Territorien Anklagen gegen diese Altersschicht. Vgl. Merzbacher, S. 185 - 195.

denunziert wurden. So heißt es von Hans Ofensteins Frau in Dieburg: „Sie teile Kränze aus, sei jung, spiel, freß und tanze"[28].
Bei den Prozeßverfahren wurden nicht alle Jugendlichen, jüngeren Frauen und Männer, auf welche die genannten Voraussetzungen zutrafen, generell belangt. Vielmehr begünstigten körperliche, seelische und sittliche Auffälligkeit den Verdacht der Hexerei. In den Prozeßakten der Stadt Miltenberg finden sich einige interessante Bemerkungen zur Person von Beschuldigten: „Hans Baums Tocher mit den roten Haaren, Adam Mohrs Tochter mit dem lahmen Fuß, Veith Wagners Sohn, der große Brokken"[29]. Gegen Agathe Keßler aus Lohr wurde wegen ihrer häufigen Männerbekanntschaften und der Vornahme eines Abortus ermittelt[30].
Es wäre jedoch verfehlt anzunehmen, daß Jugendliche nur wegen eines Gebrechens oder eines Fehlverhaltens in die Mühlen der Hexenjustiz gerieten. In der Stadt Lohr reichte die Eifersucht eines Mädchens aus, daß ihre drei Freundinnen wegen Hexerei angeklagt und in das Gefängnis geworfen wurden. Die 1629 milder gewordene Justizpraxis rettete die drei jungen Mädchen vor dem Scheiterhaufen[31].
Töchter und Söhne begüterter Familien wurden relativ zahlreich belangt. Junge Leute, die den Händen der Justiz entkamen, hatten zumeist ein schweres Schicksal. Sie waren körperlich und seelisch gebrochen. Engel Deusinger aus Lohr z.B. wurde von befreundeten Familien nicht einmal aufgenommen, da sie fürchteten, selbst in den Verdacht der Hexerei zu geraten[32].
Drei männliche Jugendliche aus Amorbach wurden in einer Art „freierer Haft" gehalten, in der sie verwahrlosten[33]. Ungeklärt ist das Schicksal junger Leute, die beide Elternteile verloren hatten. Hundert Jugendliche und Kinder aus Groß-Krotzenburg mußten nach Beendigung der Hexenprozesse versorgt werden[34]. Die Zahl derer, die infolge dieser Pogrome Waisen geworden waren, dürfte in den meisten Städten höher gelegen haben. Bisher ist noch nicht einmal im Ansatz untersucht, wie die Kurmainzer Regierung mit diesen sozialen Problemen fertig wurde.

28) StaA Mainz 28/291.
29) StAW Gericht Miltenberg Nr. 691.
30) StAW G 3 314.
31) Ebd.
32) StAW G 18 889.
33) StAW G 18 890.
34) Vgl. Zeller, S. 89.

Kur-Mainz gehörte zu den Ländern, in denen kaum Kinderprozesse stattfanden[35]. Verurteilungen von 17jährigen Mädchen sind in drei Gemeinden (Flörsheim, Dieburg und Miltenberg) nachweisbar[36]. In den übrigen Verfahren hielt man sich an die Altersgrenze von 18 Jahren. Wenn im Erzstift „nur" ein Kind verurteilt wurde, ist dies nicht ausschließlich das Verdienst der Kurmainzischen Hexenjustiz. Es spielte noch ein anderer Grund eine Rolle. Während in Bamberg, Wertheim und Würzburg die Prozesse dadurch ihren Anfang nahmen, daß Kinder Erwachsene der Hexerei beschuldigten, gingen Prozeßwünsche in Mainz von der gesamten Bevölkerung aus. In den Mainzer Ämtern, die an Würzburg angrenzten, herrschte oft Panik, weil die Menschen befürchteten, die Kinder würden von der Hexerei infiziert. Bis zum Jahre 1642 werden in nur wenigen Prozeßprotokollen Kinder angegeben. Erst in den Protokollen des Jahres 1642 (Amorbach) werden generell Kinder als Gäste beim Sabbat genannt[37]. Die Spitze der Hexenprozesse war zu dieser Zeit gebrochen. Unter Kurfürst Kasimir Wambolt (1629-1647) herrschte eine humanere Rechtsprechungspraxis. Daher konnte es zu keinen Kinderprozessen mehr kommen, die zur Verurteilung führten.

4. Verheiratete, Witwen und Unverheiratete

Eine Aufschlüsselung der Hexen nach Familienstand konnte zwar für das gesamte Gebiet des Erzstiftes aufgrund der Quellenlage nicht vorgenommen werden. Ein Überblick ist jedoch für einzelne Bezirke möglich und ergibt folgendes Bild:

35) Verfahren gegen Kinder fanden in den Ämtern Amorbach, Aschaffenburg, Fritzlar und Prozelten statt. Vgl. StAW G 18 890, K 622/H 1 534, MSf 1 080. Nur in Aschaffenburg wurde ein 13jähriger Junge zum Tode verurteilt. Vgl. StAL 412 Büschel 26. Bei den Verhören verzichtete man auf die Folter.

36) Sie wurden lediglich terriert und gestanden hiernach. Nach dem Urteil der Mainzer Weltlichen Räte durfte die peinliche Frage erst nach Erreichung des 18. Lebensjahres angewandt werden. Vgl. StAW G 18 889.

37) StAW G 18 890.

Erste Verfolgungsperiode (1601 - 1604)

Freigericht

Verheiratete	104	82,5 %
Witwen	17	13,5 %
Unverheiratete	5	4,0 %
	126	100 %[38]

Zweite Verfolgungsperiode (1610 - 1618)

Bodenheim			Rieneck		
Verheiratete	17	65,38 %	Verheiratete	30	78,95 %
Witwen	7	26,93 %	Witwen	5	13,16 %
Unverheiratete	2	7,59 %	Unverheiratete	3	7,89 %
	26	100 %[39]		38	100 %[40]

Dritte Verfolgungsperiode (1627 - 1629)

Dieburg			Fritzlar		
Verheiratete	75	79,78 %	Verheiratete	19	76,0 %
Witwen	11	11,70 %	Witwen	4	16,0 %
Unverheiratete	8	8,52 %	Unverheiratete	2	8,0 %
	94	100 %[41]		25	100 %[42]

38) Vgl. Grebner, S. 210.
39) StAW K 210/170.
40) StAW Gericht Lohr u.G 3 608.
41) StAW K 210/168 u. StaA Mainz 28/291.
42) Vgl. Thiele, S. 1 - 5.

Groß-Krotzenburg			Miltenberg		
Verheiratete	57	75,00 %	Verheiratete	19	40,43 %
Witwen	11	14,47 %	Witwen	13	27,66 %
Unverheiratete	8	10,53 %	Unverheiratete	15	31,91 %
	76	100 %43)		47	100 %44)

Lohr			Wörth		
Verheiratete	83	79,81 %	Verheiratete	17	80,95 %
Witwen	12	11,54 %	Witwen	3	14,29 %
Unverheiratete	9	8,65 %	Unverheiratete	1	4,76 %
	104	100 %45)		21	100 %46)

Wie die Übersicht bestätigt, waren die meisten Angeklagten verheiratet. Gegenüber der ersten Verfolgungsperiode nahm die Zahl der Unverheirateten in den beiden folgenden Prozeßwellen merklich zu. Bei dieser Personengruppe handelte es sich zumeist um Jugendliche. Sie gerieten durch den neuen Hexenmythos in die Mühlen der Justiz. Vereinzelt wurden auch unverheiratete Frauen verurteilt.
Die Zahl der Witwen, welche der Hexerei beschuldigt wurden, ist in den Ämtern und Gemeinden besonders hoch, die relativ früh von Prozessen heimgesucht wurden oder in denen die Verfolgungen zum ersten Mal wüteten. Je länger und stärker eine Verfolgung anhielt, desto niedriger war die Anzahl der Witwen, die den Verfahren anheimfielen. Diese Tendenz ist besonders in den Ämtern Dieburg, Lohr und Miltenberg ersichtlich. In der Gemeinde Bodenheim machten die Witwen über ein Viertel

43) StAM 86/16 388.
44) StAW Gericht Miltenberg Nr. 690 u. 692.
45) StaA Lohr XII T 12, F.W. Nr. 1 - 4.
46) SB Bamberg, I. H. msc. misc. 9/12.

der Betroffenen aus. Im Unterstift setzten erst in der zweiten Verfolgungsperiode Verfahren ein[47]. Deshalb fanden in diesem Gebiet die frauenfeindlichen Parolen des Hexenhammers und der Literatur des 16. Jahrhunderts über das Hexenwesen besondere Resonanz. Diese Tatsache wird zudem durch den Umstand gestützt, daß in der Gemeinde Bodenheim nur ein einziger Mann der Verurteilung verfiel. Im weiteren Verlauf machte der Hexenmythos einen Funktionswandel durch. Die diesem Mythos innewohnende aggressive Energie richtete sich nicht mehr in erster Linie gegen das weibliche Geschlecht, sondern wurde - was noch zu zeigen ist - als Kampfmittel bei Auseinandersetzungen zwischen verschiedenen sozialen Gruppen benutzt[48]. Infolge dieser Entwicklung ging die Anzahl der Verfahren gegen Frauen und damit auch gegen Witwen zurück.

Nach Midelfort bildete der hohe Prozentsatz der unverheirateten Frauen und Witwen für die Gesellschaft der frühen Neuzeit ein schwer lösbares Problem und führte zu einer verstärkten Verfolgung dieser Bevölkerungsgruppe[49]. Abgesehen davon, daß sich die sozialgeschichtlichen Arbeiten, welche die These Midelforts stützen, primär auf das 16. Jahrhundert beziehen, kann diese Annahme nicht durch das für das Kurfürstentum Mainz im 17. Jahrhundert vorliegende Material verifiziert werden.

Viele der Hexerei beschuldigte Witwen besaßen genug zum Leben oder waren sogar ausgesprochen reich. Anna Pädt, mit der die Hexenprozesse in Dieburg begannen, besaß 10 Morgen Land und erregte durch ihre geschäftlichen Erfolge als Hafnerin den Neid ihrer Konkurrenten[50]. Ottilia Grün war eine der reichsten Frauen der Stadt Dieburg[51]. Maria Firnhaber, Witwe des früheren Schultheißen von Miltenberg, war wohl auch begütert[52]. Fast alle in Lohr verurteilten Witwen hatten genug zum Leben[53]:

47) Die Hexenprozesse in Bodenheim begannen im Jahre 1612. Vgl. StAW K 210/170.
48) Dieser Aspekt des Funktionswandels wird in verschiedenen feministisch orientierten Studien nicht beachtet. Die ökonomischen Umstrukturierungsprozesse und die damit wachsende Entfremdung von der Natur führten nicht wie hier angenommen zur größeren Angst vor der Frau, sondern dazu, daß Männer in verstärktem Maße in das Prozeßgeschehen einbezogen wurden. Vgl. Bovenschen, In: Becker, (G.), u.a. (Hg.), a.a.O., S. 290ff. u. Honegger, In: (Ders.), (Hg.), a.a.O., S. 81 - 94.
49) Vgl. Midelfort, Witchhunting in Southwestern Germany, S. 185.
50) StaA Mainz 28/291. Der Sohn war Kapuziner, die Tochter wurde ebenfalls hingerichtet.
51) Ebd.
52) StAW Gericht Miltenberg Nr. 691.
53) StAW G 18 889.

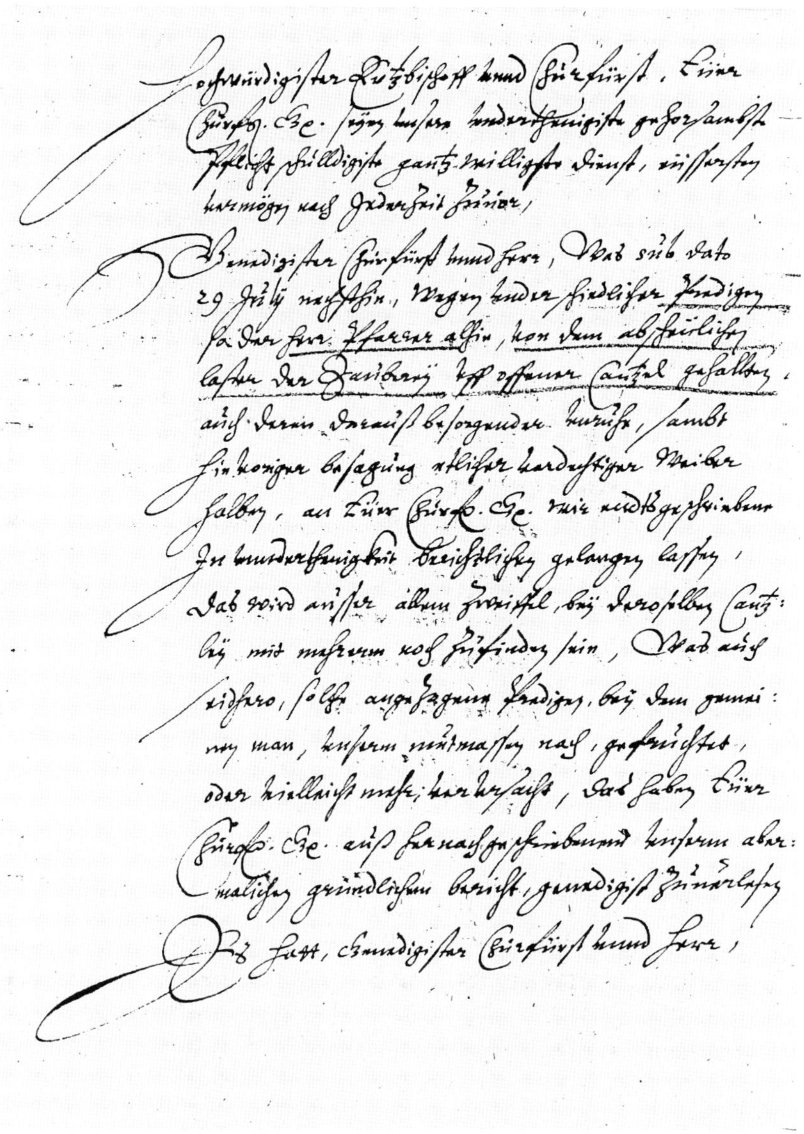
Hochwürdigister Ertzbischoff unnd Churfürst, Euer
Churfl. Gn. seindt unser underthenigste gehorsambste
Pflicht schuldigste gantz willigste dienst, eüsserstem
vermögen nach iederzeit zuvor,
Genedigister Churfürst unnd Herr, Was sub dato
29 July nechsthin, wegen under schiedlicher Predigen
so der Herr Pfarrer alhie, von dem abscheülichen
laster der Zauberey uff offener Cantzel gehalten,
auch deren daraus besorgender Unruhe, sambt
hinbevorgner besagung etlicher verdechtiger Weiber
halben, an Euer Churfl. Gn. wir recht geschrieben
In underthenigkeit bericht lichen gelangen lassen,
Das wird ausser allem zweiffel, bey derselben Cantzley mit mehrerm noch zufinden sein, Was auch
sidhero, solche angezogene Predigen, bey dem gemeinen man, unserm mutmassen nach, gefruchtet,
oder villeicht mehr verursacht, das haben Euer
Churfl. Gn. auss hernachgeschriebenem unserm aber-
maligen gründlichen bericht, genedigist zuvernehmen
Es hatt, Genedigister Churfürst unnd Herr,

23/24 Brief des Külsheimer Kellers Peter Erstenberger an den Kurfürsten in Mainz (St.A W). Der Keller verlangt die Abberufung eines Pfarrgeistlichen, der die Bevölkerung aufwiegelte und Hexenfurcht schürte. Erstenbergers eigene Tochter, die Frau des Stadtschultheißen Firnhaber von Miltenberg, wurde 1629 als Hexe verbrannt.

vor fünff Jaren solche Zauberin verbrant und auß:
gereüt hette, were diser grosser schaden nit geschehen
auch nit so viel leüt verdorbt worden.

So Euer Churf. Gn.: die der Allmechtig Gott
bey langwirigen gesundheit, auch glück: und
friedfertiger regierung, genadiglichen gefristen
wölle: noch und pflichten halben, underthenigst
mit verhallten sollen oder können. Datum Külß:
heim, den 19 Augusti Anno 1616.

Euer Churfürst. Gn.

Underthenigiste Gehorsambste,
Diener und Underthanen

1616

Peter Er[illegible]nberger
Keller zu Külßheim [illegible]
Renth: Baumeister und
Rath daselbsten.

Anna Dörleder	-	100 Gulden
Margarethe Niklaus	-	nicht unvermögend
Katharina Rüdiger	-	60 Gulden und Grundbesitz
Katharina Schimel	-	300 Gulden
Anna Schubert	-	60 Gulden und Grundbesitz
Barbara Ulrich	-	150 Gulden
Elisabeth Winkler	-	60 Gulden und Grundbesitz
Margreth Wolpert	-	Frau d. alten Kellers

Die Tatsache, daß Witwen manchmal die ersten Opfer der Verfolgung waren (Dieburg, Külsheim, Lohr, Rieneck u.a.) beruht oft auf praktischen Überlegungen. Die Bevölkerung wählte zumeist den Weg des geringsten Widerstandes, indem sie diese Frauen denunzierte, die den für die damalige Zeit wichtigen Schutz des Mannes entbehrten.

II. Die Hexenprozesse unter berufsständischer Sicht

Eine Untersuchung der Frage, in welchem Maß die Hexenverfolgung einzelne Berufsstände betraf, liegt nicht vor[54]. Nach Midelfort befanden sich viele Müller und Wirte unter den Verurteilten[55]. Hebammen galten schon dem „Hexenhammer" als besonders zaubereiverdächtig und fanden deshalb in der Literatur gebührende Berücksichtigung[56].

1. Beamte und Ratsherren oder deren Angehörige

Im Kurfürstentum Mainz läßt sich kein Prozeß nachweisen, der gegen höhere Beamte gerichtet war[57]. Dagegen wurden Beamte, die in unmittelbarem Kontakt zum Volk standen, und deren Angehörige in Verfahren verstrickt, wie: Keller, Zentgrafen und Zolleinnehmer. Höher jedoch ist die Zahl der Schultheißen und Stadträte, die von der Hexeninquisition belangt wurden.

a) Schultheißen

Die Ämter Höchst und Klingenberg sind repräsentativ dafür, daß dieser Stand häufig in Hexenprozesse einbezogen war. Im Amt Höchst wurde 1617 der Schultheiß von Wicker, Johann Bleichenbach, zum Tode verurteilt, die Frau des ehemaligen Schultheißen von Weilbach, Elisabeth Allendorf, starb im Gefängnis und „Jakob", Schultheiß von Flörsheim, wurde 1618 wiederholt als Spielmann bei Hexentänzen denunziert[58].

54) Hierzu zählt nicht die Arbeit von Croissant, „Die Berücksichtigung geburts- und berufsständischer und soziologischer Unterschiede im deutschen Hexenprozeß". Croissant untersucht die juristische Frage, ob Adlige und Angehörige höherer Stände bei Hexenprozessen eine Sonderbehandlung erfuhren.
55) Vgl. Midelfort, Witchhunting in Southwestern Germany, S. 171.
56) Vgl. Sprenger/Institoris II, 13. Frage. (Maleus maleficarum).
57) Dagegen kamen in anderen Staaten Hinrichtungen höherer Beamter wegen Hexerei vor; u.a. der Rektor der Universität Trier, Dr. Dietrich Flade (1589), u. der Kanzler des Hochstiftes Bamberg, Georg Haan, u. seine Familie (1628). Vgl. Hammes, S. 174 - 176 u. Wittmann, S. 192ff.
58) StAW Aschaffenburger Archivreste Fasz. 360 X Nr. 1 u. Nr. 2.

Klaus Behrns, ehemaliger Schultheiß von Erlenbach, Hans Krug, Schultheiß von Elshofen, und Hans Lang, Schultheiß von Wörth, wurden 1629 Opfer der Hexenprozesse im Amt Klingenberg[59].
Angehörige von Schultheißen wurden auch in anderen Amtsbezirken verbrannt. Schon 1597 starb die Tochter des Schultheißen von Schloßborn (Amt Königstein) auf dem Scheiterhaufen[60].
Die Frau des „alten Schultheißen" von Groß-Krotzenburg war eines der ersten Opfer der Verfolgung in dieser Gemeinde (1628)[61]. Im Verlauf der Lohrer Hexenprozesse (1626 - 1629) wurden die Schultheißenfrauen der Gemeinden Nantenbach und Rodenbach verbrannt[62]. Maria Firnhaber, die Witwe des Schultheißen von Miltenberg, wurde nach bestandener Folter aus dem Gefängnis entlassen (1617) und später (1629) hingerichtet. Opfer der Miltenberger Prozesse wurden auch Schultheiß Albert Bräunich von Schippach und das Schultheißenehepaar Bastian und Maria Beck von Eichenbühl (1629)[63].
Die Frau des „alten Schultheißen von Aschaffenburg" erscheint mit vier Voten belastet in einem Verhörprotokoll des Vizedomamtes (fünf Voten reichen zur Verhaftung aus). Ob diese Frau inhaftiert und verurteilt worden ist, kann aufgrund der Quellenlage nicht entschieden werden[64].
Der hohe Blutzoll, den der Stand der Schultheißen entrichtete, ist dadurch bedingt, daß sie für Verhaftungen verantwortlich waren und oft bei Gericht das Schöffenamt versahen[65]. Dadurch und wohl auch, weil sie begütert waren, lenkten sie die Haß-, Neid- und Rachegefühle der Angeklagten auf sich[66]. Die Schultheißen besaßen keinen besonderen Rechts-

59) StAW G 17 358 u. Gericht Klingenberg Nr. 202.
60) StAW D 73/K 370.
61) StAD C 1 224/10 u. StAM 86/16 388.
62) StaA Lohr XII, 3, T. 12, F.W. Nr. 2.
63) StAW Gericht Miltenberg Nr. 690 - 692.
64) StAW Aschaffenburger Archivreste Fasz. 175 I Nr. 2.
65) Im Gegensatz zu den anderen fränkischen geistlichen Fürstentümern wurden den Schultheißen keine erweiterten richterlichen Befugnisse übertragen. Vgl. Merzbacher, S. 95f. Lediglich der Stadtschultheiß von Aschaffenburg übte wie der Schultheiß von Bamberg und Würzburg den Blutbann aus. Vgl. S.B. Bamberg I.H.. msc. misc. 9/12.
66) Schultheiß Hans Lang von Wörth besaß „an Geld und Gut" das eminente Vermögen von über 15.348 Gulden. Vgl. Brößler „Main-Echo" v. 30.4.1954.

schutz bei der Ausübung der Hexeninquisition. Es läßt sich sogar nachweisen, daß z.B. nach der geflohenen Schultheißenfrau Katharina Bleichenbach intensiver gefahndet wurde, als es im Kurmainzer Gebiet bei flüchtigen Personen üblich war. Nicht nur Amtmänner schalteten sich in die Fahndung ein, sondern sogar der Kanzler und der Erzbischof. Der Amtmann von Königstein, Johann Dietrich von Rosenbach, entwarf den Plan, Katharina Bleichenbach, die sich bei der Gräfin zu Stolberg in Ortenberg aufhielt, zu entführen und auf Mainzer Territorium zu bringen[67].

b) Ratsherren

Heftiger als gegen die Schultheißen in den Dörfern wütete die Hexenverfolgung gegen die Ratsherren in den Städten[68]. In Dieburg wurde fast die Hälfte des Rates und in Lohr und Miltenberg wurden je vier Stadträte (ein Drittel) hingerichtet[69]. Ähnlich hoch sind die Zahlenwerte in anderen städtischen Gemeinden des Erzstiftes, sofern die Quellen genaue Angaben zulassen.
Fast alle Räte wurden in der ersten Phase einer Prozeßserie angeklagt. Dieser Vorgang läßt vermuten, daß Beschuldigte gezielt öffentliche Repräsentanten denunzierten, um die Prozesse zum Stillstand zu bringen[70]. Die Verurteilung der Räte geschah jedoch nicht allein aus dem eben erwähnten Grund oder aus Haß- und Rachegefühlen. Fast jeder, der wegen Hexerei angeklagt wurde, erfüllte bestimmte Voraussetzungen.

67) StAW Aschaffenburger Archivreste Fasz. 360 X Nr. 1 u. Nr. 2.
68) In den Nachbarterritorien blieben Ratspersonen - von Ausnahmen abgesehen - von der Verfolgung verschont. Vgl. Merzbacher, S. 184-187.
69) Auffallend viele Ratsherren wurden in den Gemeinden hingerichtet, die bis 1527 dem Bund der „9 Städte des Mainzer Oberstifts" angehörten und welche bis ins 17. Jahrhundert zur starken Unabhängigkeit von der Zentralgewalt tendierten. Vgl. Höbelheinrich, S. 49.
70) Die Stadt Dieburg z.B. hatte 1627 schon drei Prozeßwellen erlebt. Die Betroffenen waren daher mit den Mechanismen der Verfahren vertraut.

Darauf will folgende Übersicht der in Dieburg angeklagten Räte und Schöffen hinweisen[71]:

	Beruf	Verwandt mit früher verurteilten Personen	Konfession der Eltern
1. Ph. Kretzer	Händler	Pflegemutter hingerichtet	Mutter früher ev.
2. P. Kremer	Krämer	Frau u. deren Schwester hingerichtet	Eltern früher ev.
3. P. Lippert	Bäcker	Eltern hingerichtet	--
4. H. Leber	Bauer	--	--
5. Nik. Masius	Bäcker	--	Mutter früher ev.
6. Wilh. Ofenstein	Krämer	Mutter hingerichtet	--
7. H. Stork	Bäcker	Frau seines Lehrherrn hingerichtet	--

Aus der Übersicht ergibt sich:

1. Fast alle Angeklagten hatten Berufe, die der Versorgung der Bevölkerung mit Nahrungsmitteln dienten. Unter ihnen waren allein drei Bäcker. Ihr Berufsstand war von den Hexenprozessen mit am häufigsten betroffen.
2. Die Verurteilung von Angehörigen oder anderen Bezugspersonen hatte zur Folge, daß dieser Personenkreis selbst in den Verdacht der Hexerei geriet.
3. Die Eltern oder ein Elternteil von drei der Beschuldigten waren vor ihrer Übersiedlung nach Dieburg evangelisch. Da die benachbarten Territorien protestantisch waren, besitzt dieser konfessionelle Gesichtspunkt keine besondere Bedeutung.
4. Auf Hans Leber treffen die oben genannten Merkmale nicht zu. Es ist anzunehmen, daß er wegen seines bedeutenden Vermögens und seiner Tätigkeit als Schöffe der Hexerei beschuldigt wurde.

71) StaA Mainz 28/291.

Neben den eben genannten Kriterien gab es noch andere Gründe dafür, daß Räte in den Kreis der Verdächtigen gerieten. Hieronimus Weidenweber aus Lohr taxierte sein Vermögen auf die bedeutende Summe von 5.000 Gulden. Von den Ratsherren Sebastian Günter und Jörg Schmidt (Lohr) heißt es in einem Postscriptum: „Sie seien weniger der Hexerei als der Hurerei beschrien"[72]. Hans Michenbach (ebenfalls aus Lohr) war einer 1609 „spargierten und affigierten Pasquille gegen den Erzbischof" verdächtig[73]. Außer den Ratsherren selbst gerieten auch ihre Frauen in Zaubereiverdacht und wurden als Hexen verbrannt.

c) Keller, Zentgrafen, Zollbeamte oder deren Angehörige

Den Hexenprozessen fielen nur zwei Beamte anheim. Am 5. April 1629 wurden der ehemalige Stadtschreiber von Lohr, Johann Bohn, und der Amtskeller von Stadtprozelten, Kilian Großmann, in Miltenberg enthauptet[74]. Höher dagegen war die Zahl der Frauen und anderen Angehörigen der Beamten, die als Hexen verbrannt wurden.

Darauf weist folgende Aufstellung hin:

Frauen u. Angehörige von Amtskellern:

Margreth Wolpert, Frau des „alten Kellers" von Lohr (1628)[75]

Anna Margarethe Köhler, Tochter des „alten Kellers" von Lohr (1628)[76]

72) StAW G 18 889.
73) Ebd.
74) Vgl. „Bote vom Untermain" v. 2.4.1979. Der Sohn Bohns, Heinrich Bohn, war als Keller maßgebend an den Hexenverfolgungen in Rieneck (1611-1613) und Dieburg (1627-1629) beteiligt. Vgl. StAW G 3 083 u. StaA Mainz 28/291.
75) StAW G 18 889.
76) Ebd.

Frauen von Zentgrafen:

Margreth, die Frau des Zentgrafen von Großostheim (1603)[77)]

Die Frau des Fauth Adam Schmuk von Oberroden (1628)[78)]

Frauen von Zollbeamten:

Die „Wasserzöllnerin" von Aschaffenburg (1603)[79)]

Catharina, die Frau des Zöllners von Miltenberg, David Mohr (1628)[80)]

Bei der Verfolgung dieses Personenkreises spielten die Mechanismen eine Rolle, welche in den beiden vorhergehenden Abschnitten dargestellt wurden.
Da die Zentralbehörde ihren Beamten wohl einen gewissen Schutz gewährte - dahingehende Verordnungen sind allerdings nicht nachweisbar - waren sie weitgehend vor der Verfolgung sicher. Dagegen wurden ihre Frauen denunziert und mußten den Scheiterhaufen besteigen.
Die Tatsache, daß zwei Beamte, Johann Bohn und Kilian Großmann, verurteilt wurden, bedarf einer eigenen Erörterung[81)]. Johann Bohn war nicht mehr in Diensten der Stadt, als er belangt wurde. Zudem hatte er die Frau (wohl Konkubine) eines katholischen Pfarrers geheiratet, was in der Zeit katholischer Restauration allgemeines Ärgernis erregte[82)].

77) StAW Aschaffenburger Archivreste Fasz. 175 I Nr. 2.
78) StaA Mainz 28/291.
79) StAW Aschaffenburger Archivreste Fasz. 175 I Nr. 4.
80) Vgl. Diefenbach, S. 113 - 115. David Mohr schrieb zwei Briefe (s.S. 155ff.) an seine inhaftierte Frau, welche die seelische Grenzsituation der Gefangenen und ihrer Angehörigen ahnen lassen.
81) Warum Großmann der Hexerei beschuldigt wurde, kann aus den vorliegenden Quellen nicht hinreichend erschlossen werden.
82) Vgl. „Bote vom Untermain" v. 2.4.1979.

2. Geistliche bzw. deren Angehörige

Die Hexenverfolgung im Kurstift forderte im Gegensatz zu anderen geistlichen Staaten unter dem Klerus nur wenige Opfer[83]. Höhere Geistliche gelangten im Unterschied zu Trier und Würzburg nie vor das Hexentribunal[84].

a) Katholische Pfarrer

Ein Gutachten der theologischen Fakultät Mainz vom 9. Juli 1617 beschäftigte sich mit der Frage, „ob die von zwei Pfarrern, die Hexenmeister (magi) gewesen seien, gespendete Taufe gültig sei." Der Beschluß der Fakultät lautete: „Omnes iterum esse baptizandos ... nec solemnitate et publice baptismum debere administrari ..."[85]. Taufen, auf die diese Bedingungen zutrafen, wurden am 7.4.1629 (hora matutina und hora postmeridiana) in Flörsheim am Main gespendet. Dabei fällt die hohe Zahl der Täuflinge (31) auf[86]. In Eddersheim (Hattersheim-Eddersheim) wurden am 13.4.1629 ebenfalls eine große Anzahl Erwachsener nachgetauft[87]. Der zeitliche Abstand von 12 Jahren scheint allerdings gegen einen inneren Zusammenhang zwischen dem Spruch der Fakultät und den erfolgten Nachtaufen zu sprechen; zu bedenken wäre allerdings, daß es sich bei den Täuflingen um Erwachsene handelte. Die Möglichkeit, daß der Fakultätsbeschluß erst später zur Ausführung kam, kann darum nicht ganz in das Reich der Phantasie verwiesen werden. Aus dem Spruch

83) Vgl. Croissant, S. 50 - 53 u. E. Weiß, Würzburger Kleriker als Angeklagte in Hexenprozessen in den Jahren 1626 - 1630, In: Mainfränkisches Jahrbuch für Geschichte und Kunst, 1988, S. 70 - 94. Demnach wurden 43 Kleriker in Würzburg 1626 - 1629 hingerichtet. Abgesehen von acht Geistlichen, die als Konkubinarier verdächtigt waren, handelte es sich fast ausschließlich um fromme und gebildete Priester. Seinem Kapitel teilte Bischof Philipp Adolf von Ehrenberg mit: „Das Domkapitel solle ebenfalls brennen, 'als dann hette man auch gelt'." (StAW Domkapitelprotokolle 1629, fol. 80, 130.)

84) Vgl. Hammes, S. 179 u. Merzbacher, S. 187 - 190.

85) Vgl. Herrmann, (F.), Gutachten der theologischen Fakultät Mainz, S. 390f. Die gedruckte Quelle enthält eine Abschrift Bodmanns aus dem „Liber conclusionum" der theologischen Fakultät Mainz. Die ursprüngliche Quelle ist nicht auffindbar. Die Abschrift aus der Sammlung Bodman/Habel wurde durch einen Brand im Staatsarchiv Darmstadt während des Zweiten Weltkrieges vernichtet.

86) DAL Taufbuch Flörsheim o. S.

87) Ebd.

der Fakultät geht aber mit Sicherheit hervor, daß zwei Pfarrer wegen Hexerei hingerichtet wurden. Das bischöfliche Kommissariat in Aschaffenburg wies jeden Versuch von Geistlichen, Einfluß auf Hexenverfahren z.B. durch Predigt zu nehmen, mit Entschiedenheit zurück. Pfarrer und auch Prälaten, die öffentlich in der Predigt Hexenprozesse verlangten, wurden ihres Amtes enthoben[88]. Die von den Geistlichen erzwungene Zurückhaltung trug dazu bei, daß sie nur in äußerst seltenen Fällen wegen Hexerei belangt wurden.

b) Bedienstete oder Konkubinen der Geistlichen

Im Kurfürstentum Mainz wurden die Bedienstete eines Pfarrers und die langjährige Maîtresse eines Prälaten wegen Hexerei verbrannt[89]. Die eine von ihnen, „Pfarrers Barbara", wie sie in den Gerichtsakten genannt wird, war Haushälterin des Pfarrers von Münster. Dieser Pfarrer war wegen seines Lebenswandels der öffentlichen Kritik ausgesetzt und galt als Konkubinarier[90]. Pfarrer Konrad Weinig von Münster wünschte seiner Gemeinde zum Kirchweihtag, „er wolle, daß der Teufel alle miteinander hölte"[91].

Der Verdacht, eine Hexe zu sein, fiel wohl nicht zufällig auf diese Frau "Barbara", zumal keiner ihrer Verwandten wegen Hexerei belangt wurde und das Kommissariat in Aschaffenburg schärfer gegen das Konkubinat der Priester vorging[92].

88) Der Dechant der Aschaffenburger Stiftskirche, Wetzel, sagte 1629 in einer Predigt: „Wenn man die ohnnötigen Hund und Pferd, wenn man die ohnnötigen Vögel und Herd, wenn man die ohnnötigen Paläste und Häuser abschaffen thäte, und mit den Kosten die Hexen verbrennte und Leut genugsam dazu bestellen ließe, dann wird es mit der Hexerei bald aus sein." Der Erzbischof Georg Friedrich v. Greiffenklau verbot Wetzel und dem Stiftskaplan Georg Hog, der sich wohl in ähnlicher Weise geäußert hatte, die Kanzel. Der Dechant wurde seines Amtes enthoben. Vgl. Lorenz, (A.), S. 3. Vgl. StAW 210/166. 1615 wurde der Pfarrer von Külsheim wegen Hexenpredigten und Aufwiegelung der Bürgerschaft abgesetzt.

89) StaA Mainz u. StAW 18 889.

90) Vgl. Hinkel, Pfarrer und Seelsorge im Aschaffenburger Raum, S. 177f.

91) Dieser Passus der Predigt wird verständlich, wenn man bedenkt, daß Weinigs Köchin zu diesem Zeitpunkt der Hexerei angeklagt war.

92) Vgl. Hinkel, Pfarrer und Seelsorge im Aschaffenburger Raum, S. 54 - 56 u. 173 - 178.

Die andere Frau, Margrethe Zehender (Zehander), hatte vor und während ihrer Ehe intime Beziehungen zum Prälaten des Benediktinerklosters in Neustadt bei Lohr[93].
Da ihr Ehemann Schneider war, wurde sie allgemein "Klosterschneiderin" genannt[94]. Zur Zeit der katholischen Reform, in der die klösterlichen Ideale wieder ernst genommen wurden, mußte das Leben dieser Frau anstößig erscheinen.

c) Frauen evangelischer Pfarrer

Vor 1600 bekannte sich die Mehrheit der Bevölkerung in den Ämtern Königstein und Lohr zum evangelischen Glauben; die einzelnen Gemeinden wurden von protestantischen Pfarrern betreut[95]. Aus diesen beiden Ämtern stammten auch die Pfarrersfrauen, die im Kurfürstentum wegen Hexerei belangt wurden.
Eva Holzapfel, die Frau des Pfarrers von Rieneck, wurde am 3. Januar 1612 verbrannt[96]. Ursula Schild, die in erster Ehe mit dem Weilbacher Pfarrer Johann Link verheiratet war, wurde nach dem 19. August 1617 nach bestandener Folter des Landes verwiesen[97].
Stand und Konfession spielten bei der Verurteilung von Eva Holzapfel keine Rolle. Genau wie die „hanauische Amtsfrau", die Müllerin und Wirtin von Rieneck, gehörte sie zu den angesehenen Frauen der Gemeinde, auf die sich leicht der Hexereiverdacht lenkte. Dazu hatte sie sich durch den Versuch, ihre Töchter an wohlhabende Männer zu verheiraten, unbeliebt gemacht[98].

93) StAW 18 889. Es handelte sich um Abt Georg Ehalt (1619-1633). Er machte sein Kloster schuldenfrei und zeichnete sich durch rege Bautätigkeit aus. Vgl. Diefenbach, S. 130.
94) StAW 18 889.
95) Vgl. Schmidt, (J.), S. 8 - 11.
96) StAW G 3 096, G 3 309 u. G 3 314.
97) StAW Aschaffenburger Archivreste Fasz. 360 X Nr. 1 u. Nr. 2.
98) StAW G 3 314.

Pfarrer Holzapfel selbst nahm vor und nach der Verurteilung seiner Frau aktiven Anteil an der Hexeninquisition und verhielt sich nach der Rekatholisierung der Stadt Rieneck loyal gegenüber der kurfürstlichen Regierung[99].

Anders gelagert war jedoch der Fall der ehemaligen Pfarrersfrau Ursula Schild. Als sich die Gemeinde Weilbach im Jahre 1616 versammelte, um verdächtige Personen ausfindig zu machen, stand sie an der Spitze der Beschuldigten. Die Mainzer Weltlichen Räte bedauerten ihre „schnelle" Entlassung aus dem Gefängnis. Der Erzbischof wies ein Gnadengesuch ihres Mannes um Zurücknahme der Landesverweisung ab[100].

Die Tatsache, daß ihr erster Mann evangelischer Pfarrer war, hat wohl die Stimmung in der Bevölkerung - Weilbach war seit über 10 Jahren wieder katholisch - und die Entscheidung der Regierung beeinflußt[101].

3. Angesehene Bürger

Dieser Abschnitt versucht, berufliche und andere gesellschaftliche Gruppen zusammenzufassen, die über einen höheren sozialen Status als die große Mehrheit der Bevölkerung verfügten und die unter den Verfolgten wenig auffielen.

a) Hospital- und Schulmeister

Ein Hospitalmeisterehepaar (Peter Lippert und Frau) fiel 1628 in Dieburg und in Stadtprozelten (Benedikt Stumpf und Frau) der Hexenverfolgung zum Opfer[102]. Schon im Jahre 1576 starb die Hospitalmeisterin Margrethe Schaerpf aus Lohr, die wegen Hexerei belangt worden war, im

99) Ebd. u. Schmidt, (J.), S. 111. Pfarrer Holzapfel konnte wegen dieser Haltung auch nach der Wiedereinfühung des katholischen Glaubens (1618) in Rieneck bleiben und erhielt eine stattliche Pension.
100) StAW Aschaffenburger Archivreste Fasz. 360 X Nr. 1 u. Nr. 2.
101) Die Gemeinde Weilbach nahm ohne Schwierigkeiten (1604) den katholischen Glauben wieder an. Vgl. Schmidt, (J.), S. 69f.
102) FSg 2/1 - F 215.

Gefängnis. Ihre Verhörprotokolle liegen vor. Sie enthalten allgemeine Anklagen wegen Zauberei und lassen keine sicheren Schlüsse über die Zustände im Hospital und über das Verhalten der Hospitalmeisterin zu[103].

Die Hinrichtung des Schulmeisterehepaares Rupert ist für Dieburg nachweisbar[104].

b) Handwerker mit hohem sozialem Status

Von den Handwerkern, auf welche die obige Bezeichnung zutrifft, waren nur die Keßler (Kupferschmiede) von der Hexenverfolgung betroffen. Dabei muß aber bedacht werden, daß die beiden größten Städte des Erzstiftes, in denen u.a. Gold- und Silberschmiede und Bearbeiter von Rauchwaren ansässig waren, wegen der ungünstigen Quellenlage (Aschaffenburg) oder, weil keine Verfolgung nachweisbar ist (Mainz), nicht in die Einzeluntersuchung einbezogen werden konnten.

In Dieburg wurde die Familie des Kupferschmiedes Hans Sattig von der Verfolgung erfaßt. Hans Sattig und seiner Frau gelang die Flucht. Seine siebzehnjährige Tochter Eva und sein Lehrjunge starben auf dem Scheiterhaufen[105]. Mehr Opfer von diesem Berufsstand forderten die Hexenprozesse in Lohr. Zwei Kupferschmiede (sie trugen auch den Familiennamen Keßler) wurden hingerichtet. Einem anderen Kupferschmied gelang die Flucht[106].

Ausschlaggebend für die Verfolgung dieser Berufsgruppe waren die gediegenen Vermögensverhältnisse.

Die Angehörigen der Sippe Keßler gehörten zu den wohlhabendsten Familien der Stadt Lohr[107].

103) StAW G 3 314. Auch in anderen Herrschaften wurden Spitalmeister verbrannt. Vgl. Soldan/Heppe II, S. 19. Die Literatur geht - soweit bekannt - nicht darauf ein, warum dieser Stand so häufig in Verfolgungen einbezogen war.

104) StAW K 210/168 u. K 212/279.

105) StaA Mainz 28/291 u. StAW K 210/168.

106) StAW G 3 314.

107) Agathe Keßler hatte von ihrem hingerichteten Vater allein 600 Gulden geerbt; wobei zu bedenken ist, daß Hans Keßler zahlreiche - die genaue Zahl ist nicht mehr nachweisbar - Kinder hatte. Vgl. StAW G 18 889.

Hans Sattig wurde „der reiche Hans" genannt[108]. Beim Hexensabbat saß er rechts von dem „Hexenobersten" Hans Haun, dem er beim Regieren half. Seine Frau Else versuchte, das Silbergeschirr aus der Stadt zu bringen, als die Prozesse gegen die Familie begannen. Else Sattig war die Tochter des reichen Müllers Michael Fritz[110].
Auch die Tatsache, daß die Keßler auswärtige Märkte aufsuchten, dürfte für die Verfolgung dieses Standes von Bedeutung gewesen sein[111]. Die Keßler waren nicht lokal oder territorial, sondern interterritorial in Keßlerkreisen organisiert[112]. Selbst auf den Hexentanzplätzen empfängt Hans Sattig seine Kollegen aus Frankfurt und Darmstadt[113]. In einer Monographie über diesen Berufsstand heißt es: „Der hohe Wert ihrer Ware in einer metallarmen Zeit machte selbst ihre Reparaturarbeit wertvoll und damit auch das Handwerk selbst"[114].

4. Der Versorgung der Bevölkerung dienende Berufe

Berufe, die der Versorgung der Bevölkerung dienten, wurden stärker als alle anderen Berufszweige in die Hexenprozesse einbezogen. Es waren die Bäcker, Müller und Wirte, die das Hauptkontingent der Opfer stellten[115]. Der Beruf der Metzger hingegen trat etwas zurück.

a) Bäcker und Müller

Am Beispiel der Städte Dieburg, Lohr und Miltenberg zeigte sich, wie stark die Verfolgung des Berufsstandes der Bäcker war. Folgende Personen sind namentlich bekannt[116]:

108) StaA Mainz 28/291.
109) Ebd.
110) Ebd.
111) Vgl. Hornschuch, S. 105. Demnach waren die Keßler weder verachtet noch rechtlos. Sie standen den Kaufleuten näher als den fahrenden Leuten.
112) Ebd., S. 3.
113) StaA Mainz 28/291.
114) Vgl. Hornschuch, S. 105.
115) Vgl. Midelfort, Witchhunting in Southwestern Germany, S. 187; er nennt vor allem Wirte und Kaufleute.
116) FSg 2/1 - F 215.

Dieburg:	Lohr:	Miltenberg:
H. Dörr	H. Deusinger	A. Hamm
M. Kalt	M. Deusinger	E. Holl
H. Maimold	S. Günter	J. Raupe
N. Masius	J. Schmidt	T. Weigand
N. Rollmann		
H. Sattig		
H. Stork		

Während der ausgeprägten Verfolgungswelle von 1627 - 1629 gibt es kaum eine Gemeinde, in der nicht Bäcker in den Anklagezustand versetzt wurden[117]. Zumeist wurden auch die Ehefrauen und öfters auch die Kinder in die Verfahren verstrickt. Müller wurden fast in jedem Amtsbezirk wegen Hexerei hingerichtet. Dennoch war die Zahl der verurteilten Müller geringer als die der Bäcker, da dieser Berufsstand weniger stark verbreitet war. Die Gerichtsakten geben hinreichend Auskunft darüber, warum diese Berufsstände unter den Hexenprozessen zu leiden hatten.

Hier einige Beispiele:

Oberförster Hans Haun aus Dieburg sagte: „er hette bei frücht verderbung, zu dere er niemals willigen wöllen, mitgewirkt, da die Becker und Müller eifferig druff getrieben"[118].
In der Gemeinde Flörsheim ist „Hans Hochheimers Backhaus" der am häufigsten besuchte Hexentanzplatz[119].
Jörg Vöglers Frau, Rodenbach bei Lohr: ... „die reichen und die obersten, als der hingerichte Weidenweber (Kaufmann) Marken Hans (Hans Deusinger Bäcker) Jörg Schmidt (Bäcker) und Michenbach hätten alles angestellt und von der Verderbung geredt ... Mark Hansen Frau (die Frau des Bäckers Deusinger) ein handvoll Materie geben, welches sie auch um das Korn werfen müssen ... "[120]

117) StAW Aschaffenburger Archivreste 175 I Nr. 1 - 5. Schon in der relativ frühen Prozeßwelle von 1601-1604 tauchen Frauen von Bäckern auf.
118) StaA Mainz 28/291.
119) StAW Aschaffenburger Archivreste Fasz. 360 X Nr. 1 u. Nr.2.
120) StAW G 18 889.

Maria Ahler aus Walldürn: „Ihr Bul habe mehlmann geheissen, und ihr bei der Tauf den Namen Mehlkind geben ... "[121]

Alle diese Äußerungen zeigen die Spannung, die zwischen „den Reichen und Armen", dem Nahrung produzierenden Gewerbe und der übrigen Bevölkerung bestand. Die Situation war durch mannigfache Faktoren verursacht.
Etwa ab 1450 trat ein stärkeres Wachstum der Bevölkerung ein, das seinen Höhepunkt zu Beginn des Dreißigjährigen Krieges erreichte[122].
Da der Kurstaat erst 1631 von kriegerischen Wirren betroffen wurde, dürfte die Bevölkerungszunahme hier länger gedauert haben[123].
Ab 1600 ist ein Rückgang des Lohneinkommens zu verzeichnen[124]. Die niedrigen Reallöhne führten zu „einem kaum vorstellbaren Tief an der Wende des 16. zum 17. Jahrhundert" und zu einer Verteuerung der Grundnahrungsmittel[125]. Während die Verbrauchsgüter billiger wurden, erlebten die Preise für Brotgetreide und tierische Erzeugnisse einen Höhenflug[126].
Die Preissteigerung war durch die Erhöhung der Getreideproduktion infolge des Bevölkerungsanstieges und des Rückgangs der Viehzucht, Weideflächen wurden in Ackerland umgewandelt, bedingt. Während nun der Arme den Kauf von Fleisch aufgeben oder den Verbrauch einschränken mußte, konnte der Reiche für das Fleisch einen höheren Preis zahlen[127].

121) StAW G 18 890.
122) Vgl. Abel, Geschichte der deutschen Landwirtschaft, S. 138 u. Dülmen, Entstehung des frühneuzeitlichen Europa, S. 19f.
123) Vgl. Müller, (H.D.), S. 90.
124) Vgl. Abel, Geschichte der deutschen Landwirtschaft, S. 173; demnach sanken die Löhne „an der Wende des 16. zum 17. Jahrhundert um mehr als ein Drittel; in Augsburg, Würzburg und Frankfurt a.M. sogar mehr als um die Hälfte ihres Standes vom Beginn des 16. Jahrhunderts."
125) Ebd. S. 172 - 175.
126) Ebd. S. 172 - 178.
127) Ebd. S. 107 - 158.

Dadurch wuchs der Preis des Massenverzehrs (Brot), und der Preis des anderen Gutes (Fleisch) konnte zurückbleiben[128]. Weiterhin führten die Senkung des Silbergehaltes der Münzen (1624 - 1626)[129] und klimatische Verelendungsperioden infolge kalter Winter und nasser Sommer zur Preisexplosion auf dem Getreidemarkt[130].

Die Nutznießer dieser Entwicklung waren die Bäcker und die Müller. Da Getreideimporte wegen der zahlreichen Zollschranken und aus transporttechnischen Gründen nur im Umkreis von 30 km rentabel waren, konnte diese Berufsgruppe die Preise weitgehend bestimmen[131]. Vielfach hielt man Korn und Weizen aus fruchtbaren Jahren zurück, um sie mit Gewinn in schlechten Zeiten zu verkaufen[132].

So ist es nicht verwunderlich, daß vor allem Bäcker und Müller den Hexereiverdacht auf sich zogen. Der angestaute Haß gegen diese Bevölkerungsgruppe konnte sich in den Mechanismen der Hexenprozesse entladen, ohne das Gewissen des einzelnen zu belasten; denn die persönlichen Haß- und Rachegefühle wurden ja durch regierungsamtliche Verfahren, die nicht gegen Wucherer und Ausbeuter, sondern gegen Agenten des Teufels gerichtet waren, sanktioniert.

Die Bestimmungen der Mainzer Kirchenordnung von 1615 „Besondere Aufmerksamkeit sollen die Pfarrer den Müllern, Bäckern, Viehhirten ... zuwenden, weil dieselben sehr langsam sind und fast nimmer beim Gottesdienst erscheinen und hierdurch fast in Atheismus, Hexenwesen und Gottlosigkeit zu geraten pflegen"[133], wirkte sich nicht direkt auf die Verfolgung dieser Berufsgruppen aus, da die Anklage wegen Hexerei von seiten der Mitbürger und nicht der kirchlichen Obrigkeit erfolgte. Diese

128) Vgl. Abel, Geschichte der deutschen Landwirtschaft, S. 163. Demnach definiert die Volkswirtschaftslehre diesen widersprüchlich erscheinenden Sachverhalt wie folgt: „Wächst bei einem Gut (Brot) der Preis, so kann der Preis des anderen Gutes (Fleisch) zurückbleiben und dennoch die Nachfrage sich dem teurer werdenden, aber je Nährwerteinheit billiger bleibenden Gut zuwenden."
129) Ebd. S. 240.
130) Vgl. Niess, S. 140f. Die hier angeführten Tabellen zeigen, daß klimatisch ungünstige Jahre mit der Akkumulation der Hexenprozesse korrespondieren.
131) Vgl. Berlepsch, S. 21 - 53.
132) Dieses wirtschaftliche Gebaren wurde erst durch die Entwicklung von der Stadt- zur Territorialwirtschaft möglich. Vorher schützten strenge städtische Gesetze vor dem Wucher der Bäcker und Müller.
133) Nach Veit, Kirchenreform, S. 69.

Berufsstände wurden schon vor dem Erlaß der Kirchenordnung verfolgt. Insgesamt aber haben solche kirchlichen Bestimmungen die Hexenprozesse begünstigt, da sie u.a. die Überwachung und die Kontrolle durch die Gemeinden verlangten und damit das den Hexenprozessen zugrunde liegende Denunziationssystem stützten[134].

b) Metzger

Die Metzger zählten ebenfalls zu den bevorzugten Opfern der Hexenprozesse. In Miltenberg wurden drei Metzger bzw. Angehörige von Fleischern hingerichtet (H. Allmann, H. Blöchinger, M. Rindehans[135]). Die Brüder Johannes und Nikolaus Sattig (1628 verurteilt) aus Dieburg zählten zu den Honoratioren der Stadt und waren führend „im Fleischwarengeschäft" [136]. Auf den Hexentänzen saßen sie am „Tisch der Vornehmen"[137]. Hans Haun (Oberförster) gab bei seinem Verhör zu Protokoll: „Hans Sattig Metzger ist ein vornehmer Gast und mehrteils vornen dran auch vorwitzig dabei, wie hier uff der Welt auch, und hat sampt seinem Bruder Niklas Sattigen das Fleisch zu den Hexentänzen bracht, wo aber hero wisse er nit."[138]

In Lohr dagegen wurde kein Metzger zum Tode verurteilt. Das Fleisch für den Hexenschmaus wurde hier vom Schindanger genommen, oder man aß Tierkadaver, die der Main anschwemmte[139].

Fleisch war mit die wichtigste Speise bei den Hexentänzen[140]. Schon diese Vorstellung führte dazu, daß Metzger, die am einfachsten Fleisch

134) Vgl. Veit, Kirchenreform, S. 66 - 92. Demnach schränkte die Mainzer Kirchenordnung private Feste (Treffen in Spinnstuben und Tauffeiern) und öffentliche Lustbarkeiten (Tänze und Fastnacht) rigoros ein. Die Auswirkungen dieser zunächst in kalvinistischen Gebieten erlassenen Kirchenordnungen auf die Hexenprozesse zeigt Niess für die Grafschaft Büdingen auf. Vgl. Niess, S. 16 - 20 u. 304.
135) ASt Ffm. FSg 2/1 - F 215.
136) StaA Mainz 28/291.
137) Ebd.
138) Ebd.
139) StAW G 18 889.
140) Vgl. Soldan/Heppe I, S. 285.

besorgen konnten, leicht in den Verdacht der Hexerei gerieten. Auch die Tatsache, daß zu Beginn des 17. Jahrhunderts die Fleischpreise anstiegen, machte diese Berufsgruppe zum bevorzugten Ziel der Hexenjagd.

c) Wirte

Die Stadt Miltenberg besaß schon seit dem Mittelalter zahlreiche und renommierte Gastwirtschaften[141]. Es sei hier nur „Das Gasthaus zum Riesen" erwähnt, in dem Kaiser und Fürsten Quartier suchten[142].
Die angesehenen und vermögenden Gastwirte und ihre Familien wurden zum bevorzugten Ziel der Hexenverfolgung. In Miltenberg waren folgende Gasthäuser von der Verfolgung betroffen[143]:

„Gasthaus zum Oberwirt"	- Peter Mader und seine Frau (Bürgstadt)
„Gasthaus zum Riesen"	- Lorenz Beck und seine Frau (1629)
„Gasthaus zum Schwert"	- Apollonia Wagner und ihr Bruder (1629), die Kinder des Wirtes; Apollonia war erst 17 Jahre alt.
„Gasthaus zur Sonne"	- Hans Hartmann und seine Frau (1627)
„Gasthaus zum Vogel Strauß"	- Andreas Speer und seine Frau (1627)

Auch in den anderen Städten des Kurfürstentums wurden Wirte Opfer der Hexenprozesse. Doch war die Verfolgung bei weitem nicht so intensiv wie in Miltenberg[144].
Dafür, daß dieser Berufsstand der Hexenverfolgung ausgesetzt war, kann eine Reihe von Gründen angegeben werden.

141) Vgl. Wirth, (M.J.), Chronik der Stadt Miltenberg, S. 361f.
142) Vgl. Vierengel, Miltenberg, S. 41 - 47.
143) StAW Gericht Miltenberg Nr. 690-692 u. 698
144) Vgl. Vierengel, Miltenberg, S. 21. Demnach hat Miltenbergs Eigenschaft als Zollstätte und die damit sich entwickelnde Stellung als Stapel-, Umschlags-, Markt- und Handelsplatz zwischen Rhein-Main und Donauraum der Stadt eine gehobene wirtschaftliche Bedeutung vermittelt. Diese Gegebenheiten begünstigten die bedeutende und im Kurfürstentum einzigartige Stellung der Gastronomie in Miltenberg.

25 „Der Riesen“ in Miltenberg, das älteste Gasthaus Deutschlands. Besitzer und Angestellte wurden als Hexen verbrannt.

26 Hexengefängnis in Miltenberg. Überreste davon befinden sich auf dem Gelände der kath. Schwesternstation.

Im 17. Jahrhundert ergingen fast von allen Regierungen Gesetze, die gegen Spiel, Fluchen, Schwören und Gotteslästerung in den Gasthäusern gerichtet waren, und welche die Ausschankzeit, die Polizeistunde und die Kirchzeit regelten[145]. Einzelne Passagen dieser Bestimmungen stützten das Denunziationssystem. Außerdem waren viele Wirte sehr reich. Darauf will folgende Übersicht, die nur einige Gastwirte herausgreift, hinweisen.

Hans Arnold, „der Sternwirt" von Lohr, besaß 5000 Gulden und hatte 30 Fuder Wein im Keller (1627)[146].
Die Witwe des Aschaffenburger Ochsenwirten Philipp Kreß mußte allein 3332 Gulden an Konfiskationsgeld zahlen[147].
Hans Wasmuth, der „Wirt zum Schwert," genannt „der dicke Wirt von Klingenberg", besaß über 8000 Gulden[148]. Seine Verwandten riefen das Reichskammergericht an, das sich damals in Speyer befand[149].
Lorenz Beck, der Inhaber einer der bedeutendsten Gaststätten des Reiches, des „Riesen in Miltenberg," dagegen besaß „nur" 2509 Gulden. Seine Schulden betrugen 1904 Gulden. Deshalb konnten bei ihm nur 105 Gulden Konfiskationsgeld gefordert werden[150].

Friedrich von Spee, der die Hexenprozesse hautnah miterlebte, hat darauf hingewiesen, daß Neid und Mißgunst vielfach Hexenprozesse auslösten[151]. Bei den Verfahren gegen die Bäcker, Müller und Wirte spielte dieses Phänomen eine entscheidende Rolle.
Hans Wasmuth wurde von zwei Personen aus Miltenberg angegeben[152]. Das Beispiel zeigt, daß Wirte, die auf Grund ihres Berufes auch auswärtigen Gästen bekannt waren, leicht ein Ziel von Denunziationen wurden.

145) Vgl. Kachel, S. 124 - 134.
146) StAW G 18 889; Arnold floh vor der Hexeninquisition nach Groß-Umstadt.
147) Vgl. Köhl, S. 85. Die Frau wurde 1603 verbrannt.
148) StAW G 17 358 und Gericht Klingenberg Nr. 202.
149) Soweit bekannt, wurde in keinem anderen „Malefizprozeß" im Erzstift die höchste richterliche Instanz angerufen.
150) StAW Gericht Miltenberg Nr. 691.
151) Nach Zwetsloot, S. 157f.
152) StAW Gericht Klingenberg Nr. 202.

5. Weitere Berufszweige

a) Landwirte und Hirten

Die Bauern traten als Zielgruppe der Hexenprozesse im Kurfürstentum Mainz kaum in Erscheinung. Dabei war von Bedeutung, daß sich die Verfahren auf die weniger fruchtbaren Gebiete des Oberstifts konzentrierten, wo die Landwirtschaft keine bedeutende Rolle spielte.[153] In den Gemeinden Flörsheim am Main und Wicker bei Flörsheim wurden Prozesse gegen einzelne wohlhabende Bauernfamilien geführt. Elisabeth Schweiker (1616 verurteilt) aus Wicker besaß 3166 Gulden. Die Familie Schad (1615 bzw. 1617 verurteilt) von Flörsheim, die fast ganz ausgerottet wurde, besaß ein beträchtliches Vermögen. Es handelt sich um zwei Töchter, 17- und 18jährig, und um zwei Söhne. Die Eltern kamen wahrscheinlich in einer vorausgegangenen Verfolgung um[154]. Die Verfahren gegen diese Personen waren nicht gegen den Berufsstand der Bauern gerichtet, vielmehr war hier die Spannung zwischen „Reich und Arm" entscheidend, die durch vielfache Prozeßaussagen belegt ist[155].
Die Hirten zählten zu den nicht ehrenhaften Berufen. Man machte sie für auftretende Tierseuchen, die medizinisch nicht erklärt werden konnten, verantwortlich[156].
Der Kuhhirte Jörg Vogler aus Rodenbach bei Lohr und seine Tochter wurden in den Jahren 1627 bzw. 1628 hingerichtet. Ihnen wurde vorgeworfen, Vieh verzaubert zu haben[157].

153) Eine Ausnahme bilden Großkrotzenburg und Oberrodenbach. Die Opfer stammen fast ausschließlich aus der in der Landwirtschaft tätigen Bevölkerung. Die Mainzer Weltlichen Räte griffen als Oberbehörde in die Verfahren nicht ein, welche der Stadtschultheiß von Aschaffenburg im Auftrag des St. Petersstiftes durchführte. Vgl. Scheid, S. 345 - 352 u. Zeller, S. 79 - 91.
154) StAW Aschaffenburger Archivreste 360 X Nr. 1 u. Nr. 2.
155) StAW Aschaffenburger Archivreste 360 X Nr. 1 u. Nr. 2. Flörsheim war im Besitz des Mainzer Domkapitels, das eigenständig die Prozesse führte. Vier Mainzer Klöster (die Kartause, das St. Klarenkloster, das Liebfrauenstift, das Weißfrauenkloster) besaßen umfangreiche Güter. Möglicherweise führten Auseinandersetzungen zwischen den Hörigen der Klöster und vermögenden, selbständigen Weinbauern zu Konflikten, die sich zu Hexenprozessen entwickelten. Spannungen zwischen beiden Gruppen sind nachweisbar. Darüberhinaus wurden nur Familien selbständiger Landwirte wegen Hexerei belangt.
156) Vgl. Bächtold-Stäubli IV, S. 124 - 139.
157) StAW G 18 889.

Eine Viehseuche löste auch um 1600 Hexenprozesse in Neustadt bei Marburg aus, in deren Folge Elisabeth Kulsch und ihre Tochter hingerichtet wurden[158].
Insgesamt gesehen fallen aber die Hexenprozesse gegen Bauern und Hirten nicht ins Gewicht[159]. Die Verfolgung dieser Berufe ist für das Erzstift, wenn man von den Gebieten absieht, die von dem Domkapitel und von den Stiften verwaltet wurden, nicht spezifisch.

b) Handwerker mit niederem sozialen Status

Beim ersten Hexenprozeß in Dieburg (1596) fällt auf, daß Kläger und Beklagte aus dem Minnefeldt stammten, dem Dieburger Stadtteil, der in den folgenden Prozeßkomplexen die meisten Opfer stellte. Es waren soziale und nachbarliche Konflikte, die in diesem zumeist von Häfnern, Plattenmachern und Webern bewohnten Teil der Stadt zum Entstehen der Prozesse beitrugen[160].
Auch die ersten Opfer „der großen Dieburger Hexenprozesse" (1627 - 1630) waren Kleinhandwerker wie Häfner, Plattenmacher, Sattler, Schuhmacher und Weber bzw. deren Frauen[161]. Die soziale Spannung, die in diesen Kreisen herrschte, deutete Anna Pädt - mit ihr begann diese Prozeßserie - in der Aussage an: „Der große Schwab und andere Häfner, ihre Ankläger, wehren Ihr und Ihrem Mann jeder zeit feindt gewesen, weilen sie uf dem Handwerk etwas geworden und jeweils vor ihnen gut Lönung gehabt hetten"[162]. Auf den Hexentänzen in Dieburg waren Reiche und Arme getrennt. Alle jedoch waren in Rotten von je 12 Personen eingeteilt. Nach Anna „Simmel", Schwester von Matthias German, gab es eine Rotte, die vornehmlich aus Kleinhandwerkern bestand[163].
Im weiteren Verlauf der Prozesse gingen die Anklagen gegen Angehörige der niederen Handwerksberufe zurück. Später wurden Töchter, aber auch

158) Vgl. Malkmus, S. 95 - 102.
159) Konflikte zwischen einzelnen Schichten der bäuerlichen Bevölkerung, die Schormann (Hexenprozesse in Deutschland, S. 73 - 79) beschreibt, sind im Erzstift nicht nachweisbar.
160) Vgl. Karst, Ein Dieburger Hexenprozeß, S. 102 - 106.
161) StaA Mainz 28/291.
162) Ebd.
163) Ebd.

Söhne, Lehrjungen und Mägde von Häfnern und Webern belangt, da die Hexenverfolgung (1629) unter der dezimierten Bevölkerung weitere Opfer suchte[164]. Spannungen von solcher Intensität sind bei den Kleinhandwerkern der übrigen Städte und Gemeinden des Erzstiftes nicht nachweisbar.

Dieburg besaß ein weites, aber wenig fruchtbares Umland, das auf Erzeugnisse der Handwerker angewiesen war[165]. Das starke Bevölkerungswachstum in der Stadt führte zu einer Konzentration dieser Berufe, was Auseinandersetzungen und Rivalitäten innerhalb der einzelnen Berufsgruppen mit sich brachte[166].

c) Spiel- und Fuhrleute

Spielleute wurden bevorzugt Opfer der Hexenprozesse. Es gibt im Kurfürstentum Mainz kaum eine größere Prozeßserie, in deren Verlauf nicht ein oder mehrere Spielleute hingerichtet wurden.

In Groß-Heubach bei Miltenberg wurden 1628 und in Rieneck bei Lohr 1612 je drei Spielleute in die Verfahren einbezogen[167]. Die Spielmänner waren seßhaft und gehörten nicht zum fahrenden Gewerbe. Von Andreas Ebolt, Klaus Fischer und Melchior Rützel aus Rieneck sind die Prozeßakten vollständig erhalten. Sie geben keine Anhaltspunkte, daß das persönliche sittliche Verhalten dieser Männer oder ihr Berufsstand, abgesehen von dem ihm anhaftenten Zaubereiverdacht, zu ihrer Verdächtigung als Hexer führte. Klaus Fischer und Melchior Rützel hatten sogar die sittliche und physische Kraft, die Folter zweimal durchzustehen, und wurden des Landes verwiesen[168].

Auch die anderen Spielleute, wie z.B. Stoffel Bloch (Miltenberg 1617) und Michael Farner (Bürgstadt 1628), führten ein geregeltes Leben[169]. Eine Ausnahme bildete Hans Dumb (Thumb) aus Rodenbach bei Lohr. Dumbs

164) StAW K 210/268 u. K 212/279.
165) s.S. 357.
166) PA Dieburg Taufbuch. Zwischen 1600 und 1631 wurden in jedem Jahr in Dieburg fast 100 Kinder getauft.
167) FSg 2/1 - F 215, StAW 3 314 u. 3 608.
168) StAW 3 314 u. 3 608.
169) FSg 2/1 - F 215.

Schilderung der Hexentänze entspricht in vielen Zügen der Realität seines Lebens. Hans Dumb mußte wegen Trunkenheit von einem zum anderen Hexentanzplatz getragen werden. Wenn er seinen Auftraggebern nicht gehorchte, wurde er in die Ecke geworfen und geschlagen. Weil er mit „Wittweibern" in Neustadt bei Lohr verkehrte, wurde er stranguliert und verbrannt, mit Pulversäcken versehen, eine Strafverschärfung, die im Jahre 1627 nur noch selten zur Anwendung kam. Dumbs Vorstellungen vom Hexensabbat überraschten sogar seine Richter, die ihn für „wahnsinnig" hielten[170]. In das Bild von Dumb paßt auch, daß er weit über 100 Personen denunzierte (78 aus Lohr, 28 aus Rodenbach, 16 aus anderen Gemeinden).
Das „Pfeifferlein", wie er oft genannt wird, war nicht religiös; er ging nicht in die Kirche, kannte das „Vater unser" kaum und das „Ave Maria" überhaupt nicht. Dafür wußte der Pfeiffer im Hexenwesen gut Bescheid. Er erklärte den Richtern, was ein „güldenes Sonntagskind" sei, und wie man „die Hexen schon an den Augen erkennen könne"[171].
Hans Dumb war arm. Er hatte oft Hunger und ließ sich von dem Teufel taufen, um seinen Kindern Brot kaufen zu können.
In Gemeinden, in denen es keine Spielleute gab, wurden andere Männer als Spielleute bei Hexentänzen denunziert. Als Spielmann fungierten Schultheiß „Jakob" (1615 in Flörsheim verbrannt) oder der arme Leinweber Martin Jeckel (1627 in Dieburg verbrannt)[172]. Spielleute wurden Opfer von Hexenprozessen, weil die Interrogatorien und der Hexenmythos überhaupt einen Spielmann bei Hexentänzen voraussetzten[173]. Es gibt keine Anhaltspunkte dafür, daß dieses Gewerbe aus anderen Gründen der Verfolgung ausgesetzt war.
Berufszweige, die teilweise zu den fahrenden Berufen gerechnet werden, wurden nicht oder nur selten in die Verfolgung einbezogen[174]. Die Fuhrleute einiger Spessartdörfer, die Transporte nach Flandern und Ungarn unternahmen, wurden trotz ihres schlechten Rufes nie der Hexerei ver-

170) StAW G 18 889.
171) Ebd.
172) StAW Aschaffenburger Archivreste 360 X Nr. 1 u. Nr. 2 und StaA Mainz 28/291.
173) Vgl. Kittel, Nr. 10 - 12.
174) In Bayern ging man in z.T. spektakulären Prozessen gegen fahrende Leute vor. Dabei spielte der Vorwurf der Hexerei oft eine Rolle. Vgl. Kunze, Straße ins Feuer (Roman).

dächtigt[175]. Selbst als der Frammersbacher Fuhrknecht Peter Hilgerstein infolge einer Geschlechtskrankheit starb, wurde nicht er, sondern die Nachbarin seiner Freundin, die Witwe Herget, der Hexerei beschuldigt[176].
Im ganzen Erzstift wurden nur zwei Bettlerinnen, Katharina Selzer aus Mainflingen (1601 Seligenstadt) und Klaus Ehalters Witwe aus Rodenbach (Lohr 1612), wegen Hexerei hingerichtet[177].

6. Frauenberufe oder berufsähnliche Tätigkeiten von Frauen

a) Hebammen

Der Berufsstand der Hebammen hatte unter den Hexenprozessen besonders zu leiden. Schon der „Hexenhammer" vertrat die Auffassung, sie töteten ungetaufte Kinder, um sie zu Zaubersalbe zu verarbeiten[178]. Während der ersten Verfolgungsperiode im Kurfürstentum (1601 - 1604) wurde dieser Stand häufig und relativ früh belangt. Im Freigericht wurden 1601 zwei Hebammen verurteilt[179]. In den folgenden Perioden 1610 - 1620 und 1627 - 1630 waren diese Frauen weniger häufig betroffen. In Dieburg wurden „nur" zwei, Anna Stork aus Dieburg (1628) und „Barbara aus Münster" (1629), verbrannt[180]. In Lohr und Miltenberg war die Zahl der hingerichteten Hebammen nicht höher. In den Ämtern Fritzlar, Groß-Krotzenburg und Klingenberg wird unter den Hingerichteten keine Geburtshelferin erwähnt.

175) Vgl. Schornbaum, In: Heimatland 12 v. 8.7.1967.
176) StAW G 18 889. Das Verfahren enthielt noch viele Elemente des Akkusationsprozesses. Da es sich nach dem Ermessen der Obrigkeit mehr um Zauberei als um Hexerei handelte, gingen die Behörden nur zögernd an den Fall heran.
177) StAW G 3083 u. StAD E 9 Konv. 54 Fasz. 81.
178) Vgl. Sprenger/Institoris II, 13. Frage
179) Vgl. Grebner, S. 210.
180) StaA Mainz 28/291.

Diese Entwicklung ist durch einen Funktionswandel des Hexenmythos bedingt[181].
Im Kurfürstentum Mainz spielte die im „Hexenhammer” und in der einschlägigen Literatur enthaltene Polemik gegen die Hebammen durchaus noch eine Rolle. Dieses Gedankengut wurde durch die ausführlich gehaltenen Interrogatorien und durch die Verlesung der Urgicht (Bekenntnis) vor der Hinrichtung verbreitet[182].
Die Tötung von Kindern und die Verarbeitung von Kinderleichen zu Zaubersalbe wird von Hebammen und von anderen Frauen „zugegeben”. Die Hebamme von Dieburg, Anna Stork, gestand (1628) allein folgende Delikte[183]:

Kindestötung	24 mal
Verzauberung von Wöchnerinnen	3 mal
Verarbeitung von Kinderleichen	3 mal
Hostienmißbrauch	10 mal
Abtreibung	1 mal

Fehlende fachliche Qualifikation trug oft zur Verurteilung der Geburtshelferinnen bei[184]. Die Hebamme von Wicker, die Tochter des Michael Belz, hatte keinen guten Ruf; „man gebrauche sie nicht gern”, schrieb der Amtmann von Höchst, Johann Philipp von Hoheneck, an die Mainzer Weltlichen Räte[185].
Die Prozeßakten geben keinen Hinweis, daß die Regierung gezielt gegen sie vorging. Man schritt jedoch gegen Hebammen und andere Personen ein, wenn sie sich als „Engelmacherinnen” betätigten. Anna Stork, die bei einer Frau aus Groß-Umstadt einen Abortus vorgenommen hatte, wurde,

181) Vgl. Lehmann, (H.), Hexenverfolgung und Hexenprozesse im Alten Reich, S. 28 - 31. Hier sind die wichtigsten Antworten auf die Frage, warum sich der Hexenvorwurf meistens gegen Frauen richtete, zusammengefaßt.
182) Vgl. Kittel, Nr. 10 - 12.
183) StaA Mainz 28/291. Anna Stork wurde zu einer Zusatzstrafe (Zwicken mit glühenden Zangen) verurteilt. Dabei spielte sicher eine Rolle, daß ihr Mann 1603 wegen Anschlag eines Pasquils gegen den Erzbischof justifiziert worden war.
184) Vgl. Schormann, Hexenprozesse in Deutschland, S. 108. Nach ihm wurde den Hebammen „eine unglücklich verlaufende Niederkunft nicht als Kunstfehler, sondern als böse Absicht angelastet”. Auch wenn Schormann „eine zusätzliche Beeinflussung durch die Hexenlehre” nicht ausschließt, erscheint eine solche Lösung des Problems zu einfach.
185) StAW Aschaffenburger Archivreste 360 X Nr. 1.

wie erwähnt, zu einer verschärften Todesstrafe verurteilt[186]. Abtreibung und Verhütung von Nachwuchs spielten auch im Verfahren gegen andere Personen eine Rolle, wie etwa im Prozeß gegen Engel Keßler aus Lohr und Elisabeth Schweiker[187]. Frau Schweiker wurde beschuldigt, daß sie durch „Einnahme von Saft" die Geburt weiterer Kinder verhüte[188].
Für die in der neueren Literatur geäußerte Vermutung, die Hexenprozesse seien ein Instrument gewesen, mit dessen Hilfe die Ärzte die Hebammen unterdrückt hätten, findet sich in den vorliegenden Quellen kein Nachweis[189]; abgesehen davon, daß in den Städten des Erzstiftes, die von Hexenprozessen betroffen waren, außer in Aschaffenburg und Miltenberg, kein Arzt amtierte.

b) Segenssprecherinnen

Die Segenssprecherinnen bildeten keinen eigenen Berufsstand[190]. Die für das Erzstift vorliegenden Quellen beweisen, daß fast jede Frau Segenssprüche kannte; sie waren heidnisch-christliche Mischformen mit magischer Bedeutung, die man zum Schutz gegen Feuersbrünste, Geburtsnöte und Krankheiten bei Mensch und Tier verwendete[191]. Manchen Frauen wurden Erfolge im Umgang mit diesen magischen Praktiken zugesprochen. Oft besaßen sie auch therapeutische Kenntnisse und konnten mit Heilkräutern umgehen[192]. Nur auf letztere Gruppe ist der Begriff „Segenssprecherin" im engeren Sinn anwendbar.

186) StaA Mainz 28/291.
187) StAW G 19 889.
188) StAW Aschaffenburger Archivreste 360 X Nr. 2. Dies ist - soweit bekannt - die einzige Stelle in den Hexenprozeßakten des Erzstiftes Mainz, welche die These Heinsohns u. Steigers zu stützen scheint, „Klerus und Adel hätten aus exaktem politischem Kalkül die als Hexen verdächtigten Hebammen ausgerottet, um das von ihnen gehütete alte Volkswissen über Geburtenkontrolle zu beseitigen." Vgl. Heinsohn/Steiger, S. 21 - 23.
189) Vgl. Becker, Bovenschen, Brackert u.a., S. 79 - 83. Die gesetzlichen Bestimmungen für Hebammen waren im Erzstift bei weitem nicht so restriktiv wie hier ausgeführt.
190) Vgl. Hampp. Das Buch enthält eine kritische Untersuchung über die ethnologische Herkunft und volksheilkundliche Verwendung des Segensspruches.
191) Ebd., S. 26 - 30.
192) Vgl. StAW G 18 889.

Im Kurfürstentum Mainz wurden zwei „weise Frauen" in Hexenprozesse verwickelt. Es handelte sich um Margarethe Gass aus Ober-Roden (Amt Steinheim) und Margarethe Höflich, Steinhofbäuerin aus Lohr[193].
Kein Verfahren im gesamten Erzstift wurde mit solcher Umsicht geführt, wie der Prozeß gegen Margarethe Gass. Die Mainzer Weltlichen Räte holten allein drei Gutachten von den Universitäten Mainz (zwei) und Würzburg (eins) ein. Der Verteidiger hatte die Möglichkeit, selbst Zeugen zu befragen und konnte aktiv am Prozeßgeschehen teilnehmen. Die Behörden setzten sich über das Gutachten der Universität Würzburg hinweg, das eine weitere Folter befahl, und ließen sich nicht von massiven Bedrohungen der Bevölkerung einschüchtern. Die Folter wurde streng nach Vorschrift angewandt; die Gefangene wurde nicht in einem Kerker, sondern in einem einfachen Arrestlokal einquartiert. Nach der Freilassung der Frau erhob die Gemeinde Ober-Roden rechtliche Bedenken gegen das Verfahren, die jedoch nicht berücksichtigt wurden[194].
Das Vorgehen der Mainzer Weltlichen Räte fällt um so mehr ins Gewicht, wenn man bedenkt, daß zur selben Zeit (1627) im benachbarten Dieburg fast ununterbrochen die Hexenbrände loderten, und die gleichen Behörden die Verfahren summarisch und keineswegs mit ähnlicher Sorgfalt führten wie gegen Margarethe Gass[195].
Die Prozeßführung gegen diese Frau war durch die Flut der Verfahren im Jahre 1627 bedingt. Es war die stärkste Prozeßwelle, welche das Kurfürstentum erlebte. Die Mainzer Weltlichen Räte konnten die eingehenden Gerichtsakten fast nicht mehr bearbeiten; sie waren darum bestrebt, eine neue Prozeßserie, die zu entstehen drohte, zu verhindern[196].
Das Verfahren gegen Frau Gass zeigt, daß die Kurmainzer Hexeninquisition nicht gezielt gegen Segenssprecherinnen vorging. In den Miltenberger Prozessen geben die Angeklagten oft an, bei Krankheitsfällen Segenssprecherinnen konsultiert zu haben. Es ist aber kein einziger Fall bekannt, bei dem solche Angaben zu Verfahren gegen diese Frauen führ-

193) StAW G 18 889 u. 168/H 210.
194) Vgl. Gebhard, Oberrodener Hexerey betreff. de anno 1628/29 Nr. 18-28 u. Hexenprozesse in der Mainzischen Zent Nieder-Roden, S. 91ff.
195) StaA Mainz 28/291. Vgl. Gebhard, Hexenprozesse in der Mainzischen Zent Nieder-Roden, S. 201.
196) Ebd. S. 248.

ten[197]. Segenssprecher und Segenssprecherinnen werden oft in einem Atemzug mit Ärzten genannt[198]. Margarethe Höflich aus Lohr wurde relativ spät in das Prozeßgeschehen verwickelt, obgleich sie schon im ersten Verfahren wegen ihrer Tätigkeit als Segenssprecherin und der Verwendung von Gift- und Heilkräutern stark belastet worden war[199]. Alle diese Beispiele zeigen, daß es im Kurfürstentum Mainz keine Hexenjagd auf diese Frauen gab. Die Hypothese, daß sich die Hexenprozesse gegen „die natürliche Therapeutin des Volkes", die Segenssprecherin, gerichtet hätten, findet in den für das Erzstift vorliegenden Quellen keine Bestätigung[200]. Die gegenteilige Annahme, „die heilkundlichen Maßnahmen reduzierten sich ... nahezu völlig auf Beschwörungsformeln ... ", widerspricht ebenfalls dem Quellenmaterial, das für das Kurfürstentum vorliegt[201].

Margarethe Gass wurden Heilungen zugesprochen, die auf suggestive und therapeutische Fähigkeiten hinweisen[202]. Margarethe Höflich besaß ein reiches Wissen über Heilpflanzen und konnte auch bei Giftpflanzen mit der richtigen Dosierung umgehen, so daß sie heilende Wirkung erzielte[203].

c) Bademägde

Zwei Bademägde wurden im Jahre 1628 in Dieburg verbrannt. Möglicherweise führte eine Seuche zu ihrer Verfolgung[204].

197) StAW Gericht Miltenberg Nr. 690 - 692.
198) Ebd.
199) StAW 18 889 u. G 3 608.
200) Vgl. Becker, Bovenschen, Brackert u.a. S. 83 - 96.
201) Schormann, Hexenprozesse in Deutschland, S. 107.
202) StAW K 212/281.
203) StAW G 18 889.
204) Vgl. Englert, S. 203. Die gedruckte Quelle aus dem Jahre 1628 hat ein 29strophiges Gedicht zum Inhalt, das sich u.a. mit den Hexenbränden in Dieburg befaßt. Die 18. und 19. Strophe handeln von den Bademägden.

III. Der gesellschaftliche Status der Betroffenen

Bei fast allen Hexenprozessen im Kurfürstentum Mainz kam die Initiative von unten, nicht von oben. Im Bewußtsein einer Gemeinde stand oft schon vor Beginn einer Verfolgung fest, wer zum Kreis der Verdächtigen gehörte. Ob jemand der Hexerei beschuldigt wurde, hing häufig vom Berufsstand und den Vermögensverhältnissen ab.
Entscheidend war ebenfalls die Rolle, die eine Person in der Gesellschaft spielte, und der Grad der Anpassung, den sie erreichte. Soziale Randgruppen, aber auch Angehörige der höheren Gesellschaftsschicht, Neubürger und Personen, die aus privaten (Heirat) oder politischen Gründen (Restauration) zum katholischen Glauben konvertiert waren, wurden im Erzstift verstärkt Opfer der Hexeninquisition.

1. Soziale Randgruppen

a) Seelisch Kranke

Bisher liegt noch keine Arbeit vor, die Aufschluß gibt, in welchem Ausmaß dieser Personenkreis von Hexenprozessen betroffen war[205]. Lediglich einige Aufsätze befassen sich damit[206].
Fünf Personen, auf welche die nosologische Kategorie „seelische Krankheit" anwendbar ist, sind für das Amt Lohr nachweisbar[207]. Es handelt sich um: Hans Dumb, Anna Margarethe Köhler, Gertrud Rosen, Jörg Rüger und Katharina Weidenweber[208].

205) Vgl. Hammes, S. 193 - 208. Johann Weier (1515 - 1588) brachte den Begriff „seelische Krankheit" in die Diskussion um die Hexenprozesse ein.
206) Vgl. Delcambre, S. 383 - 403; die Arbeit ist regional auf Lothringen begrenzt. Der Autor neigt dazu, der Hexerei Angeklagte und seelisch Kranke gleich zu setzen.
207) Vgl. Rissel/Böker. Demnach erweist sich die Einreihung von Menschen, die an Verhexungswahn leiden, in ein gebräuchliches Diagnoseschema als schwierig. Diese über einen an einer Psychose erkrankten Italiener im Jahre 1964 gemachte Aussage gilt erst recht von Personen, welche in einer anderen kulturellen Epoche lebten.
208) StAW G 18 889 u. StaA Lohr XII Justizwesen. 3 I. 12. F.W Nr. 1-4.

Anna Margarethe Köhler empfand skrupulöse Ängste beim Empfang der Kommunion. Ohne Zwang bekannte sie sexuelle Spiele mit Hunden. Auffallend mutet ihr Wunsch an: „Sie könne nicht bekennen, wenn der Scharfrichter sie nicht beschraube. Sie müss gepeinigt werden, sonst könn sie nicht reden." Bezeichnend erscheinen ihre Größenphantasien: Zwei Mal will sie mit ihrem höllischen Geschwader den Kirchturm von Lohr überflogen haben. Zusammen mit ihrem Teufelsheer suchte sie die Wallfahrtsorte Mariabuchen (bei Lohr) und den Engelsberg (bei Miltenberg) heim[209].

Gertrud Rosen erlitt einen Nervenzusammenbruch, als sie eingezogen wurde. Der Amtmann Ludwig von Kerpen nennt sie ein „wahnwitzig und schwach Weib." Nachdem sie wegen „Wahnsinn" - gegen den Willen ihres Mannes - entlassen worden war, „redete sie vernünftig mit den Kindern" und machte auf den Büttel einen „vernünftigen Eindruck"[210].

Jörg Rüger, der sein Leben nicht mehr meisterte, sah in den Hexenprozessen eine Möglichkeit, auf legale Art und Weise Selbstmord zu begehen. Er verließ sein Regiment, weil „er lieber in Lohr verbrannt als bei den Soldaten gehängt" werden wollte[211].

Katharina Weidenweber wurde nach der Hinrichtung ihres Mannes (er war eines der ersten Opfer der Lohrer Hexenprozesse) wahnsinnig. Sie redete wirre Dinge, tobte und mußte deshalb in ihrem Zimmer eingeschlossen werden. In den Verdacht der Hexerei geriet sie deshalb, weil sie angab, mit ihrem Schwager Ehebruch begangen zu haben. Wegen Ihres Geisteszustandes ließen die Richter sie frei[212].

Seelische Krankheiten und Störungen begründeten nicht bei allen diesen Personen den Verdacht, Hexen (Hexer) zu sein. Hans Dumb denunzierten seine Mitangeklagten auch darum, weil er als Spielmann tätig war. Jörg Rüger stellte sich zudem selbst der Justiz[213].

209) Ebd.
210) Ebd.
211) Vgl. Merzbacher, S. 187. Demnach absorbierte die Hexerei eine Anzahl wirklicher Verbrechen. Er führte deshalb den Begriff „Modeverbrechen" in die Diskussion ein.
212) StaA Lohr XII Justizwesen, 3 die Lohrer Hexenprozesse, T. 12, F.W. Nr. 2.
213) StAW G 18 889.

Die übrigen Betroffenen aber bezichtigte die Bevölkerung der Zauberei, weil ihr Verhalten „den Rahmen des Normalen" überschritt. Das Gericht sah nur Katharina Weidenweber als geisteskrank an, die unter Bewußtseinsstörungen und Tobsuchtsanfällen litt[214].
Unsicher in ihrer Entscheidung waren die Richter bei Gertrud Rosen. Die schweren neurotischen Störungen, von denen Anna Margarethe Köhler befallen war, wurden nicht als Krankheit verstanden. Sie paßten zu gut in das Hexenbild der Zeit und schienen es sogar zu bestätigen[215].
Seelisch Kranke, welche die bei Katharina Weidenweber angegebenen Symptome zeigten, belangte die Rechtsprechung im Kurfürstentum Mainz nicht. Dagegen fielen Menschen, die unter Neurosen oder Psychopathien litten, den Hexenprozessen zum Opfer. Diese Kranken wurden erfaßt, weil die Psychiatrie noch in den Kinderschuhen steckte und solche krankhaften Zustände nicht zu deuten vermochte.
Darüberhinaus werden in den Hexenprozessen bisweilen Tendenzen sichtbar, Individuen, die sich nur schwer in die Gesellschaft integrieren konnten, zu eliminieren[216].
Auch in den anderen Ämtern verurteilten die Gerichtshöfe vereinzelt Kranke. In Dieburg wurden „Meßerschmids Katharina und die welsche Barbara" (beide Insassen des Spitals) verbrannt[217].

214) StaA Lohr XII Justizwesen, 3 die Lohrer Hexenprozesse, T. 12, F.W. Nr. 2.
215) StAW G 18 889.
216) Vgl. Dülmen, Entstehung des frühneuzeitlichen Europa, S. 288. Demnach bestand ein zunehmendes Interesse des Staates wie auch der nachreformatorischen Kirchen an der Disziplinierung der Untertanen. Als ein wirksames Mittel, neue Ordnungsvorstellungen durchzusetzen und Außenseiter sowie gesellschaftliche Randgruppen auszuschalten, erwies sich der Hexenprozeß.
217) StAW K 210/168 u. K 212/279.

Das Problem, Hexenprozeß und seelische Krankheit, ist kaum erforscht[218]. Dadurch wird der Spekulation Tür und Tor geöffnet[219]. Die Meinung, zahlreiche Opfer der Verfahren seien Geisteskranke gewesen, taucht in der Literatur häufig auf[220]. Die seelisch Kranken bildeten im Erzstift eine kleine Gruppe der Verfolgten. Versuche, die Verfolgten auf diesen Personenkreis zu beschränken, werden im Kurfürstentum Mainz dem Befund der Quellen nicht gerecht.

b) Sozial Auffällige

Dieser Begriff versucht, Personen zusammenzuführen, deren Sozialverhalten den Hexereiverdacht begründete oder mitverursachte.
Bedingt durch das 1613 erlassene und wesentlich erweiterte Interrogationsschema liegen Aussagen über das gesellschaftliche Verhalten und die Persönlichkeitsstruktur der von den Hexenprozessen Betroffenen nur von der letzten Verfolgungsperiode (1627-1629) vor[221]. Besonders

218) Vertreter verschiedener psychoanalytischer Schulen haben versucht, die Hexenprozesse oder einzelne Elemente aus deren Umkreis zu erklären. Auf die hier angesprochene Frage gehen sie nicht ein. Freud (V, S. 317 - 353), schildert die Teufelsneurose eines jungen Mannes, der an ungestillter Vatersehnsucht litt und der das negative Bild seines Vaters in die Gestalt des Teufels projizierte. Nach Erikson (Der junge Mann Luther, S. 162) hat Luther seine neurotische Komplexangst von Gott auf den Satan übertragen und aus diesen Motiven zur Hexenverfolgung aufgefordert. Richter (Der Gotteskomplex, S. 131ff.) sieht in den Hexenverfolgungen den psychischen Mechanismus der Leidensvernichtung durch projektiven Haß wirksam. Der frühneuzeitliche Mensch, der sich anschickte, die Geborgenheit in Gott zu verlassen, habe aus Ohnmachtsgefühlen zu dieser Verhaltensweise Zuflucht genommen. Dabei sei die Hexe zur Projektionsfigur schlechthin geworden.

219) Vgl. Szasz, S. 114. Demnach könnte der Malleus Maleficarum ein hervorragendes Textbuch der beschreibenden klinischen Psychiatrie des 15. Jahrhunderts abgeben, wenn man das Wort Hexe durch das Wort Patient ersetzt und den Teufel ausmerzen würde. Er ist der Überzeugung, die Hexenprozesse zielten primär auf die Ausrottung seelisch Kranker. Negative Tendenzen unterstellt er auch der modernen Psychiatrie, die er mit der Hexeninquisition vergleicht.

220) Vgl. Merzbacher, S. 187. Er nennt - ohne genaue Hinweise - eine recht beträchtliche Anzahl von „hysterischen Personen" als Opfer.

221) Vgl. Kittel, Nr. 10-12.

günstig ist die Quellenlage im Amt Lohr. Der Amtmann Ludwig von Kerpen ging des öfteren in Briefen an die Mainzer Weltlichen Räte auf sozial auffällige Verhaltensweisen von Verdächtigen ein[222].

Es waren häufig sittlich-sexuelle Delikte, Abtreibung, Ehebruch und außerehelicher Geschlechtsverkehr, die einzelne in den Verdacht der Hexerei brachten. Die Vornahme einer Abtreibung führte, wie bereits ausgeführt, dazu, daß vereinzelt Frauen auch wegen Hexerei belangt wurden. Das in Miltenberg angewandte Interrogationsschema enthielt Fragen nach dem Verhältnis der Eheleute untereinander[223]. Bei diesen Fragepunkten gestanden Angeklagte häufig Ehebruch ein. So bekannte Valentin Wolf der Alte: „Der Obrigkeit sey bewußt, daß er in Streitigkeit mit seiner Frau leb. Oft sey sie mit dem Knecht zusammen. Er selbst hab mit seiner Bas Dorothea aus Amorbach und seiner jetzigen Magd zugehalten"[224]. Ähnliche Bekenntnisse finden sich auch in den Verhörprotokollen anderer Ämter[225].

Vier Personen, die als Hexer (bzw. Hexe) in Lohr vor Gericht standen, waren „der Hurerei verdächtig." Es handelte sich um den Bäcker Hans Deusinger, die beiden Ratsherren Sebastian Günter und Jörg Schmidt sowie Anna Rosen[226]. „Die schöne Ann von Lohr," wie sie in zahlreichen Protokollen genannt wird, war wegen ihrer Männerbekanntschaften stadtbekannt; die meisten Mitangeklagten beschuldigten sie der Prostitution[227].

Abgesehen von den soeben dargestellten Fällen, den Verfahren gegen Margarethe Zehender und Rosina Wagenbach sowie ihre Freundinnen, spielte das sexuelle Moment in den Hexenprozessen des 17. Jahrhunderts noch eine wesentliche Rolle[228]. So nimmt der Verkehr mit bösen Geistern

222) StaA Lohr XII Justizwesen, 3 die Lohrer Hexenprozesse T. 12, F.W. Nr. 3.
223) StAW Gericht Miltenberg Nr. 690.
224) StAW Gericht Miltenberg Nr. 692.
225) StAW G 18 890.
226) StAW G 18 889.
227) Ebd.
228) Rosina Wagenbach war mit dem Sohn des Sternwirtes, Michael Arnold, befreundet. Ein Mädchen, das auf Rosina eifersüchtig war, beschuldigte sie und ihre Freundinnen der Hexerei. Im Jahre 1629 wurden die Mädchen nach bestandener Folter entlassen. Vgl. StAW G 18 889 u. StaA Lohr XII Justizwesen, 3 die Lohrer Hexenprozesse T. 12, F.W. u. StAW G 3 314.

und die teuflische Hochzeit in den Protokollen aller Ämter breiten Raum ein. Auch Vorstellungen der Hexenliteratur, welche die Teufelstanzplätze als Stätten libertinistischer Ausschweifungen schildert, waren im 17. Jahrhundert lebendig[229]. Die Hexenakten von Rieneck (1611-1613) enthalten Texte von fünf obszönen Liedern, die man auf dem Hexensabbat sang[230]. Bekannt ist auch das Lied vom „Stumpfhund," das Spielleute auf den Hexenversammlungen in Dieburg vortrugen[231].
Es waren aber nicht nur sexuelle Ursachen, die zur Hexenjagd auf bestimmte Personen führten. Eva Kolb aus Lohr wurde deshalb häufig denunziert, weil sie in kurzer Zeit drei Männer verloren hatte, zumal ihr letzter Mann unter mysteriösen Umständen nach einem Bad im Main verstorben war[232]. Katharina Schimmel (ebenfalls aus Lohr) wurde belangt, weil ihre drei Söhne als Räuber gehängt worden waren[233]. Vorurteile zeigte die Bevölkerung der Stadt gegen Anna Dehm, Gertraud Diel und Barbara Ulrich[234]. Mit der „Strohschneiderin" Anna Dehm trieben Erwachsene und Kinder ihren Spott. Kein Dienstmädchen wollte bei ihr bleiben, weil die Leute sie für eine Zauberin hielten.
Gertraud Diel kam in den Ruf eine Hexe zu sein, weil ihr Kind behauptete, es könne Raupen machen und habe dies von seinen Eltern gelernt. Barbara Ulrich, „die hinkende Barbara Gret," galt als ein „alt verlebt Weib." Da sie von naivem Gemüt war, ließen sich die Richter von ihr zeigen, „wie sie den Stecken zwischen den Beinen gehabt, und hinausgefahren sei"[235].

c) Kriminelle

Eine Verurteilung von Straftätern ist nur von Lohr bekannt. Der Büttner Hans Michenbach hatte 1609 ein Pamphlet gegen den Erzbischof verbrei-

229) StAW 18 890.
230) StAW Gericht Lohr Nr. 73 u. G. 3 608. Die Texte der Lieder sind in den Verhörprotokollen vollständig erhalten.
231) StaA Mainz 28/291.
232) StaA Lohr XII 3 T. 12, F.W. Nr. 2 u. 3.
233) Ebd.
234) StAW 18 889.
235) Ebd.

tet und an öffentlichen Plätzen angeheftet. Dieses Vergehen trug, wie sich aus dem Schriftwechsel des Amtmanns mit der Oberbehörde beweisen läßt, zu seiner Verurteilung als Hexenmann bei[236].

Margarethe Niklaus war am Mord an ihrer Schwiegertochter beteiligt. Als die Richter sie des Verbrechens überführten, gab sie an, eine Hexe zu sein; sie brachte damit die Prozesse ins Rollen, welche in Lohr über 100 Opfer forderten.

Das sittliche Bewußtsein der Zeit tolerierte Hexerei leichter als andere Straftaten, da kaum jemand sich vor dem Vorwurf Hexe (Hexer) zu sein, sichern konnte[237]; weithin durchschauten aber breite Bevölkerungskreise den fiktiven Charakter dieses Delikts[238].

2. Angesehene Bürger

Die Hexenprozesse erfaßten auch Bevölkerungsteile, die nicht durch feste Zugehörigkeit zu einer sozialen oder berufsständischen Gruppe von vornherein dem Verdacht, Hexe (Hexer) zu sein, ausgesetzt waren.

Ein Beispiel hierfür bieten die Dieburger Hexenprozesse des Jahres 1627. Im Allgemeinen weisen hier die Denunziationen eine große Streubreite auf und sind nicht gegen bestimmte Frauen und Männer gerichtet. Eine Ausnahme bildeten jedoch Ottilia Grün, Hans Haun und Philipp Kremer. Fast alle Angeklagten beschuldigten diese drei Personen[239].

Ottilia Grün zählte zu den angesehensten Geschlechtern der Stadt. Sowohl ihre Familie als die ihres Mannes stellten durch Jahrzehnte Mitglieder des Rates[240]. Ihr Sohn Dr. Johannes Grün war Stadtmedikus in Aschaffenburg[241]. Ihre Tochter war mit dem Sohn des reichen Müllers

236) StAW 18 889.
237) Vgl. Merzbacher, S. 185 - 187.
238) StAW G 18 889 u. StaA Mainz 28/291. Die Ratsherren Hans Deusinger (Lohr) und Hans Haun, Philipp Kremer und Michael Fritz (Dieburg) bestritten die Hexerei überhaupt. Sie beriefen sich auf Erfahrungen mit früheren Prozessen, den gesunden Menschenverstand und erste Veröffentlichungen gegen die Hexenprozesse. Kremer zitierte an mehreren Stellen Lerchheimer. Vgl. Ders., Christliche Bedenken und Erinnerungen von Zauberei, woher was und wie vielfältig sie sei.
239) StaA Mainz 28/291.
240) Ebd.
241) Vgl. Friedrichs, S. 83, 103, 118.

Michael Fritz verheiratet[242]. Sie selbst war mit dem vermögenden Metzger Nikolaus Sattig verschwägert[243]. In den Prozeßakten wird Ottilia Grün fast immer Sponseils Ottilia genannt, ein Hinweis auf die alteingessene Familie Sponseil und ein Ausdruck des Selbstbewußtseins dieser Frau. Ottilia Sponseil war Witwe. Die vorliegenden Verhörakten enthalten Hinweise, daß sie auch allein ihre Geschäfte zu führen verstand und von ihren Mitbürgern geachtet wurde. Ottilia, die regelmäßig an Ostern und Allerheiligen kommunizierte, ging nie zur Beichte, „weil sie dem Pfarrer nicht traute", eine Äußerung, die in den Dieburger Gerichtsakten einmalig dasteht[244]. Ottilia Sponseil bestand zweimal die Folter (1613 u. 1627). Erst als man ihre Tochter Maria einzog, und ihr Schwager Michael Fritz ihr zuredete, war sie zum Geständnis bereit.

Das Gerücht, Ottilia kenne Mittel gegen die Folterqualen, zeigt den starken Willen dieser Frau. Nach ihrem Bekenntnis spielte Ottilia mit makabrer Lust die Rolle, welche ihre Mitbürger von ihr verlangten, die Rolle der Hexe. Sie murmelte Zaubersprüche, berichtete von Kindestötungen und Erregung von Unwetter. Selbst die trockenen Gerichtsakten lassen die Spannung spüren, welche ihr Auftritt erregte. Ottilia Grün war für ihre Zeit äußerst selbstbewußt. In keinem der zahlreichen Dieburger Gerichtsakten entdeckt man eine Frau von solcher Haltung.

Hans Haun war Oberförster und Stadthauptmann. Seine markante Persönlichkeit sicherte ihm die Achtung und den Respekt seiner Mitbürger. Haun nahm auf den Hexentänzen die Rolle eines „Obersten" ein: „Er trug einen Stab sowie ein blaues Band und tanzte mit schönen Frauen (Anna Pädt)[245]. Sein Buhlin hatte so schöne Kleider an wie eine Adlige (Margreth Endres). Er fuhr mit sechs Rappen zum Tanzplatz und gab sich vor allem mit Ratsherren ab (Martin Jeckel). Auch tanzte er mit Ottilia Sponseil (Anna Schäfer)"[246].

Seine Rolle auf dem Hexensabbat entsprach seiner Stellung in der Gesellschaft. Hauns Einfluß beruhte weniger auf seiner beruflichen Position als auf seiner Persönlichkeit. Vermögend war der Oberförster und Stadt-

242) StaA Mainz 28/291.
243) Ebd.
244) Ebd.
245) StaA Mainz 28/291.
246) Ebd.

hauptmann nicht. Als er vor Gericht über seine Vermögensverhältnisse befragt wurde, gab er an: „Wenn die Schulden bezahlt wären, bliebe ihm nicht mehr viel übrig"[247].
Philipp Kremer fungierte auf den Hexentänzen als Fähnrich. Auch er war nicht vermögend; er besaß 4½ Morgen Ackerland und hatte Schulden. Kremer war eine Gelehrtennatur. Er kannte alle Artikel der „Carolina," die Hexerei zum Inhalt hatten, und besaß profunde Bibelkenntnisse. Außerdem hatte er sich mit der Literatur befaßt, die sich kritisch mit den Hexenprozessen auseinandersetzte. Philipp Kremer war wohl die intellektuell führende Persönlichkeit der Stadt Dieburg[248].
Ottilia Grün und Philipp Kremer waren schon 1612/13 belangt und nach bestandener Folter entlassen worden. Hans Haun hatte bei dieser Prozeßreihe seine Frau verloren.
Im Erzstift Mainz beschuldigte die Bevölkerung häufig Frauen und Männer, die schon einmal in Prozesse verwickelt waren. Dieser Umstand allein aber reicht zur Erklärung nicht aus, warum beinahe alle Mitangeklagten fast nach System diese drei Personen denunzierten; er verschiebt lediglich das Problem.
Ottilia Grün, Hans Haun und Philipp Kremer besaßen bei ihren Mitbürgern einen hohen Grad von Ansehen. Durch ihr Selbstbewußtsein, ihre Charakterstärke und intellektuellen Fähigkeiten überragten sie die meisten ihrer Mitbürger.
Es stellt sich darum die Frage, warum in den Hexenprozessen, bei denen vom gesellschaftlichen Status her betrachtet primär soziale Randgruppen betroffen waren, auch Schichten von höherem sozialen Ansehen belangt wurden.
Ein Lösungsversuch scheint in der Deutung der Hexenprozesse als Folge der frühabsolutistischen Staatsräson zu liegen[249].

247) Ebd.
248) StaA Mainz 28/291.
249) s.S. 312f.

3. Neubürger

Erst die bei den Prozessen (1627-1629) angewandten Interrogatorien verlangen Angaben zur Person der Angeklagten. Nach den Unterlagen gehörte ein beachtlicher Anteil der Frauen und Männer zum Kreis der Neubürger. Bezüglich Lohr und Miltenberg ergibt sich folgende Relation zwischen einheimischen und zugezogenen Frauen[250]:

	Lohr	Miltenberg
Einheimische:	49 (68,06 %)	57 (68,68 %)
Zugezogene:	23 (31,94 %)	26 (31,32 %)
Gesamtzahl:	72 (100 %)	83 (100 %)

Die Anzahl der neuzugezogenen Männer ist bei dieser Übersicht nicht berücksichtigt, da bei ihnen der Zuzug geringer war. In beiden Städten ist der Prozentsatz der neuzugezogenen Frauen beinahe gleich groß. Die Zahl der in Lohr und Miltenberg in die Verfahren einbezogenen Neubürgerinnen kommt fast an den Zahlenwert heran, den die Literatur für die Fluktuation in den Kleinstädten des beginnenden 17. Jahrhunderts angibt[251]. Untersuchungen, welche die beiden Städte betreffen, liegen allerdings nicht vor.

Da die Klein- und Mittelstädte des Kurfürstentums in sich abgeschlossen waren, einer den anderen kannte, und infolge dieser Sozialstruktur die Bevölkerung den Fremden zurückhaltend begegnete, fielen Neubürger den Hexenprozessen häufiger zum Opfer als Alteingesessene. Dieses Phänomen ist allerdings nicht für das Kurfürstentum Mainz charakteristisch; es kann bei allen Hexenverfolgungen beobachtet werden[252].

250) StAW G 18 889, Gericht Miltenberg Nr. 690-692, 698 u. StaA Lohr XII 3 T. 12 Nr. 1-5.
251) Vgl. Dülmen, Entstehung des frühneuzeitlichen Europa, S. 23 - 27.
252) Vgl. Zwetsloot, S. 157 - 161.

IV. „Hexenhierarchie" und Sozialstruktur

Nach Soldan/Heppe gab es auf dem Hexensabbat verschiedene Chargen[253]. Hexen und Hexer waren in Rotten eingeteilt. Die Ämter und Dienstfunktionen spiegelten die sozialen Gegebenheiten der Gesellschaft wieder, in der sich die Hexenideologie entfaltete[254]. Zahlreiche intensive Verfolgungen begünstigten in einigen Ämtern und Gemeinden die Entstehung einer eigenen Hexenmythologie, die vom sozialen Umfeld geprägt war. Dies soll anhand dreier Beispiele ausgewiesen werden:

1. Hexensabbat und soziale Situation im Amte Dieburg

Schon vor Beginn der Massenprozesse in den Jahren 1627 - 1630 war das Amt von zwei Verfolgungswellen (1601 - 1604; 1611 - 1613) heimgesucht, welche die Vorstellungen der Menschen prägten[255]. Dieburg galt als Hexennest, zu dem die Zauberinnen und Zauberer aus den benachbarten Städten und Dörfern pilgerten[256]. Nach Hans Haun (Dieburg 1627) versammelten sich die Hexen aus den Dörfern Altheim, Epperthausen, Groß-Umstadt, Groß-Zimmern, Gundernhausen, Münster und der Stadt Darmstadt auf dem Ayschwasser[257] in Dieburg[258]. Margarethe Schreyer (Dieburg 1627) schätzte die Zahl der Versammelten auf 200, Margrethe Dietrich (Dieburg 1627) auf 300 - 400 und Mathes German (Dieburg 1627) sogar auf 500.

Die Hexen und Hexer waren nach Rotten geordnet. Jeder Gruppe gehörten zwölf Personen an. Es gab Rotten der Reichen und der Armen. Die Vermögenden erscheinen beim Hexentanz mit ihren Frauen, „cum uxoribus", wie es in Beantwortung des Interrogatoriums heißt[259]. Im Verlauf der Prozesse gesellten sich zunächst ihre Töchter, dann ihre Söhne

253) Vgl. Soldan/Heppe I, S. 286.
254) Dieser Aspekt wurde - soweit bekannt - noch nicht bearbeitet.
255) StaA Mainz 28/291. Diese Quelle hat die Prozesse v. 1627 zum Inhalt. Nur hier finden sich Hinweise auf die zwei vorausgegangenen Prozeßserien.
256) Vgl. Ebersmann, S. 25f. Noch im späten 17. Jahrhundert galt hier das Wort Hexe als Schimpfwort.
257) Vgl. Diehl, Hessische Chronik, S. 16.
258) StaA Mainz 28/291.
259) Ebd.

und schließlich ihre Lehrjungen hinzu. Dies führte dazu, daß die Verfolgung auch auf diesen Personenkreis übergriff und damit ganze Familien ausgerottet wurden. Auch spielten weitere verwandtschaftliche Grade beim Hexentanz eine Rolle. Die Hexen brachten ihre Verwandten und Freunde mit. Das hatte zur Folge, daß im Amte Dieburg die Angehörigen der Sippe Sattig und im Amte Miltenberg die Glieder der Sippe Kunkelmann ungeheure Blutopfer bringen mußten[260]. Alle Angehörigen (Männer, Frauen, erwachsene Söhne und Töchter und Dienstboten) der Familie Hans Sattig (Bäcker), Martin Sattig (Metzger) und Hans Sattig (Keßler) mußten in den Jahren 1627/28 den Scheiterhaufen besteigen oder fliehen. Martin Sattigs Töchter, „die Fauthin von Oberroden, die Amtsschreiberin von Steinheim und die Sattlerin von Frankfurt" wurden des öfteren denunziert. Die Frau des Fauth wurde hingerichtet[261]. Die beiden anderen Frauen dagegen entgingen diesem Schicksal, weil zu dieser Zeit in Frankfurt und Steinheim keine Hexenprozesse stattfanden.
Der Sattigclan schien in Dieburg seines gediegenen Reichtums und seines Einflusses wegen verhaßt gewesen zu sein. Darauf weist die Bemerkung von Christin Simmel (1627) hin: „Dies ganz Sattiggeschlecht könn zaubern"[262].
Hans Haun (1627) sagte von dem Metzger Hans Sattig: „Er seye ein vornehmer Gast und mehrentheils vorne dran und vorwitzig dabey, wie hier uff der Welt auch"[263].
Die Sattigs waren mit dem Erlesmüller Michael Fritz und Ottilia Grün geb. Sponseil verwandt bzw. verschwägert. Die Angehörigen dieser drei Familiengruppen besaßen eine bedeutende wirtschaftliche Macht, aufgrund derer sie das Schicksal der Kleinstadt zu bestimmen vermochten. Zusammen erschienen sie beim Hexensabbat. Vereint wurden sie als Erzhexer in den Jahren 1627/28 hingerichtet.
Oberst beim Dieburger Hexensabbat war Hans Haun. Er selbst sagte, „daß nicht er sondern der Keßler (Hans Sattig, Kupferschmied) das Regiment geführt habe". Nach Martin Jeckel (1627) fuhr der Oberst mit einer sechsspännigen Kutsche zum Tanz.

260) StAW Gericht Miltenberg Nr. 690 - 692. u. Ebersmann, S. 26.
261) StAW K 210/168.
262) StaA Mainz 28/291.
263) Ebd.

Hans Haun hatte eine Ehrenbinde um den Leib und einen Regimentsstab in der Hand. Zwei Ratsherren (Philipp Kretzer und Nikolaus Masius) assistierten dem Oberst. Zum Hexenoberst arrivierte Haun wohl deshalb, weil er Stadthauptmann, kurfürstlicher reitender Förster und eine bedeutende Persönlichkeit war.
Das Amt der Hexenkönigin bekamen verschiedene Frauen zugesprochen. Am häufigsten wurde die Frau des Stadtrates Peter Kremer genannt. Hinweise sprechen dafür, daß sie wegen ihrer Schönheit für dieses Amt ausersehen war. Andere Angeklagte bezeichneten Ottilia Grün geb. Sponseil, ebenso die Frau des Fauth als Königin. Während die Frau des Fauth wegen ihres koketten Benehmens den Titel errang, bekam ihn Ottilia Grün wegen ihres Vermögens, ihres Charakters und auch deshalb, weil sie schon einmal als Hexe angeklagt war, zugesprochen[264]. Als Fähnrich fungierte Philipp Kremer. Er trug eine grün-braune Fahne. Es ist anzunehmen, daß ihm die Mitbürger aufgrund seiner Bildung und seines Redetalentes das Amt zusprachen[265].
Einige Beschuldigte bezeichneten die verurteilten Ratsherren und Honoratioren der Stadt als Erzzauberer, weil sie an einem Tisch saßen und über das Schicksal der Stadt berieten. Wiederholt wurden sie von den Armen gehindert, die Ernte durch Zauberei zu vernichten. Bei schadenstiftenden Aktionen wurden sie von Ottilia Grün oder Hans Sattig Keßler angeführt. An dem Tisch der Herren nahmen Platz die Angehörigen der Sippe Sattig sowie Ottilia Grün, der Müller Michael Fritz und folgende Räte und Honoratioren: Peter Kremer, Wilhelm Ofenstein, Peter Lippert, Philipp Kretzer, Nikolaus Masius und Hans Leber[266].
Weitere Chargen traten beim Verderben des Getreides und der Früchte sowie bei der teuflischen Hochzeit auf. Die Unwetter wurden von Bäckern und Müllern, die oft auch Ratsherren waren, herbeigezaubert. Bei der teuflischen Hochzeit waren Brautführer (männliche Angehörige des Bräutigams oder der Braut), Schmalmägde (jüngere Frauen), Köchinnen (der Hexerei verdächtigte Frauen) sowie ein Dämon anwesend, der als Hexenpfarrer fungierte[267].

264) s. S. 284.
265) s. S. 285.
266) StaA Mainz 28/291.
267) Ebd.

Der Hexenpfarrer trug ein grünes Gewand oder war schwarz gekleidet, wie ein evangelischer Prediger. Die Institution der Schmalmägde im Verlauf der Prozesse führte dazu, daß jüngere Frauen vor das Hexentribunal treten mußten.
Die „Hochzeit" der Tochter von Hans Sattig (Keßler) beschäftigte die Phantasie vieler Beklagter[268].
Ein solches Phänomen tauchte auch in Lohr auf. Fast alle Verhörprotokolle beschreiben die Hochzeit der Tochter des Bäckers Deusinger, Apollonia (Engele von Lohr)[269]. Beides waren hübsche Mädchen aus reichen und angesehenen Familien.
Für ärmere Leute war es schwieriger, sich auf dem Hexensabbat zu profilieren. Als Erzzauberinnen galten Anna Stork (Hebamme) und Katharina Braun (Segensspreсherin), die auch auf dem Hexensabbat ihrem Ruf gerecht wurden. Männliche Außenseiter, Martin Jeckel und der Kuhhirt von Klein-Zimmern, fungierten als Spielleute. Die Massen der Unbegüterten waren in unrühmlicher Weise als „Leuchter" beschäftigt[270].
Der Teufel hielt sich auf dem Dieburger Hexenkonvent zurück.
Besondere Verehrung nahm er - von der teuflischen Taufe abgesehen - nicht in Anspruch. Er ließ Brot und Salz zu, die üblicherweise auf dem Hexensabbat verpönt waren. Die Armen schwärmten von Nierenbraten und Wildbret; die Reichen dagegen gaben sich mit ärmlicheren Speisen zufrieden[271].
Die Armen waren zerstritten, während die Reichen zusammenhielten. Ähnlich sah es auch im täglichen Leben aus. Die Dieburger Kleinhandwerker waren verfeindet. Sie bezichtigten die Begüterten aus Neid der Hexerei, da sie ihre Existenz durch sie gefährdet sahen. So erklärte die Frau des Blutschöffen Leber: „Die Armen hetten sich verschworen, Reiche anzugeben"[272].

268) Ebd.
269) StAW G 18 889.
270) StaA Mainz 28/291.
271) Ebd.
272) Vgl. Karst, Ein Dieburger Hexenprozeß, S. 102 - 106. Spannungen zwischen diesen Berufszweigen weist Karst schon für das Jahr 1596 nach.

Im Jahre 1627 denunzierten 36 Personen über 400 Menschen, etwa ein Fünftel der Bevölkerung[273]. Der Grund, weshalb bestimmte Personen nicht verdächtigt wurden, kann nicht geklärt werden. Festzustehen scheint, daß sich der Verdacht der Hexerei zunächst auf eine Person, dann auf deren Familie und schließlich auf die Sippe richtete.
Der Hexensabbat wurde als Ort libidinöser Ausschweifungen gesehen. Hans Haun sagte, daß es „zu gehn würd, wie uff dem heiligen Creutz Marckt bey Babenhausen[274]. Es schad nichts, daß auch einer 2 oder 3 Weiber hett"[275].

2. Hexensabbat und soziale Situation im Amte Lohr

In diesem Amt kam es zu drei Prozeßserien von unterschiedlicher Intensität. Die beiden ersten Prozeßreihen 1602 - 1603; 1611 - 1613 fanden im Umland von Lohr statt. Die Verfolgung von 1626 - 1630 konzentrierte sich auf die Stadt[276].
In Wiesen bei Lohr, wo im Jahre 1602/03 die Verfahren stattfanden, war der Hexenglaube undifferenziert.
Wenige Personen, hauptsächlich Frauen, trafen sich auf den Hexentanzplätzen. Zu Tanz und Gelage kam es nicht. Die Hexen und ihre Incubi (Dämonen, die einen männlichen Körper angenommen hatten) waren mit schadenstiftender Zauberei beschäftigt. Auch gab es keine Über- oder Unterordnung auf dem Sabbat[277].
Die Prozesse in Wiesen erwuchsen aus dem dörflichen Milieu. Betroffen waren Frauen aus Kleinbauernfamilien. Da sich die Menschen Unglücks-, Krankheits- oder Todesfälle nicht erklären konnten, klagten sie sich gegenseitig an, all dies mittels Hexerei verursacht zu haben. Das war möglich, weil alle Prozeßbeteiligten sich genau kannten und im gleichen sozio-kulturellen Milieu lebten. Margarethe Franz (25.11.1602

273) StaA Mainz 28/291.
274) Vgl. Müller, Hessisches Ortsnamenbuch I, S. 28f.
275) StaA Mainz 28/291.
276) StAW G 18 889.
277) StAW G 3 096.

im Gefängnis in Lohr verstorben) und Katharina Weis (nach dem 2.12.1602 hingerichtet) waren Nachbarinnen. Die Frau des Peter Welzenbacher und die Frau des Georg Bretz, die beide im Jahre 1603 zu Verstrickung verurteilt wurden, waren vor dem Prozeß miteinander befreundet gewesen[278].

Nach Untersuchungen englischer Forscher führen solche symbiotischen Beziehungen während wirtschaftlicher Krisen und Spannungen zu Frustrationen und unbewußter Feindschaft[279]. „Die Konflikte müssen im bewußten Denken und Handeln ein Ventil finden, da freischwebende Angst den Menschen unerträglich ist"[280]. In solchen Situationen bot der Hexenglaube eine Hilfe. „Indem das Individuum die eigenen aggressiven Regungen anderen zuschrieb, gewann es aus den Schuldgefühlen eine gewisse Entspannung"[281].

Auf dem Boden einer höher entwickelten Sozialisation entfalteten sich die Hexenprozesse in der Kleinstadt Rieneck. Auf dem Hexensabbat gaben die alte hanauische Amtsfrau, die Frau des Gastwirts und Bürgermeisters Hans Huth sowie Eva Holzapfel (die Frau des Pfarrers) den Ton an. Die Männer (sie gehörten der ärmeren Bevölkerung an) fungierten als Spielleute oder dienten als Leuchter. Reichere Hexen fuhren auf einem Bock zum Tanz, während sich die Armen mit Ofengabeln begnügen mußten[282].

Auf dem Hexentanzplatz bildeten die Hexen aus dem oberen Teil der Stadt (er war mainzisch-hanauisches Kondominium) und dem unteren Teil (er gehörte Mainz allein) zwei getrennte Gruppen. In dem calvinischen Rieneck gestanden fast alle Beschuldigten den Mißbrauch des Abendmahls. Im katholischen Lohr begingen nur zwei Personen Hostienfrevel[283].

Wie in Wiesen, so spielte auch in Rieneck der Schadenszauber eine dominierende Rolle. Er hatte jedoch keine interpersonale, sondern eine soziale Funktion. Schadenstiftende Aktionen richteten sich nicht gegen einzelne Personen, sondern gegen die Gemeinschaft. Nach und nach trat an die Stelle des Schadenszaubers der Wetterzauber.

278) Ebd.
279) Vgl. Thomas, S. 270f.
280) Vgl. Macfarlane, S. 240f.
281) Ebd.
282) StAW Gericht Lohr Nr. 73 u. G 3 608.
283) Ebd.

Die Rienecker Hexen entwickelten eine eigene Ideologie. Zum Verderben von Früchten gebrauchten sie Gefäße. Die Töpfe wurden dort abgestellt, wo der Schaden verursacht werden sollte. So gruben die Hexen einen Topf auf dem Fallerberg ein, um die Kornernte zu vernichten. Auf dem Stadtweg, der zu den Rienecker Weinbergen führte, wurde ein Krug mit Zaubermaterie und Weinblüten verborgen[284].

Als ein Unwetter Schäden in den Gärten an der Herrgottsburg anrichtete, wurden die Hexen beschuldigt, hier einen Zauber mit Gartenfrüchten und Zauberutensilien versteckt zu haben.

Zauberschmiere enthielt Kiesel, Eiszapfen, Teile des Abendmahls sowie die Früchte, die vernichtet werden sollten.

Die Bewohner von Rieneck fühlten sich von Unwettern bedroht, die ihre Existenzgrundlagen, ihre Getreide-, Wein- und Gartenkulturen zerstörten[285]. Der Zauberglaube lieferte ihnen ein Erklärungsmuster und vermochte ihre Angst zu kompensieren. Mit der Verbrennung der Hexen vermeinten sie, das Übel mit der Wurzel auszurotten[286].

Die Stadt Lohr wurde erst in den Jahren 1626 - 1630 von der Verfolgung betroffen. Jedoch waren die Opfer der vorangegangenen Prozeßserien hier hingerichtet worden.

Der in Rieneck bestehende Zauberglaube breitete sich auch in Lohr aus. Vor allem die Ausübung des Wetterzaubers mit Hilfe von Zubern, in welche die zugehörigen Ingredienzien gemischt waren, gewann an Bedeutung.

Der Gedanke der teuflischen Hochzeit wurde aus dem würzburgischen Neustadt importiert. Töchter angesehener und begüterter Bürger (Engele Deusinger, Agathe Keßler und Rosina Wachenbach) wurden damit in Verbindung gebracht[287]. Neustädter Protokolle berichteten schon 1626 von der Hochzeit der Engele Deusinger mit dem Teufel[288]. Diese Bege-

284) Ebd.
285) Vgl. Thomas, Die Hexen und ihre soziale Umwelt, S. 286f. u. Lehmann, Hexenglaube und Hexenprozesse in Europa, S. 20f. Demnach konnten Unglücksfälle nur unter bestimmten Bedingungen den Hexen zugeschrieben werden.
286) Vgl. Richter, S. 130 - 133. Danach „scheidet das Ich die Unlust aus, indem es seinen Schmerz als Haß in die äußere Unlustquelle projiziert".
287) StAW G 18 889.
288) Ebd.

benheit wurde wohl durch die Verkündigung der Urgichten in Lohr bekannt. Schon die ersten Lohrer Angeklagten nannten den Namen des Mädchens und ihrer Eltern.
Die Hexenhierarchie in Lohr ist gering ausdifferenziert. Der Grund dafür ist, daß erst 1626 eine große Prozeßreihe begann. Als Hexenkönig erschien Hieronimus Weidenweber, der bedeutendste und wohlhabendste Kaufmann der Stadt. Zu Beginn der Prozesse wurden die Frauen der Räte Hans Arnold, Hans Deusinger und Hans Keßler bisweilen als Hexenköniginnen bezeichnet. Weitere Chargen traten nicht auf.
Jedoch ist eine gewisse soziale Differenzierung erkennbar. Der „böse Feind" steht bei den Vornehmen, wenn sie durch Erregung von Unwettern die Korn- oder Weinernte vernichteten. Anna Dehm (1627) bekannte, „als sie und etliche ihrer mitgespielen so arm gewesen, da für gebetten (die Ernte nicht zu verderben), hette ihnen Hanß Michenbach (Herrnbender) und Hieronimus Weidenweber (Kaufmann) den Sacramentsschwur geflucht"[289].
Ähnliches sagten auch die anderen Angeklagten. Im weiteren Verlauf der Prozesse sind solche Äußerungen jedoch nicht mehr feststellbar.
Aufgrund ihrer geringen wirtschaftlichen Kapazität hatte die Stadt nur eine schmale Oberschicht. Nachdem diese Schicht schon in den ersten Prozeßmonaten geflohen (Sternwirt Hans Arnold) oder vernichtet war, richteten sich die Verfahren fast ausschließlich gegen weniger bemittelte Bürger, so daß die Behörden Konfiskationsgelder aus dem Vorjahr nehmen mußten, um die Prozeßkosten decken zu können[290].
Eine Analyse der Hexenverfahren im Amt Lohr zeigt, daß sich die Funktion der Prozesse vom interpersonalen zum sozialen Konflikt wandelte. Schließlich wurden sie zum Mittel gesellschaftlicher Auseinandersetzung instrumentalisiert[291]. Der jeweiligen Entwicklungsphase korrespondiert ein bestimmter Modus der Hexenideologie. Die gegenseitige Bedingtheit von Prozeßfunktion und Hexenideologie sei hier kurz skizziert:

289) Ebd.
290) s. S. 229.
291) Ober- und Unterschicht werden hier relativ gebraucht. Sie sind bezogen auf die wirtschaftliche Kapazität einer Gemeinde.

1. Phase	- interpersonaler Konflikt	- Schadenszauber
2. Phase	- sozialer Konflikt	- Wetterzauber Schadenszauber
3. Phase	- gesellschaftlich struktureller Konflikt	- Komplexität des Sabbats, Wetterzauber, Schadenszauber

Die dritte Phase ist im Amt Dieburg ausgeprägt, dagegen zeigt sie sich in Lohr wenig signifikant. Dies resultiert sowohl aus der wirtschaftlichen Schwäche des Bezirks als aus der geringeren Verfolgungsintensität. Das Amt Miltenberg liegt bezüglich der Konfliktdynamik zwischen Dieburg und Lohr. Auf dieser Zwischenebene bewegten sich auch die Vorstellungen von der Hexenideologie und dem Geschehen auf dem Sabbat[292)].
Im Amt Amorbach, das fünf Prozeßserien erlebte, stellte sich der Hexensabbat am komplexesten dar.

3. Hexensabbat und soziale Situation im Amte Amorbach

Erst hier präsentierte sich eine geschlossene Sabbatvorstellung. Zu Schadenszauber, Hexentanz und -flug sowie Teufelspakt und -buhlschaft traten explizite Satansverehrung und sodomitische Orgien[293)].
Im Mittelpunkt des Sabbats stand der Höllenfürst. Er war grün und schwarz gekleidet (Jörg Müller 16.8.1642) und trug „einen spitzigen Hut" (Maria Ahler 9.7.1642). Manchmal erschien er in Gestalt eines großen Hundes auf dem Tanzplatz[294)].
Umgeben war der Teufel von Buhlgeistern. Auch sie trugen grüne oder schwarze Gewänder[295)].

292) StAW Gericht Miltenberg Nr. 690 - 692.
293) Vgl. Dülmen, Imaginationen des Teuflischen, S. 127. Danach liegt dann eine geschlossene Sabbatvorstellung vor, wenn alle diese Elemente zusammenkommen.
294) StAW G 18 890.
295) Ebd.

Aus ihren Köpfen ragten Kuhhörner heraus. „Sie kamen theils in feuriger theils in menschlicher Gestalt". Wenn sie jedoch Zauberer im Gefängnis besuchten, nahmen sie die Züge von Frauen an[296]. In Predigten hetzte der Teufel gegen den Glauben. Jörg Müller forderte er auf, „in keine kirch mer zu gehn und wenig dem katholischen kirchenglauben zuzustehen"[297]. Nach Ursula Erck (6.7.1642) „rede er wider die Heilige Hostie und heiße diesselb Teufelsbrodt"[298]. Häufig äußerte sich der Teufel abfällig über die heilige Dreifaltigkeit und die Gottesmutter.
Merkwürdigerweise forderte er zur Hexenverfolgung auf. Zu Jörg Müller sagte er: „Man soll den hexen gar kein strohe in den Turm geben, desto eher sie bekennen werden"[299]. Zu Jörg Schlader (6.7.1642) bemerkte er: „Wenn die Obrigkeit nicht unternehm (Prozesse eröffne), könnt sie das nicht vor dem jüngsten Gericht verantworten"[300]. Ursula Erck dagegen tröstete er: „Man zieh keine Hexen mehr ein. Der hantel (Prozeß) werde so bös nit werden"[301]. Die Hexen und Hexer kamen in Gestalt von Katzen und Böcken zum Tanzplatz und verwandelten sich dort wieder in Menschen[302].
In keinem der untersuchten Prozeßprotokolle wurde die Hexenszene so obszön dargestellt wie in Amorbach. Unzucht und Buhlen sind die meist gebrauchten Worte. Junge und Alte, Männer und Frauen, Menschen und Dämonen verkehrten unzüchtig miteinander. Der Knabe Simon Zorn (13 Jahre) schilderte detailliert den Verkehr mit Eva, „des Knappen Velten Töchterlein (8 Jahre)"[303].
Vor dem Tanz mußten die Hexen dem Teufel „die ehr erweisen" (osculum infame)[304]. Kam jemand zu spät, bezog er Prügel. Häufig wurde Jörg Schlader geschlagen[305].

296) Ebd.
297) Ebd.
298) StAWG 18 890.
299) Ebd.
300) Ebd.
301) Ebd.
302) Vgl. Bächtold-Stäubli II, Sp. 128.
303) StAW G 18 890.
304) Vgl. Soldan/Heppe I, S. 147ff. Danach entstand diese Vorstellung in den Auseinandersetzungen mit den Katharern.
305) Die gleiche Rolle spielte Schlader auch in der Gesellschaft. s. S. 159.

Die Hexen und Zauberer gruben Kinderleichen zur Zubereitung von Flugsalbe aus[306]. Nach Stoffel Bender (13.7.1642) wurden selbst Kinder geopfert[307].
Auffallend bei dem Treiben war die große Anzahl von Säuglingen und Kindern. Die älteren Mädchen und Jungen wurden von Adam Knapp (Schnockenbub) betreut. Spielzeuge waren Frösche und Kröten[308].
Die Kleinkinder lagen in Wiegen, die an Ästen aufgehängt waren.
Die Räte drückten in einem Amtsschreiben vom 17.7.1642 ihr Erstaunen über die vielen Kinder und Wiegen auf dem Sabbat aus[309].
Bekenntnisse dieser Art waren in den Fragen des Interrogatoriums von 1612/13 vorgegeben. In den vorausgegangenen Verfahren sperrten sich die Angeklagten jedoch diesen Vorstellungen und beantworteten solche Fragen - von Ausnahmen abgesehen - stereotyp[310]. Diese Beobachtung wird von van Dülmen, der sich auf Verfahren in Bayern und im Saarland beruft, bestätigt. Nach ihm stieß die explizite Sabbatvorstellung beim einfachen Volk weitgehend auf Widerstand[311].
Die exzessive Sabbatvorstellung setzte einen Bewußtseinswandel voraus. Die Bevölkerung hatte die Hexenideologie der geistigen und politischen Elite bereits assimiliert und erlebte die imaginäre Welt des Sabbats real. Drei Faktoren können dafür veranschlagt werden: Im Unterschied zu anderen Verwaltungseinheiten kam es in diesem Amtsbezirk zu fünf intensiven Verfolgungsphasen[312]. Dabei machten sich die Menschen die Bekenntnisse der Hexen und Zauberer zueigen und schufen regionale He-

306) Diese Vorstellung ist dem Hexenhammer noch fremd. Die Kinder werden hier aus anderen Gründen geopfert. Vgl. Sprenger/Institoris II, S. 35 u. 140ff. Nach Soldan/Heppe (I, S. 207) tauchte eine diesbezügliche Aussage im Zusammenhang mit einem Hexenprozeß zum ersten Mal in Irland (1324) auf. In Deutschland wurde der Gedanke durch Nider verbreitet.
307) Vgl. Sprenger/Institoris II, S. 140ff. Die Opferung geschah nicht auf dem Sabbat. Nach Dülmen (Imaginationen des Teuflischen, S. 96) wurde die Sabbatvorstellung erst durch Lancre verbreitet.
308) Vgl. Bächtold-Stäubli II, Sp. 411.
309) StAW G 18 890.
310) s. S. 113f.
311) Vgl. Dülmen, Imaginationen des Teuflischen, S. 129.
312) Die dritte Phase kann quellenmäßig nicht eindeutig belegt werden. Zu bedenken ist dabei sowohl die mangelnde Quellenlage als auch, daß Verfolgungen unter Kurfürst Johann Schweikard von Kronberg in fast allen Ämtern stattfanden.

xenimaginationen. Im Verlauf dieses Assimilationsprozesses wurden auch explizite Sabbatvorstellungen in das regionale Kulturmuster eingegliedert[313].

Weiterhin förderte die Geistlichheit durch Indoktrination die Anpassung an die geltende Hexendoktrin. Die Glaubenswahrheiten der Trinität sowie die Lehre vom Altarssakrament und von Maria als der Schlangentreterin wurden verstärkt verkündet, da sie Schutz gegen die infernalischen Mächte zu bieten schienen[314]. Nicht auszuschließen ist, daß einzelne Prediger direkt zur Verfolgung aufforderten. Darauf weisen Aussagen von Angeklagten hin, nach denen der Satan zum Hexenholokaust animierte[315]. Nach den Quellen denunzierte der Pfarrer von Amorbach eine Frau seiner Gemeinde. Als er in Walldürn Kommunion austeilte, vermeint er, daß Frau Ahler (verhört 13.9.1642) die Hostie unter die Zunge gleiten ließ.

Auf die Tätigkeit eines Hexenpaters vom nahen Engelsberg wird an drei Stellen Bezug genommen. Er lenkte ungewollt Verdacht auf die Personen, denen er den Exorzismus erteilte[316].

Schließlich wurde die Erregung durch kriegerische Ereignisse (Schwedeneinfall) sowie durch die Pest verstärkt, die 1635 Amorbach heimsuchte.[64] Jeder der elf Angeklagten hatte den Verlust von Angehörigen infolge der Seuche zu beklagen. Peter Peusner (14.7.1642) war selbst an der Pest erkrankt[317].

Die Schilderung des Hexensabbats als kultisches Zentrum des Hexenwesens, Brutstätte des Mordens an Mensch und Tier sowie als Umkehr aller Ordnung entstand aus Erfahrungen der damaligen Zeit[318]. Da den Menschen keine anderen Kategorien zur Verfügung standen, projizierten sie negative Erfahrungen in eine imaginäre Welt.

Die reale Angsterfahrung wurde durch die vielfachen Hexenprozesse und durch Pest und Krieg verursacht. Diese Erfahrungen scheinen für die

313) Vgl. Dülmen, Imaginationen des Teuflischen, S. 130.
314) Vgl. Beissel, S. 217ff.
315) StAW G 18 890.
316) Vgl. Keyser/Stoob, Bayrisches Städtebuch I, S. 44ff. Unter dem schwedischen Amtmann von Gemmingen mußte das Amt hohe Kontributionen errichten. Zur Pest vgl. StAW 18 890.
317) StAW G 18 890.
318) Vgl. Dülmen, Imaginationen des Teuflischen, S. 99.

Menschen so niederdrückend gewesen zu sein, daß sie einen totalen Zusammenbruch der gesellschaftlichen Ordnung befürchteten. Da Leid, Krieg und Tod als Folgen individueller Schuld angesehen wurden, kamen drückende Selbstvorwürfe hinzu. Nach Richter können diese beiden Faktoren dazu führen, die Angst in eine äußere Unlustquelle zu projizieren, um sie schließlich ganz zu vernichten[319].
Der projektive Haß richtete sich ausschließlich auf Außenseiter, vornehmlich auf Männer. Unter elf Angeklagten waren nur zwei Frauen[320]. Diese explizite Sabbatvorstellung wurde durch die Werke de Lancres und Delrios verbreitet[321]. Auch wenn sie ein reines Produkt der geistigen und politischen Elite darstellt, mußte in der Bevölkerung eine gewisse Akzeptanz für „diese Imaginationen des Teuflischen" vorhanden gewesen sein.
Nach Muchembled ist die Welt des Sabbats eine Gegenwelt (l'autre côté du miroir)[322], die jede christlich-kirchliche Ordnung untergrub[323]. Sie ist das verkehrte Spiegelbild der Wirklichkeit, in der die Menschen leben. Wenn diese These stimmt, müßte sich die Welt in der Amtsstadt Amorbach als bis ins Detail reglementiert und diszipliniert dargestellt haben.
Wenn man die verkehrte Welt des Sabbats auf die Realität projiziert und ihre Funktion als Gegenwelt bedenkt, erfaßte die Sozialdisziplinierung alle Lebensbereiche.
Sie betraf nicht nur Frauen, sondern schloß auch Männer und Kinder ein. Van Dülmen spricht von einer sukzessiven Durchdringung der Riten menschlichen Lebens mit christlichen Normen, die jede Weltlichkeit in Festlichkeiten, Mahlzeiten und Tanzvorstellungen, sexuellem Verkehr verurteilen, soweit sie nicht dem Aufbau einer christlich-puritanischen Gesellschaft dient[324].

319) Vgl. Richter, S. 130.
320) StAW G 18 890.
321) Vgl. Dülmen, Imaginationen des Teuflischen, S. 128.
322) Vgl. Muchembled, Sorcières, Justice et Société, S. 234.
323) Vgl. Dülmen, Imaginationen des Teuflischen, S. 94.
324) Ebd. S. 128.

Daß diese im Grunde calvinistischen Vorstellungen[325] im Amt Amorbach einen gewissen Einfluß ausübten, ist in der Literatur belegt. Feierlichkeiten, Feste und Feiern wurden in diesem Amt im Verlauf des 17. Jahrhunderts unterdrückt[326].
Die Hexenmythologie in den Ämtern Dieburg und Lohr sowie die der anderen Amtsbezirke unterscheidet sich wesentlich von den Sabbatvorstellungen in Amorbach. Während die Sabbatimaginationen in fast allen Ämtern Ausdruck latenter sozialer Konflikte waren, manifestiert das Sabbatbild in Amorbach Disziplinierungstendenzen des frühneuzeitlichen Staates.
Diese Sabbatimagination ist somit nicht für die Hexenideologie im Kurstaat des 17. Jahrhunderts charakteristisch. Sie zeigt Züge einer Spätepoche, wo der Hexenholokaust im Erzstift kaum noch Opfer fand.

325) Vgl. Adam, S. 258f.
326) Vgl. Walter, S. 70 - 79. Danach wurde das volkstümliche Brauchtum sowie Feste und Feiern rigoros unterdrückt. Auch Veit (Kirchenreform, S. 66 - 92) berichtet von einschränkenden Bestimmungen. Die Anzahl der Gäste bei Taufe und Hochzeiten war genau vorgeschrieben. Einige Passagen sind sogar gegen die Feier der Fastnacht gerichtet.

E. Die Hexenprozesse als geschichtliches Phänomen

I. Die Intensität der Prozesse und ihre räumliche und zeitliche Verbreitung

1. Zur Geographie, Chronologie und Intensität der Hexenverfolgung in Deutschland

Die Wissenschaft unterscheidet zwischen prozeßärmeren Gebieten und der Kernzone der deutschen Hexenprozesse[1]. Zur ersten Kategorie zählen die im Norden, Osten und Südosten gelegenen Territorien sowie alle größeren Flächenstaaten einschließlich Bayerns[2]. Mit Südwestdeutschland[3], dem Rheinland[4], Franken[5], den sächsischen Herzogtümern und kleineren nordwestdeutschen Territorien[6] gehört das Kurfürstentum Mainz zu den prozeßreichen Gebieten.

Nachdem es schon im 15. Jahrhundert zu Prozeßreihen in Südwestdeutschland gekommen war[7], griff die Hexenverfolgung ab etwa 1562, von ihrem Ursprungsland Frankreich ausgehend, stärker auf das Alte Deutsche Reich über; dabei erfolgte das weitere Vordringen in Deutschland in West-Ostrichtung. Prozeßwellen sind für folgende Zeiträume anzusetzen: 1562 - 1574; 1585 - 1597; 1600 - 1605; 1610 - 1617; 1626 - 1630; 1640 - 1660. In den Zwischenzeiten blieb Deutschland weitgehend verfolgungsfrei. Absolute Höhepunkte der Verfolgung stellen die Zeiten zwischen 1585 - 1597 und 1626 - 1630 dar[8].

1) Vgl. Schormann, Hexenprozesse in Deutschland, S. 63 - 71.
2) Vgl. Behringer, Hexenverfolgung in Bayern, S. 39 - 71.
3) Vgl. Midelfort, Witchhunting in Southwestern Germany, S. 32 u. 73.
4) Vgl. Decker, S. 207ff.
5) Vgl. Behringer, Hexenverfolgung in Bayern, S. 42ff. u. S. 42 (Anm. 8). Hier sind in Auswahl die wesentlichen Filme der Poznan Stiftung zitiert, die detailliertes Zahlenmaterial für Bamberg und Würzburg enthalten. Die älteren Arbeiten von Merzbacher und Wittmann müssen vom quantifizierenden Aspekt her als überholt betrachtet werden.
6) Vgl. Schormann, Hexenprozesse in Nordwestdeutschland, S. 48ff.
7) Vgl. Hansen, Quellen, S. 369.
8) Vgl. Schormann, Hexenprozesse in Deutschland, S. 54 - 60.

Nach 1680 fanden, abgesehen von Kleinstaaten, lediglich in Südostdeutschland und Österreich Verfahren statt, die immerhin 7 - 9 Prozent der dort geführten Prozesse ausmachten[9]. Die Verfolgung hatte jedoch eine andere Zielrichtung. Sie wandte sich nicht mehr primär gegen Frauen, sondern gegen männliche Jugendliche (Zauberer Jackel-Prozeß in Salzburg), die durch Bandentätigkeit das Land beunruhigten.
Über das Ausmaß der Verfolgung herrschen teilweise phantastische Vorstellungen. Haag spricht von 6[10] und Baschwitz sogar von 9 Millionen Opfern[11]. Die neuere Forschung bewegt sich zwischen Zahlenwerten von 15 000 bis 100 000. Wenn Behringer die Zahl der Verbrennungen auf 15 000, vielleicht auf 25 000 veranschlagt, dann scheint dieser Ansatz zu niedrig und von seinen Untersuchungen über den südostdeutschen Raum beeinflußt, wo die Verfolgung wenig intensiv durchgeführt wurde[12]. Realistische Schätzungen bieten Schormann und Midelfort, die von 40 000 bzw. über 50 000 Opfern ausgehen[13].

Dafür sprechen auch die für das Erzstift errechneten Größen (über 2 000 Hinrichtungen), welche die von dem H-Sonderkommando ermittelten Zahlenwerte weit übertreffen[14]. Darüber hinaus finden sich in den Quellen des Kurstiftes zahlreiche Hinweise auf Prozesse und Prozeßkonzentrationen, die nicht quantifiziert werden konnten, weil Prozeß- bzw. fiskalische Akten nicht mehr auffindbar sind[15].

9) Vgl. Behringer, Hexenverfolgung in Bayern, S. 341 - 354.
10) Vgl. Haag, S. 264f.
11) Vgl. Baschwitz, S. 93. Selbst Lehmann (Das Zeitalter des Absolutismus, S. 140), nimmt eine Million Opfer an.
12) Vgl. Behringer„Erhob sich das ganze Land zu ihrer Ausrottung", S. 165.
13) Vgl. Schormann, Hexenprozesse in Deutschland, S. 71 u. Midelfort, Alte Fragen und neue Methoden in der Geschichte des Hexenwahns. a.a.O.
14) Die Zahl wird als Richtzahl verstanden; sie wurde gewählt, weil eine Reihe von Prozeßkonzentrationen nachweisbar sind, für die keine Quantifizierung möglich ist.
15) s. S. 59.

2. Die Kurmainzer Hexenprozesse hinsichtlich ihrer chronologischen und regionalen Struktur

a) Der zeitliche und räumliche Aspekt

Im Erzstift kam es schon vor 1562 zu Verfahren, wobei sich die Nähe zur südwestdeutschen Kernzone der Hexenprozesse bemerkbar machte[16]. Prozeßserien sind ab 1585 im Kurstaat nachweisbar. Prozeßkonzentrationen, die mehr als zehn Opfer forderten, sind für Aschaffenburg und den badischen Odenwald (Amt Amorbach) zu belegen[17]. Zu Kettenprozessen wie in Kurtrier, Sachsen und Schwaben kam es jedoch nicht[18]. Dafür entfaltete diese wohl stärkste Verfolgungswelle in Deutschland im Erzstift noch nicht ihre volle Intensität.

Im 17. Jahrhundert sind vier Verfolgungsphasen zu verzeichnen, die einen hohen Blutzoll forderten. Die Phasen liefen parallel zu den Wellen in den fränkischen Territorien. Im Unterschied zu den Hochstiften setzten die Prozesse im Erzstift oft später ein[19]:

	Dauer	Opfer
1. Phase	1601 - 1604	650
2. Phase	1611 - 1614	258
3. Phase	1616/17	103
4. Phase	1627 - 1629	768

16) Vgl. Baumgarten, S. 338 - 342 u. S. 350.
17) s. S. 63
18) Vgl. Krämer, S. 10 - 45 u. Hoppstetter, S. 57ff.
19) Die letztere Aussage gilt lediglich von der dritten und vierten Phase.

Die erste Prozeßwelle forderte im Erzstift wesentlich mehr Opfer als in den fränkischen Hochstiften. Intensiver dagegen wurden die Verfahren in Bamberg und Würzburg in der dritten und vierten Phase betrieben[20]. Ihren absoluten Höhepunkt erreichte die Verfolgung sowohl im Erzstift als auch in den Hochstiften in den Jahren 1626 - 1630, wobei auch hier Mainz hinter Bamberg und Würzburg zurückblieb.

Für das Erzstift konnten fast 800 Hinrichtungen errechnet werden. Wenn man bedenkt, daß für mehrere Ämter lediglich allgemeine Hinweise auf Prozesse vorliegen, darf unter Berücksichtigung der äußerst rigorosen Verfolgung eine höhere Richtzahl (eventuell 900 Brände) angenommen werden.

Auch in den evangelischen Territorien der Region wurde die Hexenverfolgung rigide durchgeführt. In der Grafschaft Isenburg allein wurden 667 Personen hingerichtet[21]. Zu Kettenprozessen kam es ebenfalls in der Grafschaft Wertheim. Hier wurde selbst das Stereotyp des Alters zerbrochen, und Kinder sowie Greise kamen in den Flammen um[22]. Die Grafen von Hanau führten gemeinsam mit Kurmainz die Prozesse im Freigericht (1601 - 1605) und in der Kellerei Rieneck (1611 - 1613) durch[23]. Erst während der vierten Verfolgungsphase äußerten die Hanauer Hofräte Bedenken gegen die Kurmainzer Hexenjustiz[24].

Zu den Hexenprozessen in den Kurmainz benachbarten Staaten schreibt Schormann: „Viele Kleinterritorien im Bereich der Wetterau wirken wie die getreuen Spiegelbilder ihrer Nachbarn Mainz und Nassau"[25].

Diese Beobachtung und die in etwa gleichen Verfolgungsstrukturen in den angeführten Gebieten bestätigen, daß eine quantifizierende Untersuchung nicht nach ausschließlich territorialen Gesichtspunkten durchgeführt werden kann, sie muß vielmehr regionale Aspekte einbeziehen. D.h., das Erzstift, die Hochstifte und die kleineren evangelischen Territorien sind als Einheit mit ähnlicher Verfolgungsstruktur und Verfolgungsfrequenz zu betrachten.

20) Vgl. Merzbacher, S. 45ff. u. Wittmann, S. 188f.
21) Vgl. Niess, S. 303.
22) Vgl. Diefenbach, S. 12 - 60.
23) s. S. 83. Die Prozesse in der Grafschaft sind noch nicht bearbeitet. Hinweise finden sich bei Zimmermann (S. 373 - 379) u. Brück, Johann Adam von Bicken (S. 176 u. Anm. 162).
24) s. S. 97ff.
25) Vgl. Schormann, Hexenprozesse in Deutschland, S. 68f.

b) Zur Intensität der Prozesse

Im Kurstaat wurden die Prozesse im 17. Jahrhundert äußerst intensiv durchgeführt. Dies beweisen die Prozeßkonzentrationen und die zahlreichen Prozeßreihen, die hier stattfanden[26]:

Anteil %	Prozeßtyp	Anzahl	Zahl der Opfer
2,2	Kettenprozeß (über 200 Hinrichtungen)	1	304 (=17%)
13,33	Prozeßkonzentrationen (100 - 199 Hinrichtungen	6	827 (=46,48%)
24,4	Prozeßserien (20 - 99 Hinrichtungen	11	498 (= 28%)
31,11	Prozeßreihen (3 - 19 Hinrichtungen)	14	121 (=68%)
28,88	Prozesse (unter 3 Hinrichtungen)	13	29 (=1,6%)
100		45	1.779

Über 60 Prozent der Angeklagten wurden im Verlauf von großen Prozessen (über 100 Opfer) hingerichtet. Prozeßreihen und Einzelprozesse forderten etwas über 8% der Gesamtopfer. Im prozeßarmen Bayern zeigte die Verfolgung eine fast umgekehrte Tendenz. Hier erfolgte fast die Hälfte der Verurteilungen in Prozeßreihen (unter 20 Personen) oder in Einzelprozessen[27]. Die Verfolgungsdichte wird dadurch unterstrichen, daß niedere Beamte sowie zahlreiche Schultheiße und Stadträte (in Dieburg über die Hälfte des Rates) in die Verfahren einbezogen wurden; dennoch blieb Mainz hinsichtlich der Verfolgungsintensität hinter Bamberg und Würzburg zurück. Kinderprozesse, die in den Hochstiften eine unheilvolle Rolle

26) Die angewandten Begriffe sind nicht als termini technici gebraucht. Die drei ersten Bezeichnungen sind im Sinne Midelforts (Witchhunting in Southern Germany, S. 9) als „large witchhunt trials", Prozesse, von denen innerhalb eines Jahres mehr als 20 Personen betroffen waren, zu verstehen. Der Begriff Prozeßreihe entspricht in etwa den „small panic trials" Monters (S. 88), der diesen Terminus für Verfolgungen, die weniger als 20 Opfer forderten, gebraucht.

27) Vgl. Behringer, Hexenverfolgung in Bayern, S. 68f.

spielten, fanden im Erzstift nicht statt. Geistliche wurden nur in zwei Fällen belangt[28]. Zu den Mitgliedern der fürstlichen Familie und zu den höchsten Repräsentanten des Staates drang in Mainz die Hexeninquisition nicht vor.

c) Der regionale Aspekt

Die Gebiete des Erzstiftes zeigen verschiedene Verfolgungsdichte. In den Exklaven kam es lediglich 1627 - 1629 zu einer größeren Verfolgung[29]. Nach der Literatur scheint der Rheingau sogar verfolgungsfrei geblieben zu sein[30]. Lediglich ein Zufall, der Diebstahl von Hexenprozeßakten, brachte es ans Tageslicht, daß im Rheingau (Lorch) Verfahren stattfanden[31]. Möglicherweise verhinderte die ständische Vertretung, die in dieser Provinz (als einzige im Kurstaat!) noch bestand, das Aufkommen größerer Prozeßserien[32].

Auch mag die Tatsache, daß die naussauischen Territorien die Hexenprozesse zur Zeit der großen Mainzer Verfolgungswellen nur zögernd betrieben, sich retardierend auf die Prozeßwünsche in dieser Landschaft ausgewirkt haben[33].

Bezüglich der Prozeßhäufigkeit im Unterstift ist die schlechte Quellenlage zu berücksichtigen. Im Verlauf der Revolutionskriege wurden fast alle betreffenden Prozeßakten nach Paris verschleppt und sind seitdem nicht mehr auffindbar[34].

28) s. S. 256f.
29) s. S. 88f.
30) Vgl. Struck, W.H., Reformation und Bauernkrieg aus der Sicht des Rheingaus. In: Hessisches Jahrbuch für Landesgeschichte 33, 1983, S. 101 - 144.
31) StAW Klub. 365 fol. 32r. - 102 r. In einem Brief der kurfürstlichen Regierung v. 8.10.1793 wird der Kaufmann Jakob Kunz aus der Augustinerstraße in Mainz aufgefordert, die entwendeten Bücher, Schriften und Akten zurückzugeben. Es handelte sich um ca. 30 Bücher u. 112 Kriminal- und Finanzakten. Nr. 9 u. Nr. 27 betreffen Hexenprozesse in Lorch und Lorchhausen.
32) Vgl. Struck (S. 159f). Demnach wurde im Verlauf des Bauernkrieges (1525) der Landtag des Rheingaues aufgelöst. Seit 1546 konnte der Landtag jedoch wieder zusammentreten. Ob er sich mit Hexenprozessen befaßte, geht aus der Literatur nicht hervor.
33) Vgl. Ziemer, S. 109 - 182. Zu großen Prozeßkonzentrationen kam es in den nassauischen Grafschaften um 1595 u. nach 1629 u. 1660.
34) s. S. 59.

Immerhin ist die Hinrichtung von 132 Personen (7,41% der im Kurstift stattgefundenen Brände) nachweisbar. Dabei ist die Größe der Provinz zu bedenken, die lediglich ein Drittel des Gebietes des Oberstiftes ausmachte. Zu berücksichtigen ist fernerhin, daß hier an 11 Orten Scheiterhaufen brannten, gegenüber 34 im Oberstift.
Auffällig ist die hohe Zahl der Brände in der unmittelbaren Umgebung von Mainz. Nicht auszuschließen ist, daß Mainz wie andere größere deutsche Städte von der Verfolgung frei blieb[35]. Eine länger dauernde Verfolgung hätte sich wohl auch in den Quellen oder der Literatur niedergeschlagen. Jedenfalls bedarf diese Frage einer genauen Untersuchung, welche die politische, soziale, wirtschaftliche und geistesgeschichtliche Situation berücksichtigt und auch entlegene Quellen (Verhandlung von Zaubereivergehen bei dem Stadtgericht) einbezieht[36]. Zu berücksichtigen ist auch, daß sich die Stadt eine gewisse Selbständigkeit gegenüber der kurfürstlichen Regierung erhalten konnte.
Das Zentrum der Kurmainzer Hexeninquisition lag im Oberstift. Hier manifestierte sich eine ähnliche Verfolgungsstruktur und Prozeßintensität wie in den fränkischen Territorien.
Dagegen zeigten Bezirke, die an prozeßarme Territorien angrenzten, eine geringe Verfolgungsfrequenz. Dies ist bei den Exklaven, dem Amt Olm-Algesheim und Königstein sowie den Ämtern Krautheim und Külsheim der Fall, die an Kurpfalz, Hessen und andere zu dieser Zeit prozeßarme Gebiete angrenzten[37]. Ein besonderes Problem stellten die Prozesse in den Ämtern des Domkapitels und der Stifte dar, die nicht unmittelbar der kurfürstlichen Justizverwaltung unterstanden[38]. Gerade hier ist unter Kurfürst Johann Schweikard von Kronberg (1604 - 1626) eine Häufung von Prozessen zu verzeichnen. 71 der 361 unter diesem Fürsten durchgeführten Verfahren (27,14%) gingen zu Lasten dieser Institutionen, was in einem auffälligen Mißverhältnis zu dem Besitzstand des Domkapitels und des Albansstiftes (es führte die Verfolgung in Bodenheim durch) steht. Auffällig ist dieses Phänomen insofern, als zu anderer Zeit in diesen Ämtern kaum Prozesse stattfanden.

35) Vgl. Behringer, Hexenverfolgung in Bayern, S. 43 - 49, Eschenröder, Hexenwahn und Hexenprozesse in Frankfurt am Main u. Kunstmann, Zauberwahn und Hexenprozeß in der Reichsstadt Nürnberg.
36) Die Quellen befinden sich zur Zeit in Potsdam.
37) Vgl. Jäger u. Midelfort, Witchhunting in Southwestern Germany, S. 201.
38) s. S. 67ff.

Die Tatsache, daß es in anderen Ämtern des Domkapitels (Bingen und einem Teil des Rheingaus) kaum zu Prozessen kam, kann nicht als Gegenbeweis angesehen werden, da es sich bei dieser Landschaft um ein ausgesprochen prozeßarmes Gebiet handelte[39].
Der große Einfluß, den Prozeßbefürworter in dieser Zeit sowohl im Domkapitel als auch im Albansstift ausübten, legt nahe, daß diese Verfahren initiierten, um ein Gegengewicht gegen die eher maßvolle Verfolgungstätigkeit des Erzbischofs zu setzen[40].

3. Die regionalen und strukturellen Bedingungen der Hexenprozesse im Kurstaat

Die Hexenverfolgung im Kurfürstentum zeigt ähnliche Strukturen wie in den geistlichen fränkischen Fürstentümern und den kleineren evangelischen Territorien der Region. Räumlich ist eine Konzentration auf den südlichen Landesteil (Oberstift) zu verzeichnen, was auf Franken als die eigentliche Kernzone der Verfolgung hinweist.
Die Prozeßphasen verliefen parallel zu Bamberg und Würzburg. In der ersten und zweiten Phase des 17. Jahrhunderts deutet sich eine stärkere Verfolgungstätigkeit im Erzstift an. Dagegen wurden die Prozesse der dritten und vierten Verfolgungswelle stärker in den Hochstiften betrieben[41].
Höhepunkt der Verfolgung stellte die Zeit von 1626 bis 1629 dar. Die Intensität, mit der hier die Verfahren betrieben wurden, erlaubt es, von einem Hexenholokaust zu sprechen. Insgesamt gesehen ist in Bamberg und Würzburg eine stärkere Verfolgungsdynamik zu verzeichnen als in

39) Die Prozesse im Amt Bingen sind von Baumgarten (S. 338 - 352) bearbeitet, der auch entlegene Quellen (Mainzer Domkapitelsprotokolle) heranzog.
40) s. S. 326f.
41) s. S. 304.

Mainz, was auf bestimmte personalpolitische Konstellationen hinzuweisen scheint[42]. Eine Analyse der räumlichen und zeitlichen Strukturen der Prozesse sowie der Intensität der Verfolgung wird dadurch erschwert, daß für die Hochstifte und für die Kleinterritorien der Region (außer Büdingen) noch keine quantifizierenden Untersuchungen vorliegen. Dennoch kann eine Interpretation des für das Erzstift vorliegenden Materials nicht losgelöst von dem Prozeßgeschehen im fränkischen Raum erfolgen.
Nach Schormann waren primär territoriale Splittergebiete - ein Charakteristikum, das auch auf das Erzstift und den gesamten Raum der Region zutrifft - und Klein- bis Mittelstaaten in Deutschland von größeren Verfolgungen betroffen[43]. Zu einem ähnlichen Ergebnis kommt Behringer in einer Regionalstudie über Südostdeutschland. In einem System von „checks and balances", wo es ein Mit- und Gegeneinander verschiedener Kräfte, der Beamten (Geheimer Rat, Hofrat, Hofkammer), der Stände, des Klerus, der Universität und der Magistrate der Städte gegeben hätte, hätten sich die Verfolgungsgegner stärker artikulieren können[44].
Im Erzstift war eine solche Differenzierung politischer Kräfte nicht gegeben. Seit dem Bauernkrieg waren die Stände und Magistrate der Städte entmachtet[45]. Auch das Domkapitel als Korrektiv kurfürstlicher Macht ist nicht allzu hoch anzusetzen.
Nach Rauch „brachte der Ausbau des Behörden- und Beamtenstaates allein den Fürsten Gewinn und machte sie, ohne Rücksicht auf ihre meist nicht bemerkenswerten persönlichen Fähigkeiten, praktisch unabhängig von einen Kapitel, das, da es keinen Verwaltungsapparat besaß, nicht mitziehen konnte"[46]. Zudem führte ein unentwirrbares Geflecht verwandtschaftlicher Beziehungen und ein Verhältnis gegenseitiger Abhängigkeit dazu, daß Erzbischof und Stift in einer Art politischer Symbiose

42) In Bamberg ist dabei an Fürstbischof Johann Georg II. Fuchs von Dornheim, an die Hexenkommissare Schwarzkonz u. Harsee sowie den Weihbischof Friedrich Förner zu denken, den Behringer (Hexenverfolgung in Bayern, S. 329) als „spiritus rector" der Bamberger Hexenverfolgung bezeichnet. Zu Würzburg bemerkt Behringer (Ebd. S. 165): „Die gegenreformatorische 'Achse' Würzburg-München wirkte sich selbstverständlich auch in der Hexenfrage aus."
43) Vgl. Schormann, Hexenprozesse in Deutschland, S. 65.
44) Vgl. Behringer, Hexenverfolgung in Bayern, S. 418.
45) Vgl. Höbelheinrich, S. 94ff.
46) Vgl. Rauch, (G.), S. 225.

miteinander lebten[47]. Über die Haltung der Mainzer Universität zur Frage des Hexenwesens und der Hexenprozesse liegt wenig Material vor. Immerhin dürfte das ausführliche Interrogationsschema aus dem Jahre 1613 von der theologischen und juristischen Fakultät erarbeitet worden sein. Es scheint von der intransigenten, aber in einigen Modalitäten relativ gemäßigten Haltung Delrios (Beschränkung der Folter) bestimmt[48]. Die juristische Fakultät vertrat in ihren Gutachten zu Hexenprozessen einen in Bezug auf die Universität Würzburg gesehen moderaten Standpunkt[49].

Neben dem von Behringer genannten „checks and balances System" gab es wohl noch andere Gründe, die es inopportun erscheinen ließen, größere Verfolgungen durchzuführen. So brachten die Prozeßserien einen kaum zu verkraftenden administrativen Mehraufwand, der die Regierung an der Durchführung wichtiger Staats- und Verwaltungsaufgaben hinderte. Dies war z.B. in der Grafschaft Büdingen der Fall, wo die Regierung politische Entscheidungen wegen der Durchführung von Hexenprozessen aufschob[50]. Im Erzstift versuchte man seit 1628 das Aufkommen neuer Prozesse zu verhindern, da die Verwaltung infolge der Prozeßflut zusammenzubrechen drohte[51].

Behringer bemerkt zu Recht, daß ab einer bestimmten territorialen Größe allein schon die Staatsraison eine bedingunglose Verfolgung verbot[52].

Die strukturellen Merkmale eines Gebietes besagen nicht zwangsläufig, daß es in einem Land zu einer bestimmten Epoche zu Kettenprozessen kommen mußte. So blieben die hessischen und nassauischen Grafschaften, die nach Fläche und Einwohnerzahl kleiner als das Erzstift waren, zwischen 1600 und 1629, der Zeit der Pogrome im Erzstift und in Franken, weitgehend von Verfolgung verschont. Es sind vielmehr auch die ideologischen, politischen sowie die sozialen und wirtschaftlichen Verhältnisse in der Region zu prüfen und zu untersuchen, inwieweit sie das Entstehen von Verfolgung begünstigten. Letzthin kann nur die noch ausstehende Aufarbeitung der Prozesse in Bamberg und Würzburg sowie in

47) Ebd. S. 226f.
48) Vgl. Hammes, S. 232 - 238.
49) s. S. 135.
50) Vgl. Niess, S. 302ff.
51) Vgl. Gebhard, Hexenverfolgung in der Mainzischen Zent Niederroden, S. 91 - 101.
52) Vgl. Behringer, Hexenverfolgung in Bayern, S. 418.

Hanau und Wertheim Aufschluß geben über die regional bedingten Ursachen der Verfahren.

II. Absolutismus, Kirchenreform und Hexenprozesse

Eine Reihe von Gründen legten es nahe, die Zeit der katholischen Reform und des Absolutismus als innere Einheit zu sehen und sie von dem Reformationszeitalter abzusetzen. In Anlehnung an Hartmut Lehmann sollen die Motive für diese Periodisierung kurz skizziert werden[53].
Etwa nach dem Konzil von Trient (1563) stellte sich in Europa eine konfessionell gewandelte politische Landschaft dar. Die katholische Kirche hatte sich bewußt von den protestantischen Lehren abgesetzt und ihre eigene „Confessio" deklariert. Anglikaner, Calvinisten und Lutheraner konstituierten sich als Denominationen. Staatliches Machtstreben und Konfessionalismus gehörten seitdem zu den Grundelementen der europäischen Politik. Nach Lehmann entwickelten sich in Europa bis 1618 neue machtpolitische, ökonomische, soziale und nicht zuletzt auch neue religiöse und kirchliche Konstellationen[54].
Folgende Gesichtspunkte sprechen dafür, die Zeit der katholischen Reform unter den Oberbegriff Absolutismus zu subsumieren: Die Anfänge absolutistischer Regierungsweisen liegen bereits in der Mitte des 16. Jahrhunderts. Der Absolutismus war nicht auf Verfassung und Verwaltung beschränkt, sondern erstreckte sich auch auf das Gebiet der Kultur und Religion. So kam das Trienter Konzil nur mit Hilfe katholischer Herrscher zustande und konnten seine Beschlüsse nur mit Hilfe der Fürsten in Kraft gesetzt werden[55].

53) Vgl. Lehmann, Das Zeitalter des Absolutismus, S. 11f. Hier gibt Lehmann auch die Begründung, warum er sich von der Periodisierung Jedins (Handbuch der Kirchengeschichte IV, S. IX - X), absetzt.
54) Vgl. Lehmann, Das Zeitalter des Absolutismus, S. 11f.
55) Ebd. S. 12 - 16.

Dennoch kann das Kräftespiel zwischen Staat und Kirche nicht ausschließlich von dem Oberbegriff Absolutismus her definiert werden, da Gesellschaft und Frömmigkeit, Wirtschaft und Kultur sowie Philosophie und Theologie dieser Zeit nicht ausschließlich vom Absolutismus ableitbar sind: Es sind bedeutende Independenzen zwischen kirchlichen Reformbemühungen und Absolutismus zu konstatieren[56].
Von dieser Wechselbeziehung her soll das Phänomen der Hexenprozesse untersucht werden.

1. Die Ausdehnung der Hexenverfolgung als Folge des konfessionellen Absolutismus und der frühen Kirchenreform

Lehmann bezeichnet die erste Periode der absolutistischen Kirchen- und Religionspolitik als Phase des konfessionellen Absolutismus[57]. Die erste Phase war darauf ausgerichtet, einen konfessionellen Einheitsstaat zu schaffen, die politischen und administrativen Strukturen der Metropole in den Verwaltungsbezirken durchzusetzen, eine enge Kooperation zwischen geistlicher und weltlicher Macht zu gewährleisten sowie eine gewisse Disziplinierung der Untertanen zu erreichen[58].
In dieser Zielsetzung waren sich absolutistische Herrscher und Exponenten der Kirchenreform weitgehend einig. Dazu kamen ethische Radikalisierungstendenzen, die neuen religiösen Bewegungen eigen sind, und die bei vielen Vertretern der katholischen Reform konstatiert werden können[59].
Das Zusammentreffen dieser beiden Kräfte in einer Atmosphäre allgemeiner Angst und politischer Intoleranz, die besonders für prozeßreiche Länder wie Deutschland, Frankreich und die Schweiz charakteristisch ist, schuf die Grundlagen, auf denen sich eine systematisierte Hexendoktrin und exzessive Hexenverfolgung entfalten konnten. So rät auch

56) Vgl. Lehmann, Das Zeitalter des Absolutismus, S. 15f.
57) Ebd. S. 94.
58) Ebd. S. 94 - 98.
59) Vgl. Jedin, S. 448f. u. Dülmen, Entstehung des frühneuzeitlichen Europa, S. 271ff.

Midelfort, die Angst der Verfolger zu untersuchen[60]. Lehmann stellt sein Kapitel über Juden- und Hexenverfolgung unter das bezeichnende Stichwort „Aus Not zur Repression"[61].

a) Zur Situation in den deutschen katholischen Staaten

Es gehört zu den Tragödien der Kirchengeschichte, daß die erste Generation der katholischen Reform z.T. einer intransigenten Hexenideologie zuneigte. Dies ist vor allem bei den Jesuiten feststellbar, die wie viele unter der geistigen Elite, wie z.B. Jean Bodin[62], Benedikt Carpzov[63] die Christenheit vom Teufelsheer befreien wollten. Petrus Canisius (der zweite Apostel der Deutschen)[64], der die Ordensorganisation der Jesuiten in Deutschland aufbaute, durch seinen Einfluß auf die Kirchenpolitik den Katholiken zu einem neuen Selbstbewußtsein verhalf und segensreich durch seine katechistischen Bücher wirkte[65], trug durch seine Predigten über die Hexengefahr zu einem geistigen Klima bei, in dem die Verfolgungsmentalität gedeihen konnte und auch gedieh[66]. Der wohl bedeutendste Theologe in Deutschland, der Jesuit Gregor von Valentia[67], gab der Satanologie einen festen Ort in seinem theologischen System[68] und bestimmte damit maßgebend das Denken seiner zahlreichen Schüler[69]. In einem 1590 von der Universität Ingolstadt erstellten Hexengutachten

60) Vgl. Midelfort, Alte Fragen und neue Methoden in der Geschichte des Hexenwahns, S. 18.
61) Vgl. Lehmann, Das Zeitalter des Absolutismus, S. 135 - 143.
62) Vgl. Denzler, Jean Bodin.
63) Vgl. Soldan-Heppe II, S. 211 - 214.
64) Vgl. Brodrick.
65) Vgl. LThK II. Sp. 915 - 917.
66) Vgl. Duhr, Die Stellung der Jesuiten in den deutschen Hexenprozessen, S. 23 - 25. Nach Duhr geriet Canisius wegen seiner unverhüllten Aufforderung zu Hexenprozessen und wegen der Ausübung des Exorzismus in Spannung zu seinen Ordensoberen.
67) Vgl. Sommervogel VIII, Sp. 388 - 400.
68) Vgl. Duhr, Die Stellung der Jesuiten in deutschen Hexenprozessen, S. 36 - 39.
69) Zu seinen Schülern gehörten Jakob Gretser und Adam Tanner. Während sich Tanner von seinem Lehrer absetzte und den Hexenwahn bekämpfte, zählte Gretser zu den eifrigsten Verfechtern des Hexenprozesses. Behringer (Hexenverfolgung in Bayern, S. 27, 233, 249, 263 u. 269) nennt ihn „den Ideologen der harten Hexenverfolgung" und macht ihn für die Herausgabe von Traktaten, welche die Verfolgung befürworten, und für die Hexenprozesse in Ellwangen (1611 - 1613) verantwortlich.

und im „Commentariorum Theologicorum tomi IV" forderte er zur intensiven Hexenverfolgung auf[70].

Als die eigentlichen Hexenideologen, die auf dieser theologischen Position aufbauten, sind jedoch der Trierer Weihbischof Peter Binsfeld (1546 - 1598)[71] und der jesuitische Universalgelehrte Martin Delrio (1551 - 1608)[72] anzusehen. In ihren Werken „Tractatus de confessionibus maleficorum et sagarum" und „Disquisitionum magicarum libri VI" (Delrio) brachten sie den Hexenglauben in ein geschlossenes wissenschaftliches System, das den Hexenhammer überflüssig machte und in der Folgezeit die Rechtsprechung in katholischen, aber auch evangelischen Territorien bestimmte[73]. Indem sie das Hexendelikt zum Ausnahmeverbrechen erklärten, die rechtlichen Sicherungen der Carolina außer acht ließen und die Denunziation zum Herz der Prozesse machten, legten sie den Grund für die Kettenprozesse und damit zum Hexenholokaust[74].

Weitere Jesuiten waren maßgebend an der Verbreitung des Hexenwahns beteiligt, so Adam Contzen[75], Jeremias Drexel[76], Jakob Gretser[77], Georg Stengel[78] und Georg Witweiler[79].

Eine paradigmatische Funktion kam der Verfolgung in Trier (1589 - 1592) zu, die über 300 Opfer forderte, eine Zahl, die man bisher in Deutschland noch nicht gekannt hatte[80]. Führende politische Persönlichkeiten wie der Stadtschultheiß, kurfürstliche Rat und frühere Rektor der

70) Vgl. Duhr, Die Stellung der Jesuiten in den deutschen Hexenprozessen, S. 37.
71) Vgl. Fischer.
72) Vgl. Zenz, Cornelius Loos, S. 147.
73) Vgl. Fischer, S. 134 - 146. Das Kapitel enthält die Wirkungsgeschichte der Dämonologie Delrios.
74) Ebd. S. 106 - 134 u. Zwetsloot, S. 242 - 263.
75) Vgl. Bireley, S. 25 - 55, 83ff. 91 - 93, 112, 175 - 177, 192ff. u. 224ff. u. Duhr, Die Stellung der Jesuiten in den deutschen Hexenprozessen, S. 67 - 69.
76) Vgl. Duhr, Die Stellung der Jesuiten in den deutschen Hexenprozessen, S. 69 - 71.
77) Vgl. Behringer, Hexenverfolgung in Bayern, S. 233f.
78) Ebd. S. 234f.
79) Ebd.
80) Vgl. Krämer, Kurtrierische Hexenprozesse im 16. und 17. Jahrhundert.

Universität Trier, Dr. Dietrich Flade[81], sowie der Hochgerichtsschöffe Nikolaus Fiedler[82], die sich den Prozessen entgegenstellten, wurden selbst in die Verfahren einbezogen und eliminiert. Der katholische Theologe Cornelius Loos, der in seinem Buch „De vera et falsa magia" Teile der Hexenideologie in Frage stellte und Binsfeld direkt angriff, indem er schrieb, „die Hexenverfolgungen waren in Abnahme, als sie durch Binsfelds Bemühungen wieder angefacht wurden", wurde zum Widerruf seiner Thesen gezwungen und des Landes verwiesen[83]. Damit war jede Opposition ausgeschaltet und der Weg für eine totale Verfolgung frei.
Ähnliche, aber bei weitem nicht so radikale Strukturen zeigen die Verfolgungen in den Erzstiften Köln[84] und Mainz, den Hochstiften Augsburg[85], Eichstädt[86] und Osnabrück[87], sowie den Fürstabteien Ellwangen[88] und Fulda[89].
Die für katholische Territorien charakteristischen Kettenprozesse, die Hunderte von Hinrichtungen mit sich brachten, sind nicht primär aus der besonderen kirchenpolitischen Situation der Länder, sondern aus der Anwendung des Denunziationsprinzips zu erklären[90], weshalb evangelische Kritiker vom „unordentlichen katholischen Prozeß" sprachen[91].
Den absoluten Höhepunkt der Hexenverfolgung in Deutschland stellen die Prozeßkomplexe (1626 - 1630) in den geistlichen fränkischen Fürstentümern und im Erzstift dar, die in Bamberg und Würzburg fast 2.000 und in Mainz etwa 900 Opfer forderten; dabei ist zu beachten, daß die Verfolgungsbewegung, von Würzburg ausgehend, erst allmählich auf das Mainzer Gebiet übergriff[92]. Während im Erzstift ein gewisser legaler Rahmen

81) Vgl. Zenz, Dietrich Flade, S. 41 - 49.
82) Vgl. Hammes, S. 182 - 192.
83) Vgl. Zenz, Cornelius Loos, S. 147 - 153.
84) Vgl. Decker.
85) Vgl. Behringer, Hexenverfolgung in Bayern, S. 49 - 52, 67 - 70 u. 129 - 137.
86) Ebd. S. 236 - 241.
87) Vgl. Wilbertz.
88) Vgl. Midelfort, Witchhunting in Southwestern Germany, S. 98 - 115.
89) Vgl. Spielmann, S. 167 - 172.
90) Vgl. Zwetsloot, S. 243 - 263.
91) Vgl. Behringer, Hexenverfolgung in Bayern, S. 320.
92) Dies war in allen an das Hochstift Würzburg angrenzenden Ämtern (Aschaffenburg, Lohr u. Miltenberg) der Fall. Auch setzten die Prozesse im Kurstift jeweils später ein.

gewahrt blieb, überschritt in Bamberg und Würzburg die Verfolgung die Stereotypen des Alters[93] und des Geschlechts[94], machte keinen Halt vor den Privilegien der Adligen[95] sowie Geistlichen[96] und ließ die ersten Terrorinstitutionen des frühmodernen Staates entstehen: Spezialgefängnisse[97], Verbrennungsöfen[98], Folterexperten und ein komplexes System von Foltereinrichtungen und speziellen Foltergebräuchen[99]. Denunziation und Brutalität schufen hier einen wahren Teufelskreis des Terrors, was die Menschen in Nordwestdeutschland von einem „Wirtzbürgisch werk" sprechen ließ[100].

Die wohl relativ größte Massentötung der frühen Neuzeit schuf Widerstandszentren im nahen Nürnberg, aber auch in Innsbruck und Rom. Gegen die Verfolgung in Franken intervenierte der Bischof von Wien, Kardinal Melchior Khlesl, sowie der Präsident des Reichshofrates, Wilhelm von Fürstenberg. Pater Wilhelm Lamormaini S.J., der Hofbeichtvater des Kaisers, soll sogar Ferdinand I. die Lossprechung verweigert haben, wenn er das Treiben in Bamberg nicht abstelle. Erst 1630 kamen die Prozesse in Bamberg und Würzburg, die sogar den Fürstentag in Regensburg und die päpstliche Kurie beschäftigten, aufgrund kaiserlicher Mandate zum Erliegen[101].

93) Vgl. Merzbacher, S. 190f. In Würzburg wurden über zehn Kinder unter zwölf Jahren verbrannt.
94) Ebd.
95) Ebd. S. 46. Fürstbischof Philipp Adolf von Ehrenberg (Würzburg 1628) ließ die jungen Adligen Hektor Hieronymus von Rotenhan, Julius Schliderer von Lachen u. Eberhart Adolf von Fischborn hinrichten.
96) Ebd. u. H. Schwillus, „Der bischoff läßt nit nach, bis er die gantze statt verbrennt hat," In: Würzburger Diözesangeschichtsblätter, 1987, S. 154. Demnach wurden neun Vikare des Domstifts, sechs Kanoniker und fünf Vikare des Stiftes Neumünster, zwölf Kanoniker und neun Vikare des Stiftes St. Johannis im Haug sowie ein Kanoniker und ein Vikar aus St. Burkard verbrant.
97) Vgl. Zink, S. 9 - 12. Demnach hatten die Zellen im Konzentrationsgefängnis für Hexen in Bamberg (Drudenhaus) nur eine Grundfläche von 1,4 m x 3,5 m bzw. 1,2 m x 2,2 m. Die fensterlosen Räume besaßen lediglich einen schmalen Luftschacht.
98) Vgl. Merzbacher, S. 172. Verbrennungsöfen standen in Zeil und Gerolshofen. Nach Merzbacher (S. 173) können „diese Öfen als Strafkrematorien angesprochen werden".
99) Ebd. S. 142ff.
100) Nach Behringer, Hexenprozesse in Bayern, S. 330.
101) Ebd. S. 324 - 331.

Die exzessiven Prozesse in Franken sind zu einem guten Teil durch das ihnen zugrunde liegende unheilvolle Denunziationssystem verursacht. Der Übergang zur totalen Verfolgung, die Exzesse und das Beharren auf den Verfahren gegen den Einspruch von höchsten Stellen der Kirche und des Reiches[102]), läßt die Frage nach dem Persönlichkeitsprofil der Verfolger und der Verfolgungsmentalität stellen.
Nach Behringer waren alle bei der Verfolgung engagierten Prälaten, Johann Georg II. Fuchs von Dornheim (Bamberg, 1623 - 1633), Julius Echter von Mespelbrunn (Würzburg, 1573 - 1617), Johann Gottfried von Aschhausen (Würzburg, 1617 - 1622), Philipp Adolf von Ehrenberg (Würzburg 1623 - 1631) reformeifrige Bischöfe, die im Geist des Konzils von Trient arbeiteten. Sie führten die liturgischen Erneuerungen durch, bemühten sich um die Ausbildung ihres Klerus und um die Glaubenseinheit in ihren Diözesen, indem sie Disziplinierungsmaßnahmen einleiteten und die Protestanten aus ihrem Gebiet vertrieben[103]).
Die meisten waren Germaniker, alle sollen betont aszetisch gelebt haben[104]). Eine ähnliche Persönlichkeitsstruktur zeigten auch die fürstlichen Hexenverfolger protestantischer Provenienz, die Fürsten von Coburg[105]), die Grafen von Wertheim[106]) und Ysenburg[107]) u.a. Das gleiche gilt für die bei der Hexenjagd engagierten evangelischen Hofbeamten, Hofbeichtväter und evangelischen Konsistorialräte und Pfarrer[108]).

102) Vgl. Diefenbach, S. 139 - 154 u. 270 - 273. In Rom fanden die Hexenprozesse kaum Sympathie, zumal in Italien das Zaubereivergehen milder behandelt wurde. Im Jahre 1623 erließ Papst Urban VIII. die apostolische Konstitution „Omnipotens Deus", in der er eine Überprüfung der Prozeßpraxis forderte.
103) Vgl. Behringer, Hexenverfolgung in Bayern, S. 237 - 241, 330f., 416 u. 452.
104) Ebd. S. 429. Dabei verfällt Behringer einem gewissen Klischee, das sich kaum auf alle Bischöfe und Prälaten übertragen läßt. Nach Jedin (S. 551) beeinträchtigte die ungeistliche Lebensweise des Salzburger Erzbischofs Dietrich von Raitenau seine ernsthaften Reformbemühungen. Bischöfe wie Khlesl (Wien), Jakob von Elz (Trier) und andere dagegen waren fromme Bischöfe, Anhänger der Reform und Gegner der Hexenverfolgung. Beide Fakten sprechen gegen Behringers These, daß nur recht weltlich lebende Prälaten die Prozesse einschränkten.
105) Vgl. Behringer, Hexenprozesse in Bayern, S. 417 (Anm. 30).
106) Vgl. Diefenbach, S. 11.
107) Vgl. Niess, S. 143f.
108) Ebd. S. 143 - 149 u. Diefenbach S. 91ff. u. 301 - 328.

Bezüglich der zu bürokratisiertem Massenwahn und Massenverfolgung ausufernden Prozesse scheinen die Regierungen in Bamberg und Würzburg zu Gefangenen ihres Systems geworden zu sein. Die von Ingolstadt und vor allem von Dillingen ausgehenden Impulse haben erst nach der Verfolgung die beiden Bistümer erreicht[109].
Dennoch ist bei einigen Verfolgungsbefürwortern unter den Fürsten, Fuchs von Dornheim (Bamberg, 1623 - 1633) und Philipp Adolf von Ehrenberg (Würzburg, 1623 - 1631) und bei Theologen wie Adam Contzen und Jeremias Drexel ein gewisser Fanatismus und Radikalismus nicht zu leugnen. Behringer schreibt dazu: „Mit religiösem Extremismus trieb diese Interessengruppe außenpolitisch die Fürsten selbst noch in aussichtsloser Situation in den Glaubenskrieg, innenpolitsch zur rigorosen Sozialdisziplinierung und Hexenverfolgung"[110].
Die Konzentration der Prozesse auf die geistlichen Territorien des Deutschen Reiches im frühen 17. Jahrhundert legt die Vermutung nahe, daß von den diesen Staaten zugrunde liegenden politischen und religiösen Strukturen entscheidende Impulse für die Hexenverfolgung ausgingen.

b) Zur Situation im Erzstift Mainz

Die Reformbestrebungen setzten im Kurstift mit Erzbischof Daniel Brendel von Homburg (1555 - 1582) ein und rissen seitdem nicht mehr ab[111]. Der Gang der Kirchenreform verlief im Erzstift kontinuierlich, zeigt aber dennoch gewisse zeitliche Konzentrationen, je nachdem, ob mehr politische oder religiöse Einflüsse in der Regierung des Kurstaates dominierten[112]. Bei den reformerischen Strömungen ist eine gewisse Tendenz zu

109) Gedacht ist an Tanner und dessen zahlreiche Schüler.
110) Nach Behringer, Hexenverfolgung in Bayern, S. 250.
111) Vgl. Dölle.
112) Zur Kirchenreform im Erzstift: Vgl. Brück, Das Erzstift Mainz und das Tridentinum u. Veit, Kirchenreform.

ethischem Rigorismus, Sozialdisziplinierung und Hexenprozessen nicht zu übersehen, wogegen die mehr politisch ausgerichteten Kräfte die Fragen der Staatsraison berücksichtigten, was sich positiv auf ihre Religions- und Hexenpolitik auswirkte.
Zu den entschiedenen Anhängern der Gegenreformation in Mainz zählen die Jesuiten[113)], die von ihnen geprägte Universität, Teile des Domkapitels, ein Großteil der Beamtenschaft[114)], die Stifte sowie höhere Geistliche, die nicht primär mit politischen, sondern mit religiösen Aufgaben befaßt waren[115)]. Zumindest seit 1600 scheint sich die Bevölkerung mit den Zielen der Kirchenreform identifiziert zu haben[116)].
Die oft parallel verlaufende Tendenz zu Kirchenreformen und Hexenprozessen darf jedoch nicht unbesehen in gleicher Weise auf alle reformeifrigen Personen und Institutionen übertragen werden. Nur eine eigene Untersuchung über die politischen und gesellschaftlichen Auswirkungen der Kirchenreform kann letztlich Auskunft geben, welchen Einfluß die politische und religiöse Elite auf die Führung der Hexenprozesse genommen hat[117)]. Aus inhaltlichen und räumlichen Gründen können hier nur gewisse Tendenzen aufgezeigt werden.

113) Vgl. Brück, Die Anfänge der Jesuiten in Mainz, (S. 196 - 207) u. Duhr, Geschichte der Jesuiten I.
114) StAW G 3 096. Nach dieser, lediglich in vorliegender Arbeit behandelten Quelle, versuchte der Amtmann Hartmut von Kronberg, katholischen Geistlichen den Zugang zu Personen, die wegen Hexerei verhaftet waren, zu verbieten und die Frauen durch evangelische Geistliche pastorieren zu lassen. Sein Verhalten fiel als atypisch auf.
115) Gedacht ist hier an die Weihbischöfe und an geistliche Kommissare, die segensreich für die Kirche wirkten (Johann u. Andreas Dietz, Wolfgang Sigismund von Vohrburg u. die Weihbischöfe Kornelius Gobelius u. Christoph Weber).
116) Vgl. Veit, Kirchenreform, S. 66 - 982. Die Identifikation bedeutete nicht, daß das religiöse Leben allgemein erstarkte. Jubiläen und Feste wurden jedoch begeistert aufgenommen.
117) Brück (Das Erzstift und das Tridentinum) u. Veit (Kirchenreform) untersuchen die Parallelität von Kirchenreform u. Hexenprozessen nicht.

aa) Zur Rolle der Kurfürsten und Erzbischöfe

Von Daniel Brendel von Homburg (1555 - 1582) bis Johann Philipp von Schönborn (1647 - 1673) wechselten sich ausgesprochene Anhänger der Gegenreformation mit mehr politisch orientierten Erzbischöfen ab, wobei letztere gewisse kirchenpolitische Ziele weniger stark betrieben.
Dabei fällt auf, daß sich die Anhänger der Kirchenreform weitgehend mit der Verfolgung identifizierten, wogegen die mehr gemäßigten Bischöfe eine gewisse Zurückhaltung gegenüber den Hexenprozessen zeigten.
Unter Daniel Brendel von Homburg (1555 - 1582) war die Frage der Hexenprozesse noch nicht relevant[118]. Wolfgang von Dalberg (1582 - 1601) zeigte sich moderater als seine weltlichen fürstlichen Standesgenossen[119] und die süddeutschen Fürstbischöfe[120], die damals in ihren Territorien die ersten großen Verfolgungen durchführten. Im 17. Jahrhundert wechselten sich Verfolgungsbefürworter und Kurfürsten, die der Verfolgung reserviert entgegenstanden, ab.

1.) Johann Adam von Bicken (1601-1604)

Ein alter Stich, der den Erzbischof zeigt, ist mit folgender Unterschrift versehen: „Johannes Adamus von Bicken / von Jugend auff zu allen Christlichen Tugenden und Gottseeligkeit erzogen / Er wurd erwehlt im Jahr Christ anno 1601 im Monat Maii / Demnach in dem Bistumb Maintz der abschewliche Grewel der Zauberey und Hexerey alltenhalben eingerissen / und mit solchen ein grosse Anzahl Manns und Weibs Personen befleckt / hat dieser Erzbischoff Johann Adam im Jahr 1604 solchen Grewel und Abgötterei mit grossem Ernst auszurotten angefangen zu Aschaffenburg und andern Orthen / etlich viel Personen / so mit solchem Laster behaftet / mit dem fewer straffen und hinrichten lassen / deßgleichen hat er auch die Grafschaft / Rieneck und Lohr reformiert"[121].

118) Vgl. Baumgarten, S. 343ff. Zu Verfahren kam es lediglich in den Ämtern des Domkapitels.
119) Vgl. Soldan/Heppe I, S. 518 - 523 (Hessen-Darmstadt), 524 f. (Nassau) u. 513f (Gelnhausen).
120) Vgl. Behringer, Hexenverfolgung in Bayern, S. 51 (Augsburg) u. S. 65 (Freising u. Passau).
121) Nach Nebe, S. 100.

27 Johann Adam von Bicken. Kurfürst von Mainz (1601 – 1604).

28 Georg Friedrich von Greiffenklau. Kurfürst von Mainz (1626 – 1629).

Die fast gleich lautende Beurteilung des Mainzer Jesuiten Nikolaus Serarius läßt vermuten, daß die Vertreibung der Protestanten (Häretiker) und die Vernichtung der Hexen (Apostaten) zum Regierungsprogramm des Fürsten gehörten[122]. Das Hexenprogramm Bickens hat keine zeitlichen Parallelen in den katholischen Territorien außer Fulda[123]. Während aber die Verfahren im Hochstift Fulda durch den Malefizmeister Balthasar Roß aus berechnenden und verbrecherischen Motiven erfolgten[124], verfolgten die Prozesse durch den Erzbischof ein Ziel und zeigten System sowie Methode.
Ähnliche Aktivitäten wie gegen die vermeintlichen Hexen entwickelte der Erzbischof gegen die Protestanten. Schon zu Beginn seiner Regierung führte er gegen den Widerstand seiner Berater, die sich stärker von politisch zweckmäßigen Erwägungen leiten ließen[125], die Ämter Königstein und Lohr dem katholischen Glauben zu. Die nach dem Tode Bickens aufgefundenen Briefe lassen keinen Zweifel daran, daß er ernsthaft im Sinn hatte, die an Kurpfalz verpfändeten Ämter mit Waffengewalt zurückzuerobern[126].
Mit dem Kurfürst von Köln zusammen versuchte er 1603 ein Bündnis der katholischen Staaten[127] zu schließen. Allerdings scheiterte der Plan am Widerstand des Kaisers. Ebenfalls 1603 verbannte er alle evangelischen Würdenträger und Beamten von seinem Hof[128].
In das vom Geist der Gegenreformation geprägte Bild des Kurfürsten paßte es auch, daß er in Mainz und Oberursel die Bücherzensur durchführen ließ[129].
Schon während seiner Studienzeit mußte Bicken mehrmals wegen Krankheit beurlaubt werden. Auch kränkelte er Zeit seines Lebens. Es stellt sich die Frage, ob die Krankheitszustände Johann Adam von Bickens nicht auf übertriebene und mißverstandene Askese zurückzuführen sind[130]. Züge der Intoleranz und Radikalität im Charakterbild Bickens fielen zumindest seinen in dieser Beziehung nicht verwöhnten Zeitgenossen auf[131].

122) s. S. 187.
123) Vgl. Soldan/Heppe II, S. 23ff.
124) Ebd.
125) Vgl. Schmidt, (J.), S. 14 - 40.
126) Vgl. Nebe, S. 99.
127) Ebd.
128) Vgl. Brück, Johann Adam von Bicken, S. 172.
129) Vgl. Nebe, S. 98.
130) Vgl. Brück, Johann Adam von Bicken, S. 148 u. Nebe, S. 99.
131) Vgl. Brück, Johann Adam von Bicken, S. 175.

2). Johann Schweikard von Kronberg (1604 - 1626)

In die Regierungszeit des Kurfürsten fallen zwei größere Prozeßkonzentrationen, die sich auf die Jahre 1611-1613 und 1616/17 erstreckten[132]. Dabei wurden allerdings weniger Menschen verurteilt als in den Prozeßreihen seines Vorgängers und Nachfolgers[133]. Ein nicht geringer Teil der Verfahren entfällt auf die Ämter des Domkapitels, das zumindest hier als der eigentliche Initiator der Verfolgung angesehen werden muß[134]. Die erste Prozeßserie (1611-1613) dürfte im Erzstift selbst, unbeeinflußt von Prozeßgeschehen in benachbarten Staaten, entstanden sein, da damals, abgesehen von der Fürstpropstei Ellwangen, in Süd- und Mitteldeutschland keine größeren Verfolgungen stattfanden[135]. Die zweite Prozeßreihe griff von Würzburg aus auf das Kurfürstentum über, berührte aber nur das Oberstift und forderte eindeutig weniger Opfer als im Hochstift Würzburg.
Während der Regierung Johann Schweikards wurden die juristischen Rahmenbedingungen und -erlasse bezüglich der Durchführung der Prozesse veröffentlicht. Dazu gehörte eine detaillierte Befragung über die Prozeßrichtlinien, den Prozeßverlauf und die Prozeßpraktiken im Vizedomamt Aschaffenburg, die darauf abzielte, Mißbräuche bei den Verfahren abzustellen. Des weiteren zählen dazu Richtlinien über die fiskalische Abwicklung der Prozesse[136], ein wesentlich erweitertes Interrogatorium und schließlich die Kurmainzer Verordnungen. Abgesehen vom Interrogatorium, das wohl von der theologischen und justistischen Fakultät der Universität Mainz erarbeitet worden war, zielte keines dieser Dokumente auf eine Ausdehnung der Prozesse hin. Ziel war vielmehr, den Nutzen des Staates zu mehren und die Legalität der Verfahren zu sichern. Kronbergs Interesse an den Verfahren war nicht primär religiöser, sondern eher politischer Natur[137].

132) s. S. 303f.
133) s. S. 186.
134) s. S. 326.
135) Vgl. Behringer, Hexenverfolgung in Bayern, S. 236.
136) s. S. 215.
137) Vgl. Burger, S. 1 - 11.

Darauf weisen seine zahlreichen persönlichen Schreiben hin, in denen er das „rückständige Hexengeld" forderte[138]. Zumeist handelt es sich um Rückstände aus der Zeit seines Vorgängers. Die konstant prekäre Finanzsituation des Erzstiftes[139], Rüstungen am Vorabend und im Verlauf des Dreißigjährigen Krieges[140] und die eminenten Kosten für den Bau des Aschaffenburger Schlosses bewogen ihn wohl[141], auch ungewöhnliche Finanzquellen auszuschöpfen[142].
Auch die Religionspolitik Schweikards scheint primär von Überlegungen der Staatsraison bestimmt. Die Rekatholisierung der noch evangelischen Gebiete führte er nicht so sehr als Erzbischof, sondern als Landesherr durch, der sich des Grundsatzes und der Bedeutung des „cuius regio, eius religio" wohl bewußt war[143]. Daß der Erzbischof im Jahre 1615 eine Kirchenordnung erließ, die verstärkt Disziplinierungstendenzen zeigt, lag im Geist der Zeit und ist nicht unbedingt als Zeichen gegenreformatorischen Eifers zu deuten[144]. Dies gilt auch von den neuen Klostergründungen[145] und von seinem Einsatz für die katholische Minderheit in

138) s. S. 230f.
139) Vgl. Chroust, S. 89f. u. Sender, S. 165f.
140) Vgl. Kahlenberg, S. 90ff. Demnach mußten nach 1620 100.000 Gulden für die Befestigungsarbeiten in der Stadt Mainz und zwischen 1620 - 1626 hohe Summen für laufende Ligaausgaben aufgebracht werden.
141) Vgl. Chroust, S. 89. Chroust rechnet die eine Million Gulden, die der Schloßbau kostete (1939) auf 10 Millionen Reichsmark um.
142) Ebd. Demnach wurden 250.000 Gulden an Hexengeldern für den Bau verwandt. Diese Summe ist nicht zu belegen und scheint aufgrund der durchgeführten Untersuchungen äußerst unwahrscheinlich.
143) Vgl. Schmidt, (J), S. 41ff. u. S. 47 - 51. Demnach stand der Kurfürst der katholischen Restauration während seiner ersten Regierungszeit „sehr reserviert" gegenüber (S. 41), was die evangelische Bewegung in Königstein und Lohr ermutigte. Wenn Schweikard in einer späteren Instruktion (S. 59) erklärte, daß er „von Rechts, Standes, Berufs und Gewissens her", zur Rekatholisierung gezwungen sei, so sagt schon die Reihenfolge der Begründung etwas über sein politisches Selbstbewußtsein aus.
144) Vgl. Dülmen, Die Entstehung des frühneuzeitlichen Europa, S. 360f. u. Veit, Kirchenreform.
145) Vgl. Stieve. In: Deutsche Biographie III, S. 237. Mit Hilfe Schweikards entstanden 1615 in Erfurt und 1621 in Aschaffenburg neue Jesuitenkollegien. Kapuzinerkonvente ließ er 1612 in Mainz und 1620 in Aschaffenburg gründen. Die Klarissen erhielten 1620 das alte Antoniterkloster in Mainz zugewiesen.

Frankfurt nach dem Fettmilchaufstand[146]. Dazu war Johann Schweikard von Kronberg als erster Bischof des Reiches und vornehmster katholischer Fürst nach dem Kaiser verpflichtet[147].

Es fällt schwer, hinter dem menschlich komplexen[148], von evangelischem Erbe[149] und intensiver katholischer Erziehung, Erfahrung und Überzeugung bestimmten[150], von seiner Umgebung abhängigen[151] und doch tatkräftigen politischen Herrscher[152] und baufreudigen sowie lebensfrohen Barockfürsten[153], eifrigen Seelsorger und tieffrommen Menschen[154] einen intoleranten Hexenjäger zu sehen.

Sein Interesse am Hexenprozeß war vielmehr von der Staatsraison bestimmt. Als Kind und Regent seiner Zeit sah er sich zur Hexenverfolgung verpflichtet.

146) Vgl. Bothe, S. 9 - 40.
147) Vgl. Brück, Geschichte der Stadt Mainz, S. 42. Von dem Erzbischof gingen auch entscheidende religiöse Impulse aus, die sich wegen der folgenden Kriegsjahre nicht voll auswirken konnten: 1609 Gründung der Marianischen Kongregation, 1624 Gründung der „sakramentalischen Bruderschaft", auf die im Kern das noch heute im Bistum Mainz übliche „große Gebet" zurückgeht.
148) Vgl. Stieve. In: Deutsche Biographie III, S. 236ff.
149) Vgl. Hensler, Der Mainzer Kurfürst und sein Hof, S. 10. Johann Schweikards Vorfahren waren eng mit der Reformation verbunden. Sein Vater war der Sohn Hartmut des Älteren von Kronberg, der heute noch in der evangelischen Kirchengeschichtsschreibung „Hartmut der Bekenner" genannt wird. Seine Mutter Barbara war eine Tochter Franz von Sickingens. Seine Eltern waren beide evangelisch.
150) Vgl. Chroust, S. 88. Johann Schweikard war einer der ersten Germaniker aus der Erzdiözese Mainz.
151) Vgl. Burger, S. 4. Demnach ließ er sich in der Innenpolitik von den Räten Christoph von Sötern und Hans Richard Brömser und in Fragen der Außenpolitik zunächst von Kurpfalz und später von Maximilian von Bayern beeinflussen.
152) Ebd. S. 3 u. S. 94ff.
153) Vgl. May, (G.), Beschreibung und Geschichte der koeniglichen Schloesser, S. 89.
154) Vgl. Chroust, S. 87.

3). Georg Friedrich von Greiffenklau (1626-1629)

Auch wenn die größte Verfolgungsserie (1627-1629), die das Erzstift erlebte, als von Würzburg importiert angesehen werden muß[155], so bleibt dennoch zu bemerken, daß die Verfahren fast direkt nach dem Regierungsantritt dieses Kurfürsten begannen, sich über seine gesamte Regierungszeit erstreckten und auch im inneren Zusammenhang mit seinen Maximen standen.

Georg Friedrich von Greiffenklau lernte die erste große deutsche Hexenverfolgung kennen, als er sich 1588 in Trier zum Studium aufhielt[156].

Greiffenklau galt schon seinen Zeigenossen als radikaler Vertreter kirchlicher Reformpolitik[157]. Zu Kurfürst Johann Adam von Bicken, der wegen seiner intransigenten Religionspolitik in den Ämtern Königstein und Lohr in zunehmende Spannung zum Kapitel geriet, stand er in einer Art Vater - Sohnverhältnis[158]. Als besondere Auszeichnung darf es betrachtet werden, daß Bicken den noch jungen Domkapitular 1601 auf seine Huldigungsreise mitnahm[159]. Von dem Erzbischof wurde er auch zunehmend mit heiklen Aufgaben betraut. Im Jahre 1603 führte er eine Kommission an, die mit den teilweise noch evangelischen Ständen im Eichsfeld über Steuern verhandeln und eine kirchliche Visitation durchführen sollte[160]. Sender bemerkt zu dem Verhältnis des Erzbischofs zu dem jungen Domkapitular: „Bicken war Germaniker, Greiffenklau auch"[161].

Als Bischof von Worms (1616 - 1629) legte sich Greiffenklau aus kirchenpolitischen Gründen mit spanischen Besatzungstruppen an, die nach der Meinung des Bischofs in Restitutionsfragen nicht weit genug gingen[162].

155) s. S. 303f.
156) Vgl. Sender, S. 26f.
157) Vgl. Brück, Geschichte der Stadt Mainz, S. 45f. u. (Ders.), Das Erzstift Mainz und das Tridentinum, S. 239f.
158) Vgl. Sender, S. 32ff.
159) Ebd. S. 32f.
160) Ebd. S. 39.
161) Ebd.
162) Vgl. Sender, S. 83f.

Zu seiner Wahl als Bischof von Worms übersandten ihm die Mainzer Jesuiten eine Grußadresse, die im Verlagshaus Albin in Mainz gedruckt worden war, was als Geste der Hochschätzung bei führenden gegenreformatorischen Kräften angesehen werden darf[163].
Zu der Wahl Greiffenklaus zum Kurfürsten schreibt Brück: „In dem am 28. Oktober einstimmig gewählten Georg Friedrich von Greiffenklau ... erhielt nun Johann Schweikard einen Nachfolger, der die gegenreformatorische Haltung in Mainz wesentlich verschärfte"[164]. Auf sein Drängen hin erließ der Kaiser am 6.3.1629 das Restitutionsedikt, das die Rückgabe von Kirchengütern verlangte und die konfessionellen Differenzen im Reich verstärkte[165].
Die gleiche zelotische Haltung zeigte der Erzbischof auch in der Hexenfrage. Während die häretischen Protestanten jedoch „lediglich" aus dem Erzstift vertrieben wurden, war den Apostaten, den Hexen, der Tod auf dem Scheiterhaufen zugedacht.
Verfolgerische Aktivitäten entwickelte Georg Friedrich von Greiffenklau schon vor seiner Zeit als Kurfürst. Als Kustos des St. Albansstiftes wirkte er entscheidend bei den Verfahren in dem stiftseigenen Dorf Bodenheim mit[166]. Möglicherweise waren die Prozesse sogar von ihm und einem harten Kern kirchenreformerischer Kräfte inszeniert, um ein Gegengewicht

163) Ebd. S. 7. Sender schreibt dazu: „Man könnte diese publizistische Tatsache auf sich beruhen lassen, wüßten wir heute nicht von der kirchengeschichtlichen Bedeutung des Druckhauses Albin in Mainz als einem verlegerischen Stützpunkt jener Kräfte Deutschlands, die damals eine katholische Reform im Geiste des Trienter Konzils in Wort und Schrift verfochten haben."
164) Vgl. Brück, Das Erzstift Mainz und das Tridentinum, S. 239ff.
165) Vgl. Bireley, S. 76ff. 91f. u. 94 - 98. Bireley bietet die neuesten Quellenuntersuchungen in dieser Frage. Demnach hatte Greiffenklau die Anwendung des Edikts auf die Reichsstädte und das Verbot des Calvinismus vorgesehen. In seiner politischen Haltung war der Kurfürst von Adam Contzen beeinflußt, der ihm auch schon 1614 das Buch „Crudelitas et Idolum Calvinistarum" gewidmet hatte.
166) StAW 210/170. Die Prozesse leitete der Propst des Stiftes und Domsänger, Walbot von Bassenheim, der ebenfalls wie Greiffenklau den Falken zuzurechnen ist. Das Prozeßbegehren der Bevölkerung wurde von Philipp von Katzenelnbogen und Philipp Adolf von Molsberg (f. 13 v.) unterstützt. Die Quelle enthält Hinweise auf Hexenprozesse in Mainz-Bretzenheim (f. 30 r.). Die Verfolgung führte zu Spannungen mit Kurpfalz. Dieser Aspekt ist bei Brück (Ein politischer Hexenprozeß?) behandelt.

gegen die moderate Haltung des Kurfürsten Johann Schweikard von Kronberg (1604 - 1626) zu schaffen, zu dem Greiffenklau ein distanziertes Verhältnis hatte[167].
Gegenüber seinem Vorgänger und seinem Nachfolger zeichnete er sich durch äußerste Sparsamkeit in seiner Lebens- und Regierungsführung und durch betonte asketische Strenge aus; Eigenschaften, die auch bei den „Hexenbischöfen" im Fränkischen zu finden sind.

4). Anselm Kasimir Wambolt von Umstadt (1629-1647)

Schon bald nach dem Regierungsantritt Anselm Kasimirs begannen die Hexenprozesse zu stagnieren und hörten schließlich, von Einzelverfahren abgesehen, bald ganz auf, da der neue Kurfürst Realindizien forderte und das übliche Denunziationssystem ablehnte[168]. Die Initiative scheint von dem Erzbischof selbst gekommen zu sein. Dafür spricht, daß der Hofratspräsident Reinhard von Metternich und der Kanzler Nikolaus Gereon, welche die Politik des Fürsten wesentlich beeinflußten, an der größten Verfolgung im Erzstift (1627-1629) an exponierter Stellung beteiligt waren, so daß eine Richtungsänderung von dieser Seite in der Hexenfrage kaum vorausgesetzt werden darf[169].
Einsichten in die Problematik dieser Prozesse hat Anselm Kasimir möglicherweise schon von seinem Vater erhalten[170], der als Beisitzer am Reichskammergericht in Speyer tätig war, das zu dem prozessualen Vorgehen in den Hexereiverfahren eine distanzierte Haltung zeigte[171].

167) Vgl. Chroust, S. 88f. Er spricht von dem gehässigen Ton, der in den Kampf zwischen Erzbischof und Kapitel hineingetragen wurde, wobei Greiffenklau wohl als Anführer des Kapitels figurierte.
168) s. S. 122f.
169) Vgl. Burkhard, S. 378f.
170) Ebd.
171) Altona, S. 909.

Auch paßten das weltmännische Gebaren, die lebensfrohen Trinkgewohnheiten, seine gerühmte Gastfreundschaft und die Popularität, die er aufgrund seiner Menschenfreundlichkeit genoß, nicht zum Bild eines „finsteren Hexenbischofes"[172]. Ob die allgemein bekannte Differenz zwischen Anselm Kasimir Wambolt von Umstadt und Georg Friedrich von Greiffenklau wirklich nur den haushälterischen (Greiffenklau) oder den verschwenderischen (Umstadt) Umgang mit den finanziellen Mitteln des Stifts betraf oder vielleicht sogar die Hexenfrage berührte, bleibt weiterer Forschung überlassen[173].
Im Gegensatz zu seinen Vorgängern neigte er mehr den Kapuzinern als den Jesuiten zu, wobei zu bedenken ist, daß jene durch eine Beteiligung an den Hexenprozessen nicht belastet waren[174].

bb) Zur Rolle des Domkapitels und der Stifte

Auf die Verfolgungsaktivität des Domkapitels unter der Regierung Johann Schweikards wurde bereits in anderem Zusammenhang Bezug genommen[175]. In den Regierungszeiten der übrigen Kurfürsten fanden in den domkapitularischen Ämtern keine Prozesse statt. Das Domkapitel nahm die Hexenverfolgung dreimal in die Wahlkapitulationen der neu zu wählenden Kurfürsten auf, und zwar für Johann Adam von Bicken, Georg Friedrich von Greiffenklau und Johann Philipp von Schönborn[176]. Auffällig dabei ist, daß das Kapitel jeweils nach einer wenig verfolgungsintensiven Regierungszeit dem neuen Fürsten die Hexenprozesse in das Regierungsprogramm zu schreiben suchte.
Dabei ist wohl davon auszugehen, daß sich auch im Kapitel Befürworter und Gegner entgegenstanden und daß sich nach einem bezüglich der Hexenprozesse moderaten Fürsten die Falken besonders zu artikulieren versuchten.

172) Vgl. Burkhard, S. 372.
173) Ebd. S. 350 (Anm. 75) u. 360 (Anm. 73).
174) Vgl. Brück, Stadtgeschichte, S. 46ff.
175) s. S. 326f.
176) Vgl. Stimming, Die Wahlkapitulationen der Erzbischöfe und Kurfürsten von Mainz.

Ebenfalls erwähnt wurde die Verfolgung, die vom St. Albansstift ausging und die Gründe, die diesen Prozessen zugrunde lagen[177].
In den Jahren 1627 - 1629 führte das St. Petersstift größere Prozeßreihen in Bieber (Offenbach-Bieber), Bürgel (Offenbach-Bürgel), Groß-Krotzenburg und Rodenbach durch[178]. Für die Ausdehnung der Prozesse dürfte der versierte Hexenrichter und Großverdiener in Hexereiverfahren, Georg von Reigersberger, die Verantwortung getragen haben. Der Verdacht scheint nicht unbegründet, da Reigersberger ungeheure Summen einstrich, sich neben seiner Aufgabe in Aschaffenburg als reisender Hexenkommissar in kleineren Ämtern betätigte und sich schließlich ein Entlastungsschreiben wegen seiner hohen Gewinne aus den Verfahren in Groß-Krotzenburg erbat[179].

cc) Zur Rolle der Jesuiten

Das Mainzer Jesuitenkolleg wurde schon im Jahre 1561 gegründet. Später traten noch zwei weitere Kollegien im Erzstift, in Aschaffenburg und Erfurt, hinzu[180].
Im 17. Jahrhundert waren sämtliche Lehrstühle der theologischen Fakultät der Universität Mainz mit Angehörigen dieses Ordens besetzt. Einzelne machten sich in der Dogmatik (Martin Verbuch[181] und Maximilian van der Sandt)[182], in der Kontroverstheologie (Johann de Buys[183] und

177) s. S. 283f.
178) s. S. 76f.
179) s. S. 212.
180) Vgl. Brück, Die Anfänge der Jesuiten in Mainz, S. 196 - 207.
181) Vgl. Duhr, Geschichte der Jesuiten II/2, S. 217ff. Martin Verbuch (Becanus) war von 1601 - 1614 Professor in Mainz. Ab 1624 war er Beichtvater Kaiser Ferdinands II.
182) Vgl. Duhr, Geschichte der Jesuiten II/2, S. 443f. u. Sommervogel VII, Sp. 555. Er war von 1622 - 1631 Professor in Mainz.
183) Vgl. Brück, Das Erzstift Mainz und das Tridentinum, S. 91ff. u. 109. Johann de Buys (Busäus) war von 1582 - 1611 Professor in Mainz.

Adam Contzen)[184], in der Kirchengeschichte (Nikolaus Serarius)[185] und in der Orientalistik (Balthasar Etzel)[186] einen Namen.
Rektor der Kollegien in Mainz und Aschaffenburg war zeitweise Pater Reinhard Ziegler[187]. Als Hofbeichtvater der Kurfürsten von Johann Schweikard von Kronberg bis Anselm Kasimir Wambolt von Umstadt übte er einen nicht zu unterschätzenden Einfluß auf die Politik aus[188]. Zieglers Interesse galt der Mathematik. Er verfaßte selbst mathematische Werke und ließ Bücher der Mathematiker Clavis und Adrianus Romanus verlegen. Beim Schloßbau in Aschaffenburg war er die rechte Hand Johann Schweikards und in dieser Funktion kaum zu ersetzen.
„Pater Michael" (der Beichtvater Bickens) war maßgebend an der Rekatholisierung ehemals evangelischer Landesteile beteiligt[189].
Der Einfluß, den die Jesuiten auf das geistige und religiöse Leben und die Politik ausübten, darf keineswegs gering eingestuft werden[190]. Die bedeutendsten katholischen Universitäten waren in der Hand der Jesuiten, und durch die Institution der Hofbeichtväter bestimmten sie die Grundzüge der Politik mit[191].

184) Vgl. Bireley, S. 25 - 55, 62f., 70f., 76f., 106f., 109f., 117f., 142f., 154f., 175ff., 183ff., 192ff. u. 202f.. Adam Contzen war von 1610 - 1621 Professor in Mainz und von 1624 - 1635 Beichtvater Maximilians von Bayern. Seine staatspolitischen Schriften übten einen großen Einfluß auf die deutschen katholischen Fürsten aus. Als Hofbeichtvater hatte er nicht immer eine glückliche Hand.
185) Vgl. Brück, Das Erzstift Mainz und das Tridentinum, S. 110f. u. Brück, Johann Adam von Bicken, S. 175f. Er lehrte von 1595 bis 1609 an der Universität Mainz. Er gilt als der erste Geschichtsschreiber der Stadt und als Begründer der klassischen katholischen Schriftauslegung.
186) Vgl. Falk, Bibelstudien, S. 212ff. Er starb 1648 in Mainz, wo er 21 Jahre lehrte. Sein großes orientalisches Wörterbuch ging im Dreißigjährigen Krieg verloren.
187) Vgl. Bireley, S. 68, 83ff., 88, 135f., 205, Duhr, Geschichte der Jesuiten II/2, S. 148f. u. 272ff. u. Sender, S. 160f.
188) Vgl. Bireley, S. 83ff. Sein Einfluß auf die Politik des Kurstaates ist noch nicht untersucht. Nach Bireley übte er einen maßvollen Einfluß auf die Politik der Liga aus.
189) Vgl. Hinkel, Die Handbibliothek des Lohrer Gegenreformators Magister Bernhard Piscator, S. 271f.
190) Vgl. Jedin, S. 444, 565ff. u. 595.
191) Ebd. u. Duhr, Die Stellung der Jesuiten in den deutschen Hexenprozessen, S. 66 - 73.

Auf die Rolle der Jesuiten in den süddeutschen Hexenprozessen wurde schon hingewiesen. Inwieweit die Angehörigen des Ordens im Kurstaat mit der Hexenverfolgung befaßt waren, ist nicht leicht zu erweisen, da die Arbeiten über das Wirken der Jesuiten im Erzstift über Forschungsansätze kaum hinausgehen[192]. Aschaffenburger Jesuiten waren von 1627-1629 als Hexenbeichtväter in der Stadt und in benachbarten Ämtern tätig[193]. In Lohr ermutigten sie die Gefangenen zum Widerruf und nahmen in wachsendem Maß gegen die Hexenprozesse Stellung[194].
Nicht unmaßgebend scheint die Hexenideologie das Mainzer Kolleg beeinflußt zu haben. Die Drucklegung der „Disquisitionum magicarum libri VI" von Martin Delrio, in den Jahren 1600, 1603 in Mainz, die maßgebend die Prozesse in Deutschland bestimmten, dürfte von den Mainzer Jesuiten mitinitiiert worden sein[195]. Das gleiche gilt von dem Werk „Liber octo quaestionum, quas dissolvendas proposuit Maximilianus Caesar" des Johannes Trithemius, das in Mainz wiederholt gedruckt wurde[196]. Die Dämonologie des spanischen Jesuiten Franziskus Torreblanca wurde 1624 ebenfalls in Mainz herausgegeben[197].
Eines der radikalsten Mitglieder der jesuitischen Verfolgungspartei, Adam Contzen, gehörte 1610 - 1621 dem Lehrkörper der theologischen Fakultät der Mainzer Universität an. Die unheilvolle Rolle, die dieser Hexenideologe spielte, nimmt in der älteren Literatur einen breiten Raum ein[198] und findet in neuen und neuesten Veröffentlichungen zunehmendes Interesse[199].

192) Vgl. Brück, Die Anfänge der Jesuiten in Mainz, S. 196 - 207 u. Falk, Bibelstudien, S. 240f.
193) s. S. 165.
194) s. S. 166f.
195) Vgl. Baader, S. 538ff., 548, 551.
Baader stellt die Tätigkeit des Druck- und Verlagshauses Albin-Stroheker in Mainz dar, das sich in den Jahren 1598 - 1631 fast ganz in den Dienst der Kirchenreform stellte. Die Bedeutung einzelner Autoren aus dem Orden und ihr Einfluß auf das Verlagshaus wird auf S. 538ff. geschildert. Die Seiten 547 - 568 enthalten ein nach Jahren geordnetes Verzeichnis der Drucke.
196) Ebd. S. 550, 551.
197) Ebd. S. 567.
198) Vgl. Duhr, Die Stellung der Jesuiten in den deutschen Hexenprozessen, S. 67ff.
199) Vgl. Behringer, Hexenverfolgung in Bayern, S. 249ff.

Im Jahre 1628 verfaßte Contzen als Hofbeichtvater Maximilians von Bayern das Buch „Methodus civilis seu Abissini Regis historia", in dem er unverhohlen zur Hexenverfolgung aufforderte. Am Ende des Buches läßt er den König erzählen, wie sich die Zauberei mit Hexentanz, Hexenflug und Schadenszauber immer mehr ausbreitet. Gegen den Widerstand seiner Berater und Gelehrten beschließt der König, die Hexen zu vernichten, da Gott befohlen habe, „die Zauberer sollst du nicht leben lassen"[200].

Ebenfalls von Bedeutung ist ein anderer Satz des Buches: „Wenn die Obrigkeit den Hexenverbrechen nicht gewachsen sei, so werde Gott nicht besiegt, er werde vielmehr ihre Reiche zerstören"[201]. Tatsächlich machte Contzen in einer anderen Schrift die mangelnde Hexenverfolgung in den katholischen Staaten für die Bedrängnisse verantwortlich, welche die Kirche im Verlauf des Dreißigjährigen Krieges heimgesucht hätten[202].

Behringer nennt Contzen „das Haupt der intransigenten Jesuitenpartei in Bayern"[203]. Der Pater habe mit Weihbischof Förner aus Bamberg, einem der Köpfe der fränkischen Hexenverfolgung, in engem Kontakt gestanden und die Fäden der Hexeninquisition in den fränkischen und bayerischen Hochstiften fest in der Hand gehabt[204].

200) Vgl. Duhr, Die Stellung der Jesuiten in den deutschen Hexenprozessen, S. 67 - 69 u. Bireley, S. 106f. Duhrs Buch enthält die Übersetzung der auf die Hexenprozesse bezogenen Stelle aus Contzens 1628 in Köln erschienenem Staatsroman. Nach Bireley (S. 107) wollte Contzen „über eine allgemeine Unterweisung hinaus speziell auf die Lage in der bayerischen Hauptstadt hinweisen", was einer Aufforderung zur Hexenverfolgung gleichkommt.

201) Vgl. Duhr, Die Stellung der Jesuiten in den deutschen Hexenprozessen, S. 68. Vgl. auch Bireley, S. 36 - 41. Bireley spricht vom utilitaristischen Denken Contzens. Demnach kann der Mensch die Vergeltung, die der gute oder der böse Fürst erfährt, schon auf Erden wahrnehmen und erkennen, daß Gott in die Geschichte eingreift (S. 37). Ein zweites Argument taucht häufig in Contzens Schriften auf, nämlich, daß moralisches politisches Handeln als Folge der inneren Dynamik der Handlungen selbst zu politischem Vorteil führt.

202) Vgl. Duhr, Geschichte der Jesuiten II/2, S. 141f.

203) Vgl. Behringer, Hexenverfolgung in Bayern, S. 249f.

204) Ebd. S. 234.

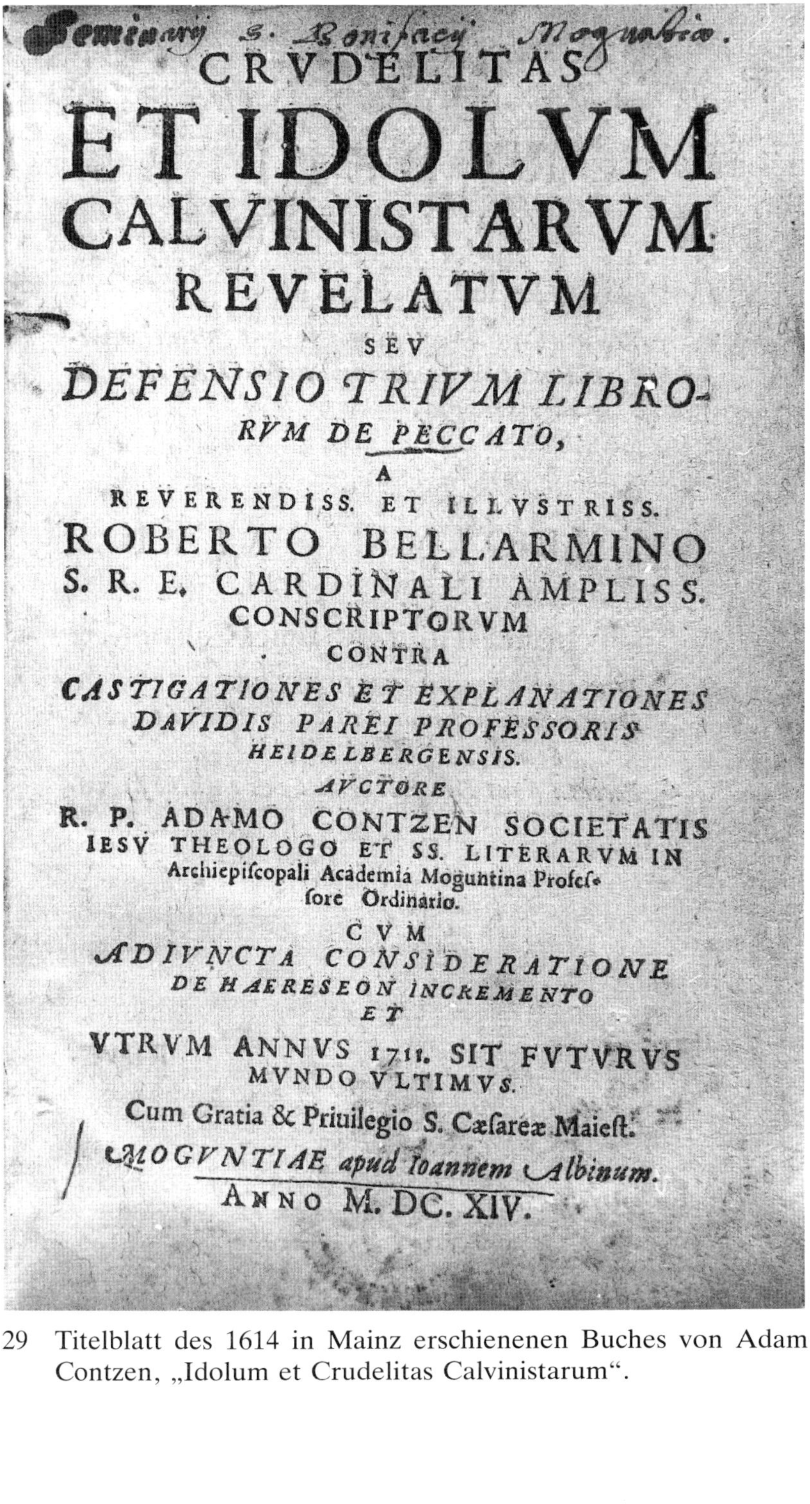
CRVDELITAS
ET IDOLVM
CALVINISTARVM
REVELATVM
SEV
DEFENSIO TRIVM LIBRORVM DE PECCATO,
A
REVERENDISS. ET ILLVSTRISS.
ROBERTO BELLARMINO
S. R. E. CARDINALI AMPLISS.
CONSCRIPTORVM
CONTRA
CASTIGATIONES ET EXPLANATIONES DAVIDIS PAREI PROFESSORIS HEIDELBERGENSIS.
AVCTORE
R. P. ADAMO CONTZEN SOCIETATIS IESV THEOLOGO ET SS. LITERARVM IN Archiepiſcopali Academia Moguntina Profeſſore Ordinario.
CVM
ADIVNCTA CONSIDERATIONE DE HAERESEON INCREMENTO
ET
VTRVM ANNVS 1711. SIT FVTVRVS MVNDO VLTIMVS.
Cum Gratia & Priuilegio S. Cæſareæ Maieſt.
MOGVNTIAE apud Ioannem Albinum.
ANNO M. DC. XIV.

29 Titelblatt des 1614 in Mainz erschienenen Buches von Adam Contzen, „Idolum et Crudelitas Calvinistarum".

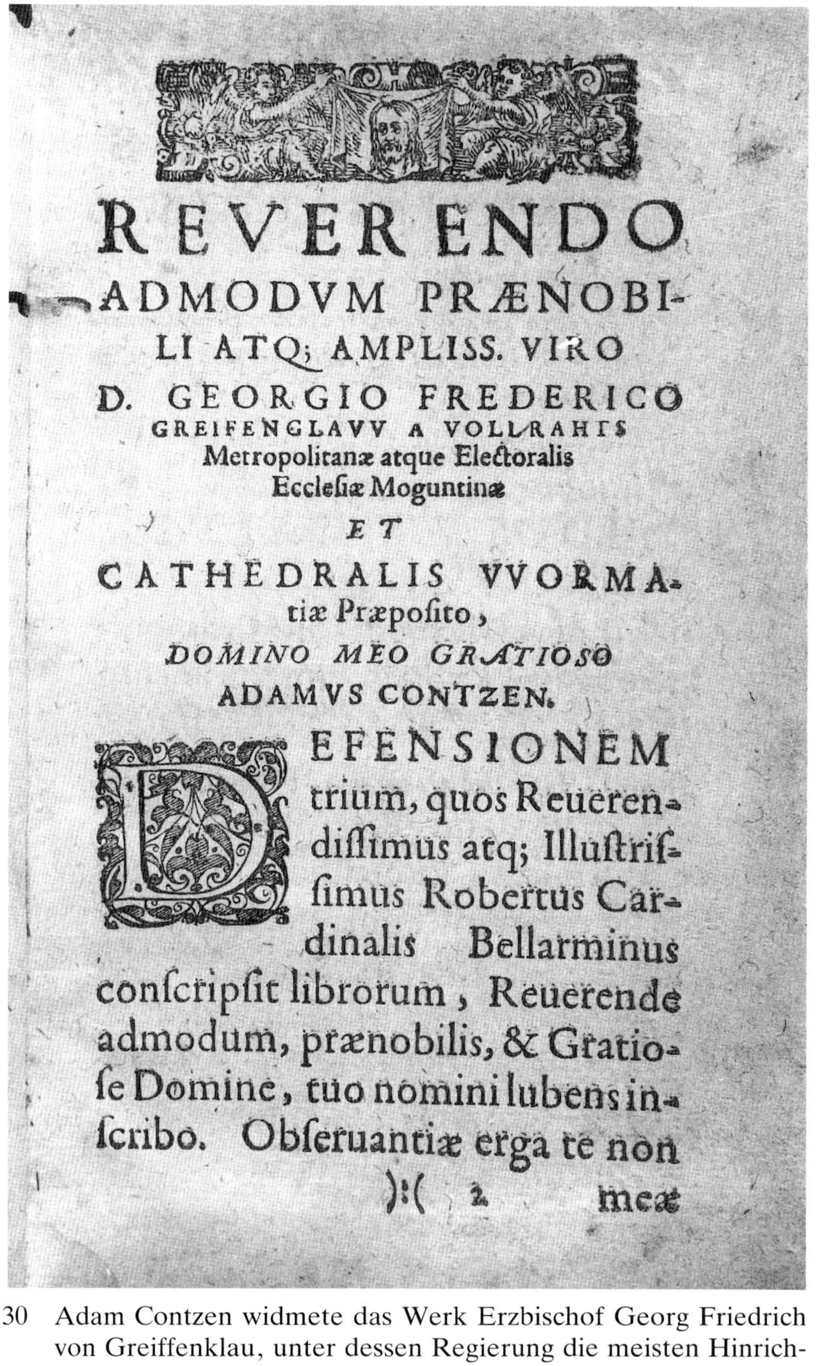

REVERENDO
ADMODVM PRÆNOBILI ATQ; AMPLISS. VIRO
D. GEORGIO FREDERICO
GREIFENGLAVV A VOLLRAHTS
Metropolitanæ atque Electoralis
Ecclesiæ Moguntinæ
ET
CATHEDRALIS VVORMAtiæ Præposito,
DOMINO MEO GRATIOSO
ADAMVS CONTZEN.

DEFENSIONEM trium, quos Reuerendissimus atq; Illustrissimus Robertus Cardinalis Bellarminus conscripsit librorum, Reuerende admodum, prænobilis, & Gratiose Domine, tuo nomini lubens inscribo. Obseruantiæ erga te non
):(2 meæ

30 Adam Contzen widmete das Werk Erzbischof Georg Friedrich von Greiffenklau, unter dessen Regierung die meisten Hinrichtungen stattfanden.

Es stellt sich die Frage, ob die Charakterisierung und harte Beurteilung Contzens in diesem Umfang zutreffend ist. In den Schriften des Jesuiten, die während seiner Mainzer Zeit (1610-1621) erschienen sind, finden sich keine Hinweise auf verfolgerische Ambitionen und Hexenprozesse[205]. Selbst bei der Exegese von Bibelstellen, die Anspielungen auf das Hexenwesen nahegelegt hätten, geht er nicht darauf ein[206]. Auch wenn Contzen die Plagen seiner Zeit anspricht, polemisiert er lediglich gegen die Calvinisten und Lutheraner, nicht aber gegen die Hexen[207].
Behringer untersucht nur die Zeit, welche Contzen als Hofbeichtvater des Kurfürsten Maximilian in München verbrachte (1623 - 1638). Dabei wird seine vorausgegangene Wirksamkeit kaum beachtet[208].
Als geistige Elite (nicht als religiöse Gemeinschaft) waren die Jesuiten in hohem Maß mit dem Problem der Hexenprozesse befaßt. Bei dem jetzigen Stand der Forschung scheint es wahrscheinlich, daß im Erzstift die Verfolgungspartei überwog. Eine Richtungsänderung deutet sich erst ab dem Jahre 1628 an[209].

205) Vgl. Contzen, Crudelitas et Idolum Calvinistarum revelatum u. Von den Geheimnussen der Sozietät Jesu.
Die zitierten Werke wurden unter diesem Aspekt nachgesehen. Contzen publizierte während seiner Zeit in Mainz 12 Werke (Baader, a.a.O., S. 547 - 568). Bireleys Verzeichnis von Contzens Schriften (S. 229) ist unvollständig und nicht nach dem Erscheinungsjahr geordnet, was vorteilhaft gewesen wäre.
206) Vgl. Contzen. Crudelitas et Idolum Calvinistarum revelatum , S. 456 - 460. Gedacht ist an Gen. 3, 1 - 17 u. 6, 1 - 7.
207) Ebd. S. 463, 530, 538ff. u. 603.
208) Vgl. Behringer, Hexenverfolgung in Bayern, S. 234 u. 249ff. u. Bireley, S. 25 - 41. Bireley stellt hier Contzens Staatslehre dar und bemerkt (S. 40f.): „Mit seinen Überlegungen zeigt Contzen überzeugend, daß das wahre Interesse des Fürsten nicht in engstirniger ökonomischer Ausbeutung der Untertanen lag, sondern in der Förderung ihres Wohlstandes ... Aufgrund seiner politischen Schriften verdient Contzen einen bedeutenden Platz in der Entwicklung deutscher und jesuitischer politischer Theorie". Am intensivsten setzte er sich mit Machiavelli auseinander. Zu seinem Leserkreis zählt Bireley den Adel, Jesuiten und katholische sowie evangelische Gelehrte. Schon 1617 verlangte ihn der Kaiser als Beichtvater. Behringers Interpretation (a.a.O.) wird Contzen nicht voll gerecht.
209) s. S. 169f.

dd) Politische Maximen bei der Durchführung der Prozesse

Wegen der hohen Würde seines Regenten - er war Kanzler des Reiches und erster Wähler des Kaisers - war das Kurfürstentum trotz seiner bescheidenen Landmasse eines der ersten Territorien des alten Reiches. Auch im frühen 17. Jahrhundert stand der Kurstaat bezüglich der staatlichen Verwaltung an der Spitze der deutschen Staaten[210]. So können im Kurstaat ebenfalls typische Tendenzen des frühmodernen Staates, politische Zentralisierung, ideologische Homogenisierung und gesellschaftliche Hierarchisierung registriert werden.
Auf den frühen Ausbau der Verwaltungs- und Gerichtsorganisation wurde bereits hingewiesen[211]. Schon 1525 - 1527 gelang es der Zentralregierung, die relative Selbständigkeit der Städte im Oberstift zu brechen und sie vollständig in die zentrale Verwaltung einzugliedern[212]. Der landsässige Adel, der ausschließlich aus ritterschaftlichen Geschlechtern stammte, bereitete den Zentralisierungsbestrebungen keine Schwierigkeiten, da er wegen der nachgeborenen Söhne auf die Gunst des Hofes angewiesen war[213].
Die religiöse Homogenisierung des Raumes führten die Kurfürsten von Bicken und von Kronberg durch, wobei ersteren primär religiöse und letzteren vornehmlich politische Motive bestimmten.
Auch der für die Zeit des frühen Absolutismus typische Mentalitätswandel, der Hang zur Verhärtung und Sozialdisziplinierung, kann im Erzstift des frühen 17. Jahrhunderts konstatiert werden. Dies wird besonders stark bei dem Phänomen der Hexenprozesse deutlich.

210) Vgl. Goldschmidt, S. 68f.
211) Ebd. S. 68f.
212) Vgl. Höbelheinrich, S. 162ff.
213) Vgl. Rauch, (G.), S. 226.

Zahlreiche Prozeßserien mit bis z.T. über 100 Hinrichtungen waren nur von einem gut ausgebauten Justizapparat zu bewältigen[214]. Die Schrekken der Verfolgung konnten von der Bevölkerung deshalb ertragen werden, weil sie infolge der allgemeinen Brutalisierung ihre Sensibilität verloren hatte[215].

Die zentralen Verfolgungsorte waren die ehemals relativ selbständigen Städte des Oberstiftes[216]. Keine dieser Städte blieb von Prozessen verschont. Auch wenn die Zentralbehörde die Verfahren in Amorbach, Aschaffenburg, Buchen, Dieburg, Miltenberg, Seligenstadt und Tauberbischofsheim nicht bewußt intendierte, so erreichte sie doch das Ziel, das politische Aufbegehren in diesen Städten zu unterdrücken und die Bevölkerung insgesamt politisch gefügiger zu machen.

Die Hexenprozesse im Erzstift erreichten eine Sozialdisziplinierung größeren Stils, die mit anderen Mitteln in diesem Umfang und in dieser kurzen Zeit nicht durchführbar gewesen wäre. Dabei scheinen die Disziplinierungsmaßnahmen auf sittlichem - und eingeschränkt auf kirchlichem - Gebiet eingeplant gewesen zu sein.

Folgende Vergehen wurden im Zusammenhang mit dem Hexendelikt verfolgt: Hurerei, Prostitution, Abtreibung, permissives sexuelles Verhalten, sowie der bloße Verdacht auf geschlechtliche Vergehen. Allein in Lohr wurden wegen dieser Dinge elf Personen hingerichtet bzw. in Hexenprozesse verstrickt[217].

Ähnliche Verfolgungsintentionen und Frequenzen von Betroffenen dürften auch in den anderen Ämtern bestanden haben.

214) s. S. 145 - 154.
215) Vgl. Behringer, Hexenverfolgung in Bayern, S. 198 u. 305.
216) s. S. 72 - 87.
217) StAW G 18 889.

Die Antworten, die auf die ersten drei Fragen des Interrogationsschemas gegeben wurden[218], beweisen, daß die Bevölkerung die in der frühen Neuzeit propagierte Unterwerfung des Körpers und die Dämonisierung der Sinnlichkeit internalisiert hatte. Bereits geringes Abweichen von ethischen Normen - besonders in der Sexualität - wurde als schwere Schuld verstanden[219].
Wieweit die Menschen die malignen Intentionen des konfessionell absolutistischen Staates bereits übernommen hatten, zeigt sich darin, daß sie in hohem Maße Personen denunzierten, die von den kirchenreformerischen Grundsätzen her als Dissidenten angesehen werden mußten[220].
Im Erzstift wurden die Maîtresse eines Prälaten und die Konkubine eines Pfarrers Opfer der Hexenprozesse. Weiterhin endeten der Miltenberger Amtsschreiber Bohn, der die Frau eines katholischen Pfarrers geheiratet hatte, und eine evangelische Pfarrersfrau auf dem Scheiterhaufen; eine andere Pfarrersfrau wurde des Landes verwiesen[221].
Ausschließlich von der Bevölkerung intendiert, aber wohl vom Geist der Zeit bestimmt war es, wenn äußerst selbständige Frauen, die im geschäftlichen Bereich Erfolg hatten, von der Verfolgung betroffen wurden[222].
Bei Hexenprozessen gegen Personen, welche sich politisch betätigten (Michenbach, Lohr) oder gar die Verfahren kritisierten (Kremer, Dieburg)[223] redete wohl auch die Regierung ein Wort mit.

218) Dies geht aus den Verhörsprotokollen aller Ämter hervor.
219) Vgl. Dülmen, Imaginationen des Teuflischen, S. 49 - 93. Diese Mentalität steht im Zusammenhang mit den Intentionen des frühabsolutistischen Staates und ist nicht primär kirchlicher Provenienz.
220) s. S. 257ff.
221) s. S. 255.
222) s. S. 283f.
223) Vgl. Behringer, Hexenverfolgung in Bayern, S. 323f. Demnach wurden die Hexenprozesse von Teilen der eingesessenen Bevölkerung als großes Unrecht empfunden. Behringer beruft sich dabei auf den Widerstand, den Philipp Kremer leistete. Er übersieht, da er die Quellen nicht kennt, daß es sich bei Kremer um eine Ausnahme und einen krassen Außenseiter handelte.

Repräsentantinnen der Volkskultur, „die Therapeutinnen des einfachen Volkes", wie sie vielfach in feministischen Schriften genannt werden, wurden, wie bereits aufgezeigt - wenn überhaupt - recht spät im Verlaufe einer großen Verfolgung belangt[224]. Interessant dazu ist eine Stelle aus Contzens Buch „Methodus civilis". Hier heißt es: „Die Wahrsager und Sterndeuter, die mehr durch Dummheit als durch den Teufelsbund gefehlt, wurden zu den Steinbrüchen verurteilt"[225]. Die Stelle zeigt, daß Segenssprecher und andere Personen, die Magie ausübten, als Verfolgungsobjekte nicht intendiert waren. Der Raum, wo „die weisen Frauen" gejagt wurden, waren die evangelischen Territorien. Volksmagie bedeutete hier Rückfall ins Heidentum und ihre Repräsentanten verfolgte man unter anderem mit den Mitteln der Hexenjustiz[226]. Dagegen wurden magische Bräuche im katholischen Bereich weitgehend toleriert, mit neuem Sinn erfüllt und teilweise in die Liturgie übernommen[227]. Bestimmte kirchliche und völkische Bräuche gewannen im Zusammenhang mit den Hexenprozessen neue Bedeutung. Zum Schutz gegen den Teufel und die Hexen wurden geweihtes Wasser, Salz, das Tragen eines Agnus Dei gleichsam verordnet[228].

Im frühabsolutistischen Staat bestand die Tendenz, die Bevölkerung zu reglementieren, zu disziplinieren und Personen, die nicht systemkonform dachten und handelten, u.a. durch Hexenprozesse zu eliminieren[229]. Im

224) s. S. 274ff.

225) Nach Duhr, Die Stellung der Jesuiten in den deutschen Hexenprozessen, S. 68.

226) Vgl. Unverhau, „Meisterinnen" und deren „Kunstfruwen", S. 60 - 80 u. Baumgarten, S. 463 - 483. Demnach war dieser Personenkreis am stärksten von der Verfolgung betroffen. Beide Regionalstudien behandeln evangelische Gebiete mit geringer Verfolgungsintensität (Schleswig-Holstein u. der Naheraum).

227) Vgl. Behringer, Hexenverfolgung in Bayern, S. 91. Behringer kommt für Bayern zu einer ähnlichen Beurteilung, wenn er betont: „Die Bevölkerung, die regionale Obrigkeit und vermutlich viele Pfarrer standen dieser theologisch-rationalistischen Auffassung (Zauberei gleich Götzendienst) fern."

228) Die Verhörprotokolle fast aller Ämter.

229) Vgl. Maier, Die ältere deutsche Staats- und Verwaltungslehre, S. 33 - 92. Demnach müssen diese Tendenzen aus den Ordnungsproblemen des frühen 17. Jahrhunderts verstanden werden und nicht von neuzeitlichen Gesichtspunkten her.

Erzstift waren fast ausschließlich „moral dissenters" von diesem Verdikt betroffen. Ein explizites Erklärungsmodell für die Hexenprozesse können die Disziplinierungstendenzen deshalb kaum liefern. Darum hat das Erklärungsmodell, das die Hexenprozesse als Disziplinierungsinstrument des frühmodernen Staates versteht, nur eine komplementäre Funktion. Die eigentlichen Ursachen für die Prozesse sind in den sozialen, wirtschaftlichen und geistesgeschichtlichen Bedingungen der damaligen Zeit zu suchen.

2. Die Beendigung der Hexenverfolgung als Folge des staatskirchlichen Absolutismus und eines Mentalitätswandels im katholischen Bereich

In der staatskirchlichen Phase des Absolutismus fühlten sich die Fürsten nicht mehr primär ihrem konfessionellen Bekenntnis verpflichtet, sondern der Staatsraison. Da die Prozesse weder politischen noch wirklichen ökonomischen Nutzen brachten, ließ das Interesse der Regierungen an ihnen nach[230)].

In den deutschen katholischen Staaten kam es vornehmlich unter dem Einfluß von Jesuiten zu einem Mentalitätswandel gegenüber dem Hexenprozeß[231)]. Zwar wurden die konstituierenden Elemente des Hexenglaubens Teufelspakt, Teufelsbuhlschaft und Schadenszauber nicht grundsätzlich in Frage gestellt, aber ihre Realität mehr und mehr bezweifelt. Andere Bestandteile der Hexenideologie wie Hexenflug und -tanz betrachtete man mit noch größerer Skepsis[232)].

230) Vgl. Lehman, Das Zeitalter des Absolutismus, S. 96f.

231) Vgl. Behringer, Hexenverfolgung in Bayern, S. 323f u. Duhr, Die Stellung der Jesuiten in den deutschen Hexenprozessen, S. 45 - 49 u. 65 - 74

232) Vgl. Zwetsloot, S. 264ff. u. Behringer, Hexenverfolgung in Bayern, S. 337. Nach Behringer haben die Katholiken am doktrinären Hexenbegriff festgehalten. Er setzt sich nicht mit der begründeten anderslautenden Meinung Zwetsloots auseinander.

Entscheidender jedoch waren die verfahrensrechtlichen Bedenken[233]. Sie führten letzthin dazu, daß, abgesehen von Verfahren in geistig und kulturell zurückgebliebenen Gebieten[234], und abgesehen von gelegentlichen Rückfällen[235], die Prozesse aufhörten.
Die theologischen Motive, die zu dieser Neuorientierung führten, sind kaum erforscht. Im wesentlichen dürften es jedoch seelsorgerische Erfahrungen und eine neue personalorientierte Frömmigkeit gewesen sein, die den Prozessen den Boden entzogen[236].
Erbauliche Bücher erlangten im frühen 17. Jahrhundert eine ungeahnte Verbreitung. Allein „Die Nachfolge Christi" wurde zwischen 1600 und 1700 124 mal in lateinischer, 119 mal in französischer und 27 mal in deutscher Sprache verlegt[237]. Auch die Werke von Franz von Sales und Pierre Bérulle wurden häufig gelesen[238]. Eine noch stärkere Entfaltung und eigene Ausprägung fand diese Frömmigkeitshaltung im evangelischen Bereich in der Form des Pietismus. Aus dieser geistlichen Bewegung kam Meyfart, der wohl bedeutendste theologische Gegner des Hexenwesens im evangelischen Raum[239].
Die neue Frömmigkeitsbewegung setzte unmittelbar bei der Situation des Menschen im Dreißigjährigen Krieg an, wo man sich durch Hunger, Krieg, Leid und Tod bedroht sah und Hilfe aus dem Glauben ersehnte. Die Vertiefung des Glaubens suchte man durch Einübung der Kardinaltugenden und durch Buße und Besinnung zu erreichen. Ein Ziel der Erweckungsbewegung sowohl bei Evangelischen als auch Katholiken war es, „unversorgten, hochbetrüblichen Seelen, Schwermütigen und Irrenden in ihrem Kreuz und Leiden zu helfen"[240].

233) Vgl. Zwetsloot, S. 200 (Folter), S. 217 (Indiz), S. 249 - 258 (Denunziationen).
234) Vgl. Seger, S. 137 - 227. In Liechtenstein wurden 1677 - 1680 noch 300 Personen (etw 10 % der Bevölkerung) als Hexen verbrannt.
235) Vgl. Soldan/Heppe II, S. 284f.
236) Vgl. Lehmann, Das Zeitalter des Absolutismus, S. 142 ff. u. (Ders.), Hexenglaube und Hexenprozesse in Europa um 1600. S. 23ff.
237) Vgl. Lehmann, Das Zeitalter des Absolutismus, S. 114f.
238) Ebd.
239) Vgl. Lehmann, Hexenglaube und Hexenprozesse in Europa, S. 22f.
240) Nach Lehmann, Das Zeitalter des Absolutismus, S. 120.

Diese Intention machte verständlich, warum Hexerei nicht mehr als Verbrechen, sondern als Sünde angesehen wurde, die der Vergebung und nicht der Verurteilung bedurfte[241]. Nach Lehmann bewirkten eschatologische Grundhaltungen, daß das Hexenwesen neu gesehen wurde[242]. Wenn Gott als Richter in die Geschichte eingreifen wird, so dachte man, steht es dem Menschen nicht zu, andere vorzuverurteilen und ihnen die Chance zur Umkehr zu nehmen. Eschatologische Motive sieht Lehmann nicht nur bei dem Lutheraner Meyfart, sondern auch bei Spee wirksam[243].

a) Zur Situation in den katholischen Staaten

Nach Behringer stand das Ende der Prozesse in den katholischen deutschen Territorien nicht im Zusammenhang mit dem Schwedeneinfall. Entgegen der in der Literatur weit verbreiteten Meinung hatte die Verfolgung längst aufgehört, als Gustav Adolf in den Rhein-Mainraum und in Franken eindrang[244]. Vielmehr ließen Überlegungen der Staatsraison die Regierungen die Prozesse begrenzen. In Bamberg und Würzburg beendeten kaiserliche Mandate die Verfolgung, da das Ansehen des Reiches durch die Exzesse in den beiden Hochstiften beeinträchtigt war[245].

Entscheidender als diese aus dem Selbstbewußtsein des frühmodernen Staates resultierenden Überlegungen und Entscheidungen aber war es, daß sich im katholischen Deutschland ein Mentalitätswandel vollzog, der durch neue spirituelle Bewegungen bedingt war. Opposition gegen die Hexenprozesse gab es bereits im 16. Jahrhundert. Da der Widerstand

241) Vgl. Lehmann, Hexenglaube und Hexenprozesse in Europa, S. 24. Dazu kam noch (Ebd.), daß die Frau in der katholischen und evangelischen Erweckungsbewegung neu geschätzt und als gleichberechtigt angesehen wurde.
242) Ebd., S. 16f. u. (Ders.), Das Zeitalter des Absolutismus, S. 128 - 133 u. 143f. Hier stellt Lehmann die Formen eschatologischen Denkens und ihre Auswirkungen auf den Hexenprozeß dar.
243) Ebd. S. 124.
244) Vgl. Behringer, Hexenverfolgung in Bayern, S. 321. In der protestantischen Grafschaft Wertheim (Ebd.) gingen die Prozesse während der Schwedenzeit weiter.
245) Ebd. S. 330.

zumeist von Einzelpersonen ausging oder die Reaktionen nicht konzentriert waren, zeigte er kaum Wirkung[246].
Wie die Befürworter der Hexenverfolgung, so waren auch deren Gegner vornehmlich Jesuiten. Besonders taten sich Tiroler Jesuiten hervor, unter denen Paul Laymann, Rochus Pirchinger und Adam Tanner die bedeutendsten sind[247]. Als Nachfolger Gregor von Valentias als Verfasser von theologischen Standardwerken und als „Sieger" in mehreren kontroverstheologischen Debatten besaß Adam Tanner einen nicht zu unterschätzenden Einfluß, der seiner Kritik am Hexenprozeß die Breitenwirksamkeit gab[248]. Schüler und Anhänger Tanners setzten sich in den Jesuitenkollegien und in der Öffentlichkeit für eine gerechte Prozeßführung bei den Hexenverfahren ein, was im gesamten Orden nicht ohne Auswirkung blieb. Zu nennen sind u.a. folgende Angehörige der Gesellschaft Jesu: Sebastian Denich (Ingolstadt), Bernhard Frey (Dillingen), Kaspar Hell (Eichstätt) und Leopold Manzhin (München)[249].
Dabei fanden die Thesen der Gegner der Prozesse ihren Niederschlag sowohl in der Universitätstheologie (Tanner, Laymann)[250] als auch in der politischen Literatur (Spee)[251].
Erfahrungen mit den Hexenprozessen - die Jesuiten waren in den verschiedendsten Instanzen damit befaßt - und die spezifische Spiritualität des frühen 17. Jahrhunderts bewogen die Mitglieder des Ordens, die Verfahren zu hinterfragen.

246) Vgl. Zenz, Cornelius Loos, S. 42 - 69.
247) Vgl. Behringer, Hexenverfolgung in Bayern, S. 332 - 335.
248) Vgl. Duhr, Die Stellung der Jesuiten in den deutschen Hexenprozessen, S. 45 - 53.
249) Vgl. Behringer, Hexenverfolgung in Bayern, S. 332f.
250) Vgl. Adam Tanner, Disputatio Theologica de iustitia et iure, Ingolstadt 1609, Theologia scholastica, Ingolstadt 1626/27, Tractatus Theologicus de Processu adversus Crimina excepta ac speciatim adversus Crimen veneficii, Köln 1629 u. Paul Laymann, Theologia moralis, München 1630.
251) Vgl. Friedrich von Spee, Cautio criminalis, Rinteln 1631.

Entscheidende geistliche Anregungen dürften dabei von der „Devotio moderna" ausgegangen sein, die schon von Ignatius von Loyola her die Spiritualität des Ordens mitbestimmte und im frühen 17. Jahrhundert einen von der Zeit geprägten Ausdruck fand[252]. Auch der protestantische Pietismus, der ebenfalls von der „Devotio moderna" beeinflußt wurde[253], zeigte ähnliche spirituelle Ausprägungen, wie sie bei Spee zu finden sind und was Ritter von einer pietistisch anmutenden Frömmigkeit (bei Spee) sprechen läßt[254].

Diese stark auf die „Caritas christiana" ausgerichtete Frömmigkeit nimmt bei Friedrich von Spee, aber auch bei Adam Tanner einen hervorragenden Platz ein. Im Güldnen Tugendbuch spricht Spee von den armen Gefangenen, denen niemand Trost bringen darf und die sich aus Verzweiflung selbst umbringen. Wenn er sie alle befreien könnte, dann wolle er alsbald niederknien und sich den Kopf abhauen lassen. Er schließt diese Passage mit einem Gebet: „O du allermiltester Herr Jesu / wie kanstu leyden daß deine Creaturen also gepeinigt werden ? Ich bitte dich durch das rosenfarben blut / so auß deinem zarten Fronleichnam für vns arme sünder geflossen ist / komme doch zu hülff allen vnschuldigen / betrangten/ daß sie nit verzweifflen: vnd erleuchte die Obrigkeit / daß sie wol zusehen was sie machen / vnnd die Gerechtigkeit nit in eine grausamkeit vnd Gottlosigkeit verkehret werde. Ich wollte auch / es were also gelegen vnd beschaffen / daß ich zu allen Kerckern herumb gehen möchte / vnd die armen Leuth besuchen. O mein Gott / wie wolte ichs so gern thun; wie wolte ich sie alle so hertzlich trösten: wie wolte ich jhnen einen muth einsprechen / vnnd alle mügliche lieb um Christ meines Herrn willen erzeigen ? Ich weiß sie würden jhre händ zu sammen legen / vnd Gott vnseren Vatter loben der im Himmel ist"[255].

252) Vgl. Jedin, S. 466 u. S. 473.
253) Vgl. Lehmann, Das Zeitalter des Absolutismus, S. 115.
254) Vgl. Spee, S. XX (Vorwort v. Ritter).
255) Vgl. Spee, Güldnes Tugendbuch (zitiert bei v. Ritter im Vorwort zur Cautio criminalis, S. XXII).

31 Friedrich von Spee. Nach einem Ölgemälde von Martin Mendgen, 1938, Simonstift Trier, Leihgabe an das Städt. Museum.

CAVTIO

CRIMINALIS;

Seu

DE PROCESSIBVS

CONTRA SAGAS

Liber.

AD MAGISTRATVS

Germaniæ hoc tempore necessarius,

Tum autem

CONSILIARIIS, ET CONFESSARIIS

Principum, Inquisitoribus, Iudicibus, Aduocatis,

Confessariis Reorum, Concionatoribus,

cæterisq; lectu vtilissimus.

AVCTORE

INCERTO THEOLOGO ROMANO

EDITIO SECVNDA.

FRANCOFVRTI,

Sumptibus IOANNIS GRONAEI Austrij.

ANNO MDCXXXII.

32 Friedrich von Spee, „Cautio Criminalis“, Titelseite der Ausgabe Frankfurt 1632 (Hofbibliothek Aschaffenburg).

b) Zur Situation im Erzstift

Eine klare Abgrenzung zwischen „politici" und „zelanti", wie sie Behringer für Bayern vorgenommen hat, ist im Kurfürstentum nicht möglich[256]. Dennoch ist offensichtlich, daß die einzelnen Regierungen, das Domkapitel und die Jesuiten u.a. sich teils mehr von politischen teils stärker von „reformfreudigen", d.h. aber auch von prozeßfreudigen Tendenzen leiten ließen.
Unter den Kurfürsten waren Johann Adam von Bicken sowie Georg Friedrich von Greiffenklau stärker von religiös-reformerischen und Johann Schweikard von Kronberg und Anselm Kasimir Wambolt von Umstadt in höherem Maße von politischen Motiven in der Frage der Hexenprozesse bestimmt. Im Domkapitel dürften beide Tendenzen mit wechselnden Mehrheitsverhältnissen geherrscht haben. Bei den Jesuiten - zumindest in Mainz - dominierte die Verfolgungspartei. Ob der Jesuit Martin Becanus (1553 - 1632) zu den Gegnern der Prozesse gehörte und Einfluß auf Spee ausübte, wie von Oorschot vermutet, konnte nicht überprüft werden[257].
Starker Widerstand ging von den Aschaffenburger Jesuiten aus, die in Lohr als „Hexenbeichtväter" tätig waren. Sie veranlaßten die Gefangenen zum Widerruf und wurden in der Hexenfrage bei dem zuständigen Amtmann Ludwig von Kerpen vorstellig[258].
Anselm Kasimir Wambolt von Umstadt beendete schließlich die Prozesse im Erzstift. Dabei waren juristische (Beseitigung des unheilvollen Denunziationssystems) und politische Gründe (die Autorität, die er als einer der ersten Fürsten des Reiches besaß) maßgebend[259].

256) Zu den Begriffen „politici et zelanti", die in der religionspolitischen Diskussion im 17. Jahrhundert eine Rolle spielten vgl. Behringer, Hexenverfolgung in Bayern, S. 27 u. S. 250f.
257) Vgl. Friedrich Spee, Güldnes Tugendbuch (Nachwort v. Oorschot), S. 680.
258) s. S. 169ff.
259) s. S. 327 u. 334.

3. Das Ende der Hexenideologie infolge des aufgeklärten Absolutismus und die Rolle der katholischen Aufklärung

In der dritten Phase des Absolutismus, die zum aufgeklärten Absolutismus hinführte, setzten die Regierungen schließlich neue kirchen- und religionspolitische Akzente. Ökonomisch folgten sie dem Merkantilismus, der eine Priorität der Gewerbe- und Peuplisierungspolitik vor der Religionspolitik forcierte[260]. So wurden in der Grafschaft Büdingen Hugenotten in den Dörfern angesiedelt, die durch Hexenprozesse und Krieg fast entleert waren[261]. Ein ähnlicher Vorgang ist im Amt Miltenberg zu verzeichnen, das ebenfalls durch die Hexenverfolgung stark betroffen war. Hier bot Kurfürst Johann Philipp von Schönborn (1647 - 1673) Wallonen Heimatrecht.

Schon die Frühaufklärung relativierte den kirchlichen Anspruch in politischen Fragen und entzog der Hexenideologie ihre Fundamente[262]. Die entscheidende Rolle kam dabei Christian Thomasius zu, der den Hexenglauben insgesamt widerlegte und die Wirksamkeit des Teufels auf der Erde begrenzt wissen wollte. Dabei berief er sich vor allem auf Spee, dem er die entscheidendsten Argumente verdanke[263].

Im katholischen Bereich wurde die Debatte um die Hexenprozesse durch die Verbrennung der Klosterfrau Maria Renata Singer im Jahre 1749 in Würzburg neu entfacht[264]. Anstoß erregten zwei Predigten des aus dem Erzstift Mainz stammenden (Nieder-Olm) Jesuiten Georg Gaar, der die Verbrennung der Nonne als Beweis für die Existenz einer großen Teufelssekte ansah[265].

In der anschließenden Debatte taten sich die katholischen Frühaufklärer Ludovico Muratori, Scipio Maffei und der bayerische Theatinerpater Don Ferdinand Sterzinger besonders hervor, dessen Rede vor der Münchener Akademie der Kunst und Wissenschaft den sogenannten „Bayerischen Hexenkrieg" auslöste[266].

260) Vgl. Lehmann, Das Zeitalter des Absolutismus, S. 95f.
261) Vgl. Niess, S. 307.
262) Vgl. Merkle, S. 97 - 101.
263) Vgl. Thomasius, S. 40ff., 95f., 104f. u. 212ff.
264) Vgl. Soldan/Heppe II, S. 284ff.
265) Vgl. Gaar.
266) Vgl. Behringer, Hexenverfolgung in Bayern, S. 369 - 393.

Johann Philipp von Schönborn (1647 - 1673) verbot als erster deutscher Fürst die Hexenprozesse. Den entscheidenden Impuls verdankte er Friedrich von Spee, mit dem er wohl während seines Kölner Exils zusammenkam[267]. Erst unter dem Einfluß dieses großen Fürsten ließen auch die Prozeßwünsche nach, die zu Beginn seiner Regierungszeit im Erzstift bei der Bevölkerung und sogar beim Domkapitel noch bestanden[268]. Dabei ist weniger an frühaufklärerische Einflüsse (Leibniz) zu denken als daran, daß unter diesem Erzbischof die kirchliche Reform zur Vollendung kam, auch auf dem flachen Land verbreitet wurde und die Herzen der Menschen berührte[269].
Wie in manchen anderen katholischen Territorien kam es im Erzstift zu einem Rückfall. Unter Erzbischof Anselm Franz von Ingelheim (1679 - 1695) mußten zwei Frauen im Eichsfeld den Scheiterhaufen besteigen[270]. Der Vorfall scheint jedoch keinen Einfluß auf die übrigen Teile des Erzstifts gehabt zu haben.

267) Vgl. Jürgensmeier, S. 29.
268) Vgl. Stimming. Die Wahlkapitulationen der Erzbischöfe und Kurfürsten von Mainz.
269) Vgl. Jürgensmeier, S. 67 - 89.
270) s. S. 64.

III. Hexenprozesse und gesellschaftliche Krise

1. Die Krise des 17. Jahrhunderts

Das Entstehen der Hexenprozesse wird in zunehmendem Maße im Zusammenhang mit der sogenannten „Krise des 17. Jahrhunderts" gesehen, einer Theorie, die seit etwa 30 Jahren vor allem in England diskutiert wird[271].

Den Begriff führte der englische Historiker Hobsbawn in die Absolutismusforschung ein[272]. Nach ihm erfolgte im 17. Jahrhundert in einem dialektischen Prozeß der Übergang von der feudalistischen zur kapitalistischen Wirtschaftsform. Als Krisensymptome sieht er den Niedergang des Mittelmeerhandels, den Rückgang der gewerblichen Produktion und verschiedene Revolten in europäischen Staaten an.

Trevor-Roper griff die Krisentheorie auf. Er sieht sie aber nicht als Krise der Ökonomie, sondern als Krise des politischen Systems an[273]. Der in der Renaissance entstandene frühmoderne Staat habe durch seine zentrale Bürokratie, sein enormes Repräsentationsbedürfnis und den damit verbundenen riesigen Finanzbedarf die Grenzen der wirtschaftlichen Belastbarkeit überschritten und eine politische und wirtschaftliche Notsituation ausgelöst.

Nach Rabb ging es bei der Krise des 17. Jahrhunderts um die Frage der Autorität im politischen und geistigen Leben[274]. Sie habe sich in zwei Reaktionsphasen manifestiert. Zunächst hätten sich die Menschen der Astrologie, der Eschatologie und der Mystik zugewandt. In der zweiten Phase dagegen sei ein Ringen um Ordnung und Stabilität zu erkennen, das schließlich zu einer Neuordnung der politischen und geistigen Verhältnisse geführt habe[275].

271) Vgl. Lehmann, Das Zeitalter des Absolutismus, S. 105.
272) Vgl. Hobsbawn, The Crisis of the Seventeenth Century Europe, S. 5 - 58.
273) Vgl. Trevor-Roper, The General Crisis of the Seventeenth Century, S. 59 - 96.
274) Vgl. Rabb, The Struggle for Stability in Early Modern Europe.
275) Darauf baut Lehmann (Hexenglaube und Hexenprozesse in Europa, S. 16 - 20) seine These von der Relation zwischen eschatologischem Denken und Hexenprozeß auf und führt sie weiter.

Während Schormann[276] den Krisenbegriff im Zusammenhang mit den Hexenprozessen ablehnt, betrachten ihn Mandrou[277] und Lehmann[278] als adäquates Erklärungsmuster für die Phänomene. Lehmann sieht in den Hexenprozessen ein Reaktionsmuster unter möglichen anderen, mit dem Menschen die Herausforderungen ihrer Zeit beantworteten[279], und beschreibt die Hexenverfolgung unter der Überschrift „Aus der Not zur Repression"[280]. In seinen Prolegomena zu einer wissenschaftlichen Tagung über „Hexenprozesse und Hexenverfolgung in Skandinavien und Norddeutschland" unterscheidet Lehmann zwischen den geistigen und materiellen Ursachen für die Krise im 17. Jahrhundert[281].
Der Forschungsansatz Lehmanns wurde von Behringer in der wohl bedeutendsten neueren wissenschaftlichen Veröffentlichung über Hexenprozesse, „Hexenprozesse in Bayern", übernommen[282]. Er beschreibt die Phänomene, welche die Hexenverfolgung mit auslösten, als Agrarkrise, als soziale Krise und als Krise der Mentalität.

2. Der Einfluß der Wirtschafts- und Agrarkrise auf die Hexenverfolgung

Neben Behringer weisen auch andere Autoren auf einen Zusammenhang zwischen der Wirtschaftskrise im 16. und 17. Jahrhundert und dem Ausbruch der Hexenverfolgung hin[283].

276) Vgl. Schormann, Hexenprozesse in Deutschland, S. 89ff.
277) Vgl. Mandrou, Magistrates et sorcières, S. 103f.
278) Vgl. Lehmann, (H.), Das Zeitalter des Absolutismus, S. 143f., Hexenprozesse in Norddeutschland und Skandinavien, S. 11 - 13 u. Hexenglaube und Hexenprozesse in Europa, S. 14 - 20.
279) Ebd. Er nennt folgende Verhaltensmuster: Das theologische, das eschatologische, das dämonologische, das philosophische und das astrologische Reaktionsmuster und führt aus, warum das dämonologische Muster vorgezogen wurde.
280) Vgl. Lehmann, (H.), Das Zeitalter des Absolutismus, S. 130 - 143.
281) Vgl. Lehmann, (H.), Hexenglaube und Hexenprozesse in Europa, S. 14 - 20.
282) Vgl. Behringer, Hexenverfolgung in Bayern, S. 97 (Anm. 147).
283) Vgl. Aston (Hg.), Crisis in Europe.

Tatsächlich sind für diese Zeit in fast allen westeuropäischen Staaten Inflationstendenzen zu verzeichnen, die sich in horrenden Preissteigerungen bemerkbar machten. Mit 0,23 bzw. 0,401 Prozent stiegen die Preise für gewerbliche Produkte und Investitionsgüter am geringsten an. Auf einer mittleren Höhe bewegten sich die Löhne, die jährlich immerhin um 0,537 Prozent anwuchsen. Am stärksten schnellten die Preise für tierische Produkte (vor allem Fleisch) und Getreide nach oben, wo sie sich auf einem Niveau von 0,634 bzw. 0,772 Prozent pro Jahr einpendelten[284].
Die Ursachen der Preissteigerung sind in der starken Vermehrung des Geldes infolge der Silberexporte aus Südamerika und in der Verwendung des „Buchgeldes", das Geldfunktion übernahm, zu suchen. Wesentlich stärker aber als dieser Faktor wirkte sich die Bevölkerungsentwicklung aus.
Bis 1470 stieg die Bevölkerung in Deutschland auf 9 bis 10 Millionen an. Von 1470 - 1560 ist eine weitere Steigerung der Bevölkerungszahl von 10 auf 13 Millionen zu verzeichnen. Schließlich kam es von 1560 - 1620 zu einem noch stärkeren Bevölkerungswachstum auf 17 bis 18 Millionen[285].
Im Erzstift dürfte die steigende Bevölkerungsentwicklung auch danach angehalten haben, da das Territorium erst 1631 von größeren kriegerischen Auseinandersetzungen betroffen war[286]. Zumindest weisen die Taufbücher noch weiter zunehmende Geburtenzahlen aus[287].
Das Ansteigen der Bevölkerung führte zu einer Verknappung der Ressourcen, was sich besonders auf dem Nahrungssektor bemerkbar machte. Am stärksten stiegen die Preise für Produkte des Massenverzehrs, das Korn und den Weizen, wohingegen der Preis für das Fleisch, das als eine Art Luxusgut angesehen wurde, weniger stark in die Höhe ging[288].
Die Situation auf dem Nahrungsmarkt wurde durch die äußerst ungünstigen klimatischen Bedingungen am Ende des 16. und zu Beginn des 17. Jahrhunderts noch verschärft, die Wissenschaftler von klimatischen

284) Vgl. Henning I, S. 183 - 186.
285) Ebd. S. 183.
286) Vgl. Müller, (H.D.), Der schwedische Staat in Mainz.
287) PA Dieburg Taufbuch u. DAL Taufbuch Flörsheim v. 1600 - 1631.
288) Vgl. Abel, Geschichte der deutschen Landwirtschaft, S. 170.

Verelendungsperioden sprechen lassen. Kalte Winter und verregnete Sommer mit ausgedehnten Frostperioden im August ließen das Korn am Halm und die Traube am Rebstock nicht reifen und verdarben die Eicheln und Buchen im Wald, die eine unersetzliche Quelle für die Fleisch- und Ölgewinnung darstellten[289].

Im Norden und Osten Deutschlands konnte man diesem Teufelskreis entgehen, indem man neues Land urbar machte, die Viehzucht forcierte und damit ein gewisses Äquivalent für das mangelnde Grundnahrungsmittel (Getreide - Brot) schaffte[290]. Im Erzstift waren dem Expansionsdrang der Landwirtschaft enge Grenzen gesetzt. Versuche, Waldhufendörfer im Spessart anzulegen, scheiterten am Verbot der Kurfürsten, die ihr Jagdrevier bedroht sahen[291].

Wie die Regierungen und die Bevölkerung auf die Krise reagierten, ist bisher wenig erforscht. Immerhin versuchten einzelne Fürsten und Städte über den Umschlag und die Verteilung des Getreides des Problems Herr zu werden. Zusätzlich wurden die Preise der Bäcker und Müller kontrolliert[292].

Wie in anderen Staaten, so wirkten auch im Kurstaat die Teuerungswellen seismographisch auf die Prozeßwünsche der Bevölkerung. Auf einen Zusammenhang zwischen Agrarkrise und Hexenprozeß deuten besonders die Teuerungswellen und Prozeßphasen hin. Während der ersten großen Teuerung im 17. Jahrhundert (1598 - 1602) kam es zu Prozessen im Amt Höchst-Hofheim[293] und begann die große Verfolgung unter Johann Adam von Bicken (1601 - 1604)[294]. Die nächsten Teuerungswellen (1610 - 1612 und 1614 - 1616) korrespondierten in etwa mit den Verfolgungsphasen unter Johann Schweikard von Kronberg (1611-1613 und 1616/17)[295]. Die mit der Mißernte des Jahres 1624 einsetzende Dauerkrise führte schließlich ab 1627 zur exzessivsten Hexenverfolgung im Erzstift[296].

289) Vgl. Niess, S. 46, S. 139ff. u. S. 305.
290) Vgl. Abel, Geschichte der deutschen Landwirtschaft, S. 140ff.
291) Vgl. Aulbach, In: Heimatland Nr. 3 v. 8.9.1953.
292) Vgl. Dülmen, Entstehung des frühneuzeitlichen Europa, S. 17.
293) s. S. 68f.
294) s. S. 320f.
295) s. S. 322f.
296) s. S. 325ff.

Nach Behringer verursachte die Agrarkrise erst nach einer gewissen Zeit Hexereibeschuldigungen. Entscheidender seien „die kleinen Agrarkrisen", die Zwischenteuerungen gewesen. Sie hätten zu einer akuten Subsistenzkrise mit Pauperismuserscheinungen und einer erhöhten Mortalitätsrate und in deren Gefolge zu Hexenprozessen geführt[297].
Abgesehen davon, daß der von Behringer beschworene Krisenmechanismus, Mißernte, Lebensmittelteuerung, Landflucht, Hungersnot und ungewöhnliche Krankheiten bis zum Auftreten der Pest, lediglich für die Zeit von 1569 - 1575 und nach 1635 nachweisbar ist[298], sind ähnliche extreme Krisensymptome im Erzstift nicht festzustellen.
Hier hielt sogar das Geburtenwachstum bis etwa 1630 an[299], was bei ausgesprochenen Pauperismussymptomen kaum möglich gewesen wäre. Auch enthalten die Sterbebücher keine Hinweise auf eine erhöhte Mortalitätsrate[300].

3. Die Hexenprozesse als Ausdruck gesellschaftlicher Konflikte

Wie Niess in einer Arbeit über die Hexenprozesse in der Grafschaft Büdingen minutiös nachgewiesen hat, führten klimatische Erscheinungen, Frosteinbrüche, Unwetter und ähnliche Phänomene, verstärkt zu Prozeßwünschen in den Gemeinden[301]. Sie dürfen jedoch lediglich als Anlaß, nicht als Ursache der daraus entstehenden Prozesse angesehen werden.
Nach den für den Kurstaat vorliegenden Quellen scheidet die von Behringer postulierte Subsistenzkrise, die Not, Hunger und Tod beinhaltet, ebenfalls als Ursache aus[302]. Im Erzstift waren es vielmehr soziale und wirtschaftliche Konflikte, die den Verfahren zugrunde lagen. Die Spannung zwischen den verfeindeten gesellschaftlichen Gruppen wird bei der

297) Vgl. Behringer, Hexenverfolgung in Bayern, S. 104ff.
298) Vgl. Pitz, S. 347 - 367.
299) PA Dieburg Taufbuch u. DAL Taufbuch Flörsheim.
300) DAL Sterberegister Flörsheim.
301) s. S. 349 (Anm. 289).
302) PA Dieburg Taufbuch u. DAL Taufbuch Flörsheim.

Betrachtung der regionalen Ausfaltung des Kulturmusters Hexensabbat und der sozialen, wirtschaftlichen sowie geschlechts-, alters- und berufsspezifischen Differenzierungen der Opfer sichtbar.
Wie am Beispiel Dieburg, Lohr und Rieneck aufgezeigt, spielte der Gegensatz zwischen Arm und Reich auf dem Hexensabbat eine dominierende Rolle[303]. Abgesehen davon, daß beide Gruppen streng getrennt an verschiedenen Tischen saßen, beschuldigten die weniger Bemittelten die Wohlhabenden, daß sie die Ernte verdorben hätten, weil sie noch genug Korn auf dem Speicher und Wein in den Kellern hätten. Letzthin spiegelten sich die sozialen und gesellschaftlichen Konflikte im Sabbatgeschehen wieder.
Auch der Anteil der Männer in den städtischen Verfolgungszentren, der den von der Literatur angenommenen Level von 20 Prozent weit überschritt, bedarf besonderer Beachtung[304]. Zwar resultiert nach Midelfort die Quantifizierung des männlichen Anteils der Opfer aus der Intensität der Verfolgung[305]. Zu überlegen wäre aber auch, ob der hohe Anteil der Männer nicht aus ihrer politischen und ökonomischen Situation erklärt werden kann, was der damaligen Rollenzuweisung des Mannes „zu weltlichem Regiment, zu Kriegen und Gerichtshändel" entspräche[306].
Nach der berufsspezifischen Differenzierung wurden primär Angehörige des nahrungsproduzierenden und -anbietenden Gewerbes (Bäcker, Müller, Wirte), Handwerker mit hohem sozialen Status und Kleinhandwerker aus je verschiedenen Gründen Opfer der Prozesse[307]. Die Bäcker, Müller und Wirte, die mit Abstand am häufigsten betroffen waren, dürfen als die Hauptnutznießer der Rezession angesehen werden[308].

303) s. S. 287 - 300.
304) s. S. 237f.
305) Vgl. Midelfort, Witchhunting in Southwestern Germany, S. 186 - 190.
306) Vgl. Luther, Tischreden, S. 532.
307) s. S. 261 - 270.
308) s. S. 261ff. Dieser Aspekt wird in der neueren Hexenforschung, die sich zwar mit wirtschaftsgeschichtlichen Theorien, aber kaum mit sozialgeschichtlichen Recherchen befaßt, kaum bedacht.

Dies wird aus einem Vergleich der Preis-/Lohnreihen deutlich. Während die Preise für alle anderen Güter (auch für Fleisch) linear stiegen, was auf inflatorische Einflüsse hinweist, sind die Preise für Getreide und Wein, die sich auf dem höchsten Level bewegten, zyklischen Schwankungen unterworfen. Der Zyklenverlauf kann jedoch nicht lediglich aus den schwankenden Erntebedingungen und den wechselnden Klimaverhältnissen erklärt werden. Vielmehr wurden Getreide und Wein zu Spekulationsobjekten[309]. In Erwartung einer zumeist schlechten Ernte konnten die Bäcker und Müller die Preise für Korn sowie Weizen und die Wirte die Preise für Wein hochtreiben[310], was sie in wachsendem Maße dem Hexereiverdacht aussetzte[311].
Wiederum aus anderen Gründen stellten die Kleinhandwerker ein beträchtliches Kontingent der Verfolgten. Produkte des täglichen Bedarfs erzielten damals nur geringe Gewinne. In der Preis-/Lohnskala rangierte diese Berufsgruppe darum an unterster Stelle. Im Amt Dieburg resultierten die Hexereibeschuldigungen aus Konflikten innerhalb dieser Berufsgruppe selbst und aus Spannungen zur privilegierten Schicht, die das Nahrungsmonopol innehatte[312].
Eine Analyse der von den Prozessen betroffenen Berufsschichten ergibt, daß die Verfolgung primär Personen der oberen und unteren Einkommensskala traf und daß zwischen beiden ein Konfliktfeld bestand[313].
Die Differenzierung der Betroffenen hinsichtlich ihrer wirtschaftlichen Potenz unterstreicht diese Beobachtung. Hier zeigen sich auffallende Konzentrationen sowohl bei der Ober- als auch bei der Unterschicht[314].

309) Vgl. Metz, S. 189 - 199. Dies ist hier am Beispiel der Stadt Kitzingen minutiös dargestellt.
310) Ebd.
311) s. S. 263f.
312) s. S. 269f.
313) s. S. 261 - 272.
314) s. S. 221ff.

Demnach wären die Prozesse aus strukturell gesellschaftlichen Konflikten entstanden, die aus den inflationären Zeitverhältnissen erwuchsen[315].

Die Tragfähigkeit dieser Hypothese bestätigt die kontrovers geführte Diskussion, ob primär Begüterte oder primär Mitglieder der ärmeren Bevölkerungsschichten Opfer der Hexenprozesse wurden. Nach Behringer [316], Soldan-Heppe und Weber „war die gesellschaftliche Oberschicht im Vergleich zur Sozialstruktur deutlich überrepräsentiert"[317].

Nach Midelfort, Muchembled und Schormann u.a. sind Anhaltspunkte vorhanden, die für eine Konzentration der Opfer in der sozial schwächeren Schicht sprechen[318]. Diese so offensichtlichen Differenzen bei bedeutenden Forschern mit reicher Kenntnis des Basismaterials legt die Vermutung nahe, daß die Schere der Hexenprozesse primär in den gesellschaftlichen Ober- und Unterbau einschnitt.

In ähnlicher Richtung gehen auch die scharfsinnigen und dazu noch zeitgenössischen Beobachtungen Friedrichs von Spee, der schreibt[319]: „Dieser Glaube an eine Unmenge von Hexen in unserem Land wird aus zwei wichtigen Quellen genährt ... Die zweite Quelle des Glaubens heißt Neid und Mißgunst des Volkes. In jedem anderen Land wird man zugeben, daß es immer wieder Leute gibt, die der Herrgott ein wenig reichlicher mit irdischen Gütern gesegnet hat, die ihre Waren rascher absetzen, mit mehr Glück einkaufen, kurz, eher zu Einfluß und Reichtum kommen als andere. Geschieht dies aber einmal im deutschen Volk, so stecken gleich ein paar Nachbarn, denen das Glück weniger hold ist, die Köpfe zusammen und setzen, von Hexerei raunend, haltlose Verdächtigungen in die Welt."

315) Vgl. Lütge, S. 334. Demnach führte die Bevölkerungskatastrophe auf der einen Seite zur Agrarkrise und auf der anderen Seite zu einem goldenen Zeitalter in den Städten. Zu den Nutznießern gehörten auch die Bauern und verwandte Berufsgruppen. Dies würde erklären, warum Hexenprozesse nicht in den großen Städten und auf dem flachen Land, sondern in Klein- und Mittelstädten verbreitet waren, wo die Gewinner und Verlierer in engerer Symbiose zusammenlebten.
316) Vgl. Behringer, Hexenverfolgung in Bayern, S. 210f.
317) Vgl. Schormann, Hexenprozesse in Deutschland, S. 80f.
318) Ebd.
319) Vgl. Spee, Cautio criminalis, S. 3f.

In gleicher Weise sieht auch die Literatur dieser Zeit das Phänomen der Hexenprozesse. Invidia und Curiositas konnte sie allerdings noch nicht in soziologischen und psychologischen Begriffen umschreiben[320].

Ähnliche gesellschaftliche Konflikte dürfen nicht in allen Territorien vorausgesetzt werden[321]. Darum darf die Agrarkrise nicht global, wie dies bei Behringer geschieht, als Ursache für die Hexenprozesse herangezogen werden[322]. Vielmehr sind die regionalen Unterschiede bezüglich der Betriebsgröße zu beachten[323]. Nach Abel hat die durchschnittliche Betriebsgröße eines Wirtschaftsraumes eine eminente Bedeutung für den regionalen Krisenverlauf[324]. Je zersplitterter die Agrarstruktur eines Gebietes war, um so stärker machten sich die Krisensymptome und die Teuerung bemerkbar. Agrargeschichtlich gesehen gehörten Südwestdeutschland, Franken und das Erzstift zu den Gebieten der Realteilung. Hier gab es die kleinsten Betriebsgrößen im alten Deutschen Reich mit bis zu 10 ha je Betrieb[325].

Schon 1525 waren Franken und Schwaben mit am stärksten von den Bauernaufständen betroffen[326]. Auffallend ist fernerhin, daß gerade diese Länder mit realer Erbteilung und den geringsten Betriebsgrößen die Kernzone der Hexenverfolgung ausmachen[327]. Dagegen zählt Bayern mit einer durchschnittlichen Betriebsgröße von 40 ha zu den prozeßarmen Gebieten. In Ostdeutschland mit seinen großen Ländereien kam es kaum zu Verfolgungen.

320) Vgl. Stockinger, Invidia, curiositas und Hexerei. Hexen- und Teufelsglauben in literarischen Texten des 17. Jahrhunderts.
321) Vgl. Lütge, S. 334. Demnach erfreuten sich die Städte steigenden Wohlstandes. Dies würde erklären, warum Großstädte kaum von Prozessen betroffen waren.
322) Vgl. Behringer, Hexenverfolgung in Bayern, S. 98 - 105.
323) Vgl. Henning I, S. 205 - 210. Das Kapitel enthält eine kurze Darstellung der verschiedenen Agrarverfassungen und Betriebsgrößen im 17. Jahrhundert.
324) Vgl. Abel, Geschichte der deutschen Landwirtschaft, S. 143 u. 146.
325) Vgl. Henning I, S. 206f.
326) Vgl. Höbelheinrich.
327) Vgl. Henning I, S. 207 u. Behringer, „Erhob sich das ganze Land zu ihrer Ausrottung", S. 160. Die hier dargestellten Karten zeigen eine Relation zwischen den Kernzonen der Hexenprozesse und den Realteilungsgebieten.

Auf „die unglaubliche Besitzzerstückelung" in dem ehemalig kurmainzer Gebiet um Aschaffenburg, Alzenau, Lohr und Obernburg wird in der lokalgeschichtlichen Literatur hingewiesen. Vor dem Zweiten Weltkrieg galten in Bayern 62 Ar pro Kopf der Bevölkerung als ausreichend für die Ernährung. Im Spessartgebiet entfielen aber lediglich 25 Ar auf jeden Bewohner. Neben der Ungunst des Bodens wird die Not der Bevölkerung auf „zwei gleiche schwerwiegende Faktoren zurückgeführt, auf die Kleinheit der Betriebe und die unglaubliche Besitzzerstückelung"[328].

4. Zeichen einer latenten Revolte?

Auch Schormann bemerkt, wie stürmisch die Bevölkerung im Erzstift Prozesse verlangte[329]. Extremen Druck auf die Regierung übten die Menschen in den Ämtern Amorbach, Dieburg, Höchst-Hofheim und Steinheim aus[330]. Wiederholt mußten sich die Kurfürsten und die Weltlichen Räte mit diesen Pressionen auseinandersetzen, die sich häufig zu Revolten steigerten[331].

Es stellt sich die Frage, welche Konflikte diesen Auseinandersetzungen zwischen Regierung und Bevölkerung zugrunde lagen und warum man die Konfliktlösung durch das Instrument der Hexenprozesse zu erreichen suchte.

Nach dem Schock der Bauernkriege, an denen sich die gesamte Bevölkerung des Oberstiftes beteiligt hatte, waren Herrscher und Beherrschte bestrebt, Konflikte zu minimalisieren und Menschen- und Sachverluste bei deren Austragung zu verhindern[332]. Während die Bevölkerung in kleineren Territorien ihren Protest im Rahmen der Reichsverfassung artikulieren konnte und auch artikulierte[333], war dies in größeren staat-

328) Vgl. Aulbach. In: Heimatland 12. v. 3.7.1954.
329) Vgl. Schormann, Hexenprozesse in Deutschland, S. 68.
330) StAW G 18 890, L 617/H 1 072 u. Aschaffenburger Archivreste 360 X Nr. 2
331) Ebd.
332) Vgl. Schulz, Die veränderte Bedeutung sozialer Konflikte, S. 277 - 302.
333) Vgl. Schmidt, (G.), Agrarkonflikte im Gebiet des Wetterauer Grafenvereins, S. 79 - 112.

lichen Gebilden mit zahlreichen Juristen und ausgebildeten Verwaltungsstrukturen nur schwer möglich. Auch waren den Städten des Oberstiftes nach dem Bauernkrieg fast alle Rechtspositionen genommen.
Aus unserer heutigen Sicht muß dieser Protest über das Medium der Hexenprozesse als atavistisch und regressiv bezeichnet werden. Er erreichte nicht oder sehr unvollkommen die Ziele, die unbewußt intendiert waren. Die Regierung konnte nicht zu einer Minderung oder Änderung der wirtschaftlichen Misere bewegt werden. Zwar wurden durch die Prozesse die Spekulanten betroffen, die die wirtschaftliche Verelendung mitverursacht hatten. An ihre Stelle aber traten andere.
Vom magischen Denken her waren die Proteste folgerichtig[334]. Sie zielten gegen die Hexen, welche die Ernten verdarben und schuldig an der Not der Menschen wurden. Folgerichtig war auch, daß die Prozesse sich primär gegen Frauen richteten, die man stärker mit den magisch verstandenen Naturkräften verbunden sah[335].
In der Frau als Subjekt der Naturaneignung liegen auch die Berührungspunkte zwischen der Volksmagie und der doktrinären Hexenideologie[336]. Die Botschaft, daß Hexen Schaden und Unwetter erzeugten, fand in der Bevölkerung wohlwollende Akzeptanz. Sie bestätigte, was die Menschen, die in der magischen Volkskultur beheimatet waren, schon längst zu wissen meinten.
So sind möglicherweise die Prozeßforderungen und Revolten als Protest der magischen Volkskultur gegen den frühmodernen Staat zu sehen, der immer mehr Bereiche verwaltete und ordnete.

334) Vgl. Le Roy-Ladurie, Die Bauern des Languedoc, S. 226 - 242. Er deutet die Hexenprozesse als Folge von Bevölkerungsexplosion (Wie Mäuse in der Scheuer), Kargheit und Zerstückelung des Besitzes. Im Wunsch nach Prozessen sieht er ein Zeichen der Revolte und im Sabbat den Wunsch nach Umkehr.
335) Vgl. Baroja, S. 7 - 31 u.a.
336) Vgl. Bovenschen, In: Becker, (G.), u.a. (Hg.), a.a.O. S. 259 - 312.

Bildnachweise	**Abbildungsnummern**
Bibliothek des Priesterseminars Mainz	29, 30
Hofbibliothek Aschaffenburg	32
Erwin Höfner, Miltenberg	17, 25, 26
Museen der Stadt Aschaffenburg	8, 15, 22
Studio Reinhardt, Hofheim	5
Manfred Scherer, Lohr	12
Staatsarchiv Marburg	4, 10
Staatsarchiv Würzburg	2, 6, 13, 14, 23, 24
Stadtarchiv Lohr	19
Stadt- und Stiftsarchiv Aschaffenburg	3, 7, 10, 16, 21, 27, 28
Städt. Museum Trier	31
Städelches Kunstinstitut Frankfurt	1, 9
Nach Soldan-Heppe, Hexenprozesse I.	11, 18

Personenregister

Ortsregister

von
Walburga Rack

12